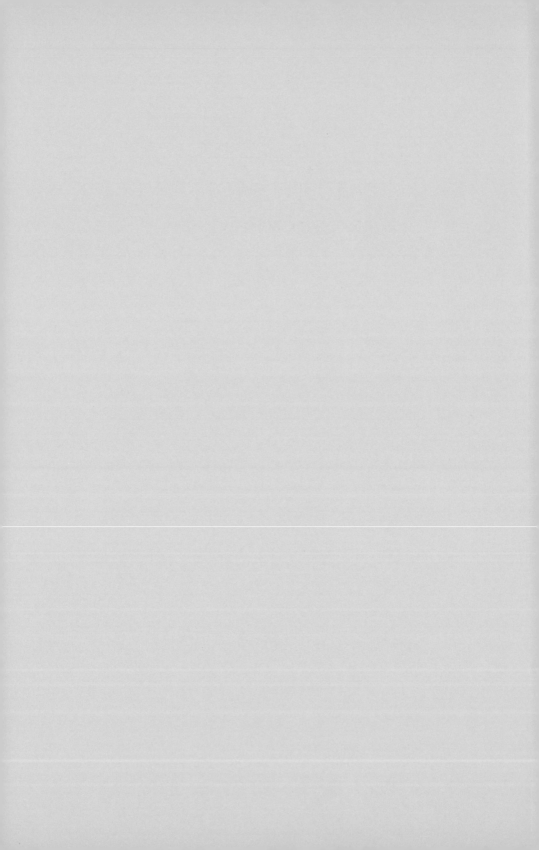

현대중국어 문법연구

기능문법과 격문법의 관점으로

현대중국어 문법연구

기능문법과 격문법의 관점으로

Shou-hsin Teng | 지음
김혜경 · **박용진** | 옮김

한국문화사

현대중국어 통사론에 관한 제 논문이 한국어로 번역·출산되게 되어 대단히 기쁘고 영광스럽습니다. 이는 중국어 통사론 연구에 종사하는 한국의 매우 유능하고 헌신적인 중국어 언어학 연구자들 덕분입니다.

이 책은 제가 1995년에 '외국어로서 중국어 교육'(Chinese as a second / foreign language)에 관한 최초의 대학원 과정 개설을 위하여 대만사범대학으로 자리를 옮기기 전에, 미국 매사추세츠 대학(앰허스트)에서 가르치면서 썼던 논문들을 담고 있습니다. 현대중국어 통사론 연구에 있어서 저는 1995년 이전에는 이론적인 측면에 집중하였고, 1995년 이후에는 주로 교육적인 측면에 몰두하였습니다. 저의 1995년 이후의 논문들은 이미 대만과 중국에서 출판되었으며, 곧 한국어로도 번역 출간될 예정입니다.

저는 한국어 번역본의 출간을 위해 총괄적으로 책임을 지고 수고하신 대만사범대학 박사생 시절 제자였던 박용진 교수와 그의 후배 김혜경 박사에게 진심으로 감사를 드립니다. 그리고 앞으로 박용진 박사와 김혜경 박사를 매개로 하여 한국의 여러 현대중국어 통사론 연구자들과 교류할 수 있기를 고대합니다.

2014년 3월
대만 타이베이에서

비가 내리는 날은 어김없이 창밖 풍경에 빠져들게 되는 마법 같은 시간이 찾아온다. 하염없이 퍼붓는 비를 보고 있노라면 문득 '비에 관한' 나만의 특별한 추억 하나가 떠오른다.

언어학 이론 책을 독학하던 시기가 있었다. 맨땅에 헤딩한다는 마음으로 '언어'라는 단어만 들어가면 무조건 읽고 보던 때였다. 그럼에도 그 이론공부에는 한계가 있을 수밖에 없었다. 그 난해한 이론들을 따라잡기 위한 나의 무모한 도전은 결국 공부에 대한 자신감까지 잃게 만들었다. 그렇게 절망하고 있을 무렵, 邓守信(떵 소우신) 교수님의 중국어 통사론에 관한 논문을 우연한 기회에 만났다.

중국어의 다양한 언어현상에 대한 세심한 관찰, 그리고 그 현상들에 대한 재미난 언어학적 해석들…. 일반 언어학 이론 책으로 읽을 때는 전혀 내 것이 되지 못하고, 허공만을 부유하던 개념들이 마치 스펀지에 스며들 듯, 하나둘씩 내 안으로 흡수되는 경험을 하게 되었다. 그 논문집을 읽으면서 내내 '앎의 환희'를 제대로 체험하며, 그 책과 나는 완벽하게 하나가 되고 있었다. 邓(떵) 교수님의 글을 통해 전해오던 언어현상에 대한 명쾌한 해석들 덕분에 그전까지 어렵기만 하던 언어학 이론의 개념들이 드디어 이해가 되기 시작하던 그 순간은, 마치 들판에 서서 언어학 개념들로 내리는 비를 흠뻑 맞는 찰나와도 같았다. 그렇게 그 순간엔 오로지 나만을 위한 언어학의 비가 내리고 있었던 것이다.

비에 젖는다는 것…. 내게는 그랬다. 내가 가장 절실하게 원하는 그 무엇인가가 완전한 내 것이 될 때 느끼는 그 환희와 동일시되는 그 무엇이었다.

김 혜 경

邓守信(떵 소우신 Teng, Shou-hsin) 교수는 대만에서 영문학을 전공하였고, 영국 Oxford 대학에서 교육학 석사를 받았다. 외국어 교육에 대한 그의 개인적인 관심은 교육학을 전공하는 계기가 되었다. 그 후, 미국 UC, Berkeley의 언어학 박사과정을 수학하면서 연구 방향이 자연스럽게 언어학으로 전환되었다.

邓(떵) 교수는 지금까지도 다양한 문법이론 중에서 격문법(Case grammar)이라는 이론 틀을 현대중국어 구문 분석에 사용하고 있다. 격문법에 대한 기본적인 그의 생각은 박사논문 ≪A Semantic Study of Transitivity Relations in Chinese≫에 잘 나타나 있고, 이는 현대중국어의 문법현상을 해석하기 위한 아주 유용한 도구로 사용되고 있다.

현대중국어 문법에 대한 그의 접근 방법은 아주 예리하면서도 중립적인 언어학적 관점을 보여준다. 모국어인 중국어에 대해 편협한 고집을 부리지도 않으며, 그렇다고 서양이론의 학습에서 오는 맹목적 추종도 아니다. 얼마 전, 선생님과 전화통화를 하면서 느낀 점은 현재의 중국어 문법 연구가 서양의 이론연구 결과에 경도되는 것은 아닌가 하는 우려였다. '중국어에도 접사가 있는가, 중국어에 정말 굴절현상이 있나, 중국어의 합성 단위는 무엇인가.

왜 이런 문법현상들에 대한 많은 연구논문이 있음에도 불구하고, 일반언어학에서의 적용이 이루어지지 않는가? 우리가 현대중국어 연구를 하는 데 있어서 일반언어학과는 동떨어진 우리만의 잔치를 하고 있는 것은 아닐까?' 邓(떵) 교수는 이와 같은 질문을 끊임없이 스스로에게 던지고 있었다.

어느덧 그의 나이도 칠십하고도 중반에 이르렀다. 최근엔 가벼운 심장 수술까지 받으셨다. 불현듯 선생님과 대화할 시간이 점점 줄어들고 있다는 생각에 이 작업을 서둘러야겠다는 마음으로 마무리 지었다. 그런 만큼 결과물에 대한 아쉬움도 남는다. 나름대로 최선을 다했다 생각하지만, 그럼에도 불구하고 부족한 부분들은 앞으로 계속 보완해 나가려고 한다.

이 책을 출간하는 과정에서 많은 분의 도움이 있었다. 특히 진현 교수님, 위수광 교수님 그리고 정지수 선생님은 번역본을 읽어주셨고, 여러 가지 의견도 주셨다. 이 과정에서 생각보다 더 많은 공부를 하게 되었다. 다시 한번 감사드린다. 그리고 이 책을 출판되도록 도와주신 한국문화사 김진수 사장님께 감사의 말씀을 전한다.

마지막으로 나의 삶의 곳곳에서 항상 길이 되어주신 하나님께 감사를 드린다.

박 용 진

▌차례 ▌

1. 번역을 하면서, 약간은 고의로 영어 전문용어를 그대로 번역본 글에 남겨 놓았다. 한국어 번역용어를 보면서, 이해하기 쉽지 않은 부분은 영어 용어를 사용해서 쉽게 자료를 찾게 하기 위해서이다.

2. 글 안에서 역자의 설명은 [역자주]로 표시하였다. 본문에서는 '*'로 표시하였다.

제1장 공동격과 구절접속[1])

Comitative versus Phrasal Conjunction

이 글은 현대중국어의 공동격(Comitative)[*2)] 구조와 구절접속(Phrasal Conjunction) 구조 사이에서 도출되는 방향성을 확정하기 위해서, 양자 간의 관계를 살펴보고 정의를 내릴 것이다. 선행 연구에서 논의된 바와 같이, 구절접속은 상황적, 어휘적 그리고 논리적 제약을 통해 검증을 받았으며, 구절접속이 어휘제약과 관계가 있다는 것은 표면적인 현상에 불과하다는 것을 알게 되었다. '주체성'(Principality)은 양자(공동격의 '跟'과 구절접속의 '跟')가 다양한 측면에서 긴밀하게 연계되는 구구조와 구분시켜주며, 아울러 공동격 구문을 구성하는 기본이 된다. 공동격 구조와 함께 '연합'(association) 구문을 구성하는 '단일방향'(unidirectional) 구조를 통해, 공동격이 구절접속

---

1) 이 글의 원문은 *Linguistics* 2.2.314-358, 1970에 출간된 것이다.
*[역자주] 공동격(commitative)은 격문법(case grammar)에서의 격(case)의 하나로, 수반(隨伴, 어떤 현상이 다른 현상에 따라서 더불어 생김)을 의미한다. 예를 들면,

  (1) He and his wife are coming.
  (2) He is coming with his wife.

  (1)은 'He and his wife are *each* coming'의 의미이고, (2)는 'He and his wife are coming *together*'의 의미이다. 따라서 (1)은 비수반의 의미이고, (2)는 수반의 의미이다.(이정민, 배영남(1993:183)의 ≪언어학사전≫ 참조)

으로부터 도출된 것이라는 결론을 도출해낼 수 있다. 마지막으로, 이 글은 영어의 관련 구조에 대해서도 논의할 것이다.

서론

0. 이 글[2])은 아래 제시된 예문을 통해서 현대중국어의 공동격과 구절접속 구조 간의 관계를 살펴보고 정의를 내릴 것이다.

0.1   张三昨天跟李四一块儿来了。

张三   昨天跟   李四   一块儿   来   了

장삼(이름)   어제   ...와   이사(이름)   함께   오다   완료표지

장삼은 어제 이사와 함께 왔다.

0.2   张三跟李四昨天一块儿来了。

张三   跟   李四   昨天   一块儿   来   了

장삼(이름)   ...와   이사(이름)   어제   함께   오다   완료표지

장삼은 이사와 어제 함께 왔다.

예문 (0.1)은 공동격 구조(comitative structure)이고, 예문 (0.2)는 구절접속 구문(phrasal conjunction sentence)이다. 이 둘의 관계는 Jespersen(1924:90) 에서 이미 언급된 바 있다. 그 후, Lakoff & Peters(1967)와 Fillmore(1968)는 이 두 구조가 동일한 심층구조(underlying structure)로부터 도출된 것이라고

---

2) 이 글의 요약 버전은 1969년 12월 미국언어학회 회의(the Meeting of the Linguistic Society of America) 이전에 아래 학자들이 읽고 의견을 주었다. 필자는 여기서 이 글의 논의에 공동 참여해주신 W. Chafe 교수님 및 초고를 읽어주신 M. Haas 교수님, 또한 처음으로 '주체성'이라는 개념에 대해 조언해주신 Ben T'sou 에게도 감사를 표한다.

제안하였다. 그러나 전자는 구절접속 구조가 기본이고, 그것으로부터 공동격이 도출되었다고 주장한 반면, 후자는 이와 상반된 의견을 주장하였다.

우선 몇 가지 기본적인 문제에 대해 생각해 볼 필요가 있다. 첫째, 이 두 구문에 필연적인 상관성이 존재하는가 하는 것이다. 상관성이 존재한다면, 그것들은 의미와 통사 상에서 어떻게 관련 되는가? Lakoff & Peters(1967)와 Fillmore(1968)는 이 두 구조의 관련성을 여러 차례 가정했지만, 그 관계가 어떤 것인지는 아직 확실히 밝혀내지 못했다. 예를 들어, 무엇이 한 쪽으로부터 다른 한 쪽으로의 전환을 결정했는가 하는 것들이다. 그들의 분석으로 미루어 보건대, 두 구조는 통사상의 변이일 것이라는 추론이 가능하다. 이 점은 중국어에서 그 근거를 찾을 수 있다. 중국어의 구절접속사(phrasal conjunctor)와 공동격 표지(comitative marker)는 음운형식이 동일하며, 이 둘은 표층구조에서는 큰 차이가 없다. 그러나 더 발전된 실험에서는 이런 분석은 각 구조 간의 중요한 의미와 통사적 특징을 설명할 수 없다는 것이 드러났다. 이와 동일한 상황이 영어에서도 관찰된다. 이에 중국어를 예로 들어 실험을 하는 것은 이중적인 목적이 있다. 우선, 중국어 공동격과 구절접속 구조를 정립하고, 그 다음으로 중국어와 영어의 도출의 방향성(directionality of derivation)을 파악하기 위한 증거를 제시하고자 하는 것이다.

Perlmutter(1968)와 Dougherty(1968)는 이미 Lakoff & Peters(1967)의 분석의 문제점을 지적하고 검증하였는데, 이 글에서도 이에 대해 분석하고 설명할 것이다. 이 외에도, 상호적인 구조(reciprocal structure)의 도출에 있어, Gleitman(1965)과 Lakoff & Peters(1967)의 각기 다른 분석이 공동격과 구절접속 구조의 관계에 영향을 주었다. 본문에서 이에 대해서 간단히 검증해 볼 것이다.

둘째, 중국어의 '跟'(and, with)이다. 그러나 이 단어는 동사 용법인 '跟隨'(동행하다 to follow)의 의미를 동시에 가지고 있다. 예를 들면, 다음과 같다.

0.3   別跟我!
       別   跟   我
       …하지 마라 뒤따르다 나
       나를 따라오지 마십시오!

그리고 '跟'(…와)은 문장 접속사로도 쓰인다. 예를 들면 다음과 같다.

0.4   张三跟李四都走了。
       张三   跟 李四   都 走 了
       장삼(이름) …와 이사(이름) 모두 가다 완료표지
       장삼과 이사는 모두 갔다.

'跟'의 동사의미와 문장 접속사는 이 글의 논의 범주에는 포함되지 않지
만, '跟'(…와)이 기본적으로는 '跟随'(동행하다)의 의미를 갖는 동사라는
것을 이해하는 것이 '연합' 구문(association construction)을 이해하는 데 있
어서 상당히 중요하다.

구절접속[3)]

1. 구절접속(phrasal conjunction)은 Smith(1965)와 Lakoff & Peters(1967)

---

3) Li Fang-Kuei 박사는 이 글의 제목이 '적합하지 않다'(unbalanced)고 지적하였다.
왜냐하면, '공동격'이 가리키는 것은 의미론상의 개념이고, '구절접속'은 구조상의
개념이기 때문이다. 따라서 필자는 최근 몇 년간 관련 문헌에 보편적으로 사용되어
온 명칭을 바꾸는 대신에, 후자(구절접속)를 보충해서 '공동격'과 일치하는 특징을
갖는 것으로 볼 것이다.

가 전개한 개념으로서, 심층구조에서 문장(S) 이외의 절점 연결을 가리킨다. 그러므로 이를 가리켜 'NP-구절접속' 혹은 'VP-구절접속'이라 부른다. 어떤 접속성분을 포함하는 표층문장이, 접속(문) 축소[4]라는 응용과정을 통해 연결된 문장으로부터 도출된 것이 아니라는 점에서 이 개념 정립은 의미가 있다. 그러므로 형식상에서 문장의 중의성(ambiguity)을 효과적으로 파악할 수 있게 된다. 예를 보자.

1.1 小明跟小华昨天买了一本书。

    小明   跟   小华   昨天 买 了   一   本   书
    소명(이름) ...와 소화(이름) 어제 사다 완료표지 하나 양사 책
    소명과 소화는 어제 책 한 권을 샀다.

(a) 小明跟小华两人昨天都买了一本书。

    小明   跟   小华   两人 昨天 都 买 了   一   本   书
    소명(이름) ...와 소화(이름) 둘 사람 어제 모두 사다 완료표지 하나 양사 책
    소명과 소화 두 사람 모두 어제 책 한 권을 샀다.

(b) 小明跟小华昨天一起去买了一本书。

    小明   跟   小华   昨天 一起 去 买 了   一   本   书
    소명(이름) ...와 소화(이름) 어제 함께 가다 사다 완료표지 하나 양사 책
    소명은 소화와 어제 함께 가서 책 한 권을 샀다.

---

4) '접속축소'(conjunction reduction)는 부분-접속 문장을 도출시키는 표준적인 방식으로서, 과거에 McCawley와 Dougherty에 의해 의문이 제기되었었다. Dougherty(1968)는 구절접속사를 취하는 단문, 즉, 필자가 가리키는 명사구 표지(NP-indexing) 및 양사배분으로부터 다수의 부분접속문을 도출해냄으로써, '접속축소'의 과정을 제거하였다. 바꿔 말하자면, '문장접속'(sentential conjunction)의 개념은 '2차 접속'(secondary conjoining)및'공백화'(gapping)를 배제하는 것이다. 그의 분석은 복수 및 구절접속 명사의 관계뿐만 아니라, 또한 상호구조(reciprocal structure)의 도출상황을 아주 명확하게 해석하였다.

예문 (1.1)의 문장은 (1.1a)에서는 문장접속으로 이해되지만, (1.1b)에서는 구절접속이다. 이 둘의 심층구조는 아래와 같이 나타낼 수 있다.

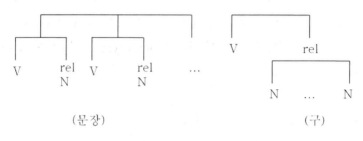

(rel = 행위주, 수동자···)

【그림 1】*

그러나 문장접속이 하나 이상의 명제를 포함한다면, 구절접속은 어떠한 의미자질과 관련되는지 찾아내야 한다. 이 부분을 이해하기 위해서 우선 구절접속의 실질적인 내용이 무엇인지 검증해 보아야 할 것이다.

최근 관련 자료에서 구절접속은 아래의 3가지 유형으로 나뉜다(이 글에서는 NP에 초점을 맞출 것이다).

A. 상황으로부터 오는 제약

1.2 (a) 王先生跟王太太一块儿到香港去了。

　　　王　　先生 跟　王　　太太 一块儿 到　　香港 去　　了

　　　왕(성) 선생 ···와 왕(성) 부인 함께　 ···에　홍콩 가다 완료표지

　　　왕 선생과 왕 부인은 함께 홍콩에 갔다.

---

*[역자주] 【표1】의 'rel'은 '관계된 명사들'(related nouns)의 의미이다.

(b) 书跟笔他一块儿买了。

书　跟　　笔　他　一块儿买　　了

책 ...와 연필 그　함께　　사다 완료표지

책과 연필을 그는 함께 샀다.

만일 '一块儿'(함께)이 없다면 다음과 같이 바꿔 쓸 수 있다(예문 (1.2a)
부분만을 예로 든다).

1.3 (a) 王先生到香港去了。

王　　先生 到　香港 去　了

왕(성) 선생 ...에　홍콩 가다 완료표지

왕 선생이 홍콩에 갔다.

(b) 王太太到香港去了。

王　　太太 到　　香港 去　了

왕(성) 부인　...에　홍콩 가다 완료표지

왕 부인이 홍콩에 갔다.

원래 문장의 의미와 마찬가지로, 예문 (1.3)의 두 문장은 두 개의 참여자를
포함하는 단일사건이라기 보다는 두 개의 개별적이고 독립적인 사건을 함축
하고 있다. 그러나 예문 (1.2)에서는 동사나 명사에 단일사건으로 해석될 수
있는 고유한 자질을 가지고 있지 않다. 오히려 그와 같은 사건 자체의 상황적
인 특징으로부터 오는 제약으로 인해, 이 구조는 공동참여(joint participation)
나 결합(combination)의 의미로 해석될 수 있다.

'一块儿'(함께)는 글자 그대로 '하나의 덩어리'를 가리키며, 또한 '참가、
결합'의 의미도 있다. 그러나 그것이 개별사건의 위와 아래의 문장에 출현했
을 때, '동시성'(simultaneity)을 나타낼 수도 있다. 예를 들어 보자.

1.4   张三跟李四一块儿都站起来了。

　　　　张三　　　跟　李四　　一块儿 都　站　起　　来　了
　　　　장삼(이름) …와 이사(이름) 함께　모두 서다 일어나다 오다 완료표지
　　　　장삼과 이사는 함께 모두 일어났다.

그러므로 '一块儿'(함께)는 문장에서 '시간상의 함께함'(temporal togetherness) 혹은 '공간상의 함께함'(spatial togetherness)을 가리킬 수 있다. 후자는 전자를 함축하지만, 그 반대는 꼭 그렇지 않다.*

Smith(1965)의 논점은 주로 이와 같은 상황에 의해 생기는 제약에 관한 것이다. 그러나 아래 열거한 예에서 명사를 이러한 제약에 의해서 생겨난 구절접속으로 봐야 하는지, 아니면 명사수식어 구조(adnominal construction)로 봐야 하는지, 어휘항목으로 봐야 하는지는 현재로선 분명하지 않다.

1.5 (a) 今天早上我吃了牛油面包。

　　　　今天 早上 我 吃　　了　　　牛油 面包
　　　　오늘 아침 나 먹다 완료표지 버터 빵
　　　　오늘 아침에 나는 버터빵을 먹었다.

　　(b) 他买破铜烂铁。

　　　　他 买 破　　铜　　烂　铁
　　　　그 사다 해지다 청동　낡다 철
　　　　그는 해진 청동과 낡은 철을 산다.

대체로 두 번째 분석이 나은 편이다. 우선 '跟'(…와)의 삽입은 문장의 의

---

*[역자주] 즉, '공간상의 함께함'(spatial togetherness)은 '시간상의 함께함'(temporal togetherness)을 함축하지만, '시간상의 함께함'(temporal togetherness)은 '공간상의 함께함'(spatial togetherness)을 꼭 함축하지는 못한다는 의미이다.

미를 변화시킬 수 있다. 그러므로 예문 (1.5b)에서 他(그)가 또한 다른 같은 종류의 물건을 산다는 것을 함축할 때, '跟'(…와)을 삽입하게 되면, 그가 실제로 산 것과 사지 않은 다른 물건을 상세히 기술하게 된다. 예문 (1.5a)에서 '버터빵'은 핵명사구조(head noun construction)에 명사수식어를 더한 구조일 것이다5).

B. 어휘로부터 오는 제약

1.6 (a) 中正路跟中山路平行。

中正路　　　　跟　　中山路　　　　平行

중정로(길 이름)　…와　중산로(길 이름)　평행하다

중정로와 중산로는 길이 평행하다.

  (b) 张三跟李四常常吵架。

张三　　　　跟　　李四　　　　常常　吵架

장삼(이름)　…와　이사(이름)　자주　다투다

장삼과 이사는 자주 다툰다.

이러한 문장은 접속문으로 바꿔 쓸 수 없다. 예를 들면, 다음과 같다.

---

5) 영어에서의 원형과 비교해보자.

I like to eat bread and butter. (나는 버터 바른 빵을 먹는 것을 좋아한다.)
Bread and butter is nice to eat. (버터 바른 빵은 먹기에 좋다.)

이것은 아마도 어휘항목일 것이다. 또한 'fish and chips'(생선 튀김에 감자튀김을 곁들인 것)과도 비교해 볼 수 있다.

1.7 (a) * 中正路平行。

　　　　中正路　　　　　平行
　　　　중정로(길 이름)　평행하다

　　(b) * 张三常常吵架。
　　　　* 张三　　　常常　吵架
　　　　장삼(이름)　자주　다투다

　　예문 (1.7)의 문장이 문법적이지 않은 것은 동사의 어휘자질 때문이다. 즉 이러한 동사들은 반드시 둘 혹은 둘 이상의 명사나 복수의 명사를 필요로 한다. 이와 같은 동사들을 '복수-지시'(multiple-reference)동사라고 부른다[6]. Lakoff & Peters(1967)가 언급한 구절접속에 관한 논의는 주로 이와 같은 제약이다. 그러나 예문 (1.6)의 '참여'(participation)가 관련된 개념은 예문 (1.2)에서의 것과 다르다. 예문 (1.2)은 행위주가 하나의 공동목표(common goal)에 관련될 때이고, 예문 (1.6)은 '상호적인'(reciprocal) 관계와 연결된다는 점에서 아주 중요하다. 이에 관한 내용은 2절에서 더 자세하게 다룰 것이다. '복수-지시'동사의 특징을 이해하게 되면, '구절접속'의 개념을 더 정확하게 정의할 수 있을 것이다. 이에 대해서도 뒤에서 각각 논의할 것이다. 여기서는 예문 (1.6)이 기본적으로는 '단일방향' 구조(unidirectional structure)이고, 심층구조에서 구절접속과는 무관함을 지적하는 것으로 충분하다.

---

6) Dougherty(1968)는 그것들을 의미적으로 비단수명사(non-singular noun)와 결합해야 하는 동사로 간주하였다.

C. 논리상의 제약

1.8 (a) 张三跟李四一块儿买一部车。

张三　　　跟李四　　一块儿买　一　部　车
장삼(이름) ...와 이사(이름) 함께　사다 하나 양사 차
장삼과 이사는 함께 차 한 대를 산다.

(b) 他把蛋糕都给了小明跟小华。

他 把　　蛋糕 都 给 了　　小明　　跟　小华
그 처치표지 케이크 모두 주다 완료표지 소명(이름) ...와 소화(이름)
그 케이크를 모두 소명과 소화에게 주었다.

이들의 문장접속 대응성분은 아래와 같다(단지 1.8(b)만을 예로 든다).

1.9 (a) 他把蛋糕都给了小明。

他 把　　　蛋糕 都 给 了　　小明
그 처치표지　케이크 모두 주다 완료표지 소명(이름)
그는 케이크를 모두 소명에게 주었다.

(b) 他把蛋糕都给了小华。

他 把　　　蛋糕 都 给 了　　小华
그 처치표지　케이크 모두 주다 완료표지 소화(이름)
그는 케이크를 모두 소화에게 주었다.

사실상, 이들은 상호배타적이다. 예문 (1.9a), (1.9b) 및 (1.8b) 중에서, 만일 한 쪽이 참이면, 다른 한 쪽은 반드시 거짓이다. 이러한 제약은 관련된 상황으로부터 발생한다기보다는 논의되고 있는 개별적인 실체의 논리적인 측면

으로부터 생긴다고 봐야 한다. 이러한 논리적 제약은 문장에서 문제가 되는 명사를 '공동참여'(joint participation)의 관계로 포함시킨다.

'공동참여' 관계는 두 가지 해석이 있다. 예문 (1.2)에서 '공간상에서의 함께'를 언급했는데, 이것은 예문 (1.8a)에서도 가능한 해석이다. 그러나 또한 '공동으로 돈을 내서'라는 의미로서의 '동반관계'(partnership)를 가리킬 수도 있다. 후자의 의미인 경우만 논리상의 제약에 속한다. 사실상, 예문 (1.8)은 세 가지 의미를 다 함축하는 중의적인 구문이다. 다음의 예문을 통해서 설명해 보겠다.

1.10 (a) 张三跟李四同时买了一部车。
　　　张三　　　跟　李四　　同时买　了　　一　部　车
　　　장삼(이름)...와 이사(이름) 동시에 사다 완료표지 하나 양사 차
　　　장삼과 이사는 동시에 차 한 대를 샀다.

　(b) 张三跟李四一块儿去买了一部车。
　　　张三　　　跟　李四　　一块儿去 买　了　　一　部　车
　　　장삼(이름) ...와 이사(이름) 함께　가다 사다 완료표지 하나 양사 차
　　　장삼과 이사는 함께 가서 차 한 대를 샀다.

　(c) 张三跟李四合买了一部车。
　　　张三　　　跟　李四　　合　买　了　　一　部　车
　　　장삼(이름) ...와 이사(이름) 공동으로 사다 완료표지 하나 양사 차
　　　장삼과 이사는 공동으로 차 한 대를 샀다.

예문 (1.10a)이 가리키는 것은 '시간상에서의 함께'로서, 두 대의 차와 연관된다. (1.10b)는 '공간상에서의 함께'로, 한 대의 차와만 관련되고(영어번역 'Zhang San and Li Si went together to buy a car'에서 a는 one으로 이해된

다), 차의 소유권은 명확하게 제시되지 않았다. 그러나 (1.10c)가 가리키는 것은 소유권의 '공유'로서, 이 경우에는 '공간상에서의 함께'에 대해서는 어떠한 요구도 없다. Dougherty(1968)의 '一块儿'(함께)에 대한 분석을 따르면, 앞에서 서술한 차이를 다음과 같이 구체적으로 설명할 수 있다.

$$\begin{bmatrix} +전체 \\ +개별 \end{bmatrix} \quad (시간상의 \ 함께)$$

$$\begin{bmatrix} +전체 \\ -개별 \end{bmatrix} \quad (공간상의 \ 함께)$$

이 두 가지 특징은 앞에서 서술한 예문 (1.10c)의 의미와 부합하지 않는 것처럼 보인다. 그러나 사실상, 예문 (1.10b)과 (1.10c)의 의미적인 차이는 모두 '一块儿'(함께)가 지배하는 다른 영역에 있다. 즉 (1.10b)에서는 구매하는 '동작'(action)을, (1.10c)에서는 구매하는 '본질'(nature)을 지배하고 있다. 다시 말해서, '一块儿'(함께)는 예문 (1.10b)에서 전체 VP를 통제하지만, (1.10c)에서는 동사만을 통제한다. 다음과 같이 나타낼 수 있다.

1.10 (b)

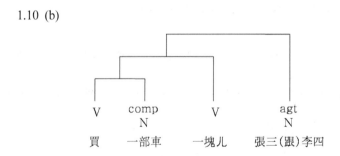

1.10 (c)

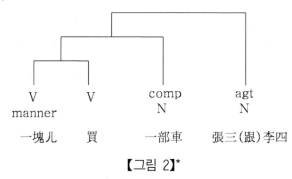

【그림 2】*

지금까지의 관찰을 통해 A(상황으로부터 오는 제약)와 C(논리상의 제약)의 제약으로 인한 '공동참여'의 기본 성격은 같다는 것을 알았다. 이제 B(어휘로부터 오는 제약)의 제약도 이러한 자질을 갖는 지를 검증해보겠다. 일반적으로 모든 구절접속 구조는 하나의 보편적인 의미자질로 정의되어야 하기 때문이다.

복수지시동사(Multiple-reference Verbs)와 내재적 상호성(Intrinsic Reciprocity)

2. 복수지시를 필요로 하는 동사들이 있는데7), 예를 들면 다음과 같다.

---

*[역자주] 【그림2】에서 'comp(comlement)'는 '대상'(object)을 의미하고, 'manner'는 '방식'을 의미한다.
7) 중국어의 복합지시동사의 예를 보면 다음과 같다.

吵架(말다툼하다), 打架(싸우다), 商量(상의하다), 讨论(토론하다),
合作(협력하다), 见面(만나다), 碰见((우연히)마주치다, 结婚(결혼하다),
冲突(충돌하다), 交换(교환하다), 一样(동일하다), 相同(똑같다), 相反(상반되
다), 相像(비슷하다), 平行(평행하다), 相对(상대적이다), 认识(인식하다),

2.1 (a) 张三跟李四在路上碰见了。

张三　　　　跟　　李四　在　　　路上　碰见　　了

장삼(이름) ...와 이사 ...에서 길 마주치다 완료표지

장삼과 이사는 길에서 마주쳤다.

(b) 我的意见跟你的一样。

我　的　　　　意见　跟　你　的　　　　　一样

나 관형어표지 의견 ...와 너 관형어표지 동일하다

내 의견은 너의 의견과 같다.

2.2 (a) ＊张三碰见了。

＊张三　　　　碰见　　　了

장삼(이름) 마주치다 완료표지

(b) ＊我的意见一样。

＊我　的　　　　意见　一样

나 관형어표지 의견 동일하다

즉 이러한 동사들은 의미적으로, 하나 이상의 명사적 지시(의미상의 비-단수동사, Dougherty(1968))에 의존한다. 아래 제시된 세 가지의 지시는 모두 복수지시(multiple-reference)이다.

(i) 집합명사: 一群人(한 무리의 사람), 一些书(많은 책)

(ii) 복수명사: 两个小孩儿(두 명의 어린아이), 三条街(삼거리)

(iii) 하나 이상의 다른 기능을 하는 명사

不同(다르다), 配(결합하다)

이 글은 (i)과 (ii)의 유형을 논하지는 않겠다. 유형 (iii)이 지시하는 것에 부합되는 문장을 검증할 때, 예문 (2.1)에서는 두 개의 (혹은 모든) 명사가 모두 표층주어(surface subject)로 구현되지만, 예문 (2.3)에서는 각각 주어와 목적어 형식으로 구현된다는 것에 주목하고자 한다.

2.3 (a) 张三昨天碰见李四。

　　张三　　　昨天　碰见　　李四
　　장삼(이름)　어제　마주치다　이사(이름)
　　장삼은 어제 길에서 이사와 마주쳤다.

(b) 小明昨天认识了小华。

　　小明　　　昨天　认识　了　　　小华
　　소명(이름)　어제　알다　어기표지　소화(이름)
　　소명은 어제 소화를 알게 되었다.

예문 (2.1a)과 (2.3a)에는 동일한 동사가 출현하는데, 이 동사(碰见 마주치다)는 변화경험동사[8](process experiential verb)이다. (2.3a)에서 '张三'(장삼)은 경험주(experiencer)이고, '李四'(이사)는 수동자(patient)이다. 이와 같은 분석이 예문 (2.1a)에서도 적용가능한가? 이것을 복수지시동사의 대표적인 예문으로 간주하고 검증해보자. Lakoff & Peter(1967)는 복수지시동사가 심층구조에서는 구절접속과 밀접한 관련이 있다고 하였다. 그 중에서 '구'(Phrasal)와 관련된 중요한 개념은 구로 접속된 명사들은 모두 동일한 의미역을 담당한다는 것이다. 이 개념을 따르면, 예문 (2.1a)에서 두 개의 명사는 만약 경험주가 아니라면 수동자일 것이며, 다른 의미역은 아니다. Lakoff & Peter(1967)가 예문 (2.1)에서 (2.3)를 도출시키는 '접속이

---

8) 동사의 유형 및 동사-명사 관계에 대해서는 Chafe(1970)를 참조하기 바란다.

동'(conjunct-movement)의 변형을 통해 그 관계를 정확히 수립했음에도 불구하고, 예문 (2.1)을 구로 상정한 결과, 예문 (2.1)과 (2.3) 사이의 중립적 관계는 깨지고 말았다. 만일 이 경우, 그들의 분석을 따른다면 '접속이동'이 명사의 문법역(grammatical role)을 바꾸었다고 말해야 할 것이다. 그러나 이는 확실히 잘못된 것이다. 이 외에도, '张三'(장삼)이 우연히 마주친 사람이 '李四'(이사)라는 것을 안다. 또한 '李四'(이사)가 마주친 사람은 '张三'(장삼)이다. 바꿔 말하자면, 양자 모두 동시에 경험주와 수동자의 자격을 구비하고 있다는 것이다. 이는 이들 복수지시동사의 내재적 특징인 상호성에 의한 것이다. 그것들은 이중적인 자격을 가지고 있지만 교차-지시는 할 수 없다. 즉, 경험주는 그 자체로서 수동자가 될 수 없다는 것이다.

만일 Lakoff & Peter(1967)와 마찬가지로 복수지시동사와 '구'를 기저구조에서 연관시키지 않고, 기저구조에서 접속된 '단일방향' 문장으로부터 도출해낸다면(제6절 참조), 상술한 특징과 문제는 해석이 가능하다. 즉, 예문 (2.1a)은 (2.4)로부터 온다고 보는 것이다.

2.4   张三在路上碰见李四, 李四在路上碰见张三。

张三   在   路上 碰见   李四,
장삼(이름) ...에서 길   마주치다 이사(이름)

李四   在   路上 碰见   张三
이사(이름) ...에서 길   마주치다 장삼(이름)
장삼은 길에서 이사를 마주쳤고, 이사는 길에서 장삼을 마주쳤다.

그러므로 어휘제약으로부터 오는 구절접속은 사실상은 표층현상일 뿐이며, 제6절에서 다시 이점에 대해서 논의하기로 하겠다.

이러한 복수지시동사의 또 하나의 특징은 그것이 '구'와 연관이 없다는 지적인데, '공동목표'가 상황이나 논리적 제약으로 인한 '구' 문장에는 있는 반면, 어휘적 제약으로 인한 문장에는 없다는 것이다. 예를 들면, 다음과 같다.

    2.5 (a) 小明跟小华一块儿唱了一支歌。

小明	跟	小华	一块儿	唱	了	一	支	歌
소명(이름)	…와	소화(이름)	함께	부르다	완료표지	하나	양사	노래

    소명과 소화는 함께 노래 한 곡을 불렀다.

    (b) 小明跟小华常常打架。

小明	跟	小华	常常	打架
소명(이름)	…와	소화(이름)	자주	싸우다

    소명과 소화는 자주 싸운다.

예문 (2.5a)의 명사 사이의 공동목표는 '노래 한 곡을 부르는 것'이지만, (2.5b)는 만일 공동목표가 있다면 '싸우는' 것은 아닐 것이다. 왜냐하면 '小明'(소명)의 싸움 목표는 '小华'(소화)이고, '小华'(소화)의 싸움 목표는 '小明'(소명)이기 때문이다. 제3자가 관련되지 않는 한, 그것은 다른 문장이 될 것이다. 하나의 공동 목표를 위한 '공동참여'의 개념이 예문 (2.5a)에서는 드러났지만, (2.5b)에는 없다.

또 한 가지 주의해야 할 것은 '복수지시'(multiple-reference)의 개념은 '타동'(transitive)과는 차이가 있긴 하지만, 확연히 다르지는 않다는 것이다. 양자는 모두 하나 이상의 다른 의미역을 갖는 명사를 요구한다. 그 중 한 가지 차이는 전자는 집합명사나 복수명사를 수용하는 반면, 후자는 그렇지 않다는 점이다. 예를 들면, 다음과 같다.

2.6 (a) 他们都认识。(복수지시동사)

　　　他们　都　　认识
　　　그들　모두　안다
　　　그들은 모두 알고 있다.

　(b)　＊他们都看见。(타동사)
　　　他们　都　　看见
　　　그들　모두　보이다

　이러한 문장들은 타동사는 표층구조에서 일반적으로 목적어를 필요로 하지만, 복수지시동사는 그렇지 않다는 것을 보여준다. 그러므로 이 둘은 다른 동사자질을 갖는다. '복수지시'(즉 상호성(reciprocity))는 '타동성'을 포함하고 있다. 명사가 '타동' 구조에서 담당하는 것은 단일하면서도 독특하지만, '복수지시' 구조에서 명사는 이중역(double role)을 갖는다. 다음 제시된 문장이 함축하는 개념을 고려해보면 확실해진다.

2.7 (a) 张三听过李四这个名字。

　　　张三　　　听 过　　　李四　　　这 个 名字
　　　장삼(이름) 듣다 경험표지 이사(이름) 이 양사 이름
　　　장삼은 이사라는 이 이름을 들어본 적이 있다.

　(b)　张三认识李四。
　　　张三　　　认识　李四
　　　장삼(이름) 알다 이사(이름)
　　　장삼은 이사를 알고 있다.

　예문 (2.7a)에서는 '李四也听过张三'(이사도 장삼이라는 이름을 들어본

적이 있다)'이라는 의미를 함축하지는 않지만, (2.7b)은 필연적으로 '李四也 认识张三'(이사 역시 장삼을 알고 있다)이라는 의미를 함축한다.

그러므로 '문법역'(grammatical roles)과 '공동참여'(공동목표 joint participation)로부터 볼 때, '복수지시'동사와 관계를 맺는 구조는 결코 구절접속이 아니라는 결론을 얻을 수 있다. 명사는 표층구조에서만 구절접속이 이루어진다. 그 기저구조는 단일방향적이며, 이것은 제6절에서 논의할 주제와 동일하다.

공동격(Comitative)

3. '공동격'이라는 용어는 Fillmore(1968)가 명사의 격 관계(case relation)를 언급할 때 나온 것이다. 아래에서 제시한 바와 같다(Fillmore의 그림).

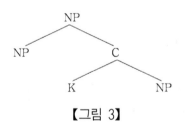

【그림 3】

중국어에서 공동격표지 K는 독특한 성격을 갖는 '跟'(…와 with)이 해당된다. Fillmore(1968)가 위의 구조로부터 구절접속을 도출해낸 반면, Lakoff & Peters(1967)는 '접속-이동'(conjunct-movement)이라는 상반된 가설을 내놓았다. 그들 중 누구도 이 양자 간의 의미관계를 해석하거나 정의를 내리지는 못했다. 예를 들어, '접속-이동'은 영어에서 전치사 'to' 와 'from'을 도입한 것과 같은데, 이들 전치사의 의미자질은 나중에 유일하게 공동격표지로 정의될 'with'와는 아주 큰 차이가 있다. 이 외에도, 그 두 구조가 확실히 상관관계를 갖는다면, 하나의 구조의 다른 구조로의 전환을 결정하게 하는 요인이 무엇인지가 궁금해진다.

영어에서는 이 문제가 뚜렷이 구분되는 통사구조로 인해 구와 공동격을 관련시키는 반면, 중국어에서는 일견 통사적 변이로 보이는 것들의 기저에 있는 것을 증명하는데, 어떤 경우에는 하나의 표층구조(surface structure)의 기저에 사실상 두 개의 개념인 구와 공동격이 있음을 보여준다. 예를 들면 다음과 같다.

3.1 (a) 小明跟小华明天不一块儿出去。

　　　小明　　　跟　　小华 明天 不　一块儿 出去
　　　소명(이름) ...와　소화 내일 부정 함께　　나가다
　　　소명과 소화는 내일 함께 나가지 않습니다.

　　(b) 小明明天不跟小华一块儿出去。

　　　小明　　　明天 不　　跟　小华　一块儿 出去
　　　소명(이름) 내일 부정 ...와 소화　함께　나가다
　　　소명은 내일 소화와 함께 나가지 않아.

3.2 (a) 我跟他可以开始一块儿工作了。

　　　我　跟　　他 可以　　　开始　　一块儿 工作 了
　　　나 ...와　그 할 수 있다 시작하다 함께　　일 어기조사
　　　나와 그는 함께 일을 시작할 수 있게 되었다.

　　(b) 我可以开始跟他一块儿工作了。

　　　我 可以　　　开始　　跟　他 一块儿 工作 了

나 할 수 있다 시작하다 ...와 그 함께   일   어기조사

나는 그와 함께 일을 시작할 수 있다.

부정표지, 시간부사, 양상(modal) 그리고 상동사(aspectual verbs)의 위치
가 각각의 문장 에서 다르다. 문제는 그 구조가 단지 어떤 변형의 수의적
응용으로 인한 통사적 변이인가 하는 것이다. 어떠한 긍정적인 대답도 배제
하지는 않지만, 이 글에서는 각 문장에서 (a)는 구절접속이고, (b)는 공동격
이라고 본다. 여기서 간단하게 이 주장에 대한 가장 중요한 통사·의미적
논거를 설명해보겠다.

(A) 통사상의 논거

  (i) 주제화(Topicalisation)

3.3   小明跟小华一块儿出去了。

       小明   跟   小华 一块儿 出去   了

       소명(이름) ...와 소화   함께   나가다 완료표지

       소명과 소화는 함께 나갔다.

예문 (3.3)은 중의적인데, 두 가지 방식으로 그것을 주제화시킬 수 있다.

3.4 (a) 小明跟小华啊，他们一块儿出去了。

       小明   跟 小华 啊，   他们 一块儿 出去   了

       소명(이름) ...와 소화 어기조사，그들 함께   나가다 완료표지

       소명과 소화, 그들은 함께 나갔다.

  (b) 小明啊，他跟小华一块儿出去了。

小明 啊,　　　 他 跟　 小华　一块儿 出去　 了
소명 어기조사　그 ...와 소화　 함께　　나가다 완료표지
소명이 말이지, 그는 소화와 함께 나갔다.

　예문 (3.4a)에서 초점은 동등하게 두 개의 명사에 있는데, 이것은 구절접속
명사의 전형적인 특징이다. 반면, (3.4b)에서 초점은 '小明'이라는 이 주제명
사에만 있다. 주관화[9]는 하나의 관련된 명사절점(noun node, 단일 혹은 결합
명사를 포함)을 선택하여 표층주어(surface subject)로 삼는다. 단지 하나의
성분만을 선택하는 것이 아니다. 이외에도, 또 다른 주제화과정이 구절접속
명사들의 표층 순서를 결정하는 예가 있다. 바꿔 말하자면, '주제'(Topic)명
사를 도입하는 것인데, 예를 들면, 예문 (3.3)의 '小明'(소명)이다. 이것은
(3.4a)과 (3.4b)가 모두 동일한 기저구조[10]에서 도출되었다면, 앞에서 논의한
또 하나의 주제화 과정은 분명히 (3.4b)에 적용되었으리라는 것을 의미한다.

(ii) 단언구문(Assertive construction)
예문 (3.3)은 두 가지 방식을 통해 단언구조에 실현될 수 있다.

3.5 (a) 小明跟小华是一块儿出去了。
　　　　 小明　　　　 跟　 小华　　 是　　 一块儿　 出去　 了
　　　　 소명(이름)　...와 소화(이름) 초점표지　 함께　　나가다 완료표지
　　　　 소명과 소화는 함께 나간 거다.

　　(b)　小明是跟小华一块儿出去了。

---

9) Fillmore(1968)와 Chafe(1970)의 주관화 과정(process of subjectivisation)을 참조
　하기 바란다.
10) Lakoff(1969)를 참조하기 바란다. 거기서 이 개념은 형식적으로 기저구조로 포
　합(incorporated)되었다.

小明　　　是　　　　跟　小华　一块儿　出去　　了
소명(이름)　초점표지　...와　소화　　함께　　나가다　완료표지
소명은 소화와 함께 나갔다.

　　주제화(topicalisation)를 포함하여 이 구조는 두 개의 다른 표층 구조를 나
타낸다(표층 구조는 수형도가 보여주는 바와 같다).

3.4 (a)와 3.5 (a)

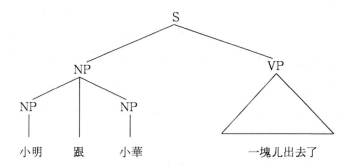

3.4 (b) 와 3.5 (b)

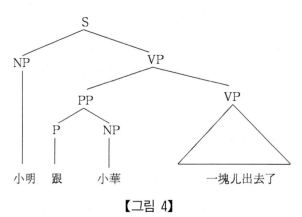

【그림 4】

(a)에서는 두 개의 명사가 모두 술어의 주어이지만, (b)에서는 하나의 명사만이 그렇다. 전자는 구절접속(phrasal conjunction)의 예이고, 후자는 공동격(comitative)이다.

(B) 의미상의 논거
 (i) 진리치 차이
문형변환은 문장의 진리치(truth value)를 변화시키지 않는다는 가설의 관점에서, 아래의 문장을 비교해보자.

3.6 (a) 小明跟小华没一块儿出去。
　　　小明　　跟　小华　没　一块儿 出去
　　　소명(이름) …와　소화　부정　함께　나가다
　　　소명과 소화는 함께 나가지 않았다.

　 (b) 小明没跟小华一块儿出去。
　　　小明 没　跟　小华　一块儿 出去
　　　소명 부정 …와　소화　함께　나가다
　　　소명은 소화와 함께 나가지 않았다.

예문 (3.6a)은 두 행위주가 모두 나갔으나, '一块儿'(함께)는 아니라고 이해할 수 있다. 그러나 예문 (3.6b)에서는 '小明'(소명)은 확실히 밖에 나갔지만, '小华'(소화)는 이미 나갔을 수도 있고, 아직 나가지 않았을 수도 있다. 이 두 예문에서 관련되는 전제는 다르다. 왜냐하면 '부정사의 이동'(negative-transportation)은 이러한 차이를 가져오지 않기 때문에, 이 두 문장이 하나의 기저구조에서 도출되었을 리는 없다. 아래의 문장을 보자.

3.7 (a) 张三跟李四只谈过这个问题。

　　　　张三　　　　跟　　李四　　只　　谈　　　过　　　这个　　问题
　　　　장삼(이름) ...와 이사(이름) 단지 말하다 경험표지 이 양사 문제
　　　　장삼과 이사는 이 문제만을 얘기한 적이 있다.

　(b) 张三只跟李四谈过这个问题。

　　　　张三　　　　只　　跟　　李四　　　谈　　　过　　这个　　问题
　　　　장삼(이름) 단지 ...와　이사(이름) 말하다 경험표지 이 양사 문제
　　　　장삼은 단지 이사와만 이 문제를 얘기한 적이 있다.

　예문 (3.7a)는 기타 다른 주제는 논의의 대상이 아님을 가리키며, (3.7b)는
다른 사람과는 이 문제를 논의하지 않았다는 것을 의미한다. '只'(단지)의
지배 범위가 다른 것이다.

(ii) 주체성(Principality)
아래의 문장을 살펴보자.

3.8 (a) 李先生跟李太太要到日本去。

　　　　李　先生　跟　　李　太太　要　　　　　　　到　日本　去
　　　　이 선생 ...와 이 부인 ...하려 하고 있다 ...에　일본　가다
　　　　이 선생과 이 부인은 일본에 가려고 한다.

　(b) 李太太要跟李先生到日本去。

　　　　李　太太　要　　　　　　　跟　李　先生 到　日本　去
　　　　이 부인 ...하려 하고 있다 ...와 이 선생 ...에　일본　가다
　　　　이 부인은 이 선생과 일본에 가려고 한다.

예문 (3.8a)에서 두 행위주는 동등한 위치에 있다. 즉 그들은 둘 다 이번 여행에서 동등한 주도권을 갖는다. 그러나 (3.8b)에서는 '李太太'(이 부인) 가 전체 문장의 초점을 받는 '주제명사'(topic noun)인 반면, '李先生'(이 선생)은 확실히 이 여행에서 동기를 부여하는 사람이다. 즉 '공동참여'라는 관점에서 볼 때, '李太太'(이 부인)는 '李先生'(이 선생)에게 합류한 사람으로서, 여기서는 '李先生'(이 선생)이 주요 참여자로서의 공동격 명사 (comitative noun)가 된다.

이러한 지위(status)의 차이는 '跟'(…와)의 어휘자질에 의한 것으로서, 여기서 '跟'은 '跟随'(동행하다)의 의미이다. 즉, 'A follows B'에서 비록 A가 '주제어' 성분이라 할지라도 주요 참여 성분은 B라는 것을 쉽게 이해할 수 있다는 것이다. '참여'(participality)의 개념을 더 정확하게 정의해보면, 그것은 담화(discourse)의 초점을 도입하는 '주제어'(topic)와 분명히 구분되어야 한다. Fillmore(1968)는 주제화 과정을 "문장의 한 성분을 '주제어'(topic)로 고립시키고, 하나의 특별한 문장성분을 '초점'(focus)이 되게 하는 장치"[11] 라고 주장하였다. 한편, '주체성'은 동일한 의미역 명사들 사이의 계층(명사 성분)을 도입한다. 행위주와 수동자가 문장에 동시에 출현할 때, 단일방향' 구조의 경우와 같이, 양자 간의 '주체성' 논의는 의미가 없다. 그런 의미에서 '동일 의미역 명사'(nouns of the same role)의 조건은 아주 중요하다. 이 명사들 사이에는 이미 내재적인 관계(본유적 관계)가 존재하는 것이다.

더 많은 '주체성'(Principality)의 예를 아래 제시된 두 개의 문장에서 살펴보자.

3.9 (a) 议员昨天跟总统一块儿去开会去了。

　　　 议员 昨天 跟　 总统 一块儿 去　 开 会　 去　 了

---

11) Fillmore(1968:57) 참조.

의원 어제 ...와 대통령 함께 가다 열다 회의 가다 완료표지
의원은 어제 대통령과 함께 회의하러 갔다.

   (b) 总统昨天跟议员一块儿去开会去了。
      总统　　昨天　跟　议员　一块儿　去　　开　会　去　　了
      대통령 어제 ...와 의원 함께　가다 열다 회의 가다 완료표지
      대통령은 어제 의원과 함께 회의하러 갔다.

예문 (3.9a)은 대통령과 의원의 계급 차이에 대한 우리의 예상과 일치한다. 한편, (3.9b)은 대통령을 꼭두각시의 역할로 폄하시킨 것처럼 보인다. 재미있는 예가 '중국언어학 주간'(linguistic journal in Communist China)[12]에서 일찍이 논의된 바 있다.

3.10 (a) 黑人跟白人不能在一块儿走路。
      黑人　跟　白人不　　能　　在一块儿　走　　路
      흑인　...　백인 부정 ...할 수 있다 함께　가다 길
      흑인과 백인은 함께 길을 갈 수 없다.

   (b) 黑人不能跟白人在一块儿走路。
      黑人 不　　能　　　　　跟　白人 在一块儿　走　　路
      흑인 부정 ...할 수 있다 ...와 백인 함께　　　가다 길
      흑인은 백인과 함께 길을 갈 수 없다.

   (3.10a)는 흑인이 억압되는 불행한 상황에 대해서 적절하게 묘사하지 못하지만, (3.10b)은 그 효과를 나타낸다. 어떤 요인이 이러한 결과를 가져왔을까? 확실히 그것은 '주체성'(principality)의 개념에서 온 것이다.

---

12) Chong Po Ku(1958) 참조하기 바란다.

공동격과 구절접속

4. 앞 절에서 살펴본 바와 같이, 의미의 차이도 통사의 차이와 마찬가지로 중국어의 공동격과 구절접속을 구분시켜 주었다. 이는 단순한 통사적 변이만은 아니라는 것을 보여준다. 아래에서 이 두 구조의 공통된 특징에 대해 살펴보자.

그 전에 구절 접속된 명사는 항상 동일한 의미역을 갖는다는 점에 주목할 필요가 있다. 아래에 제시된 공동격 문장을 보자.

4.1 (a) 老张要跟老李一块儿来。

老张　要　　　　跟　老李　一块儿　来
장씨 ...해야 한다 ...와 이씨　함께　오다
장씨는 이씨와 함께 와야 한다.

(b) 我的账要跟他的一块儿算。

我 的　　　　账　　要　　　　跟 他 的　　　一块儿 算
내 관형어표지　계산서 ...해야 한다 ...와 그 관형어표지 함께　계산하다
내 계산서는 그 사람 거랑 함께 계산해야 한다.

여기서 동일한 상황이 포착되는데, 예문 (4.1a)의 '老张'(장씨)과 '老李'(이씨)는 모두 행위주이지만, (4.1b)에서의 두 명사는 모두 수동자이다.

4.2 (a) 王二跟张三一块儿把李四打死了。

王二　　　跟 张三　　一块儿 把　李四　　打　死 了
왕이(이름) ...와 장삼(이름) 함께　처치표지 이사(이름) 때리다 죽다 완료표지
왕이와 장삼은 함께 이사를 때려죽였다.

(b) 王二把李四跟张三一块儿打死了。

　　王二　　把　　李四　　　跟　　张三　一块儿打　死　了

　　왕이(이름) 처치표지 이사(이름) ...와 장삼(이름) 함께 때리다 죽다 완료표지

　　왕이는 이사를 장삼과 함께 때려죽였다.

예문 (4.2a)에서 '王二'(왕이)와 '张三'(장삼)은 모두 행위주이고, '李四'(이사)는 수동자이다. 그러나 (4.2b)에서는 '王二'(왕이)만이 행위주인데, 그것을 번역할 때, 공동격 명사도 행위주로 처리하는 게 일반적이다. 중국어에서 '접속-이동'(Conjunct-movement)은 접속사가 동사성분을 넘어가는 것을 허용하지 않는데, 이로 인해 중의성을 피하게 된다. 또한 구절접속의 또 다른 특징인 '공동목표'는 공동격에서도 나타난다. 사실상, 이것은 명사가 동일한 의미역을 가진 결과이다. 그러므로 아래 열거된 두 개의 문장에서는 공동목표가 동일한데, 바로 '唱歌'(노래하다)이다.

4.3 (a) 小明跟小华昨天一块儿唱了一支歌。

　　小明　　　　跟　小华　　昨天　一块儿唱　了　　　一　支　歌

　　소명(이름) ...와 소화(이름) 어제 함께　부르다 완료표지 하나 양사 노래

　　소명과 소화는 어제 함께 노래 한 곡을 불렀다.

(b) 小明昨天跟小华一块儿唱了一支歌。

　　小明　　　　昨天　跟　　小华　一块儿唱　　了　　一　支　歌

　　소명(이름) 어제　...와　소화　함께　부르다 완료표지 하나 양사 노래

　　소명은 어제 소화와 함께 노래 한 곳을 불렀다.

선택제약(selectional restriction), 공기제약(co-occurrence restriction)과 같은 다른 요인들 역시 공동격과 구절접속의 긴밀한 관계를 보여주고 있다.

4.4 (a) ＊张三跟狗昨天一块儿写了一封信。

张三　　　跟　狗昨天一块儿写　了　　一　封　信

장삼(이름) ...와 개 어제 함께　쓰다 완료표지 하나 양사 편지

(b) ＊张三昨天跟狗一块儿写了一封信。

张三　　　昨天 跟 狗 一块儿 写　了　　一　封　信

장삼(이름) 어제 ...와 개 함께　쓰다 완료표지 하나 양사 편지

4.5 (a) ＊小明跟小华昨天一个人出去。

小明　　　跟 小华 昨天 一 个　人　出去

소명(이름) ...와 소화　어제　하나 양사 사람 나가다

(b) ＊小明昨天跟小华一个人出去。

小明　　　昨天 跟 小华 一 个　人　出去

소명(이름) 어제 ...와 소화　하나 양사 사람 나가다

공동격과 구절접속이 '동일한 의미역', '공동참여' 및 기타 제약 등과 같은 공통의 특징을 공유하고 있는 것은 확실하지만, '주체성'이라는 개념상에서는 달랐다. 구절접속에서 '공동참여'는 참여자에 의해 동등하게 공유되기 때문에, 그들 사이엔 층위의 구분이 없다. 그러나 공동격에서는 '공동참여'는 주체적인 참여자와 비주체적인 참여자의 존재를 암시하는데, 다시 말해서, 전자는 공동격 명사로서 공동격표지 '跟'에 의해 도입된다. Jespersen(1924)은 'and(구절접속)'와 with(공동격)가 거의 같은 사물을 가리키며, 양자의 주된 차이는 전자는 병렬을, 후자는 종속의 의미를 가리킨다.'는 점에 주목했다[13]. 주제 명사 혹은 공동격 명사 중 어느 것이 종속적인지를 지적해주지는 않았지만, 이 주장은 양자관계에 있어 아주 이상적인 결론을 제시한다. 이

글에서는 공동격 명사가 주제 명사를 지배하는 것으로 본다.

'주체성' 개념의 차이는 3절에서 본 바와 같이, 일련의 통사적인 특징을 동반한다. 이는 공동격표지 '跟'(…와)이 역사적으로 볼 때 완전한 동사 '跟隨(동행하다/따르다)'로부터 변해온 것이라는 이 사실로부터 설명된다. '跟'은 여전히 동사적인 자질을 가지고 있는데[14], 이 자질이 바로 왜 공동격의 '跟'이 접속사 '跟'과 달리 부정표지나 양상(modal) 등에 의해 수식될 수 있는지 해석해준다.

지금까지 공동격과 구절접속 사이의 주요 관계를 살펴보았으며, 또한 이 둘의 공통적인 기저구조는 '주체성' 자질에 달려있다고 가정할 수 있다. 즉 주체성 자질은 구절접속 구조가 아닌 공동격에 나타난다. 그러나 아직까지는 양자 간의 도출적인 방향성을 확정지을 수 없다. 다시 말해서, 지금까지 이 글에서는 이 방향성의 존재를 언급하지 않았다. 이 사실을 염두에 두고, '주체성'에서의 제약 및 이 글에서 '단일방향'이라고 묘사한 '의사-공동격구조'(pseudo-comitative structure)를 살펴보자.

주체성의 제약

5. Lakoff & Peters(1967)는 '유표성'(markedness)의 개념으로 동사자질과 관련하여 구절접속 제약의 발생을 기술하였다[15]. 그들의 분석에서 '표

---

13) Jespersen(1924:90) 참조.
14) 대부분의 중국어 문법학자들은 '跟'을 전치사로 분석하는데, 중국어에서 전치사의 위치는 명확하지 않다. 따라서 필자는 '동사 성분'(verb element)이라는 용어를 사용하여 그것을 완전동사(full-verbs)와 구분할 것이다. 그들 사이에는 체계적인 통사적 차이들이 존재한다.
15) Lakoff & Peters(1967)의 분석은 다음과 같이 요약될 수 있다.

지'(making)의 필요성은 복수지시동사의 독특한 자질로부터 요구된다. 예를 들면, 상태동사(stative verb)는 일반적으로 구절접속과 관계가 없지만, '像'(비슷하다), '相同'(똑같다)과 같은 동사들은 구절접속을 필요로 하기 때문에, 그와 같이 표지되어야 한다. 일단 이러한 동사들을 이 글에서 분석한 것처럼 구구조(phrasal structure)로부터 배제하고, 단일방향 구조로부터 도출한다면 더 이상 그것을 '표지'할 필요가 없게 된다. 이 외에도, 동사에 '표지'하는 것은 구절접속과 공동격구조의 특징을 기술하는 데는 적절하지 않다. 예를 들어, 상태완성동사(state completable verbs)인 도량형용사(measure adjectives)는 유표적 특징으로 인해 구절접속과 관련이 되겠지만, 이러한 표지가 그 동사들의 수동자, 도량명사, 혹은 이 둘 다에 적용될 수 있는가? 동사 자체에만 '표지'하는 것은 이 부분을 설명할 수 없다. 그러므로 다음에서 공동격과 구구조의 명사의 의미역에서의 제약을 기술해 보겠다.

Lakoff & Peters(1967)는 공동격구조가 출현하지 않는 경우를 설명하기 위해서 '접속-이동'의 제약들을 이용하였다. 이러한 제약은 '접속-이동'이 문두에만 적용될 수 있다는 것을 말해준다. 이것을 '천층구조'(shallow structure)의 층위에서는 '접속-이동'이 동사 뒤의 위치가 아닌 동사 앞의 위치에서 적용된다고 이해할 수 있을 것이다. 그러나 중국어와 영어 모두 많은 반례가 존재한다(【표 1】과 【표 2】 및 【부록 1】과 【부록 2】 참조). 그런 제약은 불가능하다. 이 외에도, 이 글은 Fillmore(1968)와 Chafe(1970)가 지

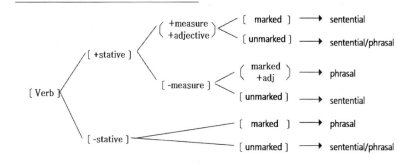

적한 어순은 이 기저구조 하에서는 중요하지 않다고 한 견해에 동의한다. 그러므로 공동격 출현에서의 제약은 '주체성'에서의 출현-제약으로 기술할 수 있다. 더 나아가 이 제약은 명사의 의미역으로 설명할 수 있다.

중국어에서 구절접속과 공동격구조의 분포는 다음 【표 1】과 같이 요약될 수 있다(예문은 【부록 1】참조).

이 표는 예외가 없다는 것을 의미하지는 않는다. 다른 제약들도 또 고려되어야 한다. 예를 들어, 이 글은 동일한 동사가 다른 기능을 할 수 있다고 본다. 아래의 예문에서 확인할 수 있다.

5.1 (a) 锺跟铃儿啊，他是在一块儿看见的。

　　　锺　跟　铃儿 啊，　　他 是　　　在一块儿 看见　　的
　　　시계 …와 종　 어기조사 그 초점표지 같이　　 보이다 초점표지
　　　시계와 종은 말야, 그가 같이 본거야.

　(b) 锺啊，他是跟铃儿在一块儿看见的。

　　　锺　啊，　　　他 是　　　跟　铃儿 在一块儿 看见　的
　　　시계 어기조사 그 초점표지 …와 종　 같이　　　보이다 초점표지
　　　시계는 말이지, 그가 바로 종이랑 같이 본거야.

5.2 (a) ＊锺跟铃儿啊，他是在一块儿听见的。

　　　　锺　 跟　 铃儿 啊，　　他 是　　　在一块儿 听见 的
　　　　시계 …와 종　 어기조사 그 초점표지 같이　　 듣다 초점표지

　(b) ＊锺啊，他是跟铃儿在一块儿听见的。

　　　　锺　 啊，　　　他 是　　　跟 铃儿 在一块儿 听见　的
　　　　시계 어기조사 그 초점표지 …와 종　 같이　　　듣다 초점표지

동사＼명사	수동자 patient		행위주 agent		경험주 experiencer		완성 completable		수혜 benefactive	
	ph	com	ph	com	ph	com	ph	com	ph	com
상태(State)	X	X								
상태완성 (State completable)	V	X					X	X		
상태경험 (State experiential)	X	X			X	X				
상태수혜 (State benefactive)	X	X							X	X
변화(Process)	V	V								
변화경험 (Process experiential)	V	V			V	V				
변화수혜 (Process benefactive)	V	V							V	V
변화 동작 (Process action)	V	V	V	V						
동작(Action)			V	V						
동작 완성 (Action completable)			V	V			V	V		
변화동작수혜 (Process action benefactive)	V	V	V	V					V	X

영어의 지각동사(perception verbs)의 문제에 관해서는 제8절에서 논의하 겠다. '看见'(보다, 보이다)과 '听见'(듣다, 들리다)은 둘 다 변화경험동사 (process experiential verbs)이다. 그러나 '看见'(보다, 보이다)은 '공간상의 함께'와 양립되는(동시에 시간상의 함께도 함축한다) 반면, '听见'(듣다, 들 리다)은 '시간상의 함께'와만 어울린다.

---

*[역자주] 【표1】에서 'ph'는 구절접속(phrasal)을 의미하고, 'com'은 공동격 (comitative)을 의미한다.

예문 (5.1)은 실제로 기저의 내포구조에서 도출된 것이라 주장할 수도 있다.

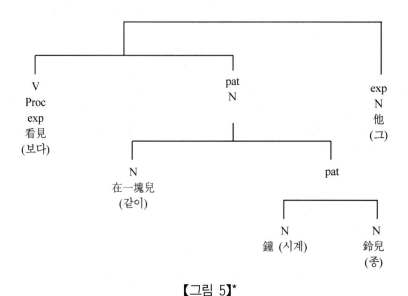

【그림 5】*

그러나 사실상 【그림 5】는 다음과 같은 기저구조를 갖는다.

5.3   他看见锺跟铃儿在一块儿。

他 看见   锺   跟   铃儿 在一块儿

그 보이다   시계 …와   종   같이

그는 시계와 종이 같이 있는 것을 보았다.

【표 1】에 제시된 중점은 행위주만이 구절접속과 공동격 두 구조에 자유

*[역자주] 【그림-5】에서 'proc'는 과정(process)을 의미하고, 'exp'는 경험자 (experiencer)를 의미한다.

36 │ 현대중국어 문법연구

롭게 출현할 수 있다는 것이다. 선택자질을 구비한 동사와 관련되는 명사들은 이러한 구조에 출현할 수 없지만, 유일한 예외는 상태완성동사(state completable verb)이다. 그러므로 구절접속의 제약은 아래와 같다(예외는 포함하지 않는다).

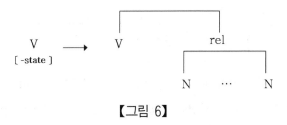

【그림 6】

공동격의 출현은 구절접속보다 더 제약적이라고 이해할 수 있는데, 그것은 바로 모든 구절접속이 다 거기에 대응되는 공동격구조를 갖는 것은 아니지만, 그 역은 참이라는 것에서 알 수 있다. 그러므로 '주체성'(principality) 제약은 다음과 같이 기술할 수 있다[16].

[명사] → [+주체성] /   i. 【그림 6】에서 명사 구성원이라면

ii. 행위주가 출현하는데 수혜명사(benefactive verb)가 아니라면

【그림 7】

상술한 제약의 사소한 문제라고 하면 '주체성'이 구로 접속되는 명사들의 모든 구성원과 출현하는가의 여부일 것이다. 사실상, 주체성이 모든 명사들

---

16) 구와 공동격의 제약은 여기서는 중국어에만 적용된다. 영어에서의 제약에 대해서는 【표 2】참조하기 바란다.

과 함께 출현하거나 소실될 때 구구조가 된다. 그러나 그것이 모든 명사와 함께 나타난다고 가정하면 확실히 이상해 보인다. 아래 문장과 비교해보면 다음과 같다.

5.4 ＊张三、李四、王五都最高。

张三　　　李四　　　王五　　　都　最　高

장삼(이름) 이사(이름) 왕오(이름) 모두 매우 크다

이러한 유형의 경우엔 '주체성'의 실현을 제약하는 것이 보편적이다.

그러므로 이 글은 구절접속과 공동격구조는 단지 하나의 의미형성 과정 중의 두 가지 다른 현상으로서, '주체성'이 '공동참여'의 구성원 사이에서 출현하는 지의 여부로써 결정된다는 것을 알았다. '주체성'의 제약은 도출의 방향성을 결정한다. 공동격 구조만이 그것과 대응되는 구절접속 구조를 갖는 반면, 그 역은 성립하지 않는다. 이 사실은 구절접속은 공동격으로부터 도출된 것이 아니라는 것을 가리킨다. 왜냐하면 그러한 경우에 구절접속은 만들어질 수 없기 때문이다.

이 외에도, 공동격 명사는 '주요 참여자'(principal participants)와 관련이 있다는 것을 보았다. 이는 기저구조에서 공동격 명사의 도입은 '주요' 자질의 출현에 의해 요구된다는 것을 의미한다. 이로 볼 때, 구절접속이 공동격구조를 통해 생겨날 때마다 '주요 참여자'가 먼저 도입되고, 그 후에 '주체성 제거'(de-principalised) 과정이 발생한다는 것을 알 수 있다. 그러나 이러한 과정은 타당성이 없어 보인다. 또한 공동격이 구절접속에서 도출되었다고 가정한다면, 이 두 문제는 모두 자연스럽게 해결될 수 있다. 구절접속이 공동격으로부터 도출되었다는 주장에 대한 또 다른 중요한 반대 이유에 관해서는 '의사-공동격'구조를 통해 검증해 볼 것이다.

단일방향성(Unidirectional)

6. Chao(1968)는 '跟'(…와)을 정의할 때, '관념 연합'(expressing association)이라는 표현을 썼다. 다음에서 '관념연합'이 두 가지 방향성을 포함한다는 것을 보여줄 것인데, '공동격'(comitative)이 그 중의 하나이고, 또 다른 것은 바로 '단일방향성'(unidirectional)이다.

제4절에서 공동격에서 명사들은 동일한 의미역을 갖는다는 것을 살펴보았다. 이 점은 자연스럽게 공동격의 도출이 구절접속으로부터 온 것이라는 것을 가리킨다. 그러나 다음에 제시된 '跟'이 포함된 문장을 살펴보자.

6.1 (a) 小明昨天跟小华打了一个电话。

       小明　　　昨天跟　小华　　　打　了　　　一　个　电话
       소명(이름) 어제 …와 소화(이름) 하다 완료표지 하나 양사 통화
       소명은 어제 소화와 전화통화를 했다.

  (b) 小明想跟小华说话。

       小明　　　想　　　　跟　小华　　　说　　　话
       소명(이름) …하고 싶다 …와 소화(이름) 말하다 이야기
       소명은 소화와 얘기하고 싶다.

'小明'(소명)은 행위주이고, '小华'(소화)는 수동자(목표)이다. 이러한 유형의 구조에서 이것을 '공동참여'라고 부를 수는 없으며, 또한 여기에는 '공동목표'도 없다. '단일방향성'은 이질적인 구조에 실현된 명사와 명사 사이의 단일한 방향관계를 보여주고 있는데, 그 중 하나의 표층구조가 공동격구조와 상당히 유사하다는 것을 예문 (6.1)에서 보았다. 양자의 혼란은 제2절에서 논의한 바와 같이, Lakoff & Peters(1967)의 복수지시동사 분석에서 이미

살펴본 바 있으며, 그리고 Perlmutter(1968)가 제안한 논의 중에서도 살펴보았었다. 그는 공동격이 구절접속으로부터 도출되었다는 것을 반대하였다. 이 부분은 제8절에서 논의할 것이다.

단일방향 - 跟에서 단일방향 관계 - 즉 동일하지 않은 의미역은 N1+跟+N2+VP의 표층 구조 외에도, N1+V+N2의 형식을 가지는 구조에서 분명히 보인다. 예를 들면 다음과 같다.

6.2 (a) 老张要跟老李借钱。

老张　　要　　　　　跟　老李　借　钱
장씨　　…하려 하고 있다 …에게 이씨　빌리다 돈
장씨는 이씨에게 돈을 빌리려 한다.

(b) 老张要借老李的钱。

老张　　要　　　　　借　老李　的　　　钱
장씨(이름) …하려 하고 있다 빌리다 이씨　관형어표지 돈
장씨는 이씨의 돈을 빌리려 한다.

6.3 (a) 小明昨天跟小华发脾气。

小明　　昨天　跟　小华　　发　脾气
소명(이름) 어제　…에게 소화(이름) 내다 화
소명은 어제 소화에게 화를 냈다.

(b) 小明昨天发小华的脾气。

小明　　昨天　发　小华　　的　　　脾气
소명(이름) 어제 내다 소화(이름) 관형어표지 화
소명은 어제 소화에게 화를 냈다.

각 쌍의 의미는 동일하다. 예문 (6.3)의 기저구조는 다음과 같다.

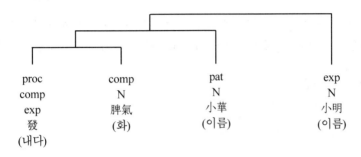

【그림 8】

경험주와 수동자는 연합동사(association verb) '跟'에 의해 하나로 묶여질 수 있으며17), 또는 무표지(unmarked)의 상황에서 동사는 경험주와 수동자

---

17) '관련'(association)은 '목표'(어떤 곳을 향해 무엇을 하다) 혹은 '근원'(어떤 곳으로부터 얻다)으로 더 구체화할 수 있다. 전자의 경우, '跟'은 '对' 혹은 '得'로 대체될 수 있으며, 후자의 경우는 '向'으로 대체될 수 있다. 예를 보면 다음과 같다.

(1)   我对他做了一个鬼脸。
      我 对   他 做 了   一   个   鬼脸
      나 ...에게 그 하다 완료표지 하나 양사 귀신 얼굴
      나는 그에게 웃기는 얼굴 표정을 지어보였다.

(2)   你得对他客气点儿。
      你   得   对 他 客气   点儿
      당신 해야 한다 ...에게 그 공손하다 조금
      당신은 그에게 조금 공손해야 한다.

(3)   他对人很和气。
      他 对   人 很 和气
      그 ...에게 사람 매우 친절하다
      그는 사람들에게 매우 친절하다.

사이에 개입할 수 있다. 후자의 경우, 수동자와 보어가 서로 인접해서 표층구조에 출현하는 것은 선호되지 않는 순서배열이므로, 가짜연합(dummy association) 표지인 '的'(기본적으로는 속격표지(genitive marker))이 임의로 삽입될 수 있다18). 이것은 예문 (6.2)과 (6.3)와 같은 다른 구조를 만들어 냈

---

(4)　　　我向他借钱。
　　　　　我　向　　他借　　　钱
　　　　　나 ...에게　그 빌리다　돈
　　　　　나는 그에게 돈을 빌리다

(5)　　　你向他请事。
　　　　　你　　向　　他 请事
　　　　　당신 ...에게　그 (의견을) 구하다
　　　　　당신은 그에게 의견을 구하십시오.

(6)　　　我向他要了一本书。
　　　　　我　向　　　他 要　　　了　　　一　本　书
　　　　　나 ...에게　그 요구하다　완료표지 하나 양사 책
　　　　　나는 그에서 책 한 권을 요구하였다.

18) 나는 이것을 의사-소유격 구조(pseudo-genitive structure)라고 부른다. 본질적으로 표층구조제약(surface structure constraint)은 명사군에 유리하지 않다. 따라서 이 변형의 영향이 있다(선택적이다).

　　　　　　NP1 NP2　⇨　NP1 的 NP2

이것은 다양한 구조에서 보인다. 예를 들면 다음과 같다.

谢谢你的好意。
谢谢　　　你　的　　　　好意
감사하다 당신 관형어표지　호의
당신의 호의에 감사드립니다.

我们不请他的客。
我们　不　请　　　他 的　　　客
우리　부정 초대하다　그 관형어표지 손님
우리를 그를 손님으로 초대하지 않는다.

다. '跟'은 이러한 예문에서 가짜-관련성 표지일 뿐이며, 반드시 공동격 '跟'
과는 확실히 구분되어야 한다.

'단일방향'과 '구절접속'사이에 어떠한 관계도 존재하지 않기 때문에, 이
둘이 상호 배척한다고 의심할 이유는 없다. 이들은 아래의 문장에서는 공기
하였다.

6.4 小明跟小华想一块去跟小黑做朋友。

小明　　跟 小华　　想　　　一块去 跟 小黑　做朋友
소명(이름) ...과 소화(이름) ...하려고 하다 함께 가다 ...와 소흑(이름)하다 친구
소명과 소화는 함께 가서 소흑이와 친구가 되고 싶어한다.

'단일방향'(unidirectional)이 가리키는 것은 단일 방향적(one-way)인 '연
합'을 가리키는 반면, 공동격은 '참여'관계를 나타낸다. 이들의 특징을 다음
과 같이 기술할 수 있다.

공동격　　　　　　　　단일방향

+ 연합　　　　　　　　+ 연합
+ 참여　　　　　　　　- 참여

복수지시동사를 갖는 문장들은 또한 관련의 유형을 가리키는데, 거기서도
참여는 결여되어 있다. 그러므로 복수지시동사들은 단일방향 구조로부터 도

他坐了三天的船。

他 坐　　了　　　三 天的　　　　　船
그 앉다 완료표지 삼 일 관형어표지　배
그는 삼일동안 배를 탔다.

출된 것이다19). 복수지시동사는 제2절에서 논의한 것처럼 내재적인 상호성을 갖는다. 이 상호성은 단순히 이중적인 단일방향을 가리키는 것이 분명하다. 아래와 같은 그림으로 해석할 수 있다.

구 / 공동격	N1, N2	→	목표
단일방향	N1	→	N2 (목표)
복수지시	N1 (목표)	↔	N2 (목표)

복수지시동사와 관련이 있는 (표층) 구절접속을 단일방향구조로부터 도출시킴으로써, 예문 (6.5)과 같은 비문법성은 자연스럽게 설명된다.

6.5 　*老李跟一个死人真像。

　　　老李　跟　　一　　个　　死人　　　真　　　像

　　　이씨 ...와　하나　양사　죽은 사람　정말로　닮았다

예문 (6.6a)은 단일방향을 나타내는 문장이지만, (6.6b)은 그렇지 않기 때문이다.

6.6 (a)　老李真像一个死人。

　　　老李　真　像　一　个　死人

　　　이씨 정말 닮다 하나 양사 죽은 사람

　　　이씨는 정말 죽은 사람과 닮았다.

　　(b)　*一个死人真像老李。

---

19) 이 도출은 Gleitman(1965)이 처음 제안하였다. Stockwell et al(1965)에서도 사용되었다.

```
一   个   死人       真   像   老李
하나 양사 죽은 사람 정말 닮다 이씨
```

한편, 복수지시구문이 기저구조에서 구절접속과 관련되어야 하는데, 예문 6.5와 같은 '완전한 예외'[20]는 (6.6a)을 해석하기 위해서는 가정되어야 한다. 그럼에도 불구하고 예문 6.6 (b)은 여전히 해석되지 않은 부분이 남아있다.

이제 단일방향성구조를 근거로 도출구조의 방향성에 대해 더 생각해보자. 공동격과 단일방향구조는 동일한 표층구조를 가지고 있다. 이는 공동격이 기본형식이고 그것의 기저구조는 단일방향의 구조에 병합되어, 양자가 모두 '연합'(목표, 근원(source), 수혜격 등의 유형)이라는 일반 분류에 속하는 것으로 가정되어야 함을 의미한다. 그렇게 되면, 공동격과 구절접속 사이에는 일대일 대응체계는 가능하지 않게 된다. 만일 불가능한 게 아니라면, 단일방향으로부터의 구절접속의 도출을 막는 것은 극도로 복잡해질 것이다. 그와 같은 분석은 아래 문장이 서로 관련이 있다고 잘못 주장하게 된다.

```
6.7 (a)  老张常常跟老李发脾气。
         老张 常常 跟     老李 发    脾气
         장씨 자주 ...에게 이씨 내다 화
         장씨는 자주 이씨에게 화를 낸다.


    (b)  老张跟老李常常发脾气。
         老张 跟    老李 常常 发    脾气
         장씨 ...와 이씨 자주 내다 화
         장씨와 이씨는 자주 화를 낸다.
```

---

20) 'absolute exceptions'의 개념에 대해서는 Lakoff(1965)를 참조하기 바란다.

또한, 비문법적인 문장 역시 생길 수 있다. 예를 들면 다음과 같다.

6.8 (a) 你别跟小孩儿一样了!
　　　　你 别　　　　跟　　小孩儿　一样　　　　了
　　　　너 ...하지 마라 ...와　어린아이　한 가지이다 어기조사
　　　　너는 아이처럼 굴지 마라!

　　(b) ＊你跟小孩儿别一样了!
　　　　你 跟　小孩儿　别　　　　　一样　　　　了
　　　　너 ...와　어린아이 ...하지 마라　한 가지이다 어기조사

　　공동격은 구절접속으로부터 도출되며, 또한 동시에 단일방향구조는 확실하게 분리되는데, 이러한 문제는 생기지 않는다.
　　이 외에, '단일방향'은 '跟'(…와)보다 더 많은 기타 동사성분 (혹은 전치사)을 지배한다. 예문은 다음과 같다.

6.9 (a) 老张对老李不满。
　　　　老张 对　　　　老李　不满
　　　　장씨 ...에게　이씨　불만이다
　　　　장씨는 이씨에 불만이다.

　　(b) 张三喜欢向别人诉苦。
　　　　张三　　　喜欢　　向　　别人　　诉　　　苦
　　　　장삼(이름) 좋아하다 ...에게 다른 사람 하소연하다　억울한 사정
　　　　장삼은 다른 사람한테 억울한 사정을 하소연하기를 좋아한다.

　　(c) 我们跟李四打个电报。

我 们　　跟　　李四　　　打　个　电报

나 -들　…에게 이사(이름)　하다　양사　전보

우리들은 이사에게 전보를 쳤다.

'단일방향'은 너무 광범위한 특징을 함축하고 있어서 아직까지 정의되지 못했다. 한편, '공동격'은 유일하게 '跟'(…와)을 지배하며, 그것의 의미자질은 단순한 '공동참여'이다. 이 둘 간의 혼동으로 인해 공동격에서 그 유일한 동사성분을 구체화하는 것이 불가능하다. 구절접속으로부터 공동격이 도출되는 과정에서, 이러한 관점을 주장할 수 있다. 구절 접속된 구성원으로부터 인상된 명사들은 '跟'에 의해 지배되며, 다음과 같이 나타낼 수 있다.

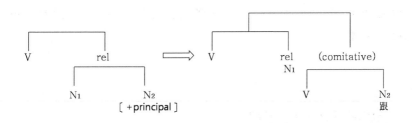

【그림 9】

결론

7. '주체성'의 제약 및 '단일방향' 구조를 적절하게 해석하기 위해서, 또한 구절접속과 공동격 간의 체계적 관계를 이해하기 위해서는 반드시 구절접속 구조가 기본구조라는 것을 가정해야 한다. 그러나 공동격이 결코 구절접속 구조로부터 '도출'된 것이 아니며, 공동격에만 나타나는 '주체성'의 자질에서는, 이 양자는 기저구조에서 차이가 난다. 아래에서 보여주는 바와 같다.

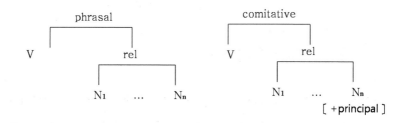

【그림 10】

기저구조에서 '주체성'의 출현은 어떤 변화를 가져오는데, 이 점은 구절접속과 공동격의 표층구조상에서의 차이를 가져오는 원인이 된다.

이 글이 이 주제와 관련해서 선행연구와 다른 주된 가정은 바로 통사구조에 대한 이해는 반드시 동사-명사관계에 대한 기초적인 분석에 근거해야 한다는 것이다.

영어에서의 관련 문제

8. 앞 절의 예문은 대부분 중국어 예문과 그것의 영어 번역과 관련된 것이다. 본 절에서는 중국어와는 무관한 영어에서 문제를 간단하게 논의해 볼 것이다.

우선, 영어에서 'with'의 함축범위는 확실히 중국어의 '跟'보다 훨씬 넓다. 아래의 'with'의 용법은 '공동격'이 아니다.

8.1 (a) John hit Mary with a stick.(도구)
　　　　존은 막대기로 메리를 때렸다.

　　 (b) John went to Europe with 200 dollars (with him).(소유)

존은 200 달러를 가지고 (그와 함께) 유럽으로 갔다.

(c) I lost my car with radio (in it). (부분-전체)

나는 라디오가 부착된 차를 잃어버렸다.

(d) John lost his book with his pen. (동시성)

존은 펜과 함께 책을 잃어버렸다.

(e) John received the prize with excitement. (양상)

존은 흥분 속에서 싱을 받았다.

(f) I saw John with Peter. (동반)

나는 존이 피터와 함께 있는 것을 보았다.

(g) I cooked chicken with sherry. (재료)

나는 셰리 포도주로 닭을 요리했다.

(h) John agreed with my estimate. (단일성)

존은 나의 예상에 동의했다.

(i) Sorry, I am not with you. (관용어)

죄송합니다만, 당신 말을 이해할 수 없군요.

상술한 문장 중 그 어느 것도 그에 대응되는 구절접속 구조가 없다. 여기서의 'with'는 항상 종속성분을 도입한다.

'주체성'은 영어에서 더 많은 제약을 받는데, 예를 들면 아래와 같다.

8.2 (a) The Smiths had dinner with the Jones.

스미스 부부는 존 부부와 함께 저녁 식사를 했다.

(b) The Jones had dinner with the Smiths.

존 부부는 스미스 부부와 함께 저녁 식사를 했다.

the Jones(존 부부)는 예문 (8.2a)에서는 주체이고, (8.2b)에서는 객체이다. 확실히 공동격 명사들은 주요 참여자이다. 그러나 아래의 문장에서는 그렇게 명확하진 않다.

8.3 (a) John was reading a book with Mary.
존은 메리와 함께 책을 읽고 있었다.

(b) Mary was reading a book with John.
메리는 존과 함께 책을 읽고 있었다.

구절접속과 공동격의 영어에서의 분포는 중국어와 약간 다르다. 【표 2】에서 보여주는 것과 같다(예문들은 【부록 2】 참조).

【표 2】

	수동자 (patient)		행위주 (agent)		경험주 (experiencer)		완성 (completable)		수혜 (benefactive)	
	ph	com	ph	com	ph	com	ph	com	ph	com
상태(State)	X	X								
상태완성 (State completable)	V	X					X	X		
상태경험 (State experiential)	X	X			X	X				
상태수혜 (State benefactive)	X	X							X	X
변화(Process)	V	V								
변화경험 (Process experiential)	V	V			V	V				
변화수혜 (Process benefactive)	X	X							X	X
변화 동작 (Process action)	V	V	V	V						
동작(Action)			V	V						
동작 완성 (Action completable)			V	V			V	V		
변화동작수혜 (Process action benefactive)	V	X	V	V					V	X

지각동사(perception verb) - 그리고 기타 변화경험동사, 예를 들면 学(배우다), 遇见(우연히 만나다) 등 - 는 중국어에서처럼 분명히 해야 할 의문이 남아 있다. 아래의 문장을 비교해보자.

8.4 (a) *John and Mary heard the band together.('동시성'이 없다면)

    (b) *John heard the bang with Mary.

8.5 (a) John and Mary heard Bill's talk together.

      존과 메리는 함께 빌의 얘기를 들었다.

    (b) John heard Bill's talk with Mary.

      존은 빌이 메리와 하는 얘기를 들었다.

예문 (8.4)에서 'hear'(듣다)가 가리키는 것은 '感受'(느끼다)이다. 바꿔 말하자면, 소극적인 경험(passive experience)이다. 그러나 예문 (8.5)에서는 적극적이고 의도가 있는 경험을 나타낸다. 각 예문에서 그것은 다르게 행동한다. 그 의도가 관련되는 것은 아래의 문장을 통해서 증명될 수 있다.

8.6 (a) I went to hear Bill's talk.

      나는 빌의 얘기를 들으러 갔다.

    (b) * I went to hear the bang.

이것은 감각동사가 예문 (8.4)에서 다시 변화/경험동사로 분류될 수 있지만, (8.5)에서는 오히려 변화/동작으로 분류된다는 것을 보여준다. 이어서 'see'의 아래 예문에서의 용법을 비교해보자.

8.7 (a) I saw John and Mary together.

나는 존과 메리가 함께 있는 것을 보았다.

(b) I saw John with Mary.

나는 존이 메리와 함께 있는 것을 보았다.

(c) * John and Mary saw the airplane together.

(d) * John saw the airplane with Mary.

8.8 (a) I saw Westside Story and Romeo & Juliet together.

나는 '웨스트사이드 스토리'와 '로미오와 줄리엣'을 함께 보았다.

(b) I saw Westside Story with Romeo & Juliet.

나는 '로미오와 줄리엣'과 함께 '웨스트사이드 스토리'를 보았다.

(c) John and Mary saw the films together.

존과 메리는 그 영화들을 함께 보았다.

(d) John saw the films with Mary.

존은 그 영화들을 메리와 함께 보았다.

예문 (8.8)은 확실히 변화/동작동사의 예문이지만, 'hear'는 (8.7a), (8.7b)와 같은 구조에는 출현하지 않는다는 점에서, (8.7)의 'see'는 (8.4)의 'hear'와 다르다(양자는 모두 변화/경험이다).

8.9 (a) * I heard the bang and crash together.(동시성 없다면)

(b) * I heard the bang with the crash.

예문 (8.7a)과 (8.7b)에 대한 해석이 바로 그것들이 그 형태의 접속구조로부터 도출된 것처럼 보인다.

8.10 (a) I saw John and Mary. John and Mary were together.

나는 존과 메리를 보았다. 존과 메리는 함께 있었다.

(b) I saw John. John was with Mary.

　　나는 존을 보았다. 존은 메리와 함께 있었다.

'see'의 또 다른 특별한 자질은 예문 (8.8a)과 (8.8b)는 영어문법에 부합되지만, (8.11b)은 그렇지 않다.

8.11 (a) I went to see John and Mary together.

　　　　나는 존과 메리가 함께 있는 것을 보러 갔다.

(b) * I went to see John with Mary.

변화/동작동사는 이와 유사하게 기능하지 않는다. 예를 들면 다음과 같다.

8.12 (a) I mixed wine and water together.

　　　　나는 포도주와 물을 함께 섞었다.

(b) I mixed water with wine.

　　　　나는 물을 포도주와 섞었다.

8.13 (a) * I cut the rope and wire together. (동시성 없음)

(b) * I cut the rope with wire. (도구 없음)

동사 'mix'와 'cook'은 복수지시의 수동자를 허용하지만, 기타 'cut'과 'mend' 등의 동사는 그렇지 않은 것처럼 보인다. 더욱 진일보된 분류에 근거해서 다양한 동사들의 특성을 서술하는 것은 아주 중요하다. 앞선 장절에서 많은 'with'의 단일방향성과 관련된 예문을 보았다. 영어에서의 'with'의 위치는 확실하다. 따라서 아래 문장은 중의적이다.

8.14 Norway fought with Sweden.

노르웨이는 스웨덴과 싸웠다.

그것은 '…와 싸우다'를 가리킬 수도 있고, '어깨를 나란히 하고 싸우다'를 가리킬 수도 있다. 후자의 함의는 공동격이고 단일방향적이다. 이에 대한 반대 의견 중에서, Perlmutter(1968)는 구절접속으로부터의 공동격 도출은 예문 (8.15)을 설명하기 위한 것이라고 주장하였고, Lakoff & Peters(1967)는 Lakoff의 분석에서는 확실한 예외로 처리된 예문 (8.16)을 상정하였다.

8.15 (a) John agreed with my estimate.

존은 나의 예상에 동의했다.

(b) John resembles his brother.

존은 그의 동생/형과 닮았다.

8.16 (a) * John and my estimate agreed.

(b) * John and his brother resemble.

문제는 단일방향성과 공동격을 혼동한 데서 오며, 결과적으로 복수지시동사는 구절접속과 관련된다. 이 글의 분석에서 예문 (8.15)은 단일방향성으로서 예문 (8.16)에서 도출된 것이 아니다. 또 하나의 Permutter(1968)의 반대의견은 일부 공동격 명사의 역할이 여전히 확정적이지 못하다는 것이다. 다음의 예를 보자.

8.17 Russians attacked Chinese (together) with Mongolians.

러시아인은 몽골인과 함께 중국인을 공격했다.

'Mongolians'(몽골인)는 행위주인가 수동자인가? 그러나 이러한 중의성으로는 반대의 근거를 삼을 수는 없다. 왜냐하면 변화/동작동사의 행위주와 수동자 양자는 자유롭게 공동격과 구절접속구조 둘 다에 출현할 수 있다는 것을 보았기 때문이다. 이런 경우에 '접속-이동'은 정확하게 이러한 중의를 예측할 수 있다.

근원문장(source sentences)이 잉여적일 때, 단일방향성 구조로부터 복수 지시문장이 도출되는 것으로부터 문제가 존재한다. 이러한 잉여성은 준상호동사(semi-reciprocity)로부터 완전상호(full-reciprocity) 동사 사이의 정도상의 차이가 존재하며, 다음에서 발견할 수 있다.

8.18 (a) His house is similar to hers, and her house is similar to his.
그의 집은 그녀의 집과 비슷하고, 그녀의 집은 그의 집과 비슷하다.

(b) His house is identical with hers, and hers is identical with his.
그의 집은 그녀의 집과 동일하고, 그녀의 집은 그의 집과 동일하다.

8.19 (a) John agreed with Mary, and Mary agreed with John.
존은 메리에게 동의했고, 메리는 존에게 동의했다.

(b) John conversed with Mary, and Mary conversed with John.
존은 메리와 대화했고, 메리는 존과 대화했다.

예문 (8.18a, 8.19a)에는 잉여적인 성분이 없지만, (8.18b, 8.19b)은 상당히 심각하다.

영어에서도 역시 단일방향성이 'with' 이외의 다른 전치사를 지배하는 예가 존재한다. 다음과 같다.

8.20 (a) I lost my temper with / at him.

나는 그에게 화를 냈다.

(b) My house is identical with / to John's.

내 집은 존의 집과 동일하다.

'agree, speak'와 같은 다른 동사들은 다양한 요인에 따라 다양한 전치사들과 관련이 된다. 한편, 공동격은 단지 'with'와만 관련이 되며, 【그림 9】에서 보여주는 바와 같다.

세부적인 제약의 공식은 일단 접어놓더라도, 공동격과 구절접속이 중국어와 영어에서 동등하다는 것을 살펴보았다. 이 글에서 논의한 모든 개념, 즉 '의미역 동일성', '공동 참여', '공동 목표', '주체성', '단일방향성' 및 '복수 지시'등은 중국어와 영어 모두에 관련된다.

【부록 1】

(【표 1】예문)

(1) a. *张三跟李四昨天一块儿乾净°

   b. *张三昨天跟李四一块儿乾净°

(2) a. 张三跟李四去年在一块儿有200磅重°

   b. *张三去年跟李四在一块儿有200磅重°

   c. *张三有100磅跟200磅重°

   d. *张三有100磅跟200磅一块儿重°

(3) a. *张三跟李四我一块儿喜欢?

   b. *张三啊, 我, 跟李四我一块儿喜欢°

   c. *张三跟李四我一块儿喜欢王五°

   d. *张三啊, 他跟李四一块儿喜欢王五°

(4) a. *书跟笔张三一块儿有。

　　b. *书啊，张三是跟笔一块儿有的。

　　c. *张三跟李四一块儿有一个房子。

　　d. *张三啊，他跟李四一块儿有一个房子。

(5) a. 张三跟李四去年是在一块儿死的。

　　b. 张三去年是跟李四在一块儿死的。

(6) a. 张三跟李四，我是在一块儿碰见的。

　　b. 张三啊，我是跟李四在一块儿碰见的。

　　c. 张三跟李四昨天在一块儿碰见王五。

　　d. 张三昨天跟李四在一块儿碰见王五。

(7) a. 张三把书跟笔在一块儿丢了。

　　b. 张三把书啊，跟笔在一块儿丢了。

　　c. 张三跟李四昨天在一块儿把车子丢了。

　　d. 张三昨天是跟李四在一块儿把车子丢了的。

(8) a. 我昨天把鱼跟肉在一块儿煮了。

　　b. 我昨天把鱼啊，跟肉在一块儿煮了。

　　c. 张三跟李四昨天一块儿煮了鱼。

　　d. 张三昨天跟李四一块儿煮了鱼。

(9) a. 张三跟李四昨天一块儿去了。

　　b. 张三昨天跟李四一块儿去了。

(10) a. 张三跟李四昨天一块儿唱了一支歌。

　　b. 张三昨天跟李四一块儿唱了一支歌。

　　c. 中国歌跟美国歌，他在一块儿唱了。

　　d. 中国歌啊，他是跟美国歌在一块儿唱的。

(11) a. 老李把钱一块儿给了张三跟李四。

b. *老李把钱，跟李四一块儿给了张三。

c. 张三跟李四昨天一块儿把钱给了老李。

d. 张三昨天跟李四一块儿把钱给了老李。

e. 张三把书跟笔一块儿给了李四。

f. 张三把书啊，跟笔在一块儿给了李四。

【부록 2】

(【표 2】예문)

(1)　a. *John and Mary are clean together.

　　　b. *John is clean with Mary.

(2)　a.　John and Mary weigh 330 lb together.

　　　b. *John weigh 330 lb with Mary.

　　　c. *The book cost $2 and $3 together.

　　　d. *The book cost $2 with $3.

(3)　a. *John and Mary liked the films together.

　　　b. *John liked the films with Mary.

　　　c. *Bill likes John and Mary together.

　　　d. *Bill likes John with Mary.

(4)　a. *John and Mary have books together.

　　　b. *John has books with Mary.

　　　c. *John has books and pens together.

　　　d. *John has books with pens.

(5)　a. Mr. and Mrs. Smith died together (in bed).

　　　b. Mr. Smith died with Mrs. Smith.

(6)   a. Bill met John and Mary together.

       b. Bill met John with Mary.

       c. John and Mary met Bill together.

       d. John met Bill with Mary.

(7)   a. *John lost books and pens together.

       b. *John lost books with pens.

       c. *John and Mary lost books together.

       d. *John lost books with Mary.

(8)   a. John cooked the chicken and the duck together.

       b. John cooked the chicken with the duck.

       c. John and Mary cooked the chicken together.

(9)   a. John and Mary sang together.

       b. John sang with Mary.

(10)   a. John and Mary sang a song together.

       b. John sang a song with Mary.

       c. John sang Yankee Doodle and Old Black Joe together.

       d. John sang Yankee Doodle with Old Black Joe.

(11)   a. John bought Mary books and pens together.

       b. *John bought Mary books with pens.

       c. John and Mary bought Bill some books together.

       d. John bought Bill some books with Mary.

       e. John bought a book for Bill and Mary together.

       f. *John bought a book for Mary with Bill.

참고문헌

Chao, Yuen Ren. (1968). *A Grammar of Spoken Chinese*. University of California press.

Chafe, Wallace. (1970). (forthcoming). *Meaning and the Structure of Language*. University of Chicago press.

Chomsky, Noam. (1965). *Aspects of the Theory of Syntax*. MIT Press.

Dougherty, Ray. (1967a). Coordinate conjunction. Unpublished.

Dougherty, Ray. (1967b). The deep structure of plurals, conjoined noun phrases, reciprocal pronouns, and plural reflexives. Unpublished.

Dougherty, Ray. (1968). Coordinate Conjoined Structures. Unpublished MIT thesis.

Fillmore, Charles. (1968). The case for case. Universals in Linguistic Theory, ed. by bach & Harms. Holt, Rinehart, and Winston.

Gleitman, Lila. (1965). Coordinating conjunction in English. Lg 41. 260-293. Also, Modern Studies in Englished. by Reibel & Schane, 80-112. New Jersey: Prentice-Hall. 1969.

Herris, Zellig. (1951). *Structural Linguistic*. University of Chicago Press.

Jespersen, Otto. (1924). *Philosophy of Grammar*. New York : Norton. (1965)

Ku, Chong Po. (1958). The usage and function of 'he, gen, tong, yu.' *Zhong Guo Yu Wen* 77.533-534.

Lakoff, George. (1965). On the Syntactic Irregularity. NSF-16.

Lakoff, George. (1966). Stative adjectives and verbs in English. NSF-17.

Lakoff, George. (1968). Repartee: a reply to Negation, conjunction, and quantifiers. Unpublished.

Lakoff, George. (1969). On generative semantics. Unpublished.

Lakoff, George, and Stanley Peters. (1967). Phrasal conjunction and symmetric predicates. NSF-17. Also, Modern Studies in English, ed. by Reibel & Schane, 113-142. New Jersey: Prentice-Hall. 1969.

Langendoen, D.T. (1968). An analysis of symmetric predicates and of the formation and deletion of reciprocal elements in English. Unpublished.

Lu, Shu Shiang. (1955). On the unidirectional reference of the word shiang.

Han Yu-Fa Lun Wen Chi 36-45. Peking: Keshue Chu Ban Sheh.

Partee, Barbara. (1968). Negation, conjunction, and quantifiers: syntax vs semantics. Unpublished.

Perlmutter, David. (1968). Deep and Surface Structure Constraints in Syntax. Unpublished MIT thesis.

Peters, Stanley. (1969). Conjunction. Unpublished.

Postal, Paul. (1968). Crossover phenomena: a study in the grammar of co-reference. Unpublished. IBM.

Schane, Sanford. (1966). A Schema for Sentence Coordination MITRE MTP 10.

Smith, Carlotta. (1969). Ambiguous sentences with And. *Modern Studies in English*, ed. by Reibel & Schane, 75-79. New Jersey: Prentice Hall.

Stockwell, Robert P, Paul Schachter, and Barbara Hall Partee. (1968). *Integration of Transformational Theories in English Syntax*. University of California, Los Angles.

Wang, William S-Y. (1967). Conjoining and deletion in Mandarin syntax. POLA 2.3.

Wierzbicka, Anna. (1967). Against Conjunction Reduction. Unpublished.

제2장 중국어의 부정과 상[1])

Negation and Aspects in Chinese

　　이 글에서는 중국어 완료상(perfective aspect) '了'와 그것의 동음이의어인 문장조사(sentence particle) '了' 사이의 통사적 특징과 상호 관련성을 살펴볼 것이다. 완료상(perfective aspect)은 기저구조에서 존재문(existential)의 '有'로부터 파생된 것이 아니라, 기타 다른 상(aspect)과 마찬가지로 그 아래에 내포된 것이다. 문장조사는 기동동사(inchoative verb)로 재분석되는데, 부정사(否定词)를 지배할 수 있고, 또한 부정사에 의해 지배될 수도 있다. 이와 같이 전통적인 가설과는 다른 분석은 조사를 취하는 부정문의 통사적 불규칙현상을 체계적으로 설명해준다. 상이나 기동동사와 관련된 격의 불확정성(case indeterminacy)은 앞으로 부정(negation)이라는 기제를 통해 해석될 것이다. 이외에도 이 글에서는 시아먼 방언(厦门话)과 꾸앙똥 방언(广东话)의 관련 자료도 논의할 것이다.

1. 서론[2])

---

1) 이 논문은 *Journal of Chinese Linguistics* 1.1.14-37, 1973에 출간된 것이다.
2) 이 연구는 부분적으로 Air Force Contract F30602-69-C-0055의 지원을 받았다. 이 논문의 초고를 읽고 소중하고 건설적인 의견을 피력해주신 W. Wang, K.

현대중국어 완료상 '了'(perfective aspect *le*, 이하 Lp라 칭함)는 언어학계에서 주목하는 주제로서, 이 분야에서 가장 체계적이고 흥미로운 논의로는 Wang(1965)에서 제기된 바 있다. 그는 현대중국어의 내부적 증거를 통해, Lp(perfective aspect, 완료상)의 기원 및 Lp의 복잡한 통사적인 특징을 해석하였을 뿐만 아니라, 중국어의 다방언적인(cross-dialectal) 연구를 위한 이론적 토대를 마련하였다.

한편, 동음이의어 문장조사 '了'는 상대적으로 그렇게 큰 관심을 받지는 못했다. 특히, 변형문법에서는 Lp(perfective aspect, 완료상)와 문장조사 '了' 사이의 상호관련성을 밝혀내지 않고서는 Lp에 대한 전반적인 이해가 불가능하다. 이 점은 이 글의 논의에서 증명될 것이다. 이외에도, 이 글에서는 후자를 적절하게 설명하기 위해서 전통적으로 간주되어온 문장조사라는 용어가 아닌 기동동사(inchoative verb, 이하 Li로 칭함)로 부르겠다.

제2절에서는 Lp와 Li의 의미와 통사적인 특징을 기술하고, 그것들이 형식상 다른 성분이라는 것을 증명할 것이다. 제3절에서는 Wang(1965)의 기본적인 관점인 Lp와 '有'는 완료상의 보충형(suppletive forms)이라는 주장을 소개하고, 이 관점이 시사하는 바가 무엇인지 살펴볼 것이다. 또한 Wang의 분석에 있어서의 문제점은 제4절에서 상세하게 논의될 것인데, 그의 입장은 Lp만이 '有'와 호환 가능한 게 아니라, '有'를 대체할 수 있는 단어가 또 존재한다는 것이다. 제5절에서는 Lp와 '有'가 부정문에서 함께 출현하는 예를 제시하고, Lp와 '有'가 상보적이지 않음을 증명할 것이다. '有'의 재분석을 통해 주요동사가 NP보어를 취하는(하나의 사건 혹은 상태의 존재를 나타냄) 현상은 '有'가 Lp나 기타 상과 공기하는 원인을 자연스럽게 설명해 준다는 것을 보일 것이다.

제6절에서 제시되는 부정문에서 Li가 출현하는 행태가 불규칙한데, 이것

Chang, 그리고 Y. R. Chao께 감사를 드린다.

은 '부정범위'(scope of negation)의 개념을 통해 설명된다. 이 글에서는 현재의 생성의미론의 관점에서, Li를 기동동사로 재분석하는데 있어, Li를 취하는 문장의 다양한 부정범위는 자연스러운 현상이다. 제7절에서는 부정문과 유사음생략(haplology)을 통해 Lp와 Li의 구분을 모호하게 만드는 문맥요소들을 해석할 것이다. 마지막으로, 현대중국어에 나타나는 Lp와 Li의 유사음생략(haplology)을 가정하는 구체적인 증거를 제시하고, 이러한 현상이 다른 방언에서만 나타나는 현상이 아님을 보일 것이다.

2. Lp와 Li

이 절에서는 Lp와 Li의 통사 · 의미상의 차이를 간단하게 살펴볼 것이다.

(1) a. 他看了两本书。

他　看　了　　两　本　书
그　읽다　완료표지　둘　양사　책
그는 책 두 권을 읽었다.

  b. 他写了两封信。

他　写　了　　两　封　信
그　쓰다　완료표지　둘　양사　편지
그는 편지 두 통을 썼다.

예문 (1)에서 '了'는 상표지(aspect marker)로서, 어떤 특정한 사건의 '성취'(accomplished), '완결'(completed) 혹은 '완성'(perfected)된 상태를 가리킨다. 이 표지를 Lp(=perfective le, 완료상 了)라고 부르자. Chao(1968)는 이것을 접미사(suffix) 또는 단어 '了'로 간주했다.

예문 (2)에서 보는 바와 같이, 중국어에는 '了'의 동음이의어가 존재한다.

(2) a. 他会走路了。

他 会　　　　走 路 了

그 ...를 할 수 있다 걷다 길 어기표지

그는 걸을 수 있게 되었다.

b. 他知道我的名字了。

他 知道 我 的　　　名字 了

그 알다 나 관형어표지 이름 어기표지

그는 내 이름을 알게 되었다.

예문 (2)에서 '了'는 '상태의 변화' 혹은 '새로운 상황의 출현'을 가리키는데, Chao(1968)에서는 이를 문장조사(sentence *le*) '了'라고 하였다. 이 글은 이것을 Li(=inchoative le, 기동상 了)라고 부르겠다. 이외에도, 이 두 개의 '了'가 한 문장에 동시에 출현할 수도 있다. 예를 들면 다음과 같다.

(3) a. 他看了两本书了。

他 看　了　　两 本　书 了

그 읽다 완료표지 둘 양사 책 어기표지

그는 책 두 권을 다 읽었다.

b. 他写了两封信了。

他 写　了　　两 封　信　了

그 쓰다 완료표지 둘 양사 편지 어기표지

그는 편지 두 통을 썼다.

Lp(완료상 了)는 동사 뒤에 오며 비-상태동사(non-state verbs)[3]와만 공기한다는 제약은 다음 예문 (4)의 비문법성을 설명해준다.

(4) a.　　*他会了走路。

　　　　他　会　　　　　了　　走　路

　　　　그 ...를 할 수 있다 LE   걷다 길

　　b.　　*他喜欢了张小姐。

　　　　他　喜欢　　　了　张　小姐

　　　　그 좋아하다 LE 장 아가씨

이러한 설명에 대해서는 명백한 반례가 존재하는데, 다음과 같다.

(5) a.　　树高了三寸

　　　　树　　高　　了　　　　　　　三　寸

　　　　나무 자라다　완료표기+어기표지　삼　촌

　　　　나무가 3촌 자랐다.

　　b.　　李四胖了十磅。

　　　　李四　　　胖　　了　　　　　　　十　磅

　　　　이사(이름) 살찌다　완료표기+어기표지　열 파운드

　　　　이사는 10파운드나 살쪘다.

---

3) 동작, 변화, 상태동사에 관한 더 자세한 논의는 Chafe(1970)와 Teng(1972a)을 참조하기 바란다. 여기서는 각 범주의 전형적인 예만을 제시한다.

　(1) 동작 : 笑(웃다), 站(서다), 打(치다/때리다), 卖(팔다), 写(쓰다)

　(2) 변화 : 病(병이 나다), 破(깨지다/해지다), 沉(가라앉다), 化(녹다), 死(죽다)

　(3) 상태 : 高(높다), 贵(귀하다), 白(하얗다/희다), 喜欢(좋아하다), 能(할 수 있다)

이 문제에 대해서는 제7절에서 설명할 것이다(예문 (63)과 (64) 참조).

한편, 어떤 문장이 총칭적(generic) 해석을 받을 때에만, 문장조사 Li(기동상 了)는 동작동사와 공기하는데, 다음 문장과 같다.

(6)   小明吃饭了。

小明   吃 饭了

소명(이름) 먹다 밥 어기표지

소명은 밥을 먹게 되었다/소명은 밥을 먹기 시작하였다.

그러므로 예문 (6)은 예를 들어 '아기의 이유식이 밥으로 바뀌었다'는 식의 '小明'(이름)의 식습관의 변화를 가리킬 때에만 문법적이 된다. 만약 특정 사건의 완성이나 발생(그가 먹었다/그가 이미 먹었다)을 가리키게 되면 비문법적인 문장이 된다. 다음 예문을 보자.

(7) a. 张三又抽烟了。

张三   又抽   烟 了

장삼(이름) 또 피우다 담배 어기표지

장삼은 또 담배를 피우게 되었다.

b. 李四会打字了。

李四   会   打 字 了

이사(이름) ...를 할 수 있다 치다 글자 어기표지

이사는 타자를 칠 수 있게 되었다.

Li(기동상 了)는 동작동사가 아닌 전체 문장과 관계가 있다.

시간의 지시(temporal reference)적인 측면에서 볼 때, Lp는 담화 이전의 시간에 발생한 비-총칭적인(non-generic) 사건과 관련된다. 그러므로 '現在'(현재), '常常'(항상)과 같은 시간을 나타내는 단어와는 어울리지 않는다.

(8) a.　他昨天买了一本书。

　　　　他　昨天　买　了　　一　　本　书

　　　　그　어제　사다　완료표지　하나　양사　책

　　　　그는 어제 책 한 권을 샀다.

　　b.　* 他现在看了书。

　　　　他　现在　看　了　书

　　　　그　현재　보다　LE　책

　　c.　* 他常常写了信。

　　　　他　常常　写　了　信

　　　　그　자주　쓰다　LE　편지

한편, Li(기동상 了)는 변화의 발생과 관련이 있는데(반드시 비-총칭적), 이 변화는 어떤 특정시간에 발생했거나, 시간적 표현은 없지만 담화가 이루어지는 그 시간이다. 그러므로 예문 (9)에서 '他知道那个消息了'(그는 그 소식을 알게 되었다)의 사실은 예문 (8a)에서 어제 이미 참(truth)이 되지만 (확실히 발생했거나 혹은 화자가 알고 있는 한), 예문 (8b)과 (8c)에서는 단지 담화가 이루어지는 그 당시에만 참이 된다.

(9) a.　他昨天就知道那个消息了。

　　　　他　昨天　就　　知道　那　个　　消息　了

　　　　그　작년　바로　알다　그　양사　소식　어기표지

　　　　그는 어제 바로 그 소식을 알게 되었다.

b. 他知道那个消息了。

他 知道 那 个　　 消息 了

그 알다 그 양사　 소식 어기표지

그는 그 소식을 알게 되었다.

c. 他现在就知道那个消息了。

他 现在 就　　知道 那 个　 消息 了

그 현재 바로　 알다 그 양사　 소식 어기표지

그는 이제 그 소식을 알게 되었다.

이 외에도, 예문 (9b)과 (9c)는 의미가 비슷한데, Li(기동상 了)의 무표지 시간참조시(unmarked time reference)는 발화 시간(the time of utterance)이다.

상술한 논의는 현대중국어에서 Lp(완료상 了)와 Li(기동상 了)는 형식상 완전히 다른 두 가지 성분이라는 것을 보여준다. 이 외에, 이 둘은 중국의 기타 방언에서 각각 뚜렷한 대응성분을 가지고 있다. 현대중국어 문장 (10a)과 시아먼 방언의 대응어 (10b), 그리고 꾸앙똥 방언의 대응어 (10c)와 비교해보자4).

(10) a. 他吃了饭。(현대중국어)

他 吃　 了　　　 饭

그 먹다 완료표지　 밥

그는 밥을 먹었다.

b. I u chia png. (伊有食饭: 시아먼 방언)

---

4) 시아먼 방언의 자료는 필자가 가지고 있는 것이며, 꾸앙똥 방언에 관해서 철저하고도 시사점을 던져준 논의를 해주신 Samuel H. N. Cheung에게 감사를 드린다.

I　u　　chia　png

그 있다 먹다 밥

그는 밥을 먹었다.(He have eat rice)

 c.　Keuih yauh sihk faahn. (佢有食饭: 꾸앙똥 방언)

  Keuih yauh sihk faahn

  그　　있다　먹다　밥

  그는 밥을 먹었다.(He have eat rice)

 여기서 현대중국어의 Lp는 시아먼 방언 'u', 꾸앙똥 방언 'yauh'와 각각 대응된다. 또한, Li는 시아먼 방언 'a'와 꾸앙똥 방언 'la'에 해당한다. 아래 예문 (11)에서 보여주는 바와 같다.

(11) a.　吃饭了 ! (현대중국어)

  吃　　饭　了

  먹다　밥　어기표지

  밥 먹자!

 b.　Chia png a! (食饭啊!: 시아먼 방언)

  Chia　png　a!

  먹다　밥　　어기표지

  밥 먹자!

 c.　Sihk faahn la! (食饭啦!: 꾸앙똥 방언)

  Sihk　faahn　la!

  먹다　밥　　어기표지

  밥 먹자!

3. 'Lp〜有' 호환

Lp(완료상 了)는 '부정문에는 출현하지 않는다.'는 독특한 특징으로 인해 오랫동안 중국 언어학자들의 관심을 받아왔다.

(12) a. 他买了字典。

　　　 他 买　 了　　　 字典

　　　 그 사다 완료표지　 자전

　　　 그는 자전을 샀다.

　　 b. 他没有买字典。

　　　 他　 没有 买　 字典

　　　 그　 부정 사다 자전

　　　 그는 자전을 사지 않았다.

예문 (12)에서 부정문 (12b)은 부정표지 '没'뿐만 아니라, 선택적으로 출현할 수 있는 '有'와 공기하고 있는데, 이 동사의 출현을 설명할 수가 없다. '有'를 갖는 문장은 일반적으로 아래와 같은 긍정과 부정의 대응문을 이룬다.

(13) a. 他有字典。

　　　 他 有　 字典

　　　 그 있다　 자전

　　　 그는 자전이 있다.

　　 b. 他没有字典。

　　　 他 没有 字典

그 부정   자전

그는 자전이 없다.

예문 (14)은 예문 (12b)의 긍정형식이라고 예측할 수 있으나, 문법적이지
않다.

(14)   *他有买字典。

         他 有   买 字典

         그 있다 사다 자전

예문 (12b)과 (14)가 관련이 될 때, 만일 후자가 전자의 기저구조
(underlying structure)라면 이러한 불규칙성은 설명이 가능해진다. 즉, 예문
(14)의 '有'와 (12b)의 Lp가 상호보완적인 관계를 보인다고 추측할 수 있다.
이러한 분석 또한 Wang(1965)에서 제기된 것이다.

    Wang의 분석에서, 예문 (12a)과 (12b)는 각각 【그림 1】과 【그림 2】가
나타내는 기저구조를 가지고 있다(부정사는 약간의 수정을 가했음).

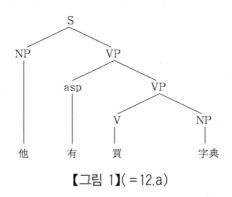

【그림 1】(= 12.a)

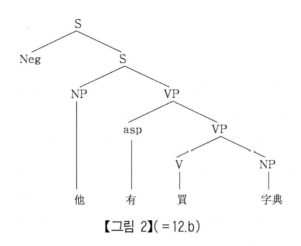

【그림 2】(= 12.b)

두 개의 변환은 필수적이다. 먼저, 상(asp)이 후치되어 동사 뒤에 왔을 경우에 그것은 부정사에 의해 전치되지 않는다. 둘째로 후치된 상(asp)은 '了'로 변한다. 시아먼 방언에서는 이러한 변환이 관찰되지 않는다는 것에 주목할 필요가 있다. 비교해보자.

(15) a. I u bue jitian.(伊有买字典: 시아먼 방언)[5]

　　I　　u　　bue　　jitian

　　그　있다 사다 자전

　　그는 자전을 샀다.

　 b. I bo bue jitian.(伊无买字典: 시아먼 방언)

　　I　bo　bue　jitian

　　그　부정 사다 자전

---

5) u가 있는 시아먼 방언 문장은 선행질문에 대한 응답, 비난 등에만 사용된다. 반면, Lp를 취하는 현대중국어 문장은 이러한 요소에서 자유롭다. 따라서 현대중국어 Lp의 시아먼 방언 대응어는 사실상 ∅이다.

그는 자전을 사지 않았다.

앞의 논의로부터 Wang(1965)의 추론이 확실히 현대중국어의 Lp를 포함한 긍정문과 부정문 사이의 통사적 관계를 규칙화했으며, 또한 기타 다른 방언에도 통용될 수 있는 기본구조를 제공한 것으로 보인다. 그러나 여기서 주목해야할 기본적인 의제는 다음과 같다. Wang의 'Lp〜有' 교체의 적용이 어떻게 확장되는가? 달리 말하자면, '有'는 언제 완료상 표지가 되는가?

이 교체는 두 가지 측면에서 볼 수 있다. 먼저, '了'가 긍정문에 출현하거나 혹은 환원되는 상황과 그것의 부정대응문(negative counterpart)에 '没有'가 출현하는 경우로 제한된다. 둘째로 긍정문의 동사구가 부정문에서 '没有'에 의해 부정되는 모든 경우에 유용하다. 두 번째 추론은 '了'의 수의적 삭제(단독으로 첫 번째 가설에서 성립)뿐만 아니라, 강제적인 삭제까지도 긍정문에서 허가된다는 점에서 첫 번째보다 더 설득력이 있다.

Wang(1965)이 적용한 두 번째 가설은 다음 절에서 살펴볼 것이다. 이 외에도, 그의 분석의 지속적인 적용여부, 주된 문제점 등이 여기서 논의될 것이다. 제5절에서는 '了'와 '有'가 상호 대체되지 않고 대신 공기하는 예를 보여줄 것이다.

4. 'Lp〜有' 교체의 문제

'Non-Lp' 구문에서 'Lp〜有' 교체를 가정함으로써 Lp(완료상 了)의 강제삭제라는 결과를 가져온다. 그리고 그러한 분석이 지속적으로 적용될 때 잘못된 상의 배열형태(configuration of aspects)를 초래하게 된다.

두 개의 상표지는 Wang(1965, 즉 완료상(有), 경험상(有〜过))의 연구에서 이미 논의된 바 있다. Wang(1965)은 경험상(experiential aspect)을 '有'에

'过'를 추가하는 것으로 재분석하였는데, 이것은 '경험을 나타내는 문장도 완료상과 같이 부정된다'는 사실에 의한 것이다. 예를 들면 다음과 같다.

(16) a. 他学了中文。

　　　他 学 　 了 　　 中文

　　　그 배우다 완료표지　중국어

　　　그는 중국어를 배웠다.

　　b. 他没有学中文。

　　　他 没有 学 　　 中文

　　　그 부정 배우다　중국어

　　　그는 중국어를 배우지 않았다.

　　c. *他不学了中文。

　　　他 不 　 学 　 了 　 中文

　　　그 부정 배우다 LE　중국어

(17) a. 他去过中国。

　　　他 去 　 过 　　 中国

　　　그 가다 경험표지　중국

　　　그는 중국에 간 적이 있다.

　　b. 他没(有)去过中国。

　　　他 没(有) 去 　 过 　　 中国

　　　그 부정　가다 경험표지　중국

　　　그는 중국에 간 적이 없다.

　　c. *他不去过中国。

他 不　去　过　　　中国
그 부정　가다 경험표지　중국
그는 중국에 간 적이 없다.

'有'가 경험구문을 구성하고, 또한 '了'와 상호보완적이라면, Lp(완료상
了)는 반드시 경험표지 뒤에서 강제적으로 삭제될 것이며, 이는 아래의 문답
에서 증명된다.

(18) a. 你去过中国没有?
　　　你　去　过　　　中国 没有
　　　당신 가다 경험표지　중국 부정
　　　당신은 중국에 가보았습니까?

　　b. 我去过中国。
　　　我　去　过　　　中国
　　　나 가다 경험표지　중국
　　　나는 중국에 가보았습니다.

　　c. *我去过了中国。
　　　我　去　过　　　了　中国
　　　나 가다 경험표지 LE　중국

　　d. 我没(有)去过中国。
　　　我 没(有) 去　过　　　中国
　　　나 부정　가다 경험표지　중국

예문 (18c)는 비문법적인데, 거기서 Lp와 '过'가 공기한 것에 주의하라.

Lp(완료상 了)와 '过'가 함께 출현한 경우도 있지만, 이때 '过'는 경험표지가 아니라, 또 다른 완료상 표지이다. 이 둘 간의 차이는 아래 예문 (18)과 (19)의 비교를 통해 알 수 있다.

(19) a. 你吃过饭了没有？

     你   吃   过   饭 了   没有

     당신 먹다 완료표지 밥 어기표지 부정

     당신 밥 다 먹었습니까?

   b. 我吃过了。(긍정)

     我 吃   过   了

     나 먹다 완료표지 어기표지

     나는 밥을 다 먹었습니다.

   c. 我还没(有)吃。(부정)

     我 还   没(有) 吃

     나 아직 부정   먹다

     나는 아직 다 먹지 않았습니다.

   d. *我还没(有)吃过。

     我 还   没(有) 吃   过

     나 아직 부정   먹다 완료표지

예문 (18a)는 의미적으로 (19a)와 구분된다. 전자가 과거의 경험을 묻는 것이라면, 후자는 사건이 완성되었는지의 여부를 묻는 것이다. 후자의 의미에서 '过'는 '그것이 이미 지나갔다'는 시간적인 특징을 가리킨다. 따라서 Li(기동상 了)없이 단독으로 출현하는 경우는 아주 드물다(예문 (19b), 제6절에서도 볼 수 있음). 통사적으로는 완료상 '过'는 부정문에서 강제로 삭제되지만, 경험상 '过'는 삭제될 수 없다((19d)와 (18d)). 완료상 '过'와 Lp 사이에는 아주 유사한 점이 많다.

위에서 이미 언급한대로, Wang(1965)의 프레임에서는 수의적인 삭제라는 추론과는 상반되게(1965:466)[6], Lp가 긍정의 경험구문에서는 반드시 삭제되어야 한다. '了'의 강제적인 삭제는 이론적으로 불가능한 것은 아니지만, 아래의 관찰은 'Lp⌒有' 교체가 실제로는 적용가능성이 없다는 것을 간접적으로 보여주고 있다.

첫째, '진행'(progressive)과 '지속'(continuative)인 것을 표현하는 통사구조에서는 동사 뒤에 접미사 '著'이 붙는데[7], 예를 들면 다음과 같다.

---

6) 참고할 만한 Wang의 규칙은 다음과 같다.

    T5. 조건: X   -'有'   (-過)   Y   Verb   Z
                  1   2   3   4   5

(-'有' (-過) 교체)

  and :   (i)   1 ≠ BU and 3 ≠ BU
         (ii)   3 동사 포함하지 않음
         (iii)   If 5 = '了'(문장조사), 그러면(A), 그렇지 않으면(B).
  변화 : (A) 1   3   4   (过)-'了'
          (B) 1   3   4   '了'   5
                    -过 (-了)

이 논의로부터 확실히 해 두어야 할 부분은 바로 '了'는 변화(B)에서 보류되고, 또한 5=∅ 일 때, '了'는 Lp가 아니고 Li라는 사실이다.

7) 기타 진행구조에 동사는 상-동사(aspectual verb) '在'에 의해 지배된다. 예를 들면 다음과 같다.

      (i) 他在打电话。
        他 在   打   电话
        그 마침 ...하고 있다   하다 전화
        그는 전화를 걸고 있다.

      (ii) 他在看报。

(20) a. 他闭著眼睛。

他 闭　　著　　　　眼睛

그 감다 지속표지　　눈

그는 눈을 감고 있다.

b. 大门锁著。

大门 锁　　　著

대문 잠그다 지속표지

대문이 잠겨 있다.

‘著’은 시간적으로 독립적이므로, 과거시, 현재시, 미래시와 공기할 수 있다.* 이러한 진행형의 문장 역시 Lp구문에서와 마찬가지로 ‘没有’에 의해

他 在　　　　　　　　看　报

그 마침 ...하고 있다　보다 신문

그는 신문을 보고 있다.

이 두 구문은 항상 의미가 같은 것은 아니다. 예를 들면, 아래의 (iii)에서는 동작이 현재 진행 중에 있다는 것을 의미하는 반면, (iv)은 동작으로부터 어떤 상태가 되었다는 것을 가리킨다.

(iii) 他在穿鞋子。

他 在　　　　　　　　穿　鞋子

그 막 ...하고 있는 중이다　신다 신발

그는 신발을 신고 있는 중이다.

(iv) 他穿著鞋子。

他 穿　著　　　鞋子

그 신다 지속표지　신발

그는 신발을 신고 있다.

([역자주]: 원문의 (주7)에는 ‘在’를 ‘locative verb’으로 소개하였으나, 이번 번역 때 ‘aspectual verb’으로 수정하였다.)

*[역자주] 즉, 참조시가 과거 현재, 미래인 경우에 모두 출현 가능하다는 의미이

부정된다는 것에 주의하라.

(21) a. 他没(有)闭著眼睛。

　　　他 没(有) 闭 著　　　　眼睛

　　　그 부정 감다 지속표지　눈

　　　그는 눈을 감고 있지 않다.

　 b. 大门没(有)锁著。

　　　大门 没(有) 锁　　　著

　　　대문 부정　잠그다 지속표지

　　　대문이 잠겨 있지 않다.

　 c. *大门不锁著。

　　　大门 不　　　锁　　　著

　　　대문 부정　잠그다 지속표지

　　만약 Wang(1965)의 분석에 따라, 긍정과 부정 진행형 문장의 통사적 대응을 규칙화하기 위해서는 Lp가 실제로는 진행상(progressive) 문장의 기저가 된다고 가정해야 할 것이다. 그러나 이러한 주장은 타당성이 없다. '완성진행상'(perfected progressive)이라는 구성은 비적격형으로 폐기될 수 있다. Lp와 진행상 둘 다를 포함하는 비문법적인 문장들은 다음과 같다.

(22) a. *他闭著了眼睛。

　　　他 闭　著　　　了　眼睛

　　　그 감다 지속표지　LE 눈

지, 著 자체가 시간표지라는 의미가 아니다.

b. *他戴著了帽子。

他 戴 著 了 帽子

그 쓰다 지속표지 LE 모자

그러나 '有'를 Lp로부터 분리시킨다면, 이 문제는 해결될 수 있다. 이러한 유형의 분석은 다음 절에서 언급할 것이다.

둘째, 일부 상태동사가 '没有'로 부정되는 경우도 발견된다.

(23) a. 对不起, 我昨天没能来。

对不起, 我 昨天 没 能 来

죄송합니다. 나 어제 부정 ...할 수 있다 오다

죄송합니다. 제가 어제 올 수 없었습니다.

b. 我去找他, 可是他没在家[8]。

我 去 找 他, 可是 他 没 在 家

나 가다 찾다 그, 그러나 그 부정 있다 집

나는 그를 찾으러 갔지만, 그는 집에 없었다.

만일 Lp(완료상 了)가 이러한 문장들의 기저를 이룬다면, 아래와 같은 비문법적인 문장을 만들어낼 것이다.

(24) a. *我昨天能了来。

我 昨天 能 了 来

---

8) 대다수의 중국어 화자에게 있어서, 이들 문장에서 부정사 '没'은 '不'과 자유롭게 교체가 될 수 있다. 시아먼 방언에서는 예문 (23a)은 '不'로만 부정되면(즉 bethang), (23b)는 '没'로만 부정된다(즉 bo). 중국어의 각 방언에서의 부정사 '不'과 '没'의 중요성은 더 철저한 검증이 필요하다.

나 어제 ...할 수 있다 LE 오다

b. *他在了家。

他 在　　了 家

그 있다 LE 집

그래서 모든 문장에서 Lp는 강제로 삭제된 것이다. 또한, 이와 같은 분석은 앞에서 논의한 바와 같이(예문 (4) 참조), 완료상은 기본적으로 상태동사와는 양립할 수 없다는 현대중국어의 주요 규칙에 위반된다.

현대중국어에서 '没有'를 취하는 부정문은 Lp가 있는 긍정문과 대응되지 않는다는 것을 알 수 있다. 아래의 예문 (25)은 긍정대응문을 갖는 문장에서의 '没有'를 요약 설명한 것이다.

(25) a.　没有　　V-Ø　　　　　　V-了　　　(완료상 了)

b.　没有　　V-过　　　　　　V-过　　　(경험상)

c.　没有　　V-Ø　　　　　　V-过　　　(완료상)

d.　没有　　V-著　　　　　　V-著　　　(진행상/지속상)

e.　没有　　V-Ø　　　　　　V-Ø　　　(상태동사)

이러한 다양한 대응을 통해, Wang(1965)이 (a)의 대응조합을 기본으로 삼고, 'Lp∽有'의 교체를 구성한 이유는 확실하진 않지만, Lp가 '有'와 상호보완적이지 않다는 것은 확실해졌다. 다른 환경에서는 최소한 '완료상 过∽有' 보완과 '过'의 강제삭제를 가정하는데 있어서는 동등하게 설득력이 있다. 그러므로 Lp와 '有'는 관련이 없으며, 또한 상호보완적이지도 않다는 결론을 얻을 수 있다.

5. 상위동사로서의 '有'

이 글에서는 앞에서 논한 각종 문장에서 '有'는 목적어로서 NP 보어구를 취하는 주요 동사이며, 따라서 아래의 문장은 【그림 3】과 【그림 4】의 기저 구조를 갖는다.

(26) a. 他买了字典。

他 买 了 字典

그 사다 완료표지 자전

그는 사전을 샀다.

b. 他没有买字典。

他 没有 买 字典

그 부정 사다 자전

그는 사전을 사지 않았다.

두 개의 변환은 여기서 모두 적용된다. 먼저, 두 문장 간의 연결사가 존재하지 않을 경우(A-not-A 의문문 구성)에만 긍정문에서 '有'는 삭제된다. A-not-A 질문에서 '有'의 수의적인 출현은 아래의 예에서 증명할 수 있다 (Wang 1965 참조).

(27) a. 你有没有跟他说好?

你 有没有 跟 他 说 好

당신 의문 ...와 그 말하다 결과보어

당신은 그와 얘기 잘 되었습니까?

b. 他有没有来找你?

他 有没有　来　找　你?
그 의문　　오다 찾다 당신
그가 너를 찾아왔었습니까?

　이 글의 분석은 '有'가 상위동사(higher verb)로서 삭제될 수 있다는 점에서, '有'는 상표지(aspect marker)로서 '了'와 상호보완적이라고 주장한 Wang(1965)과 본질적으로 다르다.

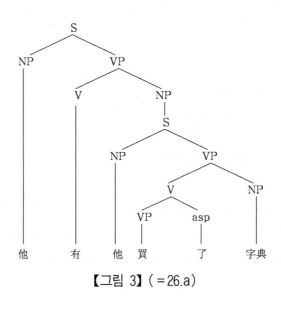

【그림 3】(=26.a)

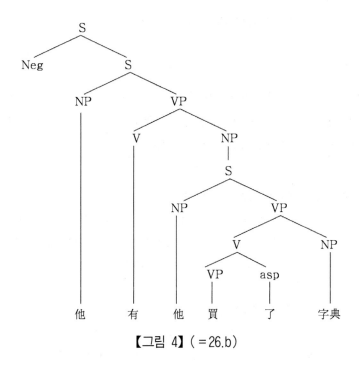

【그림 4】 (=26.b)

둘째, 부정문에서 '了'는 '有'와 교체되지 않고, 일반적으로 삭제된다. 긍정형식의 '把구문'을 살펴보자. 예를 보면 다음과 같다.

(28) a. 你昨天把他的车卖了吧？

　　 你　 昨天　把　　 他的　　　 车卖 了　　 吧
　　 당신 어제 처치표지 그 관형어표지 차 팔다 완료표지 의문조사
　　 당신이 어제 그의 차를 팔았습니까?

　 b. 你昨天把他的信烧了吧？

　　 你　 昨天　把　　 他的　　　 信 烧　 了　　 吧
　　 당신 어제 처치표지 그 관형어표지 편지 태우다 완료표지 의문조사

당신이 어제 그의 편지를 불태웠습니까?

'了'는 과거시간인 '昨天'(어제)과 함께 출현했으므로 Li(기동상 了)가 아니라, Lp(완료상 了)이다(예문 (8)과 (9), 또는 예문 (38b) 참조, 거기서는 Li가 '没有'로 부정되는 문장에는 출현하지 않았음에 주목). 예문 (28)의 부정 대응문은 예문 (30)이 아니라, 예문 (29)이다.

(29) a. 你昨天没有把他的车卖了吧？
　　　你　昨天 没有 把　　他 的　　　车 卖 了　　吧
　　　당신 어제 부정 처치표지 그　관형어표지 차 팔다 완료표지 의문조사
　　　당신은 어제 그의 차를 팔지 않았습니까?

　　b. 你昨天没有把他的信烧了吧？
　　　你　昨天 没有 把　　他 的　　信 烧 了　　吧
　　　당신 어제 부정 처치표지 그 관형어표지 편지 태우다 완료표지 의문조사
　　　너는 어제 그의 편지를 불태우지 않았습니까?

(30)　*你昨天没有把他的车卖吧?
　　　你　昨天 没有 把　　他 的　　　车 卖　吧
　　　당신　어제 부정 처치표지 그　관형어표지 차 팔다 의문조사

비록 문장이 부정되었지만, Lp는 예문 (29)에 그대로 남아있으므로, 이러한 구조에서는 'Lp~有' 교체는 불가능하다. 예문 (29)에서 처치구문의 통사적 특징은 바로 통상적인 Lp 삭제규칙을 기각한다는 것이다.

아래의 문장은 예문 (28)의 변이로서 자주 보이는 예문이며, 이 또한 이 글의 분석을 지지해준다.

(31) a. 你有没有把他的车卖了？

你　有没有　把　　　他　的　　　　车　卖　　了
당신　의문　처치표지　그　관형어표지　차　팔다　완료표지
당신은 그의 차를 팔았습니까?

b. 你有没有把他的信烧了？

你　有没有　把　　　他　的　　　　信　烧　　了
당신　의문　처치표지　그　관형어표지　편지　태우다　완료표지
당신은 그의 편지를 태웠습니까?

예문 (29)과 (31)의 두 경우 모두에서 Lp는 '有'와 함께 출현했으며, '有'와 교체된 것이 아니다.

'有'는 보어를 취하는 상위동사(higher verb)로서, 사건이나 상태의 존재를 나타내는데, 존재와 소유를 나타내는 '有'와 그렇게 큰 차이가 없다. 유일하게 '了'와 '有'의 구분을 통해서만이 아래 구문에서의 중의성(ambiguity)을 자연스럽게 설명할 수 있다.

(32)　张先生没有做事。

张先生　没有　做事
장씨　부정　일을 하다
장씨는 일을 하지 않았다.

예문 (32)은 '张先生'(장씨)은 일을 하지 않았다(어제, 그러나 나는 했다)'를 가리킬 수도 있고, 혹은 '장씨는 일이 없었다'를 가리킬 수도 있다. 첫 번째 해석(분명 비총칭적(non-generic))에서 '有'의 아래 내포된 문장에는 Lp를 포함하고 있지만, 두 번째 해석(총칭적(generic))에서는 그렇지 않다.

이와 관련해서 시아먼 방언 'u'의 특징을 보면, 그것은 어떠한 상황 하에서도 완료상을 나타내지 않기 때문에, 현대 중국어의 Lp와는 관련이 없다는 것을 알 수 있다. Lp(완료상 了)는 비상태동사에만 한정되지만, 시아먼 방언 'u'의 경우는 이러한 제한이 없다. 아래의 예문에서 'u'와 부정형식인 'bo'는 상태동사와 함께 출현하였다.

(33) a. I u be khi.

　　　 I 　 u 　 be 　　　 khi
　　　 그 　 있다 　 ...하려 하다 　 가다
　　　 그는 가고 싶어 한다.

　　 b. I bo be khi.

　　　 I 　 bo 　 be 　　　 khi
　　　 그 부정 ...하려 하다 가다
　　　 그는 가고 싶지 않다.

(34) a. I u sui.

　　　 I 　　 u 　　 sui
　　　 그녀 있다 　 아름답다
　　　 그녀는 아름답다.(She is pretty.)

　　 b. I bo sui.

　　　 I 　 bo 　 sui
　　　 그녀 부정 　 아름답다
　　　 그녀는 아름답지 않다.(She is not pretty.)

만일 시아먼 방언 'u'가 현대중국어의 Lp와 같이 완료상을 나타낸다면,

중국어 방언의 완료상의 통사적 환경을 일괄적으로 기술할 수가 없다. 이외에도, 만일 '각주5'에서의 논의처럼 시아먼 방언 'u'는 일반적으로 단언 (assertion)을 강조하지만, 현대중국어의 Lp는 이러한 기능이 없다[9].

이 절에서는 Lp와 '有'의 구분에 관해 논의하였다. 앞 절에서 살펴본 바와 같이, 이로부터 완료상과 다른 상들이 어떻게 '没有'가 부정하는 문장에 출현할 수 있는 지를 설명할 수 있다. 계속해서 Li의 특징과 그것의 Lp와의 상호작용을 검토해보자.

6. 상위술어로서의 Li(기동동사)

Li(기동상 了)을 '吧', '吗' 등의 의문조사와 같은 문장조사가 아닌 상위술어로 보기 위해서(Chao 1968, 8.5.5.5 참조)는 문제가 되는 이 두 가지를 부정의 다른 영역에서 간단하게 검토해 볼 필요가 있다.

'常'(자주)을 취하는 문장을 비교해보면 다음과 같다.

(35) a. 他常不来。

---

9) 현대중국어에서 다양한 Lp(완료상 了)는 강조 혹은 반박을 나타낸다. 중국어와 그것의 영어 번역을 비교해보자.

(i) 昨天他说他要来。(Yesterday he said he wanted to come.)
　　昨天 他 说　　 他 要　　 来
　　어제 그 말하다 그 ...하려 하다 오다
　　어제 그는 그가 오려 한다고 말하였다.

(ii) 昨天他说了他要来。(Yesterday he did say he wanted to come.)
　　昨天 他 说　 了　　 他 要　 来
　　어제 그 말하다 완료표지 그 ...하려 하다 오다
　　어제 그는 그가 오려 한다고 말했다.

他 常　不　来

그 자주 부정 오다

그는 자주 안 온다.

b. 他不常来。

他 不　常　来

그 부정 자주 오다

그는 자주 오는 게 아니다.

예문 (35)은 (36)과 같이 해석할 수 있다.

(36) a. 그가 오지 않는 것은 자주 발생하는 상황이다.

　　 b. 그가 오는 것은 자주 발생하는 상황이 아니다.

부정의 영역은 (36b)과 같은 상위문장이 아닌, (36a)과 같은 하위문장에만 적용된다. 바꿔 말하자면, (표층)의 부사 '常'은 상위 술어이며, 그것은 기저 구조에서는 부정될 수도, 안 될 수도 있다. 이것은 생성의미론에서의 기본적인 분석(Lakoff 1970, 【그림 8】 참조)으로서, 여기서는 부연 설명할 필요가 없을 것 같다. 예문 (36)의 다양한 해석은 【그림 5】와 【그림 6】으로 나타낼 수 있다.

Li(기동상 了)의 의미자질은 '새로운 상황 혹은 상태의 변화'라고 특징지을 수 있는데(Dragunov 1958, 124P), 이 글에서는 '기동동사'(inchoative verb)라고 칭할 것이며, 그 의미가 바로 '발생' 혹은 '실현'을 가리킨다. 이 부분은 Lakoff(1970, 5.15)의 기동동사에 대한 관점과 상당히 부합된다[10].

---

10) 흥미로운 것은 '기동'이라는 개념은 영어의 'come out', 'come to be'와 'become' 등을 연상시키는데, 이 단어들은 모두 'come'과 관련이 있다. 그런데 그 '来'(오다) 역시 현대중국어 Li(기동상 了)의 어원이다(Chao 1968, p.246, 각주 31 참조).

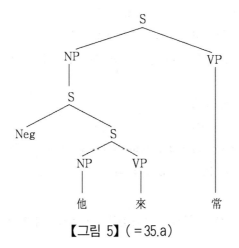

【그림 5】 (=35.a)

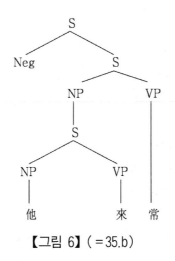

【그림 6】 (=35.b)

Li를 문장조사로 가정한다면, 그것이 출현하는 문장은 긍정문도 부정문도 될 수 있다. 그러면 다음과 같은 문장을 살펴보자.

(37) a. 他要出去了。

他 要　　　　　　 出去　了
　　그 ...하려 하고 있다 나가다 완료표지
　　그는 나가려고 하고 있다. ('현재'는 아직 강조되지 않음)

b.　他不(要)出去了。
　　他 不　(要)　　　　　　 出去　了
　　그 부정 ...하려 하고 있다 나가다 완료표지
　　그는 나가고 싶지 않다.(현재)

　　Lp(완료상 了)를 포함하는 긍정대응문의 경우에는 부정문이 없다. 예를 들면 다음과 같다.

(38) a.　他吃了饭了。
　　　　他 吃　了　　 饭 了
　　　　그 먹다 완료표지 밥 어기표지
　　　　그는 밥을 먹었다.

b.　*他没(有)吃饭了。
　　他 没(有) 吃　 饭 了
　　그 부정　먹다 밥 LE

　　이러한 차이는 예외규칙으로 처리할 수밖에 없는데, 즉 Lp가 부정될 때 Li를 삭제하는 것이다.

　　이 글에서는 (37b)가 (37a)의 부정이 아니며, Li가 관련되는 한, 둘 다 긍정문이라고 본다. 즉, 둘 다 이전 상황의 변화를 가리킨다는 것이다. 그 문장들은 다음과 같이 해석될 수 있다.

(39) a. '그는 나가려고 하고 있다'는 이 사건이 이미 발생했다.

 b. '그는 나가고 싶지 않다'는 사건이 이미 발생했다.

이 두 문장을 그림으로 나타내보면 각각 아래 【그림 7】와 【그림 8】과
같다.

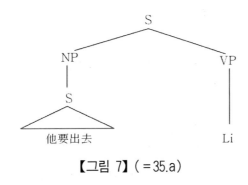

【그림 7】 (= 35.a)

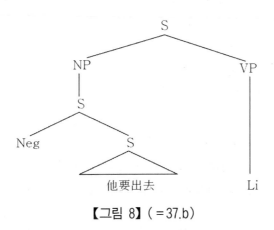

【그림 8】 (= 37.b)

부정의 범위가 가장 높은 'S'에 적용되면 다음과 같다.

(40) a. '그는 나가려고 하고 있다'라는 이 사건은 아직 발생하지 않았다.

    b. 他还不要出去(그는 아직도 나가고 싶지 않다.)

예문 (40)은 (37a)의 부정형식이다. 따라서 아래의 의문문 (41a)에서 (41c)가 아닌 (41b)만이 직접 부정하는 대답을 할 수 있다[11].

(41) a. 他要出去了吗?

    他 要　　　　　出去　吗

    그 ...하려 하고 있다 나가다 의문조사

    그가 나가려고 합니까?

    b. 不, 他还不(要)出去。

    不,　他还　不 (要)　　　　　出去

    아니요, 그 아직 부정 ...하려 하고 있다 나가다

    아니요, 그는 아직 나가려고 하지 않습니다.

    c. *不, 他不(要)出去了。

    不,　他不　(要)　　　　　出去 了

    아니요, 그 부정 ...하려 하고 있다 나가다 LE

'부정+그는 이미 나갔다'는 '그는 아직 나가지 않았다'로 이해할 수 있다. 여기서의 '还'(아직, yet)은 의미적으로 동음이의어인 '还'(아직, still)과는 구분해야 한다. '还'은 보통 '是'와 함께 출현한다. 예를 들면 다음과 같다.

---

11) 직접적인 대답은 질문에 대한 정보를 직접적으로 제공하지 않는다. 즉 언어학에서는 그러한 유형을 특별히 '정반의문문'이라 한다. 예를 들어, (i) 'Are you student?'라는 질문에 (ii) 'No, I am not a student' 혹은 (iii) 'No, I am a teacher'의 대답이 있을 수 있다. 그러나 여기서 (ii)의 경우만 직접적인 대답으로 정의된다. (iii)는 이미 기저구조에서 (ii)를 포함하고 있는데, 그것이 삭제된 것이다.

(42) a. 他还是不要出去。

　　　他　还是　不　要　　　　　出去

　　　그　아직도　부정　...하려　하고 있다　나가다

　　　그는 아직도 나가려 하고 있지 않다.

　　b. '그는 나가고 싶지 않다'의 상황은 여전히 존재한다.

예문 (40.b)은 【그림 9】와 같이 나타낼 수 있다.

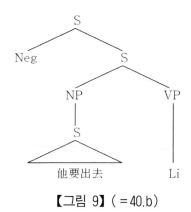

【그림 9】 (=40.b)

　Li(기동상 了)의 특징에 근거해 볼 때, 예문 (38a)의 부정형식이 사실은
아래의 예문 (43a)라는 것을 알 수 있는데, 예문 (43a)의 해석은 (43b)이며,
【그림 10】과 같이 표상된다.

(43) a. 他还没(有)吃饭。

　　　他　还　没(有)　吃　饭

　　　그　아직　부정　먹다　밥

　　　그는 아직 밥을 먹지 않았다.

b. '그는 밥을 먹다'라는 사건은 아직 발생하지 않았다.

표층구조에 실현되기 위해서, Neg는 S3에서 가장 상위동사의 좌측으로 내려가고, S4에서 Lp는 삭제되며, 부사 '还'이 삽입된다. 표층구조에서 Li가 출현하지 않는 것에 대한 두 가지 가능한 설명 중 하나는 어기사 '呢'로 대체된 경우[12]로서 다음과 같다.

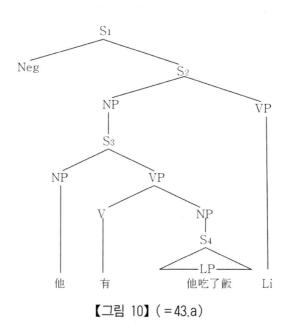

【그림 10】 (= 43.a)

(44)　他还没(有)吃饭呢。

　　　他　还　　没(有)　吃　饭　呢

　　　그　아직　부정　먹다　밥　어기표지

　　　그는 아직 밥을 먹지 않았습니다.

---

12) 이러한 분석은 Dragunov(1958, p.132)에서 보이며, 또한 Chao(PC)에 의해서도 제안되었다.

또는 그것이 파생과정에서 삭제된 경우이다. Dragunov와 Chao가 제안한 바와 같이, Li가 부정문에서 '呢'로 대체되었다고 가정하는 것은 많은 문제점에 직면하게 된다. 우선 '呢'의 출현은 강제적인 것이 아니며, 또한, '呢'는 Lp 그리고/혹은 Li를 취하는 긍정문과 부정문에 다 출현한다는 것이다. 예를 들면 다음과 같다.

(45) a. 他说完话了呢。

      他 说　　 完　　 话 了　　　 呢

      그 말하다 마치다　말 어기표지　 어기표지

      그는 말을 다 마쳤다.

    b. 他还没(有)说完话呢。

      他 还　 没(有) 说　　 完　　 话 呢

      그 아직 부정　 말하다 마치다　말 어기표지

      그는 아직 말을 다 하지 않았다.

'呢'의 기능에 대해서는 이견이 많은데(Dragunov 1958, 120절 및 Zhang 1956 참조), 확실히 최근 자료에서도 분석이 모호하다. 그렇더라도 '呢'가 Li와 체계적으로 관련되는 것 같지는 않다. 특히, '呢'가 Lp 또는 Li가 없는 문장에 출현할 수 있다는 점에서 더욱 그렇다. 이 외에도, 예문 (43a)과 (44)는 완전히 같은 의미는 아니며, 후자는 전제나 기대에 대한 반대를 기술하는 반면, 전자는 완전히 중립적이다.

지금까지 예문 (40b)과 (43a)가 부정문에서 Lp(완료상 了)를 취하거나 취하지 않는 상황을 살펴보았다. Neg가 Li(기동상 了)를 직접 지배하는 절점(S-node)보다 낮은 곳으로 내려갈 때(【그림 9】와 【그림 10】 참조), Li는 표층구조에서 항상 삭제된다. 그러나 만약 Neg가 Li를 지배하지 않는 절점

(S-node)에서 기원한 거라면 삭제되지 않는다(【그림 8】참조). 따라서 Li의 삭제공식을 다음과 같이 말할 수 있다.

(46)   상층위의 Neg가 내려가는 경우 Li는 삭제된다.

'더 높다는 것'은 지배의 관점에서 정의된다. 예를 들어, 【그림 10】에서 Neg가 S1에 의해 지배되고 S1은 또 Li가 나오는 S2를 지배하므로, 여기서 Neg는 Li보다 높다.

Neg가 다양한 층위에서 본동사의 좌측으로 내려오는 것은 다른 구조의 표층에 수렴되는 원인이 된다. 표층구조로 볼 때, 절점 Neg는 아래 문장에서는 Vp의 성분이 된다.

(47) a. 他没(有)卖他的车。
　　　　他　没(有)　卖　他　的　　　　车
　　　　그　부정　　팔다　그　관형어표지　차
　　　　그는 그의 차를 팔지 않았다.

　　　b. 他还没(有)卖他的车。
　　　　他　还　　没(有)　卖　他　的　　　　车
　　　　그　아직　부정　　팔다　그　관형어표지　차
　　　　그는 아직 그의 차를 팔지 않았다.

예문 (47a)의 Neg는 기저구조에서(Li가 없음)는 Lp만을 지배하는 반면, (47b)에서는 Neg가 Li와 Lp 둘 다를 지배한다. 【그림 11】과 【그림 12】에서 보여주는 바와 같다('有'는 생략).

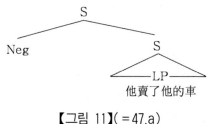

【그림 11】(= 47.a)

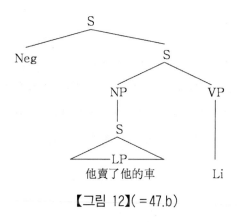

【그림 12】(= 47.b)

현대중국어에서 Neg는 위의 두 개의 구조에서 그 형식이 동일하게 실현되지만, 시아먼 방언과 꾸앙똥 방언에서는 다르게 실현된다. 【그림 11】에서 Neg는 시아먼 방언의 'bo(无)'와 꾸앙똥 방언의 'mou(冇)'에 해당하는데, 【그림 12】에서는 시아먼 방언의 'bue(未)'와 꾸앙똥 방언의 'mei(未)'가 있다. 시아먼 방언의 예는 다음과 같다.

(48) a. I bo   bue ie chhia.

　　　　 I   bo   bue ie   chhia

　　　　 伊 无　 卖　伊的 车

　　　　 그 부정 팔다 그의　차

그는 그의 차를 팔지 않았다.

b. I ia bue bue ie chhia.

   I   ia   bue   bue   ie   chhia.

   伊   还   未   卖   伊的   车

   그   아직   부정   팔다   그의   차

   그는 아직 그의 차를 팔지 않았다.

고대중국어에서도 이와 동일한 구분 현상이 나타난다('无'는 시아먼 방언 bo에, '未'는 bue에 대응된다). 이는 부정 형식의 명세화* 측면에서 통시적 Neg의 파생 원리가 오직 표준중국어에서만 적용되지 않았다는 것을 의미한다. 이것은 현대중국어의 통시적인 변화의 일부인 것이다.

아래의 (49)는 지금까지 논의했던 각종 기저 구조적 형상들을 요약한 것이다.

(49)	a.	S1	(Li)	S2			• (37.a)
	b.	S1	(Li)	Neg	S2		• (37.b)
	c.	Neg	S1	(Li)	S2		• (40.b)
	d.	S1	(Li)	S2	(Lp)		• (38.a)
	e.	Neg	S1	(Li)	S2	(Lp)	• (43.a)

위에서 열거된 개념은 다음과 같이 이해할 수 있다. 즉, S1이 S2를 지배하고 괄호 안에 있는 Li가 포함된 S1은 Li가 S1에 출현했다는 것을 가리킨다. S2가 Lp를 포함하지 않을 때, 3가지의 구조(49a, 49b, 49c)가 있지만, S2가

---

*[역자주] 즉 (47a)의 형식과 (47b) 형식에서 각기 다른 부정형태소를 구분하여 사용하는 현상.

Lp를 포함할 때는 (49d, 49e)뿐이다. 이론상으로 가능한 다른 구조는 (50)과 같다.

(50) a. Neg   S1   (Li)   Neg   S2.

    b. S1   (Li)   Neg   S2   (Lp).

    c. Neg   S1   (Li)   S2   (Lp).

이러한 구조들은 대응순서에 있어, 예문 (51)과 같은 표층구조를 갖는다.

(51) a *他还不不要出去。

     他 还   不   不   要   出去
     그 아직 부정 부정 …하려 한다   나가다

    b. *他没有卖他的车了[13]。

---

13) 아래의 문장은 그 구조를 지지하지 않는다(50b).

(i) 张三没有做事了。
   张三   没有   做事
   장삼(이름)   부정   일을 하다
   장삼은 일을 하지 않았다.

(ii) 他(有)三天没(有)吃饭了。
    他 (有)   三天   没(有)   吃 饭 了
    그 (있다) 삼일   부정   먹다 밥 어기표지
    그는 삼일 동안 밥을 먹지 않았다.

(i)는 오직 총칭적인 의미만 있다(예문 (32) 참조), 따라서 S2에서는 Lp를 포함하지 않지만, 예문 (49b)과 유사하다. (ii)는 (iii)의 변형형식이다.

(iii) 他没(有)吃饭有三天了。
    他 没(有) 吃   饭 有   三天 了

他 没有 卖　他 的　　　　 车 了

　　　그 부정 팔다　그 관형어표지　차 LE

　c.　*他还没有没有卖他的车。

　　　他 还　　没有 没有 卖　他 的　　　　车

　　　그 아직 부정 부정 팔다　그 관형어표지　차

　　이러한 문장들이 수용될 수 없는 것은 표층구조의 제약에 기인한다(예를 들면, 예문 (51a)과 (51c)처럼 Neg가 연속해서 출현하지 않는다). 혹은 논리상의 한계에 의한 것일 수도 있다(예를 들면, (51b)과 같이 이미 발생한 사건의 존재를 부정할 수 없다). 이러한 제약은 앞으로 정의될 것이며, 여기서 중요한 점은 이 제약들이 Li 자체적인 특징이나 Li와 Lp 간의 상호작용의 원인이라는 것이다.

　　이러한 제약이 사실은 Li로 인한 것이라는 것을 보기 위해서, (50a)와 (52a)를 비교해보았다. 예문 (52a)은 (52b~d)의 기본 구조이다.

　(52) a.　Neg　　　　　　　 S1　　　 Neg　　 S2

　　　b.　他不会不去[14]。

　　　　 他 不　会　　　　 不　去

　　　　 그 부정 ...할 것이다 부정 가다

　　　　 그는 가지 않을 리가 없다.

　　　　 그 부정　먹다 밥 있다 삼일 어기표지
　　　　 그는 밥을 먹지 않은 것이 삼일이나 되었다.

　　이 전체 문장에서 '他没吃/他没有食物'은 S2에서 有가 주요동사이다. 따라서 (ii)는 예문 (49a)의 예이다.
14) 상위술어로서의 양상동사 분석에 대한 Teng(1972a, 5.2.3)의 논의 및 제안을 참조하기 바란다.

c. 他不可以不去。

他 不 可以 不 去

그 부정 ...할 수 있다 부정 가다

그는 가지 않을 수 없다.

d. 他不肯不去。

他 不 肯 不 去

그 부정 기꺼이 동의하다 부정 가다

그는 가지 않으려고 하지 않는다.

Li(기동사 了)가 S1에 출현하지 않을 때, S1과 S2는 자유롭게 부정될 수 있지만, Li가 S1에 출현했을 때는, S1이 이미 부정되었다면 S2는 부정될 수 없다.

이와 같은 부정에 있어서의 제약은 Li 자체로만으로는 특별할 게 없다. 상동사 '开始'(시작하다)는 의미적으로 Li와 밀접한 관계가 있는데, 이 동사가 이와 동일한 제약을 받고 아래 예문 (52a)과 같은 문장에 출현하지 않는다고 생각해보자.

(53) a. 他开始不工作[15]。

他 开始 不 工作

그 시작하다 부정 일하다

그는 일을 하지 않기 시작하다.

b. 他不开始工作。

他 不 开始 工作

---

15) 'begin'을 상적 문장 술어(aspectual sentencial predicator)로 처리하는 Newmeyer(1969)의 논의를 참조하기 바란다.

그 부정 시작하다 일하다

그는 일을 시작하지 않는다.

c.   *他不开始不工作。

他 不 　开始 　　不 　　工作

그 부정 시작하다 부정 　일하다

　이상적인 문법이론이란 단일하면서도 동일한 규칙을 통해서 Li와 '开始'에 대한 제약을 파악할 수 있어야 한다.

　이 절에서는 Li를 하나의 동사로 재분석하였으며, 또한 '还'(아직)을 취하는 부정문은 Li을 포함한다고 정의하였다. 이 외에도, Li에 대한 제약 및 Li와 Lp의 공기제약에 대해서도 논의하였다. Li를 취하는 문장이 최상층위의 S절점에서 부정된다면, 더 낮은 층위의 S절점은 부정될 수 없다는 점을 간과해서는 안 된다.

7. Li와 Lp의 불확정성

　현대중국어에서 Lp(완료상 了)와 Li(기동상 了)는 동음이의어(homo-phonous)이기 때문에, 양자를 구분하는데 불확실한 면을 드러내는 예문들이 틀림없이 존재한다. 이 절에서는 이 문제가 '부정'에 의해 해결될 수 있다고 제안한다. '부정'을 통한 증명은 다음의 사실을 통해 설득력을 갖는다. 즉, Lp를 취하는 문장만이 '有' 아래에 내포되고 '没有'에 의해 부정된다(Neg가 '有'의 좌측으로 내려가기 때문). 반면, Lp와 Li 둘 다 출현하는 문장은 '还没有'에 의해 부정되지만, Li만 출현한 문장은 '不'에 의해서 부정된다(이러한 문장은 '有'아래에 내포되지 않기 때문).

본질적 타동사(intrinsic transitive verb)[16] 자질을 갖는 문장들은 표층구조에서 Lp와 Li를 구분하는 것이 그리 문제되지 않는다. 왜냐하면 Lp는 항상 동사 바로 뒤에 출현하고, Li는 문말에 위치하기 때문이다. 문제는 (i) '동사 후' 위치가 '문말' 위치와 일치할 때와, (ii) Lp와 Li가 현대중국어에서 동형이의어일 경우이다. (i)의 경우는 타동사와 자동사에 영향을 준다.

타동사에 영향을 주는 잠재적 문제점을 안고 있는 부분은 처치구문에서 목적어를 전치시킴으로써 동사가 표층 목적어 없이 남는다는 데 있다. 예를 들면, 다음 예문 (54a)에서 '把'구문 (54a)가 Lp를 갖는 (54b)과 대응되는가? 아니면 Lp와 Li를 다 갖는 (54c)와 대응되는가?

(54) a. 他把他的车卖了。

   他 把　　 他 的　　　 车 卖　 了
   그 처치표지 그 관형어표지 차 팔다 완료표지
   그는 그의 차를 팔았다.

   b. 他卖了他的车。

   他 卖　 了　　　 他 的　　　　 车
   그 팔다 완료표지 그 관형어표지　 차
   그는 그의 차를 팔았다.

   c. 他卖了他的车了。

   他 卖　 了　　　 他 的　　　　 车 了
   그 팔다 완료표지 그 관형어표지 차 어기표지

---

16) 여기서는 '주어-동사-목적어'의 어순보다는 기저구조에서의 '타동성'(transitivity)의 개념만을 논의한다(Teng 1972a 참조). 본질적 타동사는 항상 두 개의 NP를 요구한다(또는 어떤 때는 수의적 선택을 통해)는 점에서 파생된 그것과 구분된다. 'sell'은 본질적으로 타동사인 반면, 'open'은 원래는 자동사이지만, 그것은 파생된 타동사 형식으로서도 기능할 수 있다.

그는 그의 차를 팔아버렸다.

바꿔 말하자면, '了'가 예문 (54a)에서 Lp(완료상 了)인지 Li(기동상 了)인지 어떻게 구분할 수 있느냐 하는 것이다. 예문 (54a)와 대응되는 두 개의 부정문이 있다. 즉, 다음과 같다.

(55) a. 他没有把他的车卖了。

　　　 他 没有 把　　 他 的　　　　 车 卖　 了
　　　 그 부정 처치표지 그 관형어표지　 차 팔다 완료표지
　　　 그는 그의 차를 팔지 않았다.

　 b. 他还没有把他的车卖了。

　　　 他 还　 没有 把　　　 他 的　　　　 车 卖　 了
　　　 그 아직 부정 처치표지　 그 관형어표지　 차 팔다 완료표지
　　　 그는 아직 그의 차를 팔지 않았다.

이것은 예문 (54a)가 (54b)나 (54c)의 처치식이라는 것을 가리킨다. 즉, (55a)에서는 '了'가 단독으로 Lp일수도 있고, 동시에 Lp와 Li일 수는 있지만, 단독으로 Li일리는 없다는 것이다. 이러한 이중적인 특징은 Lp와 Li의 유사음생략(haplology)으로 해석할 수 있다(Chao 1968, 249P 참조). 이 파생은 꾸앙뚱 방언에서 증명되었는데, 꾸앙뚱 방언에서 Lp는 형식상 Li와 구분되고, 또한 유사음생략(haplology)이 일어나지 않는다. 예를 보자.

(56)　 Keuih sik-jo la.

　　　 Keuih sik-jo　　　　 la
　　　 그　　 먹다-완료표지 어기조사
　　　 그는 밥을 먹었다.

피동문(passive sentence)에서도 이와 마찬가지로 구분이 모호한 경우가 있는데, 이 또한 이와 유사한 방식으로 해결될 수 있다.

자동사는 동작(action), 변화(process) 및 상태(state)동사로 분류되는데, 이 세 가지 동사는 모두 '了'와 같이 출현할 수 있다.

(57) a. 他跑了。 (동작)

　　　 他　跑　　了

　　　 그　뛰다　완료표지

　　　 그는 뛰었다.

　　 b. 他死了。 (변화)

　　　 他　死　　了

　　　 그　죽다　완료표지+어기표지

　　　 그는 죽었다.

　　 c. 鞋子小了。(상태)

　　　 鞋子　小　　了

　　　 신발　작다　어기표지

　　　 신발이 작습니다.

만일 예문 (57a~c)에서 '了'가 Lp나 Li처럼 동일하게 표지된다면, 우리는 아래에 제시된 예문 (58)과 같은 문제에 직면하게 된다. (57a)의 경우는 'Li' (기동상 了)가 비총칭적인 행위동사와 공기하지 않는다'는 제약과 상충되고, (57c)의 경우는 'Lp'(완료상 了)는 상태동사와 공기하지 않는다'는 제약을 부정한다.

(58) a. *他爱了张小姐。 　　　 (상태)

他 爱　　　了　张 小姐　　(상태)
그 사랑하다 LE　장 아가씨

b.　*他看今天的报纸了。　　　　　(동작)
　他 看　今天 的　　　　报纸 了(동작)
　그 보다 오늘 관형어표지 신문　LE

　그러나 부정의 형식을 통해 예문 (57)의 세 개의 '了'를 구분할 수 있다. 아래의 부정대응문을 비교해보자.

(59) a.　他没有跑。
　　　他 没有 跑
　　　그 부정 뛰다
　　　그는 뛰지 않았다.

b.　他没有死。
　　他 没有 死
　　그 부정 죽다
　　그는 죽지 않았다.

c.　*鞋子没有小。
　　鞋子 没有 小
　　신발 부정 작다

(60) a.　他还没有跑。
　　　他 还　　没有 跑
　　　그 아직 부정 뛰다

그는 아직 뛰지 않았다.

b. 他还没有死。
   他 还　没有 死
   그 아직 부정 죽다
   그는 아직 죽지 않았다.

c. *鞋子还没有小。
   鞋子 还　没有 小
   신발 아직 부정 작다

부정을 통해서 예문 (57a)과 (57b)가 Lp인지 Lp+Li인지 구분이 모호하다
는 것을 발견하였다. 예문 (59c)과 (60c)는 (57c)의 부정대응문이라 할 수 없
다. 왜냐하면, 후자인 예문 (57c)은 신발의 크기와 이미 발육이 끝난 발을
비교하는 것으로 이해할 수 있기 때문이다. 발 자체는 내재적인 변화를 겪었
지만, 신발은 그렇지 않다. '现在鞋子太小'(지금 신발이 너무 작다)라는 사
실이 이미 발생했다(즉 상황의 변화)는 것이 '鞋子正在变小'(신발이 작아지
고 있다. 즉, 성질이나 조건의 변화)와 동일시되어서는 안 된다. 후자와 같은
변화는 '死'(죽다), '破'(깨지다)와 같은 변화동사를 동반해야 한다.

그러므로 자동사적인 동작동사나 변화동사 뒤에 출현하는 '了'는 기저구
조에서 Lp 혹은 Lp+Li가 될 수 있고, 상태동사 뒤에 출현하는 '了'는 Li 밖에
될 수 없다고 결론지을 수 있다.

이것은 상태동사는 상황의 변화와만 관련을 맺는다는 것을 따르지 않는
다. 아래의 예문에서는 내부적인 변화를 가리킨다.

(61) a. 饭热了。

```
饭 热    了
밥 데우다 완료표지+어기표지
밥이 데워졌다.
```

b. 张三瘦了。
```
张三      瘦   了
장삼(이름) 마르다 완료표지+어기표지
장삼이가 말랐다.
```

그리고 이 문장들은 '没有'에 의해 부정된다.

(62) a. 饭还没有热。
```
饭 还    没有 热
밥 아직 부정 데우다
밥이 아직 데워지지 않았다.
```

b. 张三还没有瘦。
```
张三还没有瘦
장삼(이름)은 아직 마르지 않았다.
장삼은 아직 마르지 않았다.
```

그러므로 상태동사는 두 가지 유형이 있다. 하나는 '静', '礼貌', '勇敢'과 같은 엄격한 의미의 상태동사이고, 또 다른 하나는 본질적으로는 상태를 나타내지만, Lp(완료상 了)와의 결합을 통해 변화동사로 전환될 수 있는 것으로서, '胖', '长', '红'[17]과 같은 동사들이 이에 속한다. 이러한 동사파생의

---

17) 동일한 상태동사의 분류는 처치-사역(disposal-causative) 구문을 통해 얻어진다. 다음을 비교해보자.

과정을 거친 후에, 두 번째 유형의 상태동사는 변화동사와 같은 기능을 갖게 되고, 나아가 Li와 관련을 맺게 되는 것이다(예문 (61a) 참조). 이러한 분석은 '了'가 아래 문장에서 중복 출현한 이유를 자연스럽게 설명해준다.

(63) a. 张三瘦了五磅了。(상태)

　　　 张三　　　　瘦　　了　　　　五　　磅　　了

　　　 장삼(이름)은 마르다 완료표지 다섯 양사 어기표지

　　　 장삼은 5파운드 빠졌다.

　　 b. 他死了五天了。(변화)

　　　 他　死　了　　　　五　　天　　了

　　　 그 죽다 완료표지 다섯 양사 어기표지

　　　 그가 죽은 지 5일이 되었다.

(64)　　衬衫小了两寸。

　　　 衬衫　小　　了　　　两寸

　　　 셔츠 작다 어기표지 둘 양사

　　　 셔츠가 2촌 작다.

　(i)　他把蛋弄红了。

　　　 他把　　　蛋　弄红　　了

　　　 그 처치표지 달걀 하다 붉다 어기표지

　　　 그는 달걀을 붉게 만들었다.

　(ii)　*他把他的男孩儿弄勇敢了。

　　　 他把　　　他的　　　男孩儿 弄　勇敢　　了

　　　 그 처치표지 그 관형어표지 남자 아이 하다 용감하다 LE

변화동사로 전환될 수 있는 상태동사만이 사역동사 '弄' 뒤에 출현하여 상태의 변화를 가리킬 수 있다.

이 동사의 파생은 예문 (64)에서 '衬衫缩小两寸'(셔츠가 2촌 줄었다, 상태+Lp→변화)과 같이 축소된 양을 가리킬 수 있으며, 또는 '衬衫小了两寸'(셔츠가 2촌 적다, 상태+Li)과 같이 잘못된 사이즈를 가리킬 수도 있다.

이 절에서 이미 Lp와 Li의 구분이 모호한 예문은 유사음생략(haplology)과 관계가 있다는 것을 보았다. 현대중국어에서 유사음생략이 '출현、소실구문'(sentence of appearance and disappearance, 존현문)에서 중요한 역할을 한다는 것은 이미 증명되었다. '출현、소실구문'에서는 수동자가 한정적(definite)일 때는 동사 앞에 출현하고, 비한정적(indefinite)일 때는 동사 뒤에 출현한다[18]. 예를 들면 다음과 같다.

(65) a. 张三来了。

张三　　　来　　　了

장삼(이름) 오다　완료표지+어기표지

장삼이 왔다.

b. 来了一个人。

来　了　　　一　个　　人

오다 완료표지 하나 양사　사람

왔습니다 한 사람이

c. 来了一个人了。

来　了　　　一　　个　人　了

오다 완료표지 하나　양사 사람 어기표지

왔습니다 한사람이.

---

18) 한정과 비한정은 과도하게 단순화된 특징이다. '실제적인'(actual)과 '가상적인'(virtual)에 따른 한정과 비한정의 재분석에 대해서는 Teng(1972b)을 참조하기 바란다.

수동자가 비한정적인 경우에 '了'는 두 개의 위치에 출현할 수 있지만, 한정적일 때는 '了'가 출현할 수 있는 통사적 위치는 하나뿐이다. 이것이 바로 한정적인 출현구문이 Lp 또는 Li 각 한쪽과만 관련되는 반면, 비한정적인 출현구문은 Lp와 Li 둘 다와 관련을 맺는 다는 주장을 유지하기 어렵게 만든다. 이러한 문제점은 유사음생략을 통해 해결될 수 있는데, 왜냐하면 '了'는 예문 (65a)에서 Lp일수도 있고 Lp+Li일 수 있으며, (65b)나 (65c)에 각각 체계적으로 대응되기 때문이다.

참고문헌

CHAFE. WALLACE. 1970. *Meaning and the structure of language.* University of   Chicago Press.

CHAO. YUEN REN. 1968. *A grammar of spoken Chinese.* University of California Press, Berkeley and Los Angeles.

DRAGUNOV. A. A. 1958. *Xiandai hanyu yufa yanjiu* (A grammatical study of modern Chinese), vol. 1. translated by Zheng Zu-qing. Peking: Kexue Chubanshe.

HASHIMOTO, ANNE. 1970. The imperative in Chinese. Gengo Kenkyu 56.35-62.

KLIMA. EDWARD. 1964. Negation in English. *The structure of language*, ed. by J. A. Fodor and J. J. Katz, p. 246-323. New Jersey: Prentice-Hall.

LAKOFF, GEORGE. 1969. *On generative semantics.* Publications of the Indiana Linguistics Club.

LAKOFF, GEORGE. 1970. *Irregularity in syntax.* Holt, Rinehart and Winston.

LÜ, SHU-HSIANG. 1942. *Aspects of Chinese grammar (in Chinese).* Hong Kong: Commercial Press.

MOCHIZUKI, YASOKICHI. 1966. On W. Wang's Two aspect markers in

Mandarin. Bulletin of the Chinese Language Society of Japan, no.157.1-6.

NEWMEYER. FREDERICK. 1969. The underlying structure of the Begin-class verbs. Papers from the 5th Regional Meeting, Chicago Linguistic Society, p. 195-204.

TENG, SHOU-HSIN. 1972a. A semantic study of the transitivity relations in Chinese. Ph.D. dissertation, UC Berkey.

TENG, SHOU-HSIN. 1972b. An analysis of definite and indefinite. Presented at the Summer Meeting of the Linguistic Society of America, 1972.

TENG, SHOU-HSIN. 1972c. Possessive structures and evidence for pre-dicative sentence in Mandarin. Presented at the Fifth International Conference on Sino-Tibetan Languages and Linguistic Studies.

TENG, SHOU-HSIN. 1972d. Direct discourse complementation and the imperative in Mimeographed, U Mass, Amherst. THOMPSON, J. CHARLES. 1968. Aspects of the Chinese verb. *Linguistics* 38.70-76.

TENG, SHOU-HSIN. 1970. Aspects of the Chinese verb (supplemental notes). *Linguistics* 60.63-65.

THOMPSON, SANDRA A. 1971. *More on the imperative in Chinese.* Mimeographed, UCLA.

TRAUGOTT, ELIZABETH C. and JOHN-WATERHOUSE. 1969. 'Already' and 'yet': a suppletive set of aspect-markers? *Journal of Linguistics* 5.193-320.

WANG, LI. 1957. *Outline of Chinese grammar* (with commentary by A. A. Dragunov. Chinese translation). Shanghai: Xin Zhishi Chubanshe.

WANG, WILLIAM S-Y. 1965. Two aspect markers in Mandarin. *Linguistics* 41.457,470.

WANG, WILLIAM S-Y.. 1967. Conjoining and deletion in Mandarin syntax. Monumenta Serica 26.224-236.

ZHANG, XIU. 1956. On the system of aspect and tense of Chinese verb (in Chinese). *Yufa Lunji* 1.154-174. Peking: Zhong Hua Book Co.

제3장 부정의 범위[1]

Scope of Negation

부사 '常(常)'을 취하는 문장에서 부정사의 위치는'常(常)'의 좌측이거나 우측이다. 예를 들면 다음과 같다.

(1) a. 张三不常来。

　　　张三　　　不　　　常　　　来

　　　장삼(이름) 부정 자주　오다

　　　장삼은 자주 오는 것은 아니다.

　　b. 张三常不来。

　　　张三　　　常　　不　　来

　　　장삼(이름) 자주　부정 오다

　　　장삼은 자주 오지 않는다.

이와 같은 위치의 차이는 성분부정(constituent negation)과 문장부정 (sentence negation) 의 차이로서, Chan(1973)의 연구를 예로 들 수 있다

---

1) 이 글은 중국어의 다양한 부정현상에 관한 연구의 일부이다. Massachusetts 대학 의 Amherst 연구소의 지원 하에 이루어졌다. *Journal of Chinese Linguistics* 1.3.475-478, 1973에 출간된 것이다.

(1973, 주석 10). Chan의 분석에 따르면, 예문 (1)의 문장들의 구조는 각각
【그림 1】과 【그림 2】가 나타내는 바와 같다.

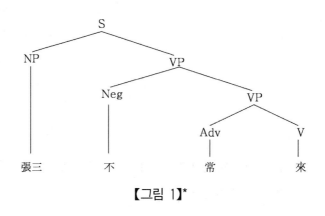

【그림 1】*

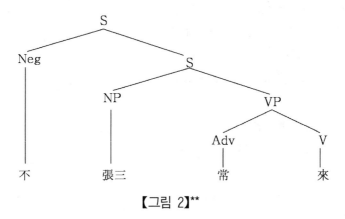

【그림 2】**

　　Chan(1973)은 그의 주장을 증명하기 위해서는 먼저 기저구조에서의 동사
구-부정(VP-negation)을 증명해야 했다. 표층의 동사구-부정은 실제로는 기

---

　*[역자주] 【그림1】은 예문(1a)의 성분부정 구조이다.
**[역자주] 【그림2】는 예문(1b)의 문장부정 구조이다.

저의 문장-부정으로부터 온 것으로서, 이것은 조응(anaphoric) 과정에서 드러난다. 아래의 문장에 주목해 보자.

(2) a.　昨天没(有)下雨。

　　　　昨天　没(有)　下　　　　雨

　　　　어제　부정　내리다　비

　　　　어제 비가 오지 않았다.

　　b.　尼克森不会辞职。

　　　　尼克森　　不　　会　　　　　　辞职

　　　　닉슨(이름)　부정 …할 것이다　　사임

　　　　닉슨은 사임하지 않을 것이다.

계속해서 아래와 같은 형식으로 표시할 수 있다.

(3) a.　虽然电视那麼说。

　　　　虽然　电视　那麼　　说

　　　　비록　TV　그렇게　말하다

　　　　비록 TV에서는 그렇게 보도했어도.

　　b.　虽然大家那麼说。

　　　　虽然　大家　　那麼　　说

　　　　비록　모두　그렇게　말하다

　　　　비록 모두가 그렇게 말했어도.

예문(3)의 '那麼'(그렇게)는 문장의 생략형식(pro-form)으로서, 예문 (2)에서 선행사가 아닌, 예문 (2)의 긍정대응문을 대체한 것이다.* 이는 예문 (2)

의 문장이 '명사구-부정-동사구'(NP-Neg-VP) 구조라기보다는 부정-문장
(Neg-S)의 구조를 가지고 있음을 보여주는 것이다.

둘째, 동사구(VP)는 '常(常)'과 같은 부사에 있어 가장 이상적인 수식범위
는 아니다. 예문(1)과 (4) 사이의 차이를 비교해보자.

(4) a.   *张三不又来了。

　　　张三 不　 又 来　 了

　　　장삼 부정 또 오다 완료표지

  b.   张三又不来了。

　　　张三　　 又 不　 来　 了

　　　장삼(이름) 또 부정 오다　완료표지

　　　장삼은 또 오지 않았다.

Chan(1973)의 분석에서, 만일 불가능한 게 아니라면 예문 (4a)의 생성은
불가피할 것이다.

한편, Hashimoto(1971)는 예문 (1)의 구조를 아래와 같이 상정하였다.

(5) a.   NP Neg [NP adv　VP]s

  b.   NP adv Neg [NP　VP]s

Hashimoto(1971)는 두 가지 경우가 다 문장-부정이라고 가정하였는데, 이

---

*[역자주]예문(2)의 긍정대응문이란, 예를 들면, 예문(3)의 '그렇게'는 예문(2)의 긍
정형태를 대응이라는 의미이다. 예문(3a)의 '비록 TV에서는 그렇게 보도했어도'의
'그렇게'는 예문(2a)의 긍정형태인 '비가 온다.'는 보도 내용이다. 그러나 결과적으
로는 예문(2a)처럼 '어제 비가 오지 않았다'. 예문(3b) 역시 '비록 모두가 그렇게
말했어도'의 '그렇게'는 예문(2b)의 긍정형태인 '닉슨은 사임할 것이다.'는 보도 내
용이다. 그러나 결과적으로는 예문(2b)처럼 '닉슨은 사임하지 않을 것이다'.

는 Chan(1973)이 하나는 성분-부정이고, 다른 하나는 문장-부정이라고 그의 주석에서 언급한 것과 다르다. 예문 (5)에서 그의 가정은 두 개의 관점을 보여주었다. 첫째, 부사 '常(常)'의 유동성을 지적하였으며, 둘째, 성분부정에 의존하지 않고 '常(常)'과 부정사(Neg)간의 지배관계를 정확하게 포착했다. 즉, 예문 (5a)에서는 부정사가 '常(常)'을 지배하지만, (5b)에서는 '常(常)'이 부정사를 지배한다는 것이다.

그러나 Hashimoto(1971)의 가정은 부정 범위를 잘못 정의하게 만든다. 예문 (1a)에서의 동사성분이 실제로 부정된 것이 아니고, 가정된 것이라면, 예문 (5a)과 (5b) 둘 다에서 부정 범위는 전체 내포된 S(문장)로 확대된다. 다음을 보자.

(6) a. 你常买新车吗?

你　常　买　新　车　吗

당신 자주 사다 새 차 의문조사

당신은 자주 새 차를 삽니까?

b. 你也常买新车吗?

你　也　常　买　新　车　吗

당신 …도 자주 사다 새 차　의문조사

당신도 자주 새 차를 삽니까?

'买新车'(새 차를 사다)라는 사실이 가정된 것은 예문 (6b)가 아니라 (6a)이다. (6a)의 초점은 사건의 빈도이다. 따라서 '也'(…도)가 아니라 '常'(자주)이 논리적인 술어가 된다(Chao 1968, 78 참조).

이와 유사한 부정문의 경우를 보자.

(7) a.　我不常买新车。

　　　我　不　　常　　买　　新　车
　　　나 부정 자주　사다 새　차
　　　나는 자주 새 차를 사는 것은 아니다.

　　b.　我不是也买新车。

　　　我　不　　是　　也　　买　　新　车
　　　나 부정 이다 …도　사다 새　차
　　　나도 새 차를 산 것은 아니다.

　　예문 (7a)에서는 '买新车'(새 차를 사다)라는 사실이 전제되지만, (7b)에서는 부정되었다. (7a)에서는 유일하게 '常'만 부정된다.

　　이러한 사실들은 '常'이 상위술어라고 가정될 때 체계적으로 설명된다. 여기서 상위술어는 긍정문과 부정문에서 술어가 될 수 있다(Lakoff 1970:172 참조). 예문 (1)의 기저구조는 상위술어 분석을 따르면, 【그림 3】과 【그림 4】에서 나타내는 바와 같다.

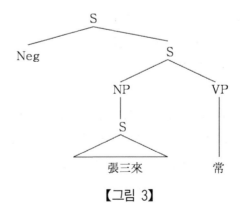

【그림 3】

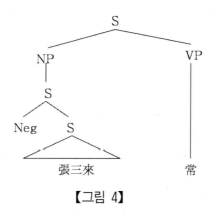

【그림 4】

【그림 3】에서 부정사는 직접적으로 '常'을 통제하며 그것을 부정하지만, 내포문 S(embedded Sentence)는 여전히 긍정으로 해석된다. 반면, 【그림 4】에서는 '常'이 부정사를 통제하며, 그것에 의해 부정되지 않는다. '常'은 긍정의미로 해석되지만, 내포문 S는 부정된 것이다. 여기에는 두 개의 변형규칙이 적용되었는데, 그 순서대로 보면, 부정사-하강(Neg-lowering)과 술어-하강(predicate-lowering)이다. 전자의 규칙은 부정사를 이웃하는 하위의 VP 좌측으로 이동한(【그림 3】으로부터 '不常'(자주 …이 아니다)을 얻고, 【그림 4】에서는 '不來'(오지 않는다)를 얻는다) 다음, 상위의 술어가 이웃하는 하위의 VP 좌측으로 이동된다(【그림 3】에서는 '不常來'(자주 오는 것이 아니다)를, 【그림 4】에서는 '常不來'(자주 오지 않는다)를 얻게 된다).

이 글에서는 문장-부정 형식인 부정의 한 유형만을 가정했는데, 그 문장-부정은 동일한 변형규칙을 따르는 반면, Chan(1973)의 '성분-부정'과 '문장-부정'은 두 개의 다른 하강규칙을 따른다(주석 참조). 이 외에도, 이 글의 분석에서 부사 '常'은 고정된 기능(술어로서)을 하므로, 결과적으로 고정적인 위치에 출현한다. 표층구조에서 부사의 다양한 위치는 어순규칙을 통해 자동적으로 해석된다. 반면, Hashimoto(1971)의 분석에서는 '常'의 위치는 예상하는 결과에 도달하기 위해 사전에 조정된 것이다.

참고문헌

Chan, Stephen. 1973. Review of Alleton: Les adverbs en Chinois moderne. *JCL* 1.2:323-333.

Chao, Yuen ren. 1968. *A grammar of spoken Chinese.* University of California Press.

Hashimoto, Anne. 1971. Pronominalization, negation and the analysis of adverbs. in *English transformational grammar*, ed. By Jacobs and Rosenbaum, 145-165.

제4장 중국어의 이중주격[1]

Double Nominatives in Chinese

이 글에서는 현대중국어의 이중주격(double-nominative) 구조와 불연속소유(discontinuous possessive) 구조에 대해서 고찰한다. 현행 통사이론에서 가정하고 있는 기본규칙들로는 이 구조들을 적절하게 해석할 수 없음을 증명해 보일 것이다. 또한 술어는 하나의 완전한 문장으로 구성될 수 있다는 것을 주장할 것이다. 즉 VP는 S로 다시 쓸 수 있다. 여기서 제기된 규칙들은 약간의 수정을 거쳐 논쟁의 여지가 있는 '주제-논의'(topic-comment) 구문에도 적용할 수 있을 것이다.

1. 술어의 성질

---

1) 이 글은 1972년 10월 20-21일 미시건 앤아버(Ann Arbor)에서 열린 제5회 중국/티벳 언어 및 언어학 국제회의에서 발표한 '중국어의 소유구조와 문장 술어에 대한 증거'(Possessive structures and evidence for sentence predicate in Mandarin)라는 글을 수정한 것이다. 필자는 회의에 참석하여 의견을 주신 모든 분들께 감사하며, 특히 郑锦全과 邹邦彦 선생께 감사드린다. 아울러 이 글의 초기 버전을 읽고 귀중한 의견을 개진해 주신 Sandra. A. Thompson에게도 감사한다. *Language* 50. 3. 455-473. 1974에 출간된 것이다.

현행 통사론 및 의미론에서, 기저구조가 생성되는 기본 성분에서 시초 S-절점(initial S node)은 다양한 방식으로 확장된다. Chomsky(1965)에서 다음과 같은 다시쓰기 규칙이 상정되었다.

(1)   S → NP + VP

여기서 VP-절점은 동사성, 형용사성 그리고 명사성 술어로 정의된다.
    Fillmore(1968)의 격문법(case grammar)에서 S는 다음과 같이 확장된다.

(2) a.   S → Modality + Proposition
    b.   Proposition → V + C1 +C2
    c.   C → K + NP

예문 (2c)에서 K는 전치사(preposition)로서 실현된다. 예문 (2b)에서 V는 동사성 술어와 형용사성 술어로 정의하였다. 그리고 명사성 술어는 격관계, 즉 존재격(Essive)으로 정의되었다.
    Chafe(1970)의 의미론적 이론구성에서는, 잉여관계(redundancy relations)는 다음과 같은 형상으로 구체화되었다[1].

(3) a.   S → V
    b.   V → 동작(action) / 상태(state) / 변화(process)

    c.   V   → V   행위주

---

1) Chafe의 표상에서는 S절점이 없다. 이 글에서 그와 같은 절점의 사용은 다른 구조와의 대조를 분명하게 보여줄 것이며, 결코 그의 이론을 오해하게 하지는 않을 것이다.

동작동사　동작동사　N

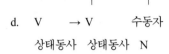

d.　V　→ V　　　수동자

　상태동사　상태동사　N

e.　V　→ V　　　수동자

　변화동사　변화동사　N

　규칙(3c-3e)은 동사성과 형용사성 술어를 취하는 모든 문장을 정의한 것이다. 명사성 술어는 명사성분에서 파생된 상태동사로서, (3d)에서도 생성될 수 있다.

　이러한 이론구성에서는 NP는 기저구조에서 동사성분(형용사와 명사 포함)에 의해서만 예측될 수 있다고 상정된다. 기본성분은 언어-보편적이라는 가설 아래, 자연언어에서의 모든 유형의 문장들은 규칙 (1), (2), (3)를 통해 생성될 수 있다.

　이 글의 목적은 현대중국어의 '이중주격'와 '불연속소유'라는 두 개의 구문을 고찰하는데 있다. 이 두 구문은 모두 표층과 기저구조에 소유격표지를 갖는데, 이 글은 전체 문장을 구성하는 술어를 바탕으로 이 구문들을 설명할 것이다. 다시 말해서, 시초 S-절점은 아래와 같이 수의적으로 다시 쓸 수 있다.

(4) a.　S → NP + VP

　　b.　VP → S

(4b)와 같은 기본 규칙이 없는 경우, 대체로 특히 일본어에서 발견되는 이른바 '이중주어'(double subject)구문은 주제화 과정을 거쳐 소유구문으로부터 도출되는 것으로 분석되었다(Fillmore 참조). 이 글의 논의 과정에서 이러한 접근이 부적절하다는 것이 증명될 것이다. 또한, (4)에서 나타내는 바와 같이, '술어로서의 (부차적) 문장'이라는 개념은 그것이 체계적 증거보다는 대부분 직관에 의해 지지되어 왔고, 왕 리(王力 1956)와 Chao(1968)와 같은 중국 언어학자들에게 오랫동안 받아들여져 왔다.

2. 이중주격 구조

아래의 문장들을 살펴보자.

(5) a. 他肚子饿。

　　　　他 肚子　饿

　　　　그 배가　고프다

　　　　그는 배가 고프다.

　　b. 他头疼。

　　　　他 头　疼

　　　　그 머리 아프다

　　　　그는 머리가 아프다.

　　c. 他口渴。

　　　　他 口　渴

　　　　그 목　마르다

　　　　그는 목이 마르다.

예문 (5)에서 두 개의 명사성분이 연속적으로 동사 앞에 출현하였는데, 이것은 일본어의 유명한 '이중주어'문과 유사하다.

(6) a. Zoo-wa hana-ga nagai.

   Zoo   wa hana ga nagai

   코끼리 는 코   가 길다

   코끼리는 코가 길다.(Elephants have long noses.)

   b. Kare-wa hara-ga hetta.

   Kare wa hara ga hetta

   그   는 배   가 고프다

   그는 배가 고프다.(He is hungary.)

예문 (5)의 문장들은 다음과 같은 특징을 가지고 있다. (a) 첫 번째와 두 번째 명사성분 간의 관계는 '양도 불가능한 소유관계'(inalienable possession)이다. (b) 동사성분은 상태자동사(stative intransitive)이다. 따라서 이들은 다른 유형의 이중주격 구문으로부터 서로 다른 개별적인 범주를 구성한다.

(7) a. 他们谁也没来。

   他们 谁   也   没   来

   그들 누구 ...도 부정 오다

   그들은 누구도 오지 않았다.

   b. 这种纸每张一毛钱。

   这 种 纸 每 张   一 毛 钱

   이 양사 종이 매 양사 일 양사 전

   이런 종이는 장당 1전이다.

c. 他们你看我我看你。

他们 你 看 我 我 看 你

그들 당신 보다 나 나 보다 당신

그들은 서로 바라본다.

위의 문장들은 앞으로 제6절 '주제-논의'에서 논의될 것이다.

전통적인 이론구성에서 예문 (5)의 문장들은 '술어로서의 완전한 문장'으로 구성된다는 것을 말해준다(Chao 1968:94참조). 그러나 변형문법의 이론구성에서는 '이중주격'이라 불리는 구문들은 표층구조에서만 그렇게 분석되며, 기저구조에서는 이 구문들은 소유문(possessive sentences)으로부터 도출된 것으로 본다. 예를 들면, Hashimoto(1974:84)의 분석에서 예문 (5b)의 기저구조는 【그림 1】이 나타내는 것과 같다.

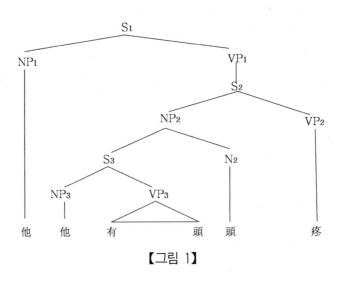

【그림 1】

이 기저구조와 관련해서 주의해야할 두 가지가 있다. 첫째는 NP1과 NP3

가 같다고 가정할 수 있는 증거가 없다는 것이다. 둘째는 '他'(그)와 '头'(머리) 사이의 관계는 소유관계이며, 관계절(즉 S3)은 의무적으로 소유격구문으로 실현되어야 한다. 이러한 분석방법에 따르면, 예문 (5)의 문장들은 다음과 같은 문장으로부터 도출되었을 것이다.

(8) a. 他的肚子饿.

他 的 　　　肚子 饿
그 관형어표지 　배가 고프다
그의 배가 고프다.

b. 他的头疼。

他 的 　　　头 疼
그 관형어표지 머리 아프다
그의 머리가 아프다.

c. 他的口渴。

他 的 　　　口 渴
그 관형어표지 목 마르다
그의 목이 마르다.

　여기서 '소유격 NP'(possessive NP's)가 주제화되었고, 소유격 표지는 표층에서 삭제되었다[2]. 아래에서 이러한 분석에 반하는 논점이 제시될 것이다.

---

2) 예문 (5)의 문장들은 단지 소유격표지를 삭제함으로써, 예문 (8)의 문장들로부터 도출될 수 없다. 왜냐하면 (5)에서 휴지(pause)는 핵 명사(head noun) 뒤가 아니라, 소유 NP 뒤가 되기 때문이다. 보통 소유격표지가 표층에서 삭제되면 휴지는 핵 명사 뒤에 나타난다.

(a) 他父亲 // 在日本做事。

우선, 이러한 문장들을 다른 소유 NP를 취하는 문장들과 비교해보면 다음과 같다.

(9) a. 他的肚子很圆。

　　他 的　　　　肚子 很　　圆
　　그 관형어 표지　배　매우 둥글다.
　　그의 배는 매우 둥글다.

　　b. 他的手很疼。

　　他 的　　　　手 很　疼
　　그 관형어표지　손 매우　아프다.
　　그의 손은 매우 아프다.

여기에는 두 개의 주요성분인 NP와 하나의 VP가 있으며, '很'과 같은 부사가 양자 중간에 삽입되었다. 이제 예문 (5)과 유사한 문장에서 부사의 위치를 살펴보자.

(10) a. 他又头疼了。

　　他 又 头　疼　　了
　　그 또　머리 아프다 완료표지
　　그는 또 머리가 아팠다.

　　他 父亲 // 在　　日本 做　事
　　그 부친 // ...에서 일본　하다 일
　　그의 부친은 // 일본에서 일하다

　　(b) *他 // 父亲在日本做事。

　　他 // 父亲 在　　日本 做　事
　　그 // 부친 ...에서 일본　하다 일

b. 他头又疼了。

他 头　　又 疼　　　了

그 머리 또 아프다 완료표지

그는 머리가 또 아팠다.

c. 你还头疼吗?

你　 还　　　头　 疼　　　吗

당신 아직도 머리 아프다 의문조사

당신은 아직도 머리 아픕니까?

d. 你头还疼吗?

你　 头　 还　　　疼　　　吗

당신 머리 아직도 아프다 의문조사

당신은 머리가 아직 아픕니까?

(11) a. *他又手疼了。

他 又　 手 疼　　　了

그 또　 손 아프다 LE

b. *你还手疼吗?

你　 还　　　　手 疼　　　吗

당신 아직도　　 손 아프다 의문조사

중국어에서 부사는 동사 바로 앞에 출현하는 것이 일반적인데, 부사의 영역이 명사를 지배하는 경우에도 그렇다3). 그러나 이중주격 구조에서는 부사

---

3) 다음의 문장을 참고해보자.

(a) 张三跟李四都要来。

는 동사 앞이나 또는 동사를 선행하는 NP의 앞이라는 두 위치에 출현할 수 있다. 즉 부사는 술어 앞에 출현한다는 사실이다. 예문 (10)에서 두 개의 술어 중 하나는 상위의 수동자인 '他'(그) 혹은 '你'(당신)를 진술하고, 다른 하나는 하위의 수동자인 '头'(머리)를 진술한다. 그렇다면, 예문 (11a~b)의 비문법성은 체계적으로 해석될 수 있다. 즉 '疼'(아프다)과 같이 하나의 술어만을 가지며, 부사는 반드시 그 술어 앞에 출현해야 한다는 것이다. 말하자면 '他(的)手又疼了'(그의 손은 또 아팠다)와 같은 구조라는 것을 의미한다.

이와 유사하게, 전체 문장을 그 영역으로 취하는 상위술어인 양상조동사(modal)는 바로 이중주격 구조의 경우에만 명사성분 앞으로 내려갈 수 있다 (Teng 1972a 5.2.3절 참조). 예를 들면 다음과 같다.

(12) a. 没关系！我不会口渴。

　　　没关系！　　我 不　会　　　口 渴
　　　괜찮습니다!　나 부정　…할 것이다 입 마르다
　　　괜찮아! 나는 목마르지 않을 것입니다.

　　b. *没关系！我不会手疼。

　　　没关系！　　我 不　会　　　手 疼
　　　괜찮습니다!　나 부정　…할 것이다 손 아프다

　　张三　　　跟 李四　　　都 要　　　　来
　　장삼(이름) 와 이사(이름) 모두 …하려 하다 오다
　　장삼과 이사는 모두 오려 한다.

(b) 书跟笔我都要买。
　　书 跟 笔 我 都　要　　　　买
　　책 와 연필 나 모두 …하려 하다 사다
　　책과 연필을 나는 다 사려고 합니다.

여기서 '都'의 영역은 명사에만 적용되는데, 반면에 동사 앞에 출현한다.

양상조동사의 위치에 관한 규칙은 바로 술어의 좌측으로 내려간다는 것이다. 그러므로 예문 (12b)에서 '疼'(아프다)이 술어이므로 양상조동사는 그 술어 앞에 출현해야 한다. 한편, 예문 (12a)에서는 술어가 하나의 문장을 이루게 되므로, 양상조동사는 그 전체 문장 앞에 출현할 수 있다.

문장술어와 소유격 NP 사이의 차이는 보어구조에서도 드러난다.

(13)　　我觉得很高兴。

　　　　我　　觉得　　　　很　　高兴
　　　　나　생각하다 아주　기쁘다
　　　　나는 아주 기쁘게 생각합니다.

동일-NP 삭제(Equi-NP deletion) 규칙이 내포문의 주어에 적용되었다. 아래의 문장들에 대해 생각해보자.

(14) a. 我觉得肚子饿。

　　　　我 觉得　　　　　肚子 饿
　　　　나 ...라고 느끼다　배　고프다
　　　　나는 배가 고픔을 느끼다.(나는 배가 고프다)

　　b. 我觉得头疼。

　　　　我　觉得　　　　　头　疼
　　　　나 ...라고 느끼다　머리 아프다
　　　　나는 두통을 느끼다.(나는 머리가 아프다)

　　c. *我觉得手疼。

　　　　我 觉得　　　　　手 疼
　　　　나 ...라고 느끼다　손 아프다

d. 我觉得我的手很疼。

我 觉得　　　　　我 的　　　　　手 很　疼

나 ...라고 느끼다　나 관형어표지　손 매우 아프다

나는 나의 손이 아픈 걸 느낀다.

만일 상위의 수동자가 단순 명사이고, 하위의 수동자가 소유격 NP라면, 삭제는 일어나지 않는다. 예문 (14c)과 (14d)를 비교해 보면 알 수 있다. 그러나 예문 (14a)과 (14b)에서는 동일-NP 삭제가 일어났다. 이것은 예문 (14a)과 (14b)에서 내포문의 주어가 단순 명사이고 소유격 NP가 아니라는 것을 의미한다[4].

3. 의사-소유 표지(Pseudo-Possessive Marker)

예문 (5)과 (8)의 문장들 간의 관계는 다음과 같이 서술할 수 있다. 후자(예문(8))는 이 글에서 부르는 '의사소유격'(Pseudo-genitive)을 도입하는 (후기) 변형에 의해 전자(예문(5))로부터 도출된 것이다(Teng 1970, 주17 참조). 기본적으로 소유격조사 '的'은 두 개의 명사 사이에 수의적으로 삽입된다.

(15)　　　NP1+NP2→ NP1 的　NP2

이 새로운 규칙은 다음 예문 (8)뿐만 아니라, 아래의 문장에서 '的'의 출현

---

4) S. Thompson은 동사 '觉得'은 구조적으로 두 가지 유형이 있는데, 하나는 보어를 취하는 것(예문 (14d)에서와 같이)이고, 또 하나는 '계사류(copula-like)' 동사(예문 (13)에서와 같이)라고 개인적인 의견을 제시하였다. 이 글의 결론은 비록 예문 (14a ~c)에서 '觉得'가 계사류 동사로 증명되더라도 성립된다. 왜냐하면 그것은 상태성 술어 성분을 요구하기 때문이다(예문 (13) 참조). 예문 (14a)과 (14c) 사이의 차이는 '肚子饿'(배가 고프다)의 문법 기능이 상태술어와 일치하는 반면, '手疼'(손이 아프다)은 그렇지 않다. 사실상, 후자의 경우는 하나의 성분을 이루지 않는다.

에 대해서도 설명해 준다.

(16) a. 你别生他的气。

　　　　你　别　　　　　生　他的　　　　　气

　　　　당신 ...하지 마라　내다　그 관형어표지　화

　　　　당신은 그에게 화 내지 마십시오.

　　 b. 我看了一个钟头的书了5)。

　　　　我　看　了　　　一　个　　　钟头 的　　　　书 了

　　　　나　보다　완료표지　하나　양사　시간 관형어표지　책 어기조사

　　　　나는 1시간 동안 책을 보았다.

　　소유격 '的'과 의사소유격 '的'은 접속-삭제(conjoining deletion)에서 다르게 나타난다. 예를 들면 다음과 같다.

(17) a. 他借了张三的书 ; 我借了李四的。

　　　　他　借　　了　　　张三　　的　　　　书

　　　　그 빌리다 완료표지　장삼(이름) 관형어표지 책

---

5) 다음 문장을 주목해보자.

　　我买了四天的粮食了。
　　我　买　了　　　四　天 的　　　　粮食 了
　　나 사다 완료표지　네 일 관형어표지　양식 어기조사
　　나는 나흘 동안의 양식을 샀다.

　　이 문장은 중의적인데, (a) '我买了四天份的粮食'(나는 사흘 분의 양식을 샀다. 즉, 명사수식어 수식)과 (b) '我花了四天在买粮食这件事上'(나는 사흘이라는 시간을 들여, 양식을 사는 이 일을 했다. 시량:time duration)의 의미를 나타낸다. 예문 (b)에서 '的'은 (15)의 규칙에 의해 변형적으로 도입된 것이다. 이 규칙이 없으면 중의성은 설명될 수 없다.

我借　　了　　　李四　　　　的

나 빌리다 완료표지 이사(이름) 관형어표지

그는 장삼의 책을 빌렸고, 나는 이사의 것을 빌렸다.

b. *他借了张三的书，我借了李四。

他借　　了　张三　　　的　　　　书

그 빌리다 LE 장삼(이름)　관형어표지　책

我借　　了　李四　　　的

나 빌리다 LE 이사(이름)　관형어표지

상술한 문장에서 두 번째로 출현한 '书'는 삭제되었지만, 소유격 '的'은 남아야 한다. 따라서 예문 (17b)은 비문법적이다. 아래의 의사-소유 구문과 비교해보자.

(18) a. 他学了一年的中文，我学了两年。

他学　　了　　　一　年的　　　　中文

그 배우다 완료표지　하나　해 관형어표지　중국어

我学　　了　　两　年

나 배우다 완료표지　둘　해.

그는 중국어를 1년 배웠는데, 나는 2년 배웠다.

b. *他学了一年的中文；我学了两年的。

他学　　了　一　年　的　　　　中文

그 배우다 LE　하나 해 관형어표지 중국어

我学　　了　两　年　的

나 배우다 LE 둘 해 관형어표지

여기서 '的'은 절대 대명사와 함께 출현하지 않는다. 이것은 접속-삭제가 진짜 소유 명세 다음에, 그리고 의사-소유 표지가 나오기 전에 이루어진다는 것을 보여준다. 따라서 예문 (15)의 규칙은 매우 피상적이다.

이 차이는 예문 (8)의 진짜 소유격 '的'과 예문 (9)의 의사-소유격 '的'을 구분하는 데 통사상의 증거를 제공한다. 다음을 비교해보자.

(19) a. 张三的肚子很饿；李四也是。
　　　　张三　　的　　　　肚子　很　　饿　　　李四　　　也　　是
　　　　장삼(이름) 관형어표지 배　매우 고프다 ; 이사(이름) ...도 ...이다
　　　　장삼은 배가 고팠는데, 이사도 마찬가지다.

　　b. *我的肚子很饿；你的呢?
　　　　我　的　　　　肚子　很　饿　　你　　的　　　　呢
　　　　나 관형어표지　배　매우 고프다 당신 관형어표지 어기조사

　　c. 张三的肚子很圆；李四的也是。
　　　　张三　　的　　　　肚子　很　　圆
　　　　장삼(이름) 관형어표지　배　매우 둥글다
　　　　李四　　的　　　　也　　是
　　　　이사(이름) 관형어표지　역시 ...이다
　　　　장삼의 배는 둥글다. 이사도 역시 그렇다.

　　d. *张三的肚子很圆；李四也是。(다른 의미)
　　　　张三　　的　　　　肚子　很　　圆
　　　　장삼(이름) 관형어표지　배　매우 둥글다
　　　　李四　　也　　是
　　　　이사(이름) 역시 ...이다

동일 성분 삭제 단계에서, 예문 (19a)에서 '的'은 존재하지 않는다. 이것은 예문 (19b)의 비문법성에 의해 지지되는데, 거기서'的'은 사라진다. 그러나 진정한 소유격 표지는 기저구조에 명시되는데, 그것은 접속-삭제단계에 의해 도입되었을 것이며, (19d)의 비문법성이 보여주는 것처럼 그것은 삭제될 수 없다6). 예문 (8a)과 (9a)의 기저구조의 차이는 각각 【그림 2】와 【그림 3】에서 나타난다.

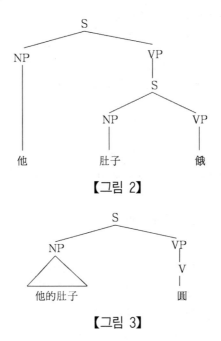

【그림 2】

【그림 3】

Dragunov(1958:54-55)이 "'他头疼'(그 머리가 아프다) 이외에도 '他的头疼'(그의 머리가 아프다)도 발견되는데, 이 경우 '他的'(그의)은 '头'(머리)의 수식어가 아니라, 주어의 특별한 유형이다…이와 같은 유형의 문장에서

---

6) 어떤 화자들에게는 예문 (17b)가 수용가능하다. 이것은 그들에게 있어서는 규칙 (15)가 접속 삭제를 우선한다는 것을 나타낸다.

발견한 것이 소유격 주어이다." 와 같이 주장할 때, 이 의사소유격 표지를 생각했을 것이다.

여기서 표층의 소유격 표지 '的'은 그 기원이 다른 갈래로부터 왔다고 상정할 수 있다. 진짜 소유격은 기저구조에서 명시되는 반면, 의사소유격은 파생 후기 단계에서 변형되어 삽입된 것이다. 이 두 유형의 소유구문의 파생과 관련해서 이론적인 의문이 생길 수 있다. 즉, 어떻게 중의성이 없는 문장에서의 다양한 파생들을 막을 수 있을까? 예를 들어, '他的肚子饿'(그의 배는 고프다)라는 문장은 중의적이지 않다. 그리고 그것은 문장술어의 예이기 때문에(따라서 의사소유격), 소유격으로부터의 다른 파생을 걸러내야만 한다.

이것은 문장의미와 관련된 문제에서 구조에 대한 해석 절차에 의한 기본 성분에서 이루어질 수 있다. 만일 잘못 해석하게 되면, 기저구조는 비문법적이라는 이유로 거부된다. 따라서 '他'가 수동자로 해석되는(【그림 2】 참조) '他的肚子饿'(그의 배가 고프다)가 진정한 소유격구조이며, 그 구조에서는 '他的肚子'(그의 배)가 반드시 수동자로 해석되어야 한다고 가정해보자(【그림 3】 및 아래 21-22 참조). 그렇게 되면 의미의 부조화가 생기고 소유격 기저구조는 배제된다. 이러한 상황은 양도 가능한 소유와 양도 불가능한 소유관계의 분석을 유추할 수 있다(Fillmore 1968 :66 참조). 따라서 만일 양도 불가능한 문맥에서 '我的头'(나의 머리)가 양도 가능한 구조인 '我有头'(나는 머리가 있다)가 된다면, 의미의 부조화가 또 생길 것이고, 도출도 가능하지 않게 될 것이다.

4. 문장술어(Sentence as Predicate)와 숙어(Idioms)

앞에서 지적한 바와 같이, '문장술어'라는 개념은 중국 언어학계에서는 오래전부터 있어왔다. 그러나 이 개념은 신중하게 정의되지 못하고, 숙어에 포함되어 사용되었다. 예를 들어 왕 리(王力, 1956:175)는 "문장술어는 '他肚子饿'(그 배는 고프다)나 '他胆子小'(그는 담력이 작다) 등과 같이 지시범위가 아주 좁게 제한되었는데, 나는 '肚子饿'(배가 고프다)나 '胆子小'(담력이 작다)와 같은 구는 실제로는 단일 어휘항목에 해당하기 때문에 이 지시범위를 확장시켜서는 안 된다고 제안한다. 이 구들이 주어 명사들의 활동(activities)이나 질(qualities)을 가리킨다고 보는 것이 상당히 합리적이다."라고 하였다.

왕 리(王力)가 여기서 주장하는 것은 이들 구(혹은 문장)는 이미 숙어화되었다는 것이다(Chafe 1968). 숙어는 형식상으로는 구나 문장과 유사하지만, 지시에서는 어휘항목에 해당한다. 따라서 이 글의 임무는 무엇이 숙어이고, 또 무엇이 숙어가 아닌지를 결정하는 것이다.

숙어는 '의미해석을 위한 하나의 성분이나 성분의 나열들은 그것을 구성하는 형식의 합성적 기능이 아니다'(Fraser 1970)라고 정의되어 왔다. 이것은 아래의 공식으로 가장 잘 설명될 수 있다(Weinreich 1966에서 인용).

(20)
$$\frac{A}{a} + \frac{B}{b} = \frac{A+B}{x} \neq \frac{A+B}{a+b}$$

(A, B=item, word ; a, b, X=sense, meaning)

Weinreich의 공식으로부터 추론할 수 있는 바와 같이, 대부분의 숙어의 경우에 문자적 대응어가 있다. 더욱이 숙어들은 어휘화(lexicalization)의 정도 역시 다양하다. 예를 들면 다음과 같다.

(21) a. 他很胆小。

他 很　　胆　小
　　그 매우 담력 작다
　　그는 매우 담력이 작다/용기가 없다/겁이 많다.

b. 他的胆子很小。
　　他 的　　　　胆子 很　　小
　　그 관형어표지 담력 매우 작다
　　그의 담력은 매우 작다/그는 겁이 아주 많다.

　　여기서의 '胆小'에 해당하는 표현은 '很'에 의해 수식될 수 있는 상태동사로 기능하거나 아니면 명사와 동사성분으로 더 분석될 수 있는 구/문장으로 기능할 수 있다. 다음에는 형태화되었거나(frozen) 혹은 분석적(analytic)인 숙어들이 있다.

(22) a. 他很眼红。
　　他 很　　眼 红
　　그 매우 눈 빨갛다
　　그는 매우 질투를 잘한다.

b. *他的眼(睛)很红。
　　他 的　　　　眼(睛) 很　　红
　　그 관형어표지　눈　매우 빨갛다

c. 他的脸皮很厚。
　　他 的　　　　脸 皮 很　厚
　　그 관형어표지 얼굴 피부 매우 두껍다
　　그는 부끄러움을 모른다.

d. *他很脸皮厚。

他　很　脸　皮　厚
그　매우　얼굴　피부　두껍다

거기에 포함된 동사가 원래 자동사일 때 표층에서는 타동사로 기능하는 숙어의 경우도 (드물지만) 있다.

(23)　他很头疼这件事。

他　很　头疼　这件　事
그　매우　귀찮다　이　양사　일
그는 이 일을 아주 귀찮아한다.

한편, 문장술어는 통사적인 특징상 더 동질적이어서 어휘화가 거의 일어나지 않는다. 예를 들어 보자.

(24) a. *他很肚子饿。

他　很　肚子　饿
그　매우　배　　고프다

b. *他很记性好。

他　很　记性　好
그　매우　기억력　좋다

전통적으로 '이중주격' 표현이라고 느슨하게 정의된 것들은 이 글의 분석에서는 두 그룹으로 나뉜다.

(25) a. A유형

胆子小 (겁이 많다, 담력이 작다)

耳朵软(남의 말을 쉽게 믿다, 귀가 연하다)

心毒(독살스럽다, 마음이 고약하다)

眼红(질투심이 나다, 눈이 빨갛다)

脸皮厚(비위가 좋다, 얼굴의 가죽이 두껍다)

b. B류형

'肚子饿'(배가 고프다)

'脾气坏'(성질이 나쁘다)

'头痛'(머리가 아프다)

'记性好'(기억력이 좋다)

'腰酸'(허리가 쑤시다)

(25a) 유형에 속하는 어휘들은 그것들이 문자적으로 해석되지 않을 때는 숙어로 정의될 것이다. 그러나 (25b) 유형에 속하는 어휘들은 이 글에서 논의했었던 유형의 문장에 실현되면 문장술어로 정의된다. 숙어는 보통 문자적 의미에서 물리적인 묘사를 통해 개성과 성질이 특징지어진다. 문장술어는 지시하는 성질이나 물리적 조건의 의미적인 특징에 의해 구체화된다. 그리고 소유격 수동자에 의해 물리적으로 기술되는 경우도 있다. 왕 리(王力)와 마찬가지로 Chao(1968:주석94)는 숙어와 문장술어를 구분하지 않았다.

숙어와 문장술어는 다양한 의미적 명시로부터 시작된다(예를 들면, '大肚子(=大的肚子(큰 배))는 '怀孕'(임신하다)과 같이 명시된다). 그러나 변형적인 성분에 도달하기 전에 그것들은 동일한 구조를 공유한다(Chafe 1968의 이 부분에 관한 체계적인 해석 참조). 이것은 그것들이 왜 많은 경우에 통사적으로 유사하는지를 설명해준다.

상태동사와 변화동사만이 문장술어 구문에 출현한다는 것을 보았다(Teng

1972a 참조). 이와 같은 술어는 수동자에게 영향을 주거나 수동자가 어떤 특정한 상태를 경험하는 하나의 사건만을 표시한다[7].

5. 불연속 소유구조

우선 아래의 문장을 살펴보자.

(26) a. 王冕死了父亲[8]。

　　　王冕　　　死了　　　　　　　父亲

　　　왕면(이름) 죽다 완료표지+어기조사 아버지

　　　왕면은 아버지를 여의었다.

　　b. 他瞎了一只眼睛。

　　　他 瞎 了　　 一 只 眼睛

　　　그 멀다 완료표지 하나 양사 눈

　　　그는 눈 한 쪽이 멀었다.

---

7) 'John is bad-tempered'(존은 성격이 좋지 않다), 'Mary is blue-eyed'(메리는 눈이 파랗다), 'Tom is high-spirited'(탐은 성격이 활발하다)와 같은 영어문장들이 이에 대응하는 소유구문(예를 들면, Mary's eyes are blue, Mary has blue eyes)으로부터 파생되었다고 분석될 수 있는지가 문제이다. '＊The professor's mind is absent'가 'The professor is absent-minded'라는 문장으로부터 올 수 없다는 것에 주목하라. 이 구문은 또한 숙어(Linda is thick-skinned)로 표현할 수 있다.

8) 이 문장은 중국대륙에서 벌어졌던 중국어의 주어-목적어 논쟁에서의 초점이 된 바 있다. 한 학파는 이 문장을 '주어-동사-주어'문장으로 분석했고(Cao 1956), 또 다른 학파는 '주어-동사-목적어'문장으로 분석했다(Xing 1955). 두 번째 분석은 수정할 필요가 없는 완전히 실패한 분석이다. 첫 번째 분석은 필자의 의견과 유사하지만, 동사 앞 주어와 동사 뒤의 주어 사이의 관계에 대해 해석하지 못했다.

예문 (26)에서 동사들은 표층구조에서 주어와 목적어와 관련되지만, 이러한 동사들은 보통은 자동사의 형식으로 출현한다.

(27) a. 王冕的父亲死了。

　　　　王冕　　　 的　　　　 父亲　 死　 了
　　　　왕면(이름) 관형어표지　 아버지　죽다　완료표지+어기조사
　　　　왕면의 아버지가 돌아가셨다.

　　b. 他的一只眼睛瞎了。

　　　　他 的　　　　 一　 只　 眼睛 瞎　 了
　　　　그 관형어표지　 하나 양사　 눈 멀다 완료표지
　　　　그의 한 쪽 눈이 멀었다.

이러한 동사들이 기저구조에서 타동과 자동 두 가지 기능을 한다고는 말할 수 없다. 왜냐하면 예문 (26)에서 사역적 해석이 가능하지 않기 때문인데, 이에 반해 본유적 자동사가 타동사처럼 기능할 때 사역의미(meaning of causation)가 포착되는 것이 일반적이다.

(28) a. 饭热了。

　　　　饭 热　　 了
　　　　밥 데우다 완료표지+어기조사
　　　　밥이 데워졌다.

　　b. 我去热饭。

　　　　我 去 热　　 饭
　　　　나 가다 데우다 밥
　　　　내가 밥을 데우겠습니다.

이러한 이유 때문에 예문 (26)은 (27)로부터 도출된 변이형식이라는 주장이 있어왔다(Huang 1966 참조). 바꿔 말하자면, (26)의 주어와 목적어 NP는 기저구조에서 소유관계를 가지며, 핵명사는 뒤에 후치되어 표층 목적어가 되었다는 것이다.

그러나 이러한 분석에는 몇 가지 문제가 있다. 먼저, 그 문장은 성격이 다른 수동자들이 포함된다는 것이다. 예문 (26a~b)에서 수동자는 '王冕'(왕면)과 '他'(그)이므로, 이 문장은 '王冕／他发生了什么事?'(왕면 / 그에게 무슨 일이 일어났는가?)에 대한 답이 될 수 있지만, (27a, b)은 '王冕的父亲／他的眼睛发生了什么事?'(왕면의 아버지 / 그의 눈에 무슨 일이 일어났는가?)에 대한 답만이 될 수 있다. 따라서 이 두 경우에는 '대상'(theme)이나 '관심의 초점'(focus of interest)이 되기 어렵다.

둘째, 부사의 출현위치는 이 두 쌍의 문장 사이의 아주 큰 차이를 보여준다. 아래의 이 두 문장은 의미에서 차이가 난다.

(29) a. 他又瞎了一只眼睛。

　　　 他 又 瞎　了　　　　 一　 只　　 眼睛

　　　 그 또 멀다 완료표지+어기조사　하나 양사　 눈

　　　 그는 또 한 쪽 눈이 멀었다.

　 b. *他的眼睛又瞎了。

　　　 他 的　　　　 眼睛 又 瞎　 了

　　　 그 관형어표지　 눈　 또 멀다 LE

여기서 (29a)는 또 다른 한 쪽의 눈이 멀었다는 것을 의미하는 반면, (29b)은 이미 치유된 눈이 다시 멀었다는 것을 나타낸다. 동사가 '死'(죽다)로 대체되었을 때, 이 문장의 비문법성은 더 확실해진다.

(30) a. 他又死了一个儿子。

　　　他　又　死　了　　　　　　一　　个　　儿子
　　　그　또　죽다　완료표지+어기조사　하나　양사　아들
　　　그는 또 아들 하나를 잃었다.

　　b. *他的一个儿子又死了。

　　　他　的　　　　一　　个　　儿子　又　死　了
　　　그　관형어표지　하나　양사　아들　또　죽다　LE

이 두 문장의 의미차이는 아주 명확하다. 예문 (30b)은 '他儿子'(그 아들)
에게 또 어떤 일이 일어난 것이다(따라서 사람은 두 번 죽을 수 없다고 가정
한다면, 이 문장은 비문법적이다). 그러나 예문 (30a)에서는 뭔가가 또 '他'
(그)에게 일어난 것을 의미한다. 여기서는 부사의 범위가 다른 것이다.

부사 '又'는 문장의 술어가 가리키는 사건이 반복해서 발생한 것을 나타
낸다. 따라서 예문 (30a)은 '丧子这件事再次发生在他身上'(아들을 잃는
사건이 다시 그에게 일어났다)나, '他再次经历了丧子这件事'(그는 다시
아들을 잃는 이 사건을 경험하였다)의 의미로 해석될 수 있다. 여기서 중요
한 것은 술어 '死了一个儿子'(아들 하나를 잃었다) 혹은 '一个儿子死了'
(한 아들이 죽다)가 완전한 문장이라는 사실이다. 따라서 앞 절에서 상정한
'문장술어'로 인해 예문 (30a)과 같은 문장의 의미와 통사적 특징들을 완전
하게 파악할 수 있게 되었다.

셋째, 이들 문장에서 수동자의 다양한 함축(implication)이 관찰된다. 예를
들어, 예문 (26a)에서 '死'(죽다)라는 이 사건이 일어났을 때, '王冕'(왕면)은
살아있다. 그러나 예문 (27a)에서는 사건이 일어났을 때, '王冕'(왕면)은 죽
었을 수도, 살아있을 수도 있다. 함축이 전제(presupposition)와 상반되는 경
우를 살펴보면 이 상황은 더 확실해지는데, 그래서 비문법성을 예측할 수

있게 되는 것이다. 아래에서 다음은 확실히 참이다.

(31) a. 孔子的後裔死了。

　　　孔子 的　　　　後裔 死　 了
　　　공자 관형어표지　후손 죽다 완료표지+어기조사
　　　공자의 후손이 죽었다.

　　b. *孔子死了後裔。

　　　孔子 死 了　 後裔
　　　공자 죽다 LE 후손

'孔子'(공자)의 죽음은 그의 '後裔'(후손)의 죽음보다 먼저라는 것이 전제된다. 그러나 예문 (31b)은 이와 상반된 상황을 함축(imply)하므로 비문법적이다. 이것은 예문 (26)이 (27)와 다른 전제를 포함한다는 것을 가리킨다. 그래서 전자가 후자로부터 파생되었다는 것은 정확하지 않다. Huang(1966)이 제안한 것처럼 이러한 도출이 어렵다는 것은 다음 문장에 의해 증명된다.

(32) a. 他只死了一个儿子。

　　　他 只 死 了　　　　　　一 个 儿子
　　　그 단지 죽다 완료표지+어기조사　하나 양사 아들
　　　그는 단지 아들 하나만 잃었다.

　　b. 他只瞎了一只眼睛。

　　　他 只 瞎 了　 一 只 眼睛
　　　그 단지 멀다 완료표지 하나 양사 눈
　　　그는 단지 한 쪽 눈만 멀었다.

예문 (32)의 문장들은 상응하는 소유주어 형식을 찾을 수 없다.

(33) a. *他的一个儿子只死了。

　　他 的　　　　一　 个　 儿子 只　 死　 了
　　그 관형여표지 하나 양사　아들 단지 죽다 LE

　 b. *他的一只眼睛只瞎了。

　　他 的　　　　一　 只　 眼睛 只　 瞎　 了
　　그 관형어표지 하나 양사 눈　단지 멀다 LE

그러므로 예문 (26)은 (27)과 변형관계가 없으며, 더 나아가 전자는 【그림 4】와 같은 구조를 갖는다고 제안할 수 있다.

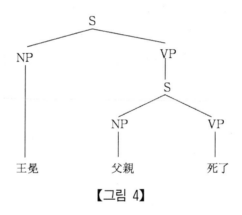

【그림 4】

예문 (26a)을 【그림 4】의 구조로부터 도출하기 위해서는 상위 수동자, 즉, '王冕'(이름)은 '주어계층'(subject hierarchy)에서 하위의 수동자보다 더 높다는 것을 언급할 필요가 있다(이 개념에 대해서는 Fillmore 참조). 변화동사의 (하위) 수동자가 표층에서 동사 뒤에 출현한다는 것은 이 글의 가정의 예외적인(ad-hoc) 결과가 아니라는 것이다. 다음과 비교해보자.

(34) a. 今天来了两个人。

　　　今天 来 了　　　两个　人

　　　오늘 오다 완료표지 둘 양사 사람

　　　오늘 두 사람이 왔다.

　　b. 昨天死了一个人。

　　　昨天 死 了　　　　　一 个 人

　　　어제 죽다 완료표지+어기조사 한 양사 사람

　　　어제 한 사람이 죽었다.

그러므로 예문 (26)의 문장들은 '주어-동사-목적어' 구조를 갖는 문장들과 유사한 데 그것은 단지 우연의 일치일 뿐이다.

예문 (34)에서 동사 뒤에 출현한 주어는 '존재 운영자'(existential operator)를 도입함으로써 전치시킬 수 있다는 게 중요하다(Allan 1971). 즉 다음과 같다.

(35) a. 今天有两个人来。

　　　今天 有　两个　人　来

　　　오늘 있다 둘 양사 사람 오다

　　　오늘 두 사람이 왔다.

　　b. 昨天有一个人死了。

　　　昨天 有　一 个 人 死 了

　　　어제 있다 하나 양사 사람 죽다 완료표지+어기조사

　　　어제 한 사람이 죽었다.

이러한 변형은 문장술어를 갖는 문장에도 적용된다9). 예를 들면 다음과 같다.

    (36) a. 他有一个儿子死了。

           他 有 　一 　个 　儿子 死 　了

           그 있다 하나 양사 　아들 죽다 완료표지+어기조사

           그의 한 아들이 죽었다.

        b. 他有一只眼睛瞎了。

           他 有 　一 　只 　眼睛 瞎 　了

           그 있다 하나 양사 　눈 　멀다 완료표지+어기조사

           그의 한 쪽 눈이 멀었다.

6. 주제-논의(Topic-Comment)

앞의 소절에서, '이중주격'와 '불연속 소유' 구문들은 소유구문으로부터 파생될 수 없다는 것을 증명하였다. 이러한 문장들의 술어는 동사성도, 형용사성도, 명사성 술어도 아니며, 전체 문장이 술어가 된다. 이들 문장들의 기저구조는 이중 수동자를 갖는 다른 유형의 문장들과는 구분된다. 【그림 5】를 보자.

---

9) 이러한 변형은 전치된 명사가 예를 들어 (26a)의 'father'처럼 [+unique]라는 의미 자질을 갖는 경우에는 적용될 수 없다. 왜냐하면 'father'의 존재는 가정된 (assumed) 것이고 단언될(asserted) 수 없기 때문이다. 그러나 (36)은 반드시 하나의 아들 이상을 함축한다.

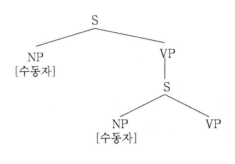

【그림 5】

상위와 하위 수동자 사이의 선택제한(selectional restrictions)은 아주 엄격하다. 대부분의 경우, '양도 불가능한 소유관계'라는 의미적 특징을 갖는 명사들이 이러한 구문에 출현할 수 있다10).

그러나 【그림 5】의 구조는 두 가지 측면에서 수정이 필요하다. 먼저, 두 NP에 대한 선택제한이 너무 엄격해서 결과적으로 예외적 적용이 생긴다는 것이다. 둘째, 가장 하위 VP 아래의 동사는 상태동사나 변화동사로 정의되어 왔는데, 이러한 제약들을 제거해야만 이 구조가 일반적으로 받아들여질 수 있게 된다. 앞으로 이어지는 논의에서는 이러한 제약들의 제거가 주제화 구문(topicalization construction)을 설명하는 문장들에 의해 증명된다는 것을 보여줄 것이다.

연속되는 (이중) 명사성분을 갖는 많은 주제화 구문들은 주제화되지 않은 대응문, 특히 소유구문과 관련시키는 일련의 변형을 통해 설명될 수 있다. 아래의 문장을 보자.

(37) a. 张先生(啊), 年纪不小了。

---

10) '양도 불가능한 소유관계'에 대한 자세한 논의는 Fillmore 참조하기 바란다. Dragunov는 최초로 중국어의 이중주격 구문에서의 이 관계를 인식하였다(54-8).

張 先生 (啊),　　年纪 不　小　　了
장 선생 (어기조사)　나이 부정 적다　어기조사
장 선생 (말이지), 나이가 많습니다.

b. 这些树(啊), 叶子都黄了。
这 些　　　树 (啊),　　　叶子 都　黄　　了
이 복수표지 나무 (어기조사), 잎　모두 누렇다 어기조사
이 나무들(은 말야), 잎이 모두 누렇게 변했습니다.

c. 他的学生(啊), 花样真多。
他 的　　　　学生 (啊),　　　花样　真　多
그 관형어표지 학생 (어기조사), 잔재주 진짜 많다
그의 학생(말이지), 잔재주가 진짜 많습니다.

　이러한 문장들은 주제화와 소유격 표지 삭제를 통해 아래의 문장으로부터
파생된 것이다.

(38) a. 张先生的年纪不小了。
张 先生 的　　　年纪 不　小　　了
장 선생 관형어표지 나이 부정 적다　어기조사
장 선생의 나이는 많습니다.

b. 这些树的叶子都黄了。
这 些　　　树 的　　　叶子 都 黄　　了
이 복수표지 나무 관형어표지 잎　모두 누렇다 어기조사
이 나무들의 잎이 모두 누렇게 변했습니다.

c. 他的学生的花样真多。

他 的　　　学生 的　　　　花样　真　多
그 관형어표지 학생 관형어표지　잔재주 진짜 많다
그의 학생의 잔재주가 진짜 많습니다.

그러나 아래의 문장들은 문제에 직면하게 된다.

(39) a. 他们谁都没来。

他们　谁　都　没　来
그들　누구　모두　부정　오다
그들은 누구도 오지 않았다.

b. 这种纸每张一毛钱。

这　种　　纸　每张　　一　毛　钱
이　양사　종이　매 양사　하나　양사　전
이런 종이는 장당 1전이다.

c. 他们你看我, 我看你。

他们　你　看　我, 我 看　你
그들　당신 보다　나　나 보다 당신
그들은 서로를 바라보았다.

이 문장들은 대응되는 소유구문이 없다.

(40) a. *他们的谁都没来。

他们 的　　　　谁　都　没　来
그들 관형어표지　누구　모두　부정　오다

b. *这种纸的每张一毛钱。

这 种 纸 的 　　　 每张 一 毛 钱

이 양사 종이 관형어표지 매 양사 하나 양사 전

c. *他们的你看我，他们的我看你。

他们 的 　　　 你 看 我, 他们 的 　　　 我 看 你

그를 관형어표시 당신 보다 　 나 그들 관형이표지 니 보다 당신

이들 대부분의 경우는 수량사(예를 들면 都, 都没, 每(一), 其中, 许多)를 포함하고, 두 번째 명사성분은 항상 첫 번째 명사의 부분집합(sub-set)이 된다.

한편, 이 문장들은 부사와 양상조동사(modal)가 두 개의 위치에 출현할 수 있다는 점에서, 제2절에서 논의했던 이중주격 구문들과 동일한 통사적 특징을 보여주었다. 아래의 문장과 비교해보자.

(41) a. 他的孩子，也是一个在大学念书。

他 的 　　　 孩子,

그 관형어표지 아이

也 是 一 个 在 大学 念书

...도 ...이다 하나 양사 ...에서 대학 공부하다

그의 아이도 대학에 다닌다.

b. 他的孩子，一个也是在大学念书。

他 的 　　　 孩子, 一 个 也 是 在 大学 念书

그 관형어표지 아이, 하나 양사 ...도 ...이다 ...에서 대학 공부하다

그의 아이 중에서, 한 명도 대학에 다닌다.

c. 这种纸，也是每张一毛钱。

　这　种　　纸，也　是　　每张　　一　毛　钱

　이 양사 종이 ...도 ...이다 매 양사　하나 양사 전

　이 종이도 장당 1전이다.

d. 这种纸，每张也是一毛钱。

　这　种　　纸，每张　也　是　　　一　毛　钱

　이　양사 종이 매 양사 ...도 ...이다 하나 양사 전

　이 종이도 장당 1전이다.

(42) a. 他们可能谁都不来。

　他们 可能　谁　都　不　来

　그들 아마도 누구 모두 부정 오다

　그들은 아마도 아무도 안 올 것이다.

b. 他们谁都可能不来。

　他们　谁　都　可能 不　来

　그들　누구 모두 아마 부정 오다

　그들 누구도 아마 오지 않을 것이다.

c. 下个月的苹果，大概会十个一块钱。

　下　个　月的　　　苹果，大概 会　　　十　个　一　块　钱

　다음 양사 달 관형어표지 사과　아마 할 것이다 열 양사 하나 양사 전

　다음 달의 사과는 아마 10개에 1원 할 것이다.

d. 下个月的苹果，十个大概会一块钱。

　下　个　月的　　　苹果，十　个　大概 会　　　一　块　钱

　다음 양사 달 관형어표지 사과　열 양사 아마 할 것이다　하나 양사 전

다음 달의 사과는 10개에 아마 1원 할 것이다.

제2절에서의 논의를 따른다면, 이 문장들도 NP+VP로 분석될 수 있는 술어로 구성된다. 따라서 예문 (39a)의 기저구조는 【그림 6】이 나타내는 바와 같다.

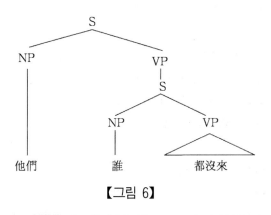

【그림 6】

그러나 모든 이중주격 구문들이 【그림 5】와 같이 구조화되고 해석된다면 두 NP가 다 수동자일 것으로 예상되는 것처럼, 이 구조는 '他们经历了没有人来这件事的影响'(그들은 아무도 오지 않는 이 사건의 영향을 경험했다)라고 해석될 수 없다는 점을 인식해야 한다. 대신 【그림 6】의 구조는 '关於/至於他们, 没有人来'(그들에 관해서는 / 대해서는, 아무도 오지 않았다)로 해석되어야만 하며, '他们'(그들)만이 주제가 된다. 이 외에도, 예문 (39c)에서 동사는 상태동사나 변화동사가 아니고 행위동사이다.

이중주격 구문의 기저구조에 대한 제약들을 제거해야 한다는 주장이 있는데, 바로 두 NP가 수동자가 아니라는 것이다. 바꿔 말하자면, 예문 (39)은 기저구조에서 문장술어 구문들이라는 것이다.

문장술어가 직접적으로 구구조(phrase-structure) 법칙을 통해 생성될 때, '是'와 '有'를 포함하는 모호한 문장들을 설명할 수 있다. 예를 보자.

(43) a. 朋友是旧的好。

朋友　是　　旧　　　的　　　　好
친구　…이다　오래되다　관형어표지　좋다
친구는 오래된 친구가 좋다.

b. 海是太平洋最大。

海　是　　太平洋　最　大
바다　…이다　태평양이　가장　크다
바다는 태평양이 가장 크다.

(44) a. 他们有一个人死了。

他们　有　　一　个　人　死　了
그들　있다　하나　양사　사람　죽다　완료표지+어기조사
그들 중 누가 한 명 죽었다.

b. 我有一个朋友姓张。

我　有　一　个　朋友　姓　　　　张
나　있다　하나　양사　친구　성이　…이다　　장
나는 장씨 성을 가진 친구가 하나 있다.

표층구조에서 이 문장들은 두 개의 동사를 포함한다. 하지만 문제는 이 문장들이 기저구조에서 두 개의 접속된 문장으로부터 도출되었는가, 아니면 수식구조를 갖는 문장으로부터 도출되었는가 하는 것이다.

접속가설(conjunction hypothesis)은 다음 두 가지 이유에서 받아들이기 어렵다. 첫째, 계사구문(copula sentence)은 보통 '신분'(ex, 这是约翰(이분은 존입니다))이나 '속성'(ex, 他是老师(그는 선생님입니다))를 나타내는데, 예문 (43)의 그 어떤 문장도 그렇게 이해되지 않는다. 둘째, 접속문장으로부터 예문 (44)의 문장들을 도출하기 위한 (44a)과 (45) 사이의 어떤 상관성도 찾아낼 수 없다.

(45)　他们死了一个人。
　　　他们　死　了　　　　　　　一　个　人
　　　그들　죽다　완료표지+어기조사　하나 양사 사람
　　　그들 중 한 명이 죽었다.

아울러, Hashimoto(1971:83)와 Schwartz(1971)가 제안한 바와 같이, 수식구조(혹은 관계절)가설 역시 이와 같은 유형의 모든 구문의 기원에 대한 체계적인 설명이 가능하지 않다. 즉, 이와 같은 문장들이 다 대응하는 수식구조를 가질 수 있는 것은 아니라는 것을 의미한다.

(46) a. 旧的朋友好。
　　　　旧　　　的　　　　朋友　好
　　　　오래되다 관형어표지 친구　좋다
　　　　오래된 친구가 좋다.

　　 b. *太平洋的海最大。
　　　　太平洋 的　　　海　最　大
　　　　태평양 관형어표지 바다 가장 크다

　　 c. *他们有一个死了的儿子。
　　　　他们 有　一　个　死　了　的　　　儿子

그들 있다 하나 양사 죽다 LE 관형어표지 아들

d. 我有一个姓张的朋友。
   我 有 一 个 姓   张 的   朋友
   나 있다 하나 양사 성이 ...이다 장 관형어표지 친구
   나는 성이 장씨 친구가 한 명 있다.

이 외에도, 예문 (43)에서 계사(copula)의 출현은 해석할 수 없다. 한편,
예문 (43)과 (44)의 문장들은 이 글의 분석에서는 문장술어를 갖는 문장으로
부터 도출된 것이다. 이들 문장의 기원은 아래와 같다(NP는 주제(topic)를
가리키며, VP-S는 문장술어이다).

(47) a. [朋友] NP   [旧的 朋友 好] VP-S
        친구   오래된 친구 좋다

     b. [海] NP   [太平洋 最   大] VP-S
        바다   태평양 가장 크다

     c. [他们] NP   [一个人 死了] VP-S
        그들   한사람 죽다

     d. [我] NP   [一个朋友姓张] VP-S
        나   한 친구 장씨이다

예문 (47a)에서 두 번째 출현하는 '朋友'(친구)가 삭제되었는데, (47b)와
마찬가지로 이 문장들은 표층문장에서 문법적이다. 이것은 이 글의 분석을
입증해주는 증거이다. 둘째, 중국어에서 대조구문(contrastive construction)의

전체 술어(즉, 최상위의 VP) 앞에 강세가 없는 '是'가 삽입되는 것은 (Hashimoto 1969 참조) 일반적인(선택적) 규칙이다. 예를 들면 다음과 같다.

(48) a. 我是今天去；他是明天去。

　　　我 是　　　今天 去 他 是　　　明天 去
　　　나 강조표지 오늘 가다 그 강조표지 내일 가다
　　　나는 오늘 가고, 그는 내일 간다.

　　b. 台湾是秋天最舒服。

　　　台湾 是　　　秋天 最　　舒服
　　　대만 강조표지 가을 가장 쾌적하다
　　　대만은 가을이 가장 쾌적하다.

마찬가지로, 강세 없는 '是'는 예문 (47a, b)에서 술어 S-절점 앞에 삽입되어 (43a, b)가 될 수 있는데, 왜냐하면 S-절점이 최상위에서 VP의 지배를 받기 때문이다. 【그림 7】을 보라.

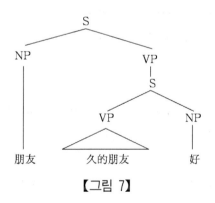

【그림 7】

동일한 규칙이 위에서 논의했던 다른 문장술어에도 적용될 수 있다. 아래의 문장을 보자.

(49) a. 这种纸是每张一毛钱。

这　　种　　纸　　是　　　　每张　　一　　毛　　钱
이　양사　종이　...이다　매 양사　하나 양사 전
이런 종이는 장당 1전이다.

b. 他们是你看我，我看你。

他们　是　　　你　看　我　我　看　你
그들　...이다　당신　보다　나　나　보다　당신
그들은 서로 바라본다.

'是'를 삽입하는 규칙은 아래와 같이 형식화할 수 있다.

(50)　　NP + VP → NP + 是 + VP (NP=대조적인 주제)

예문 (47c, d)로부터 (44a, b)를 도출하기 위해서는 존재 운영자 '有'가 필요하다(예문 35 참조). 이것은 다시 일반적인 규칙으로서 아래와 같이 나타낼 수 있다[11].

(51)　　NP → 有 + NP (NP가 전치거나 또는 문두에 올 때)
　　　　[+indefinite]

이 규칙은 아래의 문장에서 '有'가 출현하는 현상을 설명해준다.

---

11) 한정과 비한정은 이 문제를 과도하게 단순화시킨다. Teng 1972b의 한정 비한정에 대한 더 자세한 분석 참조.

(52) a. 我有几件事情要告诉你。(전치된 목적어)

　　　我 有　 几 件　 事情 要　　　　　　告诉 你

　　　나 있다 몇 양사 일 ...하려 하고 있다 말하다 당신

　　　나는 몇 가지 일을 당신에게 말해줄 게 있다.

　 b. 有三个学生来看你。

　　　有　 三 个　 学生 来　 看　 你

　　　있다 셋 양사 학생 오다 보다 당신

　　　학생 셋이 당신을 보러 왔다.

　 c. *我要告诉你有几件事情。

　　　我 要　　　　　　告诉 你 有　 几 件　 事情

　　　나 ...하려 하고 있다 말하다 당신 있다 몇 양사 일

　 d. *前面来了有三个学生。

　　　前面 来 了　　有　 三 个　　学生

　　　앞 오다 LE　 있다 셋 양사 학생

　　예문 (47c)의 '一个人'(한 사람), 그리고 (47d)의 '一个朋友'(한 친구)는
지시에서 모두 비한정적이며, 또한 술어 S-절점이 관련되는 한 문두위치에
출현하였다. 따라서 (51)의 규칙을 적용하여 예문 (44a, b)의 문장이 생성된
다.

　　앞에서 강세 없는 '是'가 대조표지이고, '有'(위에서 논의한 문장유형에
서)는 존재표지인데, 둘 다 변형을 통한 것이다. 예문 (43)과 (44)의 문장들이
문장술어를 갖는 것으로 분석될 때만이, 예문 (50)과 (51)이 특수한 적용이
아닌 보편적으로 운용할 수 있다.

참고문헌

曹伯韩. 1956. 主语宾语问题随感. 语文汇编, 9.192-8

龙果夫(郑祖经译). 1958. 现代汉语语法研究. 北京科学出版社.

王力. 1956. 主语的定义即其在汉语中的运用. 语文汇编, 9.169-80

邢公畹. 1955. 论汉语造句法上的主语和宾语. 语文汇编, 9.41-7

ALLAN, KEITH. 1971. A note on the source if 'there' in existential sentences. *Foundations of Language* 7.1-18.

CHAFE, WALLACE. 1968. Idiomaticity as an anomaly in the Chomskyan paradigm. *Foundations of Language* 4.109-27.

CHAFE, WALLACE. 1970. *Meaning and the structure of language.* Chicago: University of Chicago Press.

CHAO, YUEN REN. 1968. *A grammar of spoken Chinese.* Berkeley & Los Angles: University of California Press.

CHOMSKY, NOAM. 1965. *Aspects of the theory of syntax.* Cambridge, Mass.: MIT Press.

FILLMORE, CHARLES. 1968. *The case for case.* Universals in linguistic theory, ed. by E. Bach and R. Harms, 1-88. New York : Holt, Rinehart & Winston.

FRASER, BRUCE. 1970. Idioms within a transmational grammar. *Foundations of Language* 6.22-42.

HASHIMOTO, ANNE. 1969. The verb *to be* in modern Chinese. *Foundations of Language*, supplementary series, 9 : 4.72-111. Dordrecht : Reidel.

HASHIMOTO, ANNE. 1971. Mandarin syntactic structures. Unicorn 8.1-154. Princeton.

HUANG, SHUAN-FAN. 1966. Subject and object in Chinese. POLA, ser.1, 13.25-103.

SCHWARTZ, ARTHUR. 1971. *General aspects of relative clause formation.* Mimeo, UC Santa Barbara.

TENG, SHOU-HSIN. 1970. Comitative vs. phrasal conjunction. Papers in *Linguistics* 2.314-58.

TENG, SHOU-HSIN. 1972a. *A semantic study of transitivity relations in*

Chinese. Berkeley : University of California dissertation.

TENG, SHOU-HSIN. 1972b. An analysis of definite and indefinite. Paper read at the summer meeting, Linguistic Society of America, Chapel Hill, N.C.

WEINREICH, URIEL. 1966. Explorations in semantic theory. Current trends in linguistics, III, ed. T. Sebeok, 395-477. The Hague : Mouton.
[영문 원고의 최후 판본은 1973년 4월 24일 수정됨]

제5장 동사분류와 중국어 교수법으로의 확장[1)

Verb Classification and Its Pedagogical Extensions

이 논의는 다음 세 가지 사실을 가정한다. 학생들이 중국어가 아닌 다른 모국어 화자라는 것, 그들의 모국어로부터의 간섭이 크게 작용한다는 것 그리고 언어습득(모국어 혹은 비모국어)은 생성문법규칙을 형성하는 과정이라는 것이다(Chomsky 1965 참조).

1. 동사분류를 어떻게 할 것인가?

동사는 의미적인 측면에서 정의된 품사이다. 예를 들면, '出現'(출현하다)과 관련된 단어(ex. 來(오다), 生(낳다), 到(도착하다))들이 있고, 그 반의어는 '消失'(사라지다)과 관련된 의미(ex. 去(가다), 死(죽다), 走(떠나다))를 갖는 단어들이다. '외향'(outward)적인 활동과 관련이 있는(ex. 賣(팔다), 推(밀다), 丟(버리다)) 단어가 있는 반면, 그 반의어인 '내향'(inward)적인 활동

---

1) 이 글은 *Journal of Chinese Language Teachers Association* 9.2. 84-92, 1974에 출간된 것이다.

(ex. 买(사다), 拉(당기다), 接(접촉하다))을 나타내는 단어들이 존재한다. 의미적 분류는 개방적이어서, 동사는 각 언어에서 복잡한 다품사적 구성원 (cross-membership)을 갖는 다양한 범주가 될 수밖에 없다. 더욱이 의미 분류 는 일반적인 인간의 경험을 다룬다는 점에서 보편적이기 때문에, 어떤 특정 언어의 동사 의미 분류는 직접적으로 다른 언어로 전환될 수 있다. A언어에 서 '死'(죽다)라는 의미를 갖는 동사가 B언어에서 '活著'(살다)라는 의미로 변한다고 보기는 어렵다. 그러므로 의미 분류 그 자체는 언어학적으로는 흥 미로울 것이 없으며, 교수법 상에서도 새로울 게 없다. Roget의 유의어사전 (Thesauras)에서 충분히 증명된 바와 같이, 의미 분류는 문체론(stylistics)의 영역에만 제한되었던 것이다.

통사적 환경들이 제한된다는 사실로 볼 때, 특히 표층구조(surface structure)에서는 의미 분류가 무한정으로 가능한 반면, 통사 분류는 제약적 이라는 것을 알 수 있다. 예를 들면, 동사는 다른 동사 앞(조동사(auxiliary verb)), 혹은 명사성분 앞(타동사)에 오거나 아무 것도 뒤따르지 않는(자동사) 특징들이 있다. 아래에서 논의될 것이지만, 이러한 방식의 동사분류는 분명 동사의 중요하고도 체계적인 특성을 모호하게 만든다. 예를 들어, 타동사 '认识'(알다, 인식하다)은 통사적으로나 의미적으로나 타동사보다는 자동사 '熟'(익숙하다/여물다)에 더 가깝다(둘 다 정도부사 '不太'(별로/그다지)의 수식을 받을 수 있으며, 진행상이 없다). 통사적 기준에서 동사를 분류해 보 면, 이와 같은 상관성(아래에서 상세히 논의할 것임)은 단순한 우연에 불과 하다. 또한, 예외적(idio-syncracies)이라는 점을 차치하더라도, 타동성에서의 정확한 일치는 두 언어 사이에서 발견된다(예를 들면, '杀害'(살해하다) 개 념이 중국어에서는 타동사에 의해 표현되지만, 다른 언어에서는 자동사로 표현될 수 있는가?). 이것은 통사적 분류의 효과가 그리 크지 않다는 것을 보여주는 예가 된다. 왜냐하면, 그러한 정보는 직접적으로 한 언어에서 다른 언어로 전환이 가능하기 때문이다(해석이 정확하게 보여준다).

교수법적인 목적으로 볼 때, 의미나 통사 그 어떤 분류도 그 자체만으로는 개념을 이해시키거나 학습을 촉진시킬 수 없다. 언어를 가르치는 데 있어 그 목표가 학생들을 이해시키는 데 있다기보다는 예를 들어, '출현'이라는 의미의 동사나 타동사가 있을 때, 학생들이 특정한 통사구문을 문법에 맞게 사용하게 하는 데 있다. 즉, 문법적인 문장을 만들게 하는 데에 있는 것이다. 이 목표는 동사분류의 특정한 체계를 선호하는 평가기준으로 작용한다. 그러므로 이상적인 체계는 중요한 통사적 결과가 있어야 한다.

2. 현행 교과서의 동사 분류

≪Speak Mandarin≫(Fenn과 Tewksbury)과 ≪Beginning Chinese≫(DeFrancis)는 둘 다 널리 사용되는 교재인데, 교육 목적으로 이 교재의 동사 분류 체계가 학생들이 '부정사', '완료상'과 '把구문'을 이해하는 데 얼마나 적절하게 운용되는지 볼 것이다. 이 모든 것은 영어가 모국어인 학생들이 직면하게 되는 난제이다.

【표1】은 ≪Speak Mandarin≫(SM으로 약칭)과 ≪Beginning Chinese≫(BC로 약칭) 간의 동사분류체계에서의 일치되는 부분을 보여준다.

【표 1】

≪Speak Mandarin≫(SM)	AV	CV	EV	SV		FV	
≪Beginning Chinese≫(BC)	AV	CV	EV	SV	IV	TV	V

AV(Auxiliary Verb) = 조동사 ex, 會(할 수 있다), 能(가능하다)
CV(Coverb) = 경동사 ex, 從(...부터), 到(...로, ...에)
EV(Equative/equational Verb) = 동등동사 ex, 是(...이다), 姓(...을 성으로 삼다)
SV(Stative Verb) = 상태동사 ex, 高(높다), 貴(비싸다)

FV(Functive Verb)   = 기능동사 ex, 來(오다), 賣(팔다)
IV(Intransitive Verb) = 자동사 ex, 來(오다), 枯(마르다 / 시들다)
TV(Transitive Verb)   = 타동사 ex, 買(사다), 賣(팔다)
V(Verb)   = 동사 ex, 等(기다리다), 笑(웃다)

AV(조동사)와 CV(경동사)은 간단하고 이해하기 쉬우므로 여기서는 논의히지 않겠다.

우선, 동사와 형용사의 이분법(특히, 인도-유럽어계에서)은 중국어에서는 효과적이지 않다는 데 주목해보자. 대신 '상태동사'(stative verbs)라는 범주가 있는데, 그것은 '형용사' 범주로 해석할 수 없는 것을 설명해주는 것처럼 보인다. 그러나 사실상(SM과 BC 둘 다 해석 참조), 형용사와 상태동사는 서로 직접적으로 전환될 수 있다. 즉, 영어에서의 형용사는 중국어에서 상태동사이고, 그 반대로도 동일하다. 따라서 ≪Speak Mandarin≫과 BC에서만 나오는 '상태'(stative)라는 이 중요한 언어학 개념은 중국어 형용사는 계사 '是'의 지배를 받지 않는다는 사실을 교수법적으로 상기시켜준다. 그러나 '상태'의 사용이 중요한 변화이기는 하지만, 단지 이 개념의 응용만으로는 충분하지 않다(아래 참조).

≪Speak Mandarin≫에서 FV(기능동사)는 부정적으로 정의된 것처럼 보이는데(실제적인 정의가 없음), SV(상태동사)가 아닌(다른 것도 아닌) 동사는 FV(기능동사)이다. 따라서 ≪Beginning Chinese≫에서 지적한 것처럼, FV는 통사적으로 타동사일 수도 있고, 자동사일 수도 있으므로, TV(타동사) 혹은 IV(자동사)로 구분될 수 있다. ≪Beginning Chinese≫에서 V는 아주 독특한 범주로서, 그것의 정의는 필자에게 전혀 분명하지 않다. (모든 동사의 일반적인 기원을 V로 지정하고자 한 시도는 실패했다). 이론적으로 볼 때, 언어요소가 동사라면 그것은 동사의 어느 한 범주에는 속해야 한다. '동사' 는 다른 것들로부터 분리된 범주일 수 있다(마치 (정상적인) 인간이 남성

아니면 여성인 것과 같다. '인간'은 성별의 지시일 수 없다).

≪Speak Mandarin≫에는 EV(동등동사)가 오로지 하나뿐 ('是(…이다)', Chao 1968)이고, ≪Beginning Chinese≫에서는 두 개('是(…이다)', '姓(… 을 성으로 삼다)')이다. 그러므로 이러한 분류는 필요 이상의 것일 수 있다. 이처럼 하나 (혹은 두 개)의 구성원만을 갖는 범주를 설정함으로써, 언어학적으로 그리고 교수법적인 측면에서 얻어지는 게 무엇인가? 그것들이 독특한 구조적 특성을 확대한다는 것을 증명하기는 어렵다. 일단 '是'를 영어의 'be'에 대응시키면, 학생들은 구조상의 어려움을 느끼지는 않을 것이다(물론, 그것이 SV(상태동사)으로 작용하지 않는다는 것을 기억할 것).

≪Speak Mandarin≫과 ≪Beginning Chinese≫에서 나타나는 동사분류 체계는 어떠한 통사상의 문법적 분석의 결과물이 없다. 즉, 그것들은 동사의 통사적 특징을 반영하거나 포착하지도 못한다는 것이다. 부정(negation)과 완료상(perfective aspect)을 예로 들어 보면, 이 둘은 학생들에게 있어서는 기본적인 것임에도 불구하고, 아직까지 가장 문제점이 많은 부분인 것이다.

여기에 단순 부정구조인 '不'와 '没'가 있다. 그러나 어떤 동사들은 이 둘에 의해 부정이 되는 반면, 어떤 동사들은 이 중 각각 하나에 의해서만 부정된다. 예를 보자(발화되지 않는 것은 별 표시를 했다).

(1) a. 他不卖他的车。
         他 不 卖 他 的   车
         그 부정 팔다 그 관형어표지   차
         그는 그의 차를 팔지 않는다.

    b. 他没卖他的车。
         他 没 卖 他 的   车
         그 부정 팔다 그 관형어표지   차

그는 그의 차를 팔지 않았다.

(2) a. 他不喜欢他的车。

    他 不　喜欢　　他 的　　　　车
    그 부정 좋아하다　그 관형어표지　차
    그는 그의 차를 좋아하지 않는다.

   b. *他没喜欢他的车。

    他 没　喜欢　　他 的　　　　车
    그 부정 좋아하다　그 관형어표지　차

(3) a. *他的车不坏。

    他 的　　　　车 不　坏
    그 관형어표지　차 부정 고장나다

   b. 他的车没坏。

    他 的　　　　车 没　　坏
    그 관형어표지　차 부정　고장나다
    그의 차는 고장나지 않았다.

　　≪Speak Mandarin≫ 체계에서 논의되는 모든 동사는 FV(기능동사)이며, 결과적으로 이 완벽하고 체계적인 부정형식은 모호해진다. 학생들은 체계가 없는 오류투성이의 절차에 의해 학습할 뿐이다. 정확히 이와 같은 이유로 ≪Beginning Chinese≫의 체계 역시 문제가 있다. 예문(1)과 (2)의 동사는 둘 다 TV(타동사)이기 때문이다.

　　또한, 부정은 동사분류를 3개의 다른 범주로 구분해준다. 완료상 '了'도 동일한 기능이 있는데, 어떤 동사들은 그것이 접미사로 쓰이고, 어떤 동사들은 그렇지 않다. 예를 들면 다음과 같다.

(4) a. 他卖了他的车。

　　　　他　卖　　了　　　他　的　　　　　车
　　　　그　팔다　완료표지　그　관형어표지　차
　　　　그는 그의 차를 팔았다.

　　 b. *他喜欢了他的车。

　　　　他　喜欢　　了　他　的　　　　　车
　　　　그　좋아하다　LE　그　관형어표지　차

　　 c. 他的车坏了。

　　　　他　的　　　　　车　坏　　　　了
　　　　그　관형어표지　차　고장나다　완료표지
　　　　그의 차가 고장났다.

≪Speak Mandarin≫과 ≪Beginning Chinese≫에서 분류된 동사들처럼, 예문 (4a)과 (4b)의 동사들은 ≪Speak Mandarin≫에서는 둘 다 FV(기능동사)이지만, ≪Beginning Chinese≫에서는 TV(타동사)이기 때문에, 동사의 유형과 완료상 사이의 양립 가능성은 없다.

여기서 주의해야 할 것은 부정(negation)에 의해 구분된 동사분류는 완료상에 의한 분류와 완전하게 일치한다는 사실이다. 각각의 통사구조에 대해 예외(ad hoc)라는 방식으로 동사를 분류할 필요가 없다. 완료상을 취할 수 없는 동사는 '没(有)'로 부정할 수 없다. 교수법의 목적을 위해서, 문제를 단순화시켜 '没(有)'는 '了'의 부정형식이라고 말할 수 있다(이는 언어학적으로는 정확하지 않다. 필자의 부정과 상에 관한 논문 참조). 이와 동일한 제약들은 다른 통사구문들에서도 발견되는데, 이는 다음에서 논의할 것이다.

이 절에서는 동사들의 다양한 통사적 특징을 구체화함으로써 ≪Speak Mandarin≫과 ≪Beginning Chinese≫에 나타나는 동사분류 체계의 부적합성을 간단하게 설명하였다.

3. 동사분류의 새로운 접근

동사의 통사적 특징을 설명하기 위해서, 교과서에서는 임의적인 체계로 분류하고 설명하기 마련이다. 예를 들어, A와 B류 동사는 '了'(이것은 실제로 초기 변형문법학자들이 말하는 'particle'이다. Wang 1964 참조)를 취할 수 있으나, C류 동사는 그럴 수 없다. 이 장치는 방대한 메모리는 가지고 있지만, 학생들이 가지고 있는 추론이나 유추 능력이 없는 컴퓨터에만 충분하다. 교재는 언어의 어떤 측면에 대해서도 완벽하지 않으며, 통사적 특성의 완전한 목록은 불가능하다. 언어나 문화적 배경에 영향 받지 않는 의미를 나타내야만 효과적인 체계라 할 수 있다. 그럴 때에만 학생들이 유추를 통해 새로운 문법적인 발화들을 예측하고 생성해 낼 수 있게 될 것이다.

이 글의 새로운 체계는 동사의 상층위에 해당하는 의미적 특징들로 구성된다. 상층위가 가리키는 것은 보편적으로 관찰될 수 있고, 통사적 추론에 의해 도달할 수 있다는 것을 의미한다. 이러한 상층위의 특징을 갖는 3개의 동사유형이 있는데, 그 첫 번째 범주가 가장 많은 구성원을 갖는 '동작'(action)동사이다. 동작동사는 동작자(혹은 행위주)가 자발적으로 한 다양한 물리적(대부분)이고 정신적인 - 동작자(혹은 행위주)가 자신이 자발적으로 참여하는 - 활동으로 정의된다. 통사적으로 볼 때, 이 동사유형은 본질적으로 타동적이거나 자동적이다. 타동성은 개별 동사의 독특한(단, 예측 가능한) 특징이다. 또한 동작동사의 타동성은 전체적으로 다언어적으로도 일치한다. '卖'(팔다), '吃'(먹다), '哭'(울다), '考虑'(고려하다), '学'(배우다), '背'(암기하다) 등은 일부 동작동사의 예이다.

　두 번째 범주는 '상태'(state)동사이다. 상태동사는 성질(quality) 혹은 상태(condition)로 정의된다. 상태동사의 주어(혹은 수동자)는 자신이 처해 있는 성질이나 상태를 통제할 수 없다. 따라서 예를 들어, 누군가가 언어를 배우기(동작)로 결정할 수는 있지만, 이 언어를 이해하는(상태) 것은 결정할 수 없다. 언어를 이해하는 것은 하나의 상태이며, 이 상태는 그것을 배우는 활동의 결과인 것이다. 동작동사와 마찬가지로 상태동사도 타동적(喜欢 좋아하다)이거나 자동적(贵 비싸다)이다. '高'(높다), '爱'(사랑하다), '知道'(알다), '会'(할 수 있다), '有'(있다), '是'(…이다) 등은 상태동사의 예이다.

　세 번째 범주는 구성원이 가장 적은 범주로서 '변화'(process)동사이다. 변화동사는 한 상태에서 다른 상태로의 변화를 가리킨다. 따라서 동사 '死'(죽다)는 '活'(살다)에서 '死'(죽다)까지의 변화를 나타낸다. 변화동사 역시 타동적(ex. 破了一个洞(구멍이 났다)이거나 자동적(ex. 沉(가라앉다, 무겁다))이다. 이 글은 잠정적으로 동작동사는 동적이고, 상태동사는 정적이며, 변화동사는 동적(사건의 변화와 관련되기 때문)이면서 동시에 정적(최종적인 결과 상태를 나타내기 때문)인 특징을 갖는다고 간주한다. 이것은 그 동사들이 왜 어떤 때는 통사상의 표현이 동작동사와 같고(완료상 '了'를 취함), 어떤 때는 상태동사와 같은지(진행형 '在'와 융합하지 않음)를 설명해 준다. '死'(죽다), '破'(파손되다), '沉'(가라앉다), '化'(변화하다), '走'(가다), '病'(병나다), '醒'(깨어나다) 등은 변화동사의 예이다.

　【표 2】는 이 글의 기준에 따른 동사분류를 ≪Speak Mandarin≫과 ≪Beginning Chinese≫에서의 정의와 비교한 것이다.

【표 2】

	동작	상태	변화
≪Speak Mandarin≫	FV	EV, SV, FV	FV
≪Beginning Chinese≫	TV, IV	EV, SV, TV, IV	TV, IV

여기서는 체계적인 대응을 찾을 수 없다. 이 글의 분류는 ≪Speak Mandarin≫과 ≪Beginning Chinese≫의 모든 동사의 유형을 아우른다.

4. 의미와 통사

이 글이 제시한 세 가지 유형의 동사의 주된 차이는 통사구조에 반영되는데, 이 부분은 이 절에서 논의될 것이다.

A. 처치구문(把): 동작동사만이 把구문에 출현할 수 있다. 예를 보자.

(5) a. 他把他的车卖了。　　(동작)

　　他 把　　他 的　　　车 卖 了

　　그 처치표지 그 관형어표지　차 팔다 완료표지

　　그는 그의 차를 팔아버렸다.

　 b. *他把他的车喜欢了。 (상태)

　　他 把　　他 的　　　车 喜欢　　了

　　그 처치표지 그 관형어표지　차 좋아하다 LE

　 c. *他把眼睛瞎了。　　(변화)

他 把　　　 眼睛 瞎 　　 了
그 처치표지 눈 　실명하다 LE

　　모든 동작동사가 다 '把구문'에 출현할 수 있는 것은 아니다. '把구문'의
제약을 구성하는 여러 요인이 있다(이 부분은 다른 논문에서 다룰 것이다).
만약 중국어 초급자들이 가장 쉽게 제약을 이해할 수 있다면, 그것만으로도
충분하다. 학생들이 이러한 규칙들을 따르게 되면 대량의 문법적인 '把구문'
이 만들어질 것이다. 즉, 동사는 동작동사여야 하며, 동작동사는 틀림없이
처치 가능하다(목적어는 행위주의 행위 시간 내에 행위주의 처치상황에 놓
이게 된다). 그리고 동사는 단독으로 출현할 수 없다(반드시 '了'를 포함한
보어형태와 동반해야 한다).

　　B. 부정(Negation)

【표 3】

	不	沒(有)
동작	✔	✔
상태	✔	✗
변화	✗	✔

　　동작동사의 不-부정은 '거절'(要/不要) 혹은 '규칙적/습관적'인 의미를 갖
는다. 반면, 상태동사의 부정은 '모순'(contradictory, 不高 = not tall ≠ short)
혹은 '반대'(contrary, 不错 = good ≠ not bad)의 의미를 나타낸다.

　　C. 완료상(Perfective aspect)
　　상태동사만이 '了'와 융합되지 않는다. 이것은 '了'가 하나의 사건의 완결

(completion) 혹은 발생을 나타내는 반면, 상태동사는 사건이 아닌 상태를 나타낸다는 것으로부터 이해할 수 있다. 예를 들어 '他高了'(그는 컸다)와 같이 상태동사가 '了'와 공기했을 경우에는 그 동사는 파생된 변화동사로 기능한 것이다. 이러한 추론은 결코 순환논법이 아니다. 왜냐하면 모든 상태 동사가 다 변화동사가 전환되는 것이 아니기 때문이다. 아래의 예문을 비교 해보자.

(6) a. 他的脸红了。

他 的　　　脸　红　　了

그 관형어표지 얼굴 붉어지다 완료표지

그의 얼굴이 붉어졌다.

b. 他的脸没红。

他 的　　　脸　没　红

그 관형어표지 얼굴 부정 붉어지다

그의 얼굴은 붉어지지 않았다.

(7) a. ??他勇敢了。

??他 勇敢　　了

그　 용감하다 완료표지

b. *他没勇敢。

他 没　勇敢

그 부정 용감하다

영어의 상태동사도 이와 비슷한데, 예를 들면, 'red' → 'redden'이지만, 'cold'는 →' * colden'이 아니다.

D. 진행상(Progressive aspect)

중국어에는 '在', '著'와 같은 두 개의 진행상 표지(progressive marker)가 있다. 소수의 예외를 제외하고, '在'는 사건이 실제로 진행되는 과정으로 정의되는 반면, '著'는 지속적인 상태로 기술된다. 아래의 예를 대조해보자.

(8) a.　他在穿鞋子。

　　　他　在　　　　穿　鞋子
　　　그　진행표지　신다　신발
　　　그는 신발을 신고 있는 중이다.

　　b.　他穿著鞋子。

　　　他　穿　著　　　鞋子
　　　그　신다　지속표지　신발
　　　그는 신발을 신고 있다.

예문 (8a)에서는 활동(activity)이 진행되고 있고, 게다가 이 활동이 곧 종결될 것이 예상되는 반면, 예문 (8b)은 어떠한 활동도 관련되지 않고, 이전의 동작으로부터 온 결과상태만을 가리킨다. 그와 같은 상태가 언제 종결될 지는 중요하지 않다. '在'는 '著'와 달리 동작동사와만 공기한다. 예를 들면 다음과 같다.

(9) a.　*他在小心。

　　　他　在　　　小心
　　　그　진행표지　조심하다

　　b.　*他在死。

　　　他　在　　　死

E. 정도부사(Intensifier)

강조사 '很'(매우)은 상태동사와만 공기한다. '很'의 출현에 대한 이와 같은 단순한 설명은 ≪Speak Mandarin≫과 ≪Beginning Chinese≫ 체계에서는 언급되지 않았는데, 그것은 SV(상태동사)뿐만 아니라, TV(타동사)나 IV(자동사)와도 공기하기 때문이다.

이 절에서 말하고자 한 것은 동사가 이 글이 제시한 방식으로 분류되지 않는다면, 이들 문장과 다른 통사구문에 포함되는 제약들은 수의적이고 예외적 적용으로서만 기술될 수 있을 것이라는 사실이다.

5. 실례 리스트(Sample Lists)

A. 동작동사(Action verb)

(i) 자동사 : 哭(울다), 爬(오르다), 飞(날다), 坐(앉다), 吠(짖다), 玩(놀다), 走(걷다), 跑(뛰다), 休息(쉬다), 工作(일하다)

(ii) 타동사 : 杀(죽이다), 拔(뽑다), 吞(삼키다), 吃(먹다), 烧(태우다), 洗(씻다), 切(자르다), 卖(팔다), 拖(닦다), 磨(갈다)

B. 상태동사(State verb)

(i) 자동사 : 胖(뚱뚱하다), 美(아름답다), 大(크다), 小(작다), 冷(춥다/차다), 热(뜨겁다), 累(피곤하다), 快(빠르다), 慢(느리다), 好(좋다)

(ii) 타동사 : 知道(알다), 希望(희망하다), 怕(두렵다), 恨(원망하다), 爱(사랑하다), 像(같다/비슷하다), 懂(이해하다), 好(좋아하다), 相信(믿

다), 会(할 수 있다)

C. 변화동사(Process verb)

(i) 자동사 : 沉(가라앉다), 破(망가지다), 完(소모하다), 败(패하다), 掉(떨어지다), 开(열다), 退(물러나다), 死(죽다), 逃(도망가다), 走(떠나다)

(ii) 타동사 : 破(洞) (구멍) 만들다/깨다/찢다, 输(钱) (돈을) 잃다/지다, 赢(钱) (돈을) 얻다/남기다, 变(心) (마음이) 변하다, 裂(缝) (틈이) 갈라지다, 中(奖) (복권 따위에) 당첨되다, 犯(法) (법을) 위반하다, 发(财) (큰돈을) 벌다, 瞎(眼) (눈이) 멀다, 生(疮) (종기가) 생기다

참고문헌

Chao, Yuen Ren. 1968. *A Grammar of Spoken Chinese*. UC Press.

Chomsky, Noam. 1965. *Aspects of the Theory of Syntax*. MIT Press.

DeFrancis, John. 1963. *Beginning Chinese*. Yale University Press.

Dragunov, A. A. 1958. *Grammatical Studies of Modern Chinese* (Chinese translation). Peking:Kexue Chuban She.

Fenn, Henry, and Tewksbury, M. G. 1967. *Speak Mandarin*. Yale University Press.

Hashimoto, Ann. 1971. *Mandarin Syntactic Structures*. Unicorn 8.

Huang, Shuan-fan. 1966. Subject and Object in Chinese. POLA 1:13.

Lakoff, George. 1966. Stative Adjectives and Verbs in English. NSF-17.

Li, Ying-che. 1970. An Investigation of Case in Chinese Grammar, Ph. D. dissertation, University of Michigan.

Teng, Shou-hsin. 1970. Comitative vs Phrasal Conjunction. Papers in *Linguistics* 2.2:314-358.

Teng, Shou-hsin. 1971. Some Remarks on Aspects in Mandarin. POLA 2.15.

Teng, Shou-hsin. 1972. A Wemantic Study of Transitivity Retations in

Chinese. Ph. D. dissertation, UC Berkeley.

Teng, Shou-hsin. 1973. Negation and Aspects in Chinese. *Journal of Chinese Linguistics*. 1(1):14-37.

Wang, Huan. 1959. Ba-sentences and Bei-sentences. English translation in POLA 1. 4:61-102.

Wang, William S-Y. 1964. Some Syntactic Rules for Mandarin. Proceedings of the 9th International Congress of Linguists, 191-202. Mouton.

Wang, William S-Y. 1965. Two aspect markers in Mandarin. *Language*. 41. 3:457-470.

제6장 중국어의 방위와 이동[1)

On Location and Movement in Chinese

요약

이 글은 중국어에서 명사의 방위(location)와 이동(movement)을 기술하는 전치사구의 의미 및 통사적 특징에 대해 살펴본다. 방위와 이동은 행위주(agent), 화자(speaker) 그리고 청자(addressee)라는 3가지 측면에서 정의된다. 그와 같은 문장의 문법성이 이들 세 측면들과 각각 어떻게 관련되는 지를 설명할 것이다. 전치사구는 '주어-지향(subject-oriented)' 혹은 '목적어-지향(object-oriented)'와 같이 다양한 수식 범위를 포함하는데, 이 수식범위의 근원은 다양한 기저현상에 의해 설명된다. 마지막으로, 이러한 구들의 통사적 이동에 관한 제약들이 논의될 것이고, Tai(1973)가 제안한 도출 제약(derivational constraint)이 부정될 것이다.

1. 도입

---

1) 이 글은 *Gengo Kenkyu*, 67. 30-57(Japan), 1975에 출간된 것이다.

이 글은 전치사구의 통사와 의미적 특징에 관한 연구로서, '在, 从, 到'와 같은 (주된) 방위전치사(locative prepositions)와 '跟, 给'과 같은 (부차적인) 비-방위전치사(non-locative preposition)가 포함된다. 중국어의 전치사에 관한 선행 연구에서는 이들 두 유형은 서로 관련이 없었는데(Chao 1968 참조), 이 글에서는 기점(Base), 근원(Source)과 목표(Goal)와 같은 의미적 개념을 도입함으로써, 체계적인 방식으로 전치사구의 보편적인 특징을 기술할 수 있다. 더 구체적으로 말하자면, '从'과 '跟'은 '근원'(Source)을 나타내고, '到'와 '给'은 '목표'(Goal)을 나타낸다. 기점(Base, 在(…에/에서))이 대응하는 비-방위전치사가 없는 이유는 '주어-지향'의 기점이 상위술어(higher predicate)이기 때문에 단순문에서 기점은 근원이나 목표와 대립관계에 있지 않다는 사실로 설명될 수 있다.

2. 동사의 방향성(directionality)

다양한 유형의 방위사구(locative phrase)의 출현은 기본적으로 동사, 특히, 행위동사(action verb)[2]의 방향성에 의해 결정된다. 이 절에서는 방향성은 방위사구가 없는 환경에서 정의되고 설명될 것이다.

동사는 동사자질이 갖는 이동(movement)과 비-이동(non-movement)의 성향에 따라 방향성(directional) 혹은 비-방향성(non-directional)으로 특징지어질 수 있다. 방향동사의 경우, 동사와 결합하는 NP는 행위주(agent) 혹은 수동자(patient)로서 T1(ime)의 P1(osition)로부터 T2의 P2로의 위치이동을 경험하게 된다. 일반적으로 방위를 가리킬(지시할) 때(locational references), 문

---

2) 동작, 변화, 그리고 상태동사의 정의와 특징에 관한 논의는 Chafe(1970), Teng(1972)과 Lakoff(1966)참조.

장에서 꼭 전치사구로 기술되어야 하는 것은 아니다.

그 문자적 의미로 볼 때, 통사적으로 방향동사는 '进(들어가다), 出(나가다), 上(오르다), 下(내려가다)'와 같은 이동동사(movement-verb)나 '来(오다), 去(가다)'와 같은 방향동사들과 자유롭게 공기하는데, 예를 들면, 다음과 같다[3].

(1) a. 別走进去！

     別   走   进   去

     …하지 마세요   걷다 들다 가다

     들어가지 마시오!

b. 把椅子拿出来！

     把   椅子 拿   出   来

     처치표지 의자   가지다 나가다 오다

     의자를 가져와라!

c. *別唱出去！

     別   唱   出   去！

---

3) 방향의 어미(directional ending)가 비방향성동사와 공기할 때, 그것들은 관용적으로 해석되며, 보통 상적의미(aspectual sense)를 나타낸다. 예를 들면 다음과 같다.

(i) 唱下去!

  唱   下   去

  노래하다 내리다   가다

  계속 노래를 하십시오!

(ii) 唱起歌来了。

  唱   起   歌   来   了

  부르다 일어나다   노래 오다 완료표지

  노래를 부르기 시작하였다.

...하지 마세요 노래하다 나가다 오다

각 범주에 따른 동사의 더 많은 예들은 아래와 같다.

(2) a.   방향성 : 跑(달리다, 뛰다), 跳(튀어 오르다), 放(놓다), 挂(걸다), 搬(옮기
　　　　　　　　다), 拿(가지다), 丢(버리다), 捡(줍다), 送(보내다), 运(이동하다)
　　b.   비-방향성 : 记(기억하다), 想(생각하다), 闻(듣다), 休息(쉬다), 摸(어루만
　　　　　　　　지다), 修(수리하다), 洗(씻다), 煮(삶다), 擦(닦다), 考(시험을
　　　　　　　　보다)

2.1 '내향'(inward)과 '외향'(outward)

방향동사는 다시 '내향'과 '외향'으로 분류하거나 변경될 수 있는데, 전자
의 특징은 방향동사 '来'(오다)에 의해, 후자는 '去'(나가다/나오다)를 통해
설명할 수 있다. 바꿔 말하자면, 일부 동사는 예문 (3)과 같이 본유적으로
'내향'적이거나 혹은 '외향'적이다. 또한 일부 동사는 이러한 특성에서 중립
적이며, 예문 (4)가 나타내는 바와 같다.

(3) a.   我把你推下去，好不好？ (외향)
　　　　 我 把　　 你 推 下　　 去, 好 不 好
　　　　 나 처치표지 당신 밀다 내리다 가다 좋다 부정 좋다
　　　　 내가 당신을 밀어도 되겠습니까?

　　b.   *我把你推下来, 好不好? (내향)
　　　　 我 把　　 你 推 下　　 来, 好 不 好
　　　　 나 처치표지 당신 밀다 내리다 오다 좋다 부정 좋다

　　c.   我把你拉下来, 好不好? (내향)

我 把　　你 拉 下　 来, 好 不 好
나 처치표지 당신 끌다 내리다 오다 좋다 부정 좋다
내가 당신을 끌어내려도 되겠습니까?

d　*我把你拉下去, 好不好?

我 把　　你 拉 下　 去, 好 不 好?
나 처치표지 당신 끌다 내리다 가다 좋다 부정 좋다

(4) a.　我把你放下去, 好不好? (중립)

我 把　　你 放 下　 去, 好 不 好
나 처치표지 당신 놓다 내리다 가다 좋다 부정 좋다
내가 당신을 내려놓아도 되겠습니까?

b.　我把你放下来, 好不好?

我 把　　你 放 下　 来, 好 不 好?
나 처치표지 당신 놓다 내리다 오다 좋다 부정 좋다
내가 당신을 놓아주어도 되겠습니까?

더 많은 예는 아래에서 나타내는 바와 같다.

(5) a.　내향 : 买(사다), 学(배우다), 取(취하다), 问(묻다), 要(요구하다), 讨(연구
하다), 领(받다), 娶(취하다), 偷(훔치다)

b.　외향 : 卖(팔다), 教(가르치다), 给(주다), 告诉(말하다), 发(건네주다), 赏(포
상하다), 嫁(출가하다), 赶(따라가다), 丢(버리다), 扔(던지다)

위에 제시된 대부분의 내향동사는 전치사 '跟'(…과/와)과 결합할 수 있
고, 다수의 외향동사들은 전치사 '给'과 결합한다(뒤의 예문 (10)와 (11)예문

참조).

여기서 '내향'과 '외향'자질은 의미 원소(semantic primitives)가 아니고, 비공식적인 분류표지일 뿐이다. 왜냐하면, 그것들은 다시 근원(Source)과 목표(Goal)를 포함하는 형상(configurations)으로 분석될 수 있기 때문이다(제3절 참조).

2.2 방향성의 세 가지 측면

'내향적' 이동과 '외향적' 이동은 행위주, 화자, 청자라는 세 가지 관점에서 이해되어야 한다. 그리고 '来(오다), 去(가다)'의 선택상의 합법성은 각각의 관점에서 정의된다.

2.2.1 행위주 관점

이 관점은 동사의 본유적인 방향성을 정의한다. 행위주의 위치를 기준으로, 행위주와 멀어지는 방위적 이동을 '외향적'이라 하고, 행위주를 향하는 것을 '내향적'이라고 한다. 그러므로 행위주를 향하는 것은 '내향적'이다. 따라서 예문 (5)에 제시된 동사들은 이 행위주 측면에서만 분류된 것이며, 예문 (3)에서 의도하는 바와 같이, '推'(밀다)와 '来'(오다) 그리고 '拉'(끌다)와 '去'(가다) 사이의 불일치도 이 관점에서 정의되었다. 예문 (3)에서 화자가 의도적으로 행위주와 동일시하려고 하기 때문에, 이 문장은 단일-관점으로 해석할 수밖에 없다. 즉 행위주의 관점은 화자의 관점과 일치한다.

2.2.2 화자의 관점

이 측면에서 위치이동은 행위주의 위치보다는 화자의 위치를 기준으로 정의된다. 화자의 행동(speech act)이 '화자-지향적'이라는 사실은 쉽게 생각할 수 있다. 따라서 결과적으로 화자의 관점이 행위주의 관점보다 우선한다

는 것을 알 수 있다. 예문 (3)의 비문법적인 문장들을 아래의 문장들과 비교
해보자.

(6) a. 你把东西推下来, 好不好?

　　你　把　　东西推　下　来, 好 不 好

　　당신　처치표지 물건 밀다 내리다 오다 좋다 부정 좋다

　　당신이 그 물건 밀어 내려오겠습니까?

　　b. 你把东西推下去, 好不好?

　　你　把　　东西推　下　去, 好 不 好

　　당신　처치표지 물건 밀다 내리다 가다 좋다 부정 좋다

　　당신이 그 물건 밀어 내려가겠습니까?

　　예문 (3)의 '推'(밀다)와 '来'(오다) 및 '拉'(끌다)과 '去'(가다) 간의 불일
치는 틀렸음이 입증되었다. 그리고 '来'(오다)와 '去'(가다)의 선택은 화자의
관점에서 결정된다.

2.2.3 청자의 관점

　　화자의 행위에서 청자의 역할은 화자의 역할 만큼 두드러지지는 않지만,
어떤 경우에서는 위치 이동이 청자의 관점에서 정의되기도 한다. 가장 흔한
예는 다음과 같은 전화상의 대화에서 관찰된다.

(7) a. 你马上过来, 好不好? (화자 관점)

　　你　马上　过　来,　好 不 好

　　당신　바로　건너다 오다,　좋다 부정 좋다

　　당신은 바로 올 수 있습니까?

b. 好，我马上过去。　　(청자 관점)

　　好，　我 马上 过　　去

　　좋다, 나 바로 건너다 가다

　　그래, 내가 바로 가겠습니다.

앞에서 지적한 바와 같이, '来'(오다)는 각각의 경우에 다양한 관점으로부터 선택되었다. '来'(오다)나 '去'(가다)가 그 동일한 사건과 관련될 때, 화자나 청자의 관점에서 자유롭게 선택될 수 있다. 예를 들면, 다음과 같다.

(8)　　我把球踢过去/来给你，好不好?

　　我 把　　球 踢 过　去 / 来　给 你, 好 不　好

　　나 처치표지 공 치다 건너다 가다 / 오다　주다 당신 좋다 부정 좋다

　　내가 이 공을 당신에게 차줄까요?

　　내가 이 공을 당신에게 차서 오게 할까요?

중국어에서 방향 표현들은 활동(activity, 방향동사), 이동(movement, 进 (들어가다), 上(오르다), 下(내려가다)) 그리고 방향(direction, 来(가다), 去 (오다))이라는 이 3가지 참조점(references)과 관련된다. 방향동사(direction-verb)는 앞에서 논의한 3가지 관점의 제약을 받는 특징이 있는 반면, 이동동사(movement-verb)는 항상 행위주의 관점에서 구체화된다. 예를 들어, 행위주와 화자가 각각 두 칸의 이웃하는 방안에 있다고 가정할 때, 행위주가 자신의 방으로부터 나와서 화자의 방으로 들어가는 경우, 화자는 '走进来(걸어 들어가다)'가 아닌 '走出来(걸어 나오다)'라고만 말할 수 있다. 여기서 '出 (나오다)'가 아닌'进(들어가다)'의 명시는 바로 행위주의 관점에 의해 결정된 것이다.

3. 근원, 목표 그리고 기점

이 글에서는 위치 이동을 한 NP를 '대상'(theme)이라고 정의하는데 (Gruber, 1967), NP의 이동이 시작되는 위치를 '근원'(Source), NP가 이동을 종결하는 위치를 '목표'(Goal), NP의 이동이 없는 위치를 '기점'(Base)이라 한다. 이러한 개념들은 아래의 예문을 통해 나타낼 수 있다.

(9) a. 書在地上。

書   在   地上
(대상)   (기점)
책   있다   땅위
책이 땅위에 있다

b. 他有中文書。

他   有   中文书
(기점)   (대상)
그   있다 중국어책
그는 중국어 책이 있다.

(10) a. 書掉到地上。

书   掉   到   地上
(대상)   (목표)
책   떨어지다 동조사   땅
책이 땅에 떨어졌다.

b. 他買了中文書。

他   买   了   中文书

(목표)   (대상)

그   사다 완료표지 중국어책

그는 중국어 책을 샀다.

c. 他把書賣給我了。

他 把   書 賣 給 我 了

(대상)   (목표)

그 처치표지 책   팔다 에게 나 완료표지

그는 책을 나에게 팔았다.

(11) a. 書從桌上掉下來。

书 从   桌上 掉   下   来

(대상)   (근원)

책   …에서 책상 떨어뜨리다 내리다 오다

책이 책상에서 떨어졌다.

b. 他把中文書賣了。

他 把   中文书 卖 了

(근원)   (대상)

그   처치표지A 중국어책 팔다 완료표지

그는 중국어 책을 팔았다.

c. 他跟我买了一本书。

他 跟 我 买 了   一 本 书

(근원)   (대상)

그 …에게 나 사다 완료표지 하나 양사 책

그는 나에게서 책 한 권을 샀다.

방위사가 있는 문맥에서 '在, 到, 从'은 각각 기점, 종점과 근원을 표시해 주는데, 방위사가 없는 문맥에서는 '给'가 '목표'를, '跟'이 '근원'을 표시한 다.

기점이 방향동사와 비-방향동사를 동시에 수식하는 반면, 근원과 목표는 방향동사만을 수식할 수 있다. 예를 들면 다음과 같다.

(12) a. 小孩儿在床上跳。 (기점＋방향성)

　　　 小孩儿　在　　　床上　跳

　　　 아이　　…에서　침대　뛰다

　　　 아이가 침대에서 뛴다.

　　 b. 他们在河边洗。 (기점＋비방향성)

　　　 他们　在　　　河边　洗

　　　 그들　…에서　물가　씻다

　　　 그들은 물가에서 씻는다.

　　 c. 小孩儿跳到床上。 (목표＋방향성)

　　　 小孩儿　跳　到　　　床上

　　　 아이　　뛰다 동조사　침대

　　　 아이가 침대로 뛰었다.

　　 d. 小孩儿从床上跳下来。 (근원＋방향성)

　　　 小孩儿　从　　　床上　跳　下　　来

　　　 아이　…에서　침대　뛰다 내리다 오다

　　　 아이가 침대에서 뛰어내리다.

　　 e. *他从地上煮饭。 (근원＋비방향성)

他　从　　　地上煮　　饭
그　...에서　땅　익히다　밥

　　통사에서는 '근원'과 '목표'를 융합하는 방식을 통해 다음과 같이 '내향'
과 '외향'의 특징으로 재분석할 수 있다. 예문 (10b)과 (11b)는 아래와 같이
다시 생성된다.

(10b)　他买了中文书。

　　　他 买　了　　　中文　书

　　　그 사다 완료표지　중국어 책

　　　그는 중국어책을 샀다.

(11b)　他把中文书卖了。

　　　他 把　　　中文　书　卖　　了

　　　그 처치표지 중국어　책　팔다 완료표지

　　　그는 중국어 책을 팔아버렸다.

　　'他'(그)가 예문 (10b)에서는 목표이고, (11b)에서는 근원이지만, 둘 다 '행
위주'의 특징을 공유한다. 따라서 '내향'동사는 정확하게 행위주와 목표가
일치하는 동사인 반면, '외향'동사는 행위주가 근원과 일치하는 동사이다.
사실상, 한쪽에 있어서 구매행위는 필연적으로 다른 한쪽에 있어서는 판매
행위를 함의(entail)한다. 그러므로 '买'(사다)와 '卖'(팔다)는 기저에서는 하
나의 동일한 동사, 예를 들어 '거래동사'(verb of transaction)에 속하지만, 표
층에서는 두 가지로 다르게 실현된다고 가정할 수 있다. 이 경우, 양측에
대한 행위주 자질의 할당이 '买'(사다) 또는 '卖'(팔다)를 결정하게 된다. 중
국어에서 이 두 단어는 성조에서만 차이가 난다는 것에 주의할 필요가 있다.

많은 유사한 경우에, 행위주의 다양한 할당은 중요하지 않다. 따라서 '租'(세 내다)는 '租出'(세를 주다)를 가리킬 수도 있고, '租入'(빌리다)를 가리킬 수 있으며, 뿐만 아니라, '借'(빌리다)는 '借出'(빌려주다) 혹은 '借入'(빌리다)를, '拿'(가지다)는 '拿走'(가지고 가다) 혹은 '拿来'(가져오다)를 가리킬 수 있다.

3.1 종결성(conclusive)과 비종결성(non-conclusive)

목표(Goal). 근원(Source) 그리고 목표(Goal)는 비대칭적으로 특징지어지는데, 즉 근원(Source)이 반드시 대상(theme)의 시작점(originating point)을 표시해야 하는 반면, 목표(Goal)는 실제적인 종결점(point of termination)을 표시하기도 하지만, 안할 수도 있다는 의미인 것이다. 아래의 예문을 보자.

(14) a. 鸟从树上飞下来。 (근원)

鸟 从　　 树 上 飞 下　　 来
새 ...에서 나무 위 날다 내리다 오다
새가 나무 위에서 날아 내려오다.

b. 鸟向树上飞过去。 (목표)

鸟 向　　 树 上 飞 过　　 去
새 ...으로 나무 위 날다 건너다 가다
새가 나무 위로 날아가다.

c. 鸟飞到树上。

鸟 飞 到　　 树 上
새 날다 동조사 나무 위
새가 나무 위로 날았다.

예문 (14a)에서 '鸟'(새)는 날기 이전에 나무 위에 있어야 하고, 예문 (14c)에서는 날고 난 후에 나무 위에 위치해야 한다. 그러나 예문 (14b)에서 '树'(나무)는 실제적인 종결점이라기보다는 의도된 것을 가리킬 뿐이다. 따라서 예문 (14b)을 제외한 예문 (14a)과 (14c)는 기점(Base)을 포함하는 문장을 추가해서 계속 확장시킬 수 있다.

(15) a. 本来在树上。

     本来　　在　　　树　上

     원래　...있다 나무 위

     원래 나무 위에 있다.

  b. *所以现在在树上。

     所以　　现在　在　　树　　上

     그래서 현재　...있다 나무 위

  c. 所以现在在树上。

     所以　　现在　在　　树　　上

     그래서 지금　...있다 나무 위

     그래서 지금 나무 위에 있다.

또한 의도된 목표에 이르지 못한 경우는 아래와 같이 비종결 목표를 갖는 문장으로 나타낼 수 있다.

(16) a. 老虎向小孩儿抓过去。

     老虎　　向　　　小孩儿 抓　过　　去

     호랑이 ...향하여 아이를 잡다 건너다 가다

     호랑이가 아이를 잡아갔다.

b. 可是没抓到他。

　　可是　没　抓　到　　他
　　그러나 부정 잡다 동조사　그
　　그러나 그를 잡지 못했다.

예문 (16a)은 활동문(activity sentences)이고, 예문 (16b)은 결과문(result sentences)인데, 이들의 의미관계는 바로 다음 문장의 의미관계와 정확하게 일치한다.

(17) a. 我找过了那本书。　(활동)

　　我　找　过　　了　　那　本　书
　　나 찾다 경험표지 완료표지　그 양사 책
　　나는 그 책을 찾았다.

b. 我找到/著那本书。　(결과)

　　我　找　到　　/著　　那　本　书
　　나 찾다 동조사/ 지속표지 그 양사 책
　　나는 그 책을 찾았다.

한편, 근원(Source)은 활동문과 결과문 둘 다에 출현할 수 있으며, 두 가지 목표(Goal) 유형과 공기한다. 예를 들면 다음과 같다.

(18) a. 鸟从地上往大树上飞过去。

　　鸟　从　　地上 往　　大树上 飞　过　　去
　　새 ...부터 땅 ...쪽으로 큰 나무 날다 건너다 가다
　　새가 땅에서 큰 나무 위로 날아갔다.

b. 鸟从地上飞到大树上。

   鸟 从　　地上 飞　到　　大　树　上

   새 ...에서 땅　날다 동조사　큰　나무 위

   새가 땅에서 큰 나무 위로 날았다.

종결성의 목표(Conclusive Goal)는 발화시간 이전의 실제적인 완성(actual accomplishment)에 국한시켜 이해할 필요는 없다. 아래의 문장에서 증명된 바와 같이 예상할 수도 있다.

(19) a. 请你走到门前。

   请　　　　你 走 到　　门 前

   부탁합니다 당신 걷다 동조사 문 앞

   문 앞으로 걸어가시기 바랍니다.

   b. 把椅子拿到楼上⁴⁾。

   把　　　椅子 拿　到　楼 上

   처치표지 의자 가지다 동조사 다락 위

   의자를 다락 위로 가져왔다.

실제적인 종결점(actual termination)과 예상된 종결점(projected termination) 간의 차이는 활동문과 결과문 간의 차이에 따라 체계적으로 결정된다. 그러므로 그 차이는 문법에 (따로) 명세할 필요가 없다.

────────────────────────

4) 완료상(perfective aspect)은 또한 예측될 수 있다는 것에 주의하라.

   (i) 把饭吃了。
   把　　　饭 吃　了
   처치표지 밥 먹다 완료표지
   밥을 먹었다.

4. 주어-지향과 목적어-지향

근원(Source), 목표(Goal)와 기점(Base)이 지시하는 범위는 주어 혹은 목적어일 수 있는데, 아래와 같이 상술할 수 있다.

(20) a. 他在教室里写字。 (기점 : 주어)
　　　他 在　　教室 里 写　 字
　　　그 ...에서 교실 안 쓰다 글씨
　　　그는 교실에서 글씨를 쓴다.

　　 b. 他从後头打了我一下。　　 (근원 : 주어)
　　　他 从　 後头 打　 了　　 我 一下
　　　그 ...에서　뒤　 때리다 완료표지 나 한번
　　　그는 뒤에서 나를 한 번 쳤다.

　　 c. 他往那一个人身上踢了一脚5)。　　 (목표 : 주어)
　　　他 往　　 那 一 个 人 身上 踢 了　　 一　 脚
　　　그 ...향하여 그 하나 양사 사람 몸 위 차다 완료표지 하나 양사
　　　그는 그 한 사람을 향해 한번 발길질을 했다.

(21) a. 他在墙上钉了一根钉子。　　 (기점 : 주어)
　　　他 在 墙上 钉　　 了　　 一　 根 钉子
　　　그 ...에 벽 위 못을 박다 완료표지 하나 양사 못
　　　그는 벽 위에 못을 박았다.

---

5) 이 문장에 대한 필자의 분석은 잠정적인 것이다. 여기서 '脚'은 동족 도구(cognate instrument)이며(Teng 1972, Chap.6.4 참조), 결과적으로 이 글에서 정의한 바와 같이 대상(theme)이 아니다. 대상이 맞다는 것을 증명하려면 목표(Goal)는 목적어 지향으로 분석되어야만 한다.

b.　他从口袋里拿出钱来。　　　　　　　(근원 : 목적어)

　　他 从　　 口袋 里 拿　 出　　 钱 来

　　그 …에서 주머니 안 가지다 나가다 돈 오다

　　그는 주머니에서 돈을 꺼내다.

c.　他往树上射了一支箭。　　　　　　　(목표 : 목적어)

　　他 往　　　 树 上 射 了　　 一　 支　 箭

　　그 …향하여 나무 위 쏘다 완료표지 하나 양사 화살

　　그는 나무에 화살 하나를 쏘았다.

즉, 예문 (20)에서 대상(theme)은 (표층)주어인 반면, 예문 (21)에서 대상(theme)은 (표층)목적어이다.* 어떤 경우에는 대상(theme)을 확정하기가 어렵다. 예를 들면 다음과 같다.

(22)　　小孩儿喜欢在地上写字。

　　　　小孩儿　 喜欢　　 在 地上 写　 字

　　　　어린아이 좋아하다 …에 땅 위 쓰다 글씨

　　　　어린아이는 땅위에 글씨 쓰는 것을 좋아한다.

여기서, 기점(Base)이 주어-지향일 때, '글쓰기'는 종이 위 혹은 노트북 상에서 행해질 수 있지만, 만약 그것이 목적어-지향일 경우에는 이 동작은 땅위에서 이루어져야 한다. 통사적으로 기점(Base)과 목표(Goal)는 예문 (20), (21)에서 보여주는 바와 같이 동사 앞6)에 나타날 수 있고, 또는 다음 예문에

---

*(역자주) 제3절에서 Teng은 위치 이동을 한 NP를 '대상'(theme)이라고 하며, NP의 이동이 시작되는 위치를 '근원'(Source), NP가 이동을 종결하는 위치를 '목표'(Goal), NP의 이동이 없는 위치를 '기점'(Base)이라 하였다. 따라서 여기에서 말하는 대상(theme)은 근원, 목표, 기점을 말한다.

6) 역사적으로 볼 때, 근원(Source)은 또한 동사 뒤에도 출현했다. 다음과 같다.

서와 같이 동사 뒤에 나타날 수 있다.

(23) a. 他钉钉子钉在墙上。

　　　他 钉　 钉子 钉　 在 墙 上

　　　그 박다 못　 먹다 ...에 벽 위

　　　그는 못을 벽 위에 박았다.

　　b. 他把椅子拿到楼上。

　　　他 把　　 椅子 拿　 到 楼 上

　　　그 처치표지 의자 가지다 동조사 다락 위

　　　그는 의자를 다락 위로 가져왔다.

대상역 NP가 두 개 실현되는 문장에서 특히, 기점(Base)을 지시하는 경우에, 동사 앞의 방위사구가 주어 또는 목적어-지향으로 해석되는 반면, 동사 뒤에 오는 구는 확실히 목적어-지향이다. 후자의 경우, 처치구문(把구문) 형식이 자주 사용된다. 따라서 예문 (24a)은 작용역(scope)에서 중의적이고, 예문 (24b)은 목적어-지향으로만 해석된다.

(24) a. 他在床上贴了两张相片。

　　　他 在 床 上 贴　 了　　 两张 相片

　　　그 ...에 침대 위 부치다 완료표지 둘 양사 사진

(i) 来自各国。

　　来 自　　 各　 国

　　오다 ...에서부터 여러 나라

　　여러 나라에서 오다.

그러나 현대중국어에서는 근원은 오직 동사 앞에만 올 수 있다.

그는 침대 위에 두 장의 사진을 붙였다.

b.　他把那一张相片贴在床上。

他把　　　那一　张　相片贴　　在　床　上
그 처치표지 그　하나 양사 사진 부치다 …에 침대 위
그는 그 사진 한 장을 침대 위에 붙였다.

이 외에도, '把'의 앞과 뒤에(단, 주요동사 앞에) 위치하는 기점구(Base phrases)가 주어-지향이거나 혹은 목적어-지향인 반면, 처치동사 뒤에 위치하는 근원구(Source phrases)는 반드시 목적어-지향이어야 한다. 예문 (25)에서 보여주는 바와 같다.

(25) a.　他在朋友家把钱输光了。　　(주어지향[7])

---

7) 목적어지향의 기점은 VP가 더 복잡한 형태로 표현될 때 처치동사 뒤에 출현한다. 예를 들면 다음과 같다.

(i)　他在书架上把新书放了三本。

他 在　书架　上把 新书放　了　　三 本
그 …예 책꽂이 위 BA 새 책 놓다 완료표지 셋 양사
그는 책꽂이에 새 책 3권을 놓았다.

(ii)　他把新书在书架上放了三本。

他 把 新书 在　书架　上 放 了　　三 本
그 BA 새 책 …에 책꽂이 위 놓다 완료표지 셋 양사
그는 새 책을 책꽂이에 3권 놓았다.

(iii) * 他把新书在书架上放了。

他 把 新书 在　书架　上放 了
그 BA 새 책 …에 책꽂이 위 놓다 완료표지

VP의 복잡성은 직접적으로 정보량과 관련된다. 기점-전치(Base-preposing)는 정보의 초점이 동사 이외에 있을 때에만 허용된다(따라서 정보량은 미미하다).

他 在　　朋友 家 把　　钱 输　光　　　　　　　　　 了

그 ...에서 친구 집 처치표지 돈 잃다 하나도 남아 있지 않다 완료표지

그는 친구 집에서 돈을 다 잃었다.

b. 他把钱在朋友家输光了。　　　(주어지향)

他 把　　　钱 在　　朋友 家 输　光　　　　　　　　　 了

그 처치표지 돈 ...에서 친구　집 잃다 하나도 남아 있지 않다 완료표지

그는 돈을 친구 집에서 다 잃었다.

c. 他从椅子上把我一拉。　　　　　　　(주어만 지향)

他 从　　椅子 上 把　　　我 一　拉

그 ...에서 의자 위 처치표지　나 하나 잡아당기다

그는 의자에서 나를 잡아당겼다.

d. 他把我从椅子上一拉。　　　　　　　(목적어만 지향)

他 把　　　我 从　椅子 上 一　　拉

그 처치표지 나 ...에서 의자 위 하나　잡아당기다

그는 나를 의자에서 잡아당겼다.

e. 他从墙上把画拿下来。

他 从　　墙 上 把　　　画 拿　下　　来

그 ...에서 벽 위　처치표지 그림　가지다 내리다 오다

그는 벽에서 그림을 내렸다.

바꿔 말하자면, '把'의 앞과 뒤에 위치하는 기점(Base)은 둘 다 중의적인 반면, 근원(Source)의 경우엔 '把' 앞에 오는 경우에만 중의적이다.

한편, 대상이 둘인 문장에서 목표(Goal)는 항상 목적어-지향적이다. 다시

말해서, 종결점을 갖는 목표(conclusive Goal)는 주요동사의 뒤에만 출현할 수 있고, 종결점을 갖지 않는 목표(non-conclusive Goal)는 처치동사 뒤에만 출현할 수 있다.

(26) a. 他把椅子搬到楼上。　　　　　(목적어지향)

他　把　　椅子　搬　　到　　楼　上
그　저지표지　의자　옮기다　동조사　다락　위

그는 의자를 다락 위로 옮겼다.

　b. *他把椅子到楼上搬。

他　把　　椅子　到　　楼　上　搬
그　처치표지　의자　동조사　다락　위　옮기다

　c. 他把我往前一推。　(목적어지향)

他　把　　我　往　　前　一　　推
그　처치표지　나　…향하여　앞　하나　밀다

그는 나를 앞으로 밀었다.

　d. *他往前把我一推。　(다른 의미)

他　往　　前　把　　我　一　推
그　…향하여　앞　처치표지　나　하나　밀다

　　대상(theme)이 두 개 실현된 문장에서 목표(Goal)는 항상 목적어 지향적이라는 독특한 특징은 목표가 갖는 내재적인 본질로 볼 수 있으며, 또한 대상이 하나만 실현된 문장에서 목표는 항상 주어 지향적이라는 사실은 주어가 이중역(double-role)을 담당한다는 측면에서 설명될 수 있다(Halliday, 1967과 Teng, 1972 참조). 다시 말해서, 주어는 사건의 원인(initiator)인 동시에 사건

안에서 처치된 대상이 된다는 것을 의미한다. 이러한 사건들은 전형적으로 '走(가다), 跑(달리다), 跳(뛰다), 飞(날다), 挤(밀치다)'등이 나타내는 활동(activities)들을 포함한다. 이 글의 분석을 따르자면, 이 동사들은 심층의 타동사이다. 목표(Goal)는 이들 동사와 관련된다. 아래와 같다.

(27) a. 猫往桌上一跳。

　　　猫　　往　　　桌　上　一　　跳
　　　고양이 ...향하여 책상 위 하나 뛰다
　　　고양이가 책상 위로 뛰다.

　　b. 四个人都挤到车子里。

　　　四个　人　都　挤　　到　　　车子　里
　　　네 양사 사람 모두 밀치다 동조사　　차　　안
　　　네 사람이 모두 차 안으로 비집고 들었다.

예문 (27)에서 목적어는 주어와 동일하다는 것을 가리킨다.

이 분석을 더 확장시켜보면, '看'(보다), '听'(듣다)와 같은 동사는 특히, 시각적('眼光(시선)'), 청각적으로 인지되는 대상을 갖는(Gruber, 1967 참조) 타동사라고 가정할 수 있다. Gruber(1967)가 설득력 있게 보여준 바와 같이, '看'(중국어에서 '听')은 구조적으로 다른 행위동사와 동일한 패턴을 보여준다. 아래에 제시된 문장을 비교해보자.

(28) a. 他往东走；走到一个小桥。

　　　他往　　　东　走；走　到　　一　个　小　桥
　　　그 ...향하여 동쪽 가다 가다 동조사　하나 양사 작다 다리
　　　그는 동쪽으로 간다. 작은 다리까지 걸어갔다.

b. 他往东看；看到/见一个小桥。

他往　　　东看；看到　/见　一　个　小　桥

그 ...향하여 동쪽 보다 보다 동조사/보이다 하나 양사 작다 다리

그는 동쪽을 본다. 작은 다리 하나를 보았다.

c. 他往里面听；听到 / 见哭声。

他往　　　里面听，听　到　　/见　哭　声

그 ...향하여 안쪽 듣다 듣다 동조사 / 보이다 울다 소리

그는 안쪽으로 귀기울였다. 울음소리를 들었다.

5. 상위술어로서의 주어-지향적인 기점

주어-지향 기점과 목적어-지향 기점은 각각 Fillmore(1968:26)가 제안한 외부-방위사(outer locative, VP 밖에 위치한 방위사)와 내부-방위사(inner locative)에 해당한다. Fillmore(1968)의 외부-방위사에 대한 분석은 Lakoff(1970: 167)의 방위부사 상위술어분석으로 전환될 수 있다. Lakoff (1970)의 분석에 따르면, 예문 (20a)의 기저구조는 【그림 1】과 같은데, 이로 볼 때 그 문장은 다음과 같이 해석될 수 있다. '他写字(그는 글씨를 쓴다)'라 는 사건이 집에서 발생했다면, 대상(theme)은 단순히 행위주만이 아니라, 추 상적인 사건이다. 즉 전체 내포문(embedded sentences)이 되는 것이다.

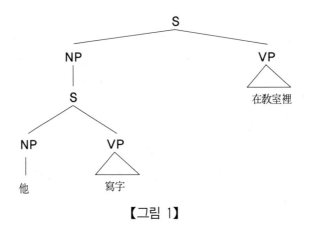

【그림 1】

상위술어 분석은 아래의 다음과 같은 사실들을 체계적으로 해석할 수 있다. 먼저, 이 분석은 부정(negation)의 위치를 정확하게 예측한다. 왜냐하면 부정(negation)은 표층에서 동사에 의해 도입되기 때문이다. 즉 동사구의 좌측으로 하향 이동(Teng, 1973 참조)하게 되는데, 모문(matrix sentences)이 부정되면 부정사가 기점동사 '在'를 선행하게 되고, 내포문이 부정될 경우에는 (표층의) 본동사를 선행한다. 아래의 문장을 비교해보자.

(29) a. 他不在美国做事。
　　　他 不　 在　 美国 做 事
　　　그 부정 …에서 미국　 하다 일
　　　그는 미국에서 일하지 않는다.

　　 b. 他在美国不做事。
　　　他 在　 美国 不　 做 事
　　　그 …에서 미국 부정 하다 일
　　　그는 미국에 있지만, 일하지 않는다.

예문 (29a)은 확실히 '그의 일'은 지시하지만, '그가 미국에서'를 부정한다. 반면 예문 (29b)은 '그가 미국에 있다'를 가리키지만, '그가 일한다'를 부정하였다. 예문(29a, b)의 심층구조의 그림은 각각 【그림 2】와 【그림 3】을 참조할 수 있다.

단순문으로 기점구문(Base sentences)을 분석하는 것으로는 부정사의 다양한 위치를 해석할 수 없다.

둘째, 상위술어 분석은 중국어의 주어-지향적인 기점이 '会(할 수 있다), 可以(가능하다), 难(어렵다), 常(항상)'과 같은 다른 모든 상위술어와 마찬가지로 항상 주요동사 앞에 출현할 수 있음을 정확하게 예측할 수 있다 (Teng:1972, 5.2.3절 참조).

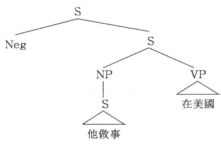

【그림 2】(29a)

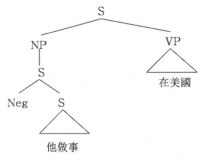

【그림 3】(29b)

주어-지향적인 기점이 처치동사의 앞이나 뒤에 출현할 수 있다는 사실은 (예문 (25) 참조) Hashimoto(1970)의 가설처럼, 처치식이면서도 처치동사를 취해서 상위동사로 삼는 내포구조가 아닌 경우까지 설득력 있게 설명하였다. 그의 분석은 기점술어(Base predicate)가 보어성 동사에 선행하기 위해서 다음의 최상위동사로 하향 이동하여 뛰어넘는 것을 허용하지 않았으며, 동시에 기타 상위술어가 동일한 절차를 거치는 것을 금지하였다. 한편, 처치구문을 단순문으로 분석할 때, 다양한 술어가 하향이동지시나 처치전이의 변형규칙을 통해, 예문 (25a)과 (25b)를 도출해낼 수 있다.

그러나 상위술어 분석 역시 문제가 없는 것은 아니다. 첫째, 【그림 2】의 대상(theme)을 전체적인 추상적 사건이 아닌 행위주에게 할당하는 것은 어떤 해석적 관습이 작용한 결과인가? 둘째는 우선 아래의 문장을 보자.

(30)　他在纽约开了一家饭馆。

他 在　纽约 开 了　　一　家　饭馆
그...에서 뉴욕 열다 완료표지 하나 양사 음식점
그는 뉴욕에서 음식점을 하나 개점했다.

예문 (30)은 ‘그’가 뉴욕에 있다/있었다는 것을 함의할 수도 있고, 함의하지 않을 수도 있다. 이 진술은 미국에 가본 적이 없는 사람은 물론 현재 뉴욕에 거주하고 있는 사람의 경우에도 참이다. 어떤 관습이 채택되어 【그림 2】의 문장을 해석하든지 간에 첫 번째 문제를 해결하려면, 두 번째 경우는 반드시 무시되어야 한다. 그럼에도 불구하고, 예문 (30)의 기점은 주어 혹은 목적어-지향 사이에서 중의성을 가지는데, 기점이 주어-지향이라면 확실히 그가 뉴욕에 있다고 볼 수 있지만, 목적어-지향인 경우는 이렇게 단언할 수가 없다(예문 (21a) 참조). 그러므로 상위술어 분석은 문제가 생기지 않는다.

6. 목적어-지향 기점의 특징

　　대상 NP가 두 개 실현된 구문, 즉, 타동구문에서 동사 뒤에 오는 기점 (Base)은 항상 목적어-지향이다. 예를 들면 다음과 같다.

(31) a. 他把书放在桌上。

　　　　他 把　　书 放　在　桌 上

　　　　그 처치표지 책 놓다 …에 책상 위

　　　　그는 책을 책상 위에 놓았다.

　　　b. 钱，你最好拿在手里。

　　　　钱，你 最　好　拿　在 手 里

　　　　돈　당신 가장 좋다 가지다 …에 손　안

　　　　돈은 네가 손에 들고 있는 게 가장 좋다.

　　　c. 美国人盖房子喜欢盖在山上。

　　　　美国 人　　盖　房子 喜欢　　盖 在　山 上

　　　　미국 사람　짓다 집　좋아하다 짓다 …에 산 위

　　　　미국인은 집을 지을 때, 산 위에 짓는 것을 좋아한다.

　　일반적으로 이러한 기점구(Base phrases)는 동사 앞에도 출현할 수 있다 (약간의 수정을 거쳐). 즉 다음과 같다.

(32) a. 他在桌上放了一本书。

　　　　他 在　桌 上 放 了　　一 本 书

　　　　그 …에서 책상 위 놓다 완료표지 하나 양사 책

　　　　그는 책상 위에 책 한 권을 놓았다.

b. 钱，你最好在手里拿着。

钱，你　最　好　在手里拿　　着
돈　당신 가장 좋다 …에 손　안 가지다 진행표지
돈은 네가 손에 들고 있는 게 제일 낫겠어.

c. 美国人喜欢在山上建房子。

美国 人　喜欢　　在 山上建 房子
미국 사람 좋아하다 …에 산 위 짓다 집
미국인은 산위에 집 짓는 것을 좋아한다.

예문 (32)에서는 동사 뒤가 목적어-지향 기점의 일반적인 위치라고 상정되었다. 반면, 기점-전치(Base-preposing)의 변형규칙은 기점이 동사를 뛰어넘어 좌측으로 이동된다. 이것은 많은 동사들이 동반하는 기점은 동사 뒤에만 남게 된다는 사실로부터 알 수 있다. 예를 들면 다음과 같다.

(33) a. 把鞋子穿在脚上。

把　　鞋子 穿 在 脚上
처치표지 신발 신다 …에 발 위
신발을 발에 신었다.

b. *把鞋子在脚上穿。

把　　鞋子 在　脚 上 穿
처치표지 신발 …에　발　위 신다

관련 조건이 부합될 때, 기점(Base)이 선택적으로 앞에 위치한 경우가 기점(Base)을 강제적으로 뒤에 위치시킨 경우보다 이론적으로 더 합리적이다. '기점-전치(Base-preposing)' 규칙은 본질적으로 '(비-방위적) 목표-전치

(Goal-preposing)' 규칙과 동일하다. Teng(1972)에서 이미 주변격 (circumstantial)과 타동 전치사구를 수립하였다. 수혜격(Benefactive) '给'은 주변격(Circumstantial)인 반면에, 목표격(Goal) '给'은 타동성(transitivity)이 있다. 수혜격은 주어-지향적인 기점과 같이 동사 앞에만 출현할 수 있는 반면, 목표(Goal)는 목적어-지향적인 기점과 같이 동사의 앞뒤에 모두 올 수 있다. 예를 들면 다음과 같다.

(34) a. 我给他穿衣服。(수혜격)

　　　 我 给　　他 穿　衣服
　　　 나 …에게 그 입다　옷
　　　 나는 그에게 옷을 입혀주었다.

　　b. *我穿衣服给他。

　　　 我 穿　衣服 给　　他
　　　 나 입다 옷　…에게 그

　　c. 我给他写了一封信。

　　　 我 给　　他 写 了　　一 封 信
　　　 나 …에게 그 쓰다 완료표지 하나 양사 편지
　　　 나는 그에게 편지 한 통을 썼다.

　　d. 我写了一封信给他。

　　　 我 写 了　　一 封 信 给　　他
　　　 나 쓰다 완료표지 하나 양사 편지 …에게 그
　　　 나는 편지 한 통을 그에게 썼다.

또한, 목표(Goal)의 일반적인 위치는 목적어-지향 기점과 같이 동사 뒤인

데, 목표의 어떤 경우들은 전치가 불가능하기 때문이다. 예문 (33)과 아래의
예문을 비교해 보자.

(35) a. 他把车卖给朋友。

　　　他　把　　　车 卖　给　　朋友

　　　그 처치표지 차 팔다 …에게 친구

　　　그는 차를 친구에게 팔았다.

　　b. *他把车给朋友卖了。

　　　他　把　　　车　给　　朋友 卖 了

　　　그 처치표지 차 …에게 친구 팔다 LE

　　그러므로 기점-전치(Base-preposing)와 목표-전치(Goal-preposing)규칙은
좀 더 보편적인 변형규칙의 실례로서, (타동적) 전치사-전치규칙
(preposition-preposing)이다.

　　동사 뒤는 목적어-지향 기점의 기본적인 위치이기 때문에, 이러한 문장에
서 부정사가 출현하는 위치는 하나뿐이다. 예를 들면 다음과 같다.

(36) a. 钱, 你最好不在手里拿着。

　　　钱, 你　　最好 不　在 手里 拿　着

　　　돈　당신 제일 부정 …에 손 안 들다 진행표지

　　　돈, 당신은 손에 들고 있지 않는 게 제일 낫겠습니다.

　　b. *钱, 你最好在手里不拿着。

　　　钱, 你　最好 在 手 里 不　拿　着

　　　돈　당신 제일 …에 손 안 부정 들다 진행표지

c. *钱，你最好拿不在手里。

    钱，你　最好　拿　不　在　手里
    돈　당신 제일 들다 부정 ...에 손 안

목적어-지향 기점은 기저구조에서 동사구(VP)의 한 구성원이라고 가정해
볼 수 있다. 예를 들면, 예문 (31a)의 구조는 【그림 4】와 같다.

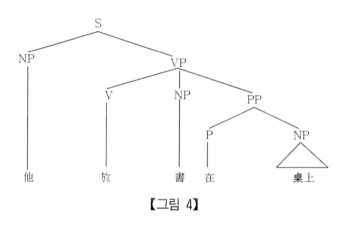

【그림 4】

그러나 단순문은 기점이 다양한 문맥에서 다양한 함의를 포함한다는 점에
서 적당하지 않다.

여기서 영향동사(affective verb)와 피영향동사(effective verb)라는 이 두
가지 동사유형에 주목할 필요가 있다(기타는 Teng, 1972 참조). 영향구문
(affective sentences)은 다음과 같다.

(37) a. 他把书放在桌上。

    他　把　　书　放　在　桌　上
    그　처치표지 책　놓다 ...에 책상 위
    그는 책을 책상 위에 놓았다.

b. 他把帽子戴在头上。

他 把　　帽子戴　　在　头　上

그 처치표지 모자 착용하다 …에 머리 위

그는 모자를 머리에 썼다.

위와 같은 영향구문(affective sentences)은 결과상태(resultant state)를 지시
한다. 즉 다음과 같다.

(38) a. 书在桌上。

书 在　桌　上

책 있다 책상 위

책이 책상 위에 있다.

b. 帽子在头上。

帽子 在　头　上

모자 있다 머리 위

모자는 머리 위에 있다.

한편, 피영향구문(effective sentences)은 이와 같은 해석을 함의하지 않는
다. 예를 들면, 다음과 같다.

(39) a. 他在墙上钻了洞。

他 在　墙 上 钻 了　　洞

그 …에 벽 위 뚫다 완료표지 구멍

그는 벽 위에 구멍을 뚫었다.

b. *洞在墙上

洞　在　墙　上
구멍 있다 벽 위

c.　他在黑板上写了字。
他 在　黑板 上 写 了　　字
그 ...에 칠판 위 쓰다 완료표지 글자
그는 칠판에 글자를 썼다.

d.　*字在黑板上。
字　在　　黑板 上
글자 있다 칠판 위

　대신, 피영향구문(effective　sentences)은 존재적인　의미(existential statement)를 함의한다. 예를 들면, 다음과 같다.

(40) a.　墙上有洞。
墙 上 有　洞
벽 위 있다 구멍
벽에 구멍이 있다.

b.　黑板上有字。
黑板 上 有　字
칠판 위 있다 글자
칠판에 글자가 있다.

　이것은 영향동사가 목적어에 대해 어떤 작용을(위치전이를 초래하는 것 포함) 하기 때문인 반면, 피영향동사는 목적어를 생성한다. 그러므로 상술한 차이는 【그림 4】의 구조에서 약간의 수식을 가하여 보어구문으로 포함시킬 수 있는데, 예문 (37a)과 (39a)의 구조들은 각각 예문 (41)의 문장과 대응된다.

(41) a. 他放书＋书在桌上

　　　　他 放　书 ＋书 在　　桌　　上

　　　　그 놓다 책 ＋ 책 있다 책상 위

　　　　그가 책을 놓다 + 책이 책상 위에 있다

　　 b. 他钻洞+墙上有洞

　　　　他 钻　　洞　 ＋墙上 有　　洞

　　　　그 뚫다 구멍　 ＋ 벽 위 있다 구멍

　　　　그가 구멍을 뚫는다 + 벽에 구멍이 있다

　즉 표층의 한 기점유형은 방위구문으로부터 온 반면, 또 다른 기점유형은 존재문으로부터 도출된 것이다(Li, 1972 참조). 이러한 차이는 (37a)과 (39a)는 모두 시간(time-duration)과 관련될 때, 왜 다르게 행동하는 지를 체계적으로 설명해준다. 다음 예문을 보자.

(42) a. 他把画在墙上挂了三天。

　　　　他 把　　　画　 在　 墙上 挂 了　　　三 天

　　　　그 처치표지 그림 …에 벽 상 걸다 완료표지　삼 일

　　　　그는 그림을 벽에 3일 동안 걸어놓았다.

　　 b. 他在墙上钻洞钻了三天。

　　　　他 在　 墙上 钻　 洞 钻　 了　　　 三 일

　　　　그 …에 벽 위 뚫다 구멍 뚫다 완료표지　삼 일

그는 벽에 구멍을 3일 동안 뚫었다.

'3일(三天)'은 예문 (42a)에서 '걸다(挂)'라는 동작 후의 시간을 가리키는 '상태의 지속'을, 예문 (42b)은 '동작의 지속'을 나타낸다. 상태의 지속은 피영향문(effective sentences)에 나타나지 않는다는 것은 존재문이 기간(duration)에 의해 수식될 수 없다는 제약 때문이다. 아래의 문장을 비교해보자.

(43) a. 画在墙上三天了。

    画   在   墙 上 三 天 了

    그림 있다 벽 상   삼 일 어기표지

    그림이 벽에 있은 지 3일이 되었다.

   b. *墙上有画三天了。

    墙 上 有 画   三 天 了

    벽 위 있다 그림 삼 일 LE

'기점-전치'규칙을 예문 (41)의 구조에 응용해 본 후에, 방위보어구문에서는 대상(theme)이 삭제되지만, 존재보어(exstential complement) 구문(b)에서는 존재표지 '有'도 함께 삭제된다(Allen, 1971 참조). 예문 (41b)의 표층구조에서 방위동사 '在'의 출현 역시 방위동사에 의해 지배받는다. 즉, 예문 (41b)은 아래와 같이 수정되어야 한다.

(44) a. 他钻洞 + 在墙上有洞

    他 钻 洞 + 在 墙 上 有   洞

    그 뚫다 구멍 + ...에 벽 위 있다 구멍

여기서의 가설은 방위동사와 존재동사 표지는 서로 다른 기능이 있으며, 또한 동일한 근원(common source)으로부터 파생된 것이 아니라는 점에서 Li(1972)의 가설과는 차이가 있다.

7. 기점과 종점의 예측가능성

우리는 제5절에서 상위술어(higher predicate)로 단순문(simple sentence)을 넘어서 주어-지향 기점을 분석하였다. 그러므로 목적어-지향 기점 (object-oriented Base)과 목표 (특히 비종결성)는 더 이상 대립하거나 공기하지 않는다. 그것들은 동사의 방향성을 통해 완전히 예측가능하며, 또한 더 보편적인 범주인 방위(Locative)로 병합될 수 있다. 방향동사는 항상 목표 (Goal)를, 비-방향동사는 기점(Base)을 동반한다. 예를 들면 다음과 같다.

(45) a. 鸟飞到树上去了。 (방향성)

鸟 飞 到 树 上 去 了
새 날다 동조사 나무 위 가다 완료표지
새가 나무 위로 날아갔다.

b. 他把朋友送到火车站去了。

他 把 朋友 送 到 火车站 去 了
그 처치표지 친구 보내다 동조사 기차역 가다 완료표지
그는 친구를 기차역까지 배웅하러 갔다.

c. 有一个人躺在地上。 (비방향성)

有 一 个 人 躺 在 地 上

있다 하나 양사 사람 눕다 동조사 바닥 위

어떤 사람이 바닥에 누워있다.

d. 他把邮票贴在信封上。

他 把   邮票 贴 在   信 封 上

그 처치표지 우표 붙이다 동조사 편지 봉투 위

그는 우표를 편지봉투 위에 붙였다.

기점동사와 목표동사에 대한 설명은 아래와 같이 표현할 수 있다.

(46)   方位动词 →到 / 动词 = (+방향성)

(방위동사) 在 / 动词 = (-방향성)

대체로 동사는 사전에 유일하게 [방향성] 자질로 기재된다. 그러나 동사가
방향성의 유무여부를 선택할 수도 있는데, 이런 경우에 기점과 목표 모두
동사와 공기한다. 예를 들면, 다음과 같다.

(47) a. 你坐在沙发上。

你 坐 在   沙发 上

당신 앉다 동조사 소파 위

당신은 소파에 앉으십시오.

b. 你坐到沙发上去。

你 坐 到   沙发 上 去

당신 앉다 동조사 소파 위 가다

당신은 소파로 가서 앉으십시오.

c. 你把书拿在手里。

你　把　　　书　拿　　在　　　手　里
당신 처치표지　책 가지다 동조사　손 안
당신은 책을 손에 가지고 있으십시오.

d. 你把书拿到房子里去。

你　把　　　　书　拿　　到　　　房子里　去
당신 처치표지　책 가지다 동조사　방　　안 가다
당신은 책을 가지고 방으로 가십시오.

예문 (47b)은 '坐'라는 동작이 상정되지만, 예문 (47a)에서는 그 동작을 반드시 함의할 필요는 없다는 것을 알 수 있다.

분류자질로서 '방향성'이라는 특징을 이용해서 다음과 같은 3가지 유형의 (타)동사를 얻을 수 있다.

(48) a 기점(基点) : 记(기억하다), 留(남기다), 倒(뒤집히다), 写(쓰다)
     b 종점(终点) : 送(보내다), 寄(부치다), 搬(옮기다), 挪(움직이다), 运(운반하다)
     c 중성(中性) : 放(놓다), 贴(붙이다), 挂(걸다), 丢(버리다), 拿(가지다)

8. 기점이동 제약

앞의 절에서 주어-지향 기점이 표층에서 항상 동사 앞에 출현할 수 있지만, 목적어-지향 기점은 동사의 앞이나 뒤에 출현할 수 있다는 것을 보았다. 그러므로 Tai(1973)가 주장한 것처럼, 동사 앞 방위사와 동사 뒤 방위사로만 분류할 수 없다는 것을 알았다. 이 외에도, Tai(1973:404)는 '본동사의 앞이나 뒤에 부사어가 출현할 때마다(이 글에서의 기점 포함), 거기에는 항상 대조의미가 있다'고 주장하였다. 이와 같은 분석은 예문 (31)과 (32)의 관계를 설명할 수 없을 뿐만 아니라, 예문 (24a)의 중의현상 역시 해석할 수 없다.

한편, 목적어-지향 기점이 주요동사 뒤에 위치하는 보어구로부터 온 것이며, 결국 '전치사-전치'(preposition-preposing) 변형이 그것을 동사 앞으로 이동시킨 것이라는 것을 증명하였다. 또한, 동일한 변형은 '비-방위성 목표'(non-locative Goal)인 '给'과 같은 다른 전치사구에도 적용된다.

상위술어로부터 온 주어-지향 기점이 동사 앞에만 출현할 수 있다는 사실(및 기타 현상)을 설명하기 위해서, 우선 다음 예문을 보자.

(49) a. 他在屋里看书。
　　　 他 在　　屋 里 看　书
　　　 그 …에서 방 안 보다 책
　　　 그는 방에서 책을 본다.

　　 b. *他看书在屋里。
　　　 他 看　书 在　　屋 里
　　　 그 보다 책 …에서 방 안

Tai(1973:400)는 완전 도출 제약(global derivational constraint), 즉 술어배치제약(PPC, Predicate Placement Constraint)을 도입했는데, 이 제약은 '만약 술어 A가 심층구조에서 보어성 술어인 B를 지배한다면, 표층구조에서 A는 반드시 B에 선행한다.'라는 내용을 담고 있다. 이것은 상당히 강력한 주장이며 또한 몇 가지 점에서 적절하지 않다. 아래에서 기점과 관련된 두 가지 점만을 상술하겠다.

첫째, 기점의 위치에 관련된 것은 현재에 정의된 의미에서 도출적인 제약이 아니다(Lakoff, 1971 참조). 대체적으로 볼 때, 완전 도출 제약은 '도출성분 중 두 개 혹은 더 많은 상이한 구조의 특징을 기반으로, 그 외의 문법적인 도출성분을 여과하는 규칙'(Postal, 1972:35)이다. 즉 변이문장이 단일한 변형규칙을 근거로 정의될 수 있다면, 여과효과는 도출기제보다는 변형규칙에 의해서 달성될 수 있다.

중국어에는 술어-하향변형(Teng, 1973 참조)이 있는데, 그것은 상위 VP를 하위 VP의 좌측으로 하향 이동시키는 것을 말한다. 이 규칙은 다음 문장에서 동사 앞 성분의 배치를 설명해준다.

(50) a. 他不来。

　　他　不　　来

　　그 부정　오다

　　그는 오지 않는다.

　　 b. 他常来。

　　他　常　　来

　　그 자주 오다

　　그는 자주 온다.

동일한 규칙은 역시 상위술어에 속하는 주어-지향 기점의 동사 앞 위치에 대해서도 설명이 가능하다. 잠정적으로 Tai(1973)가 제안한 논증이 정확하다고 가정한다면(아래 참조), 그것의 도출 역사에 대한 언급 없이도 그것이 술어-하향규칙을 위반했다는 사실로써 예문 (49a)의 비문법성을 설명할 수 있다. 변형 자체는 기점과 본동사 간에 존재하는 선행관계를 보증해주며, 이 단계 이전 지배관계에의 포함여부는 중요하지 않다.

둘째, 선행관계는 표층에서 선형적 절차에 따라 정의된다. Tai(1973)의 주장은 주어-지향 기점은 본동사 뒤에 위치시키는 어떠한 변형도 가능하지 않다는 것을 의미하는 것 같지만, 이 주장은 맞지 않다. 아래의 문장을 비교해보면, 심층구조에서 A가 B를 지배하는데도 불구하고 A는 B를 따른다는 것을 알 수 있다8).

(51) a. 他们明天结婚是在一个教堂里。
　　　 他们 明天 结婚 是　　 在　　 一 个　　 教堂 里
　　　 그들 내일 결혼 ...이다 ...에서 하나 양사 교회 안
　　　 그들의 내일 결혼은 한 교회에서 한다.

　 b. 你们昨天开会是在谁家?
　　　 你们　 昨天 开会　　 是　　 在　　 谁 家
　　　 당신들 어제 회의하다 ...이다 ...에서 누구 집
　　　 당신들의 어제 회의는　 누구 집에서 했습니까?

예문 (51)의 기점구(Base phrase)는 '신정보'를 나타내는데, 문장의 나머지 부분은 '구정보'라는 데에 주의해보자(Chafe, 1970, 1974 참조). 동일한 신·구 정보의 분포는 아래에서와 같이 관찰될 수 있다.

---

8) 다음에 제시되는 동일한 상황을 살펴보자.

(i) 学开飞机, 他又喜欢又怕。
　 学　　 开　　 飞机, 他 又 喜欢　 又 怕
　 배우다 운전하다 비행기　 그 또 좋아하다 또 두렵다
　 비행기 조종을 배우는 것을 그는 좋아하기도 하고 두려워하기도 한다.

(ii) 明天下大雨, 大概不会吧。
　　 明天 下　　 大雨, 大概 不 会　　　 吧
　　 내일 내리다 큰 비　 아마 부정 ...할 것이다 어기표지
　　 내일 큰 비가 온다는데, 아마 그럴 리가 없을 겁니다.

(52) a. 他们明天是在一个教堂里结婚。

他们 明天 是　　在　　一　个 教堂 里 结婚

그들 내일 …이다 …에서 하나 양사 교회 안 결혼한다

그들은 내일 바로 한 교회에서 결혼한다.

b. 你们昨天是在谁家开会?

你们　昨天 是　　在　　谁　家 开会

당신들 어제 …이다 …에서 누구 집 회의하다

당신들은 어제 누구 집에서 회의를 했습니까?

　　사실상, 예문 (51a, b)은 예문 (52a, b)과 동의어 관계에 있으므로 변형적으로 관련된다. 이 변형은 기점이 '신정보'가 아닐 때는 ('是'의 부재에 의해 알게 됨, 예문 (49b) 참조) 적용될 수 없다.

　　이상에서 '신/구정보'의 대비가 주어-지향 기점이 동사 앞(신/구정보일 때)에 출현하는지, 동사 뒤(신정보일 때)에 출현하는지를 결정한다는 사실은 Tai(1973)가 주장한 술어배치제약(PPC, Predicate Placement Constraint)과 모순된다는 것을 확실히 보여주었다.

참고문헌

Allan, Keith. *1971.* A note on the source of 'there' in existential sentences. *Foundations of language* 7. 1-18.

Chafe, Wallace. 1970. *Meaning and the structure of language.* University of Chicago　press

Chafe, Wallace. 1974. Language and consciousness. *Language* 50.1.111-133

Chao, Yuen-ren. 1968. *A grammar of spoken Chinese.* University of California press.

Fillmore, Charles. 1966.   Deictic categories in the semantics of 'come.'
   Foundations of Language 2. 219-227

Fillmore, Charles.1968.   *The case for case.*   Universals in linguistic theory,
   E.Bach and R.Harms (eds.), p.1-88

Gruber, Jeffrey. 1965.   Studies in lexical relations.   MIT Ph.D dissertation

Gruber, Jeffrey. 1967.   Look and see.   *Language* 43. 4 .937-947.

Halliday, M.A.K. 1967.   Notes on transitivity and theme in English.   *Journal
   of Linguistics* 3.1.37-81 (pt. 1), 3.2.199-244 (pt.2).

Hashimoto, Anne. 1966.   *Mandarin syntactic structures.*   Unicorn 8,
   Princeton University.

Lakoff, George. 1966.   Stative adjectives and verbs in English. NSF-17.

Lakoff, George. 1970. *Irregularity in syntax.* Holt, Rinehart and Winston.

Lakoff,   George.1971.   On   generative   semantics.   Semantics: An
   interdisciplinary reader in philosophy, linguistics, and psychology, D.
   Steinberg and L. Jakobovits (eds.), 232-296. Cambridge University
   Press.

Li, Ying-che. 1972.   Sentences with be, exist, and have in Chinese.
   Language 48. 3. 573-583

Lyons, John. 1967. A note on possessive, existential, and locative sentences.
   Foundations of Language 3. 390-396

Lu, John H-T. 1973   The verb-verb construction with a directional
   complement in Mandarin. *Journal of Chinese Linguistics* 1.2.239-255

Postal, Paul. 1972. A global constraint on pronominalisation. *Linguistic
   Inquiry* 3.1. 35-60.

Tai, James H-Y. 1973. A derivational constraint on adverbial placement in
   Mandarin. *Journal of Chinese Linguistics* 1.3.397-413.

Teng, Shou-hsin. 1972. A semantic study of transitivity relations in Chinese
   . UC Berkeley Ph.D dissertation, to be published by the University
   of California Press, Berkeley and Los Angeles.

Teng, Shou-hsin. 1973. Negation in Chinese.   Presented at the Sixth
   International Conference on Sina-Tibetan Linguistics, San Diego, to
   appear in the Proceedings.

Teng, Shou-hsin. 1974. Double nominatives in Chinese : a case for sentence predicate. *Language* 50.3. 455-477.

제7장 중국어의 술어 이동[1]

Predicate Movements in Chinese

이 글은 시간사, 방위사 및 보어동사가 상위술어(higher predicates)가 되는 성분이동을 검토하고, Tai(1973)의 술어배치 제약(Predicate Placement Constraint)을 반박할 것이다. 왜냐하면, 이 제약으로는 중국어의 술어이동을 정확하게 설명할 수 없기 때문이다. 한편, 중국어의 술어는 좌측이동 (leftward movement)만을 한다는 것을 제안할 것이다.

1. 도입[2]

이 글은 Tai(1973)가 주장한 중국어의 상위술어 배치(placement of higher predicates)가 완전도출 제약(global derivational constraint)의 영향을 받을 것이라는 제안을 검토한다. 또한, 이 주장에 맞지 않은 예문의 구조 몇 가지를 분석하고, 이러한 제약은 받아들여질 수 없음을 보일 것이다.

영어에서 시간(time), 방위(locative), 양상(modal), 방식(manner)과 같은 부

---

1) 이 글은 *Journal of Chinese Linguistics* 3.1.60-75, 1975에 출간된 것이다.
2) 이 글의 요약본은 1974년 7월 LSA 여름 학회에서 발표한 것임. 학회 기간에 James H-Y. Tai와의 토론에서 많은 도움을 받았다.

사어(adverbial)는 표층구조에서 본동사의 앞이나 뒤에 출현할 수 있다. 예를 들면 다음과 같다.

(1) a.   (Yesterday) he caught a fish (yesterday).

그는 어제 물고기 한 마리를 잡았다.

b.   (In England) he used to go fishing (in England).

그는 영국에서 낚시하러 가곤 했다.

c.   (Probably) he will (probably) go fishing (probably).

그는 아마도 낚시하러 갈 것이다.

d.   (Carefully) he (carefully) put the fish away (carefully).

그는 조심스럽게 그 물고기를 치워뒀다.

한편, 이러한 부사어는 중국어에서는 보통 동사 앞이라는 고정 위치를 갖는다. 최소한 예문 (1)의 문장들에 대응되는 중국어 대응문에서는 그렇다. 예를 보면 예문 (2)과 같다.

(2) a.   (昨天)   他   抓了   一条 鱼   (*昨天)。

(yesterday) he   caught   a   fish (*yesterday).

b.   他 (在英国)   常   钓鱼   (*在英国)。

he (in England) often fishes   (*in England).

c.   他 (大概)   会   去   钓鱼   (*大概)

he (probably) will   go   fishing   (*probably).

d.   他   很   (小心地) 把   鱼   放好   (*小心地)

he   very (carefully) put   the fish away   (*carefully)

Tai(1973)는 술어배치 제약(Predicate Placement Constraint, 이하 PPC로 약칭함)으로 중국어와 영어의 차이를 설명하였다. 그는 이 제약에서 '술어 A가 기저구조에서 보어성 술어인 B를 지배하면, 표층구조에서 A는 반드시 B에 선행한다'라고 제안하였다. PPC가 중국어에는 적용되지만, 영어에는 적용될 수 없으므로, 양자 간의 이러한 차이는 해석될 수 있다. 또한, Tai(1973)는 PPC는 Lakoff(1971)의 정의에서는 도출 제약(derivational constraint)이라고 주장하였다.

Tai(1973)의 PPC와 관련된 구조는 예문 (3)에서 제시된 것들을 포함한다.

(3) a.

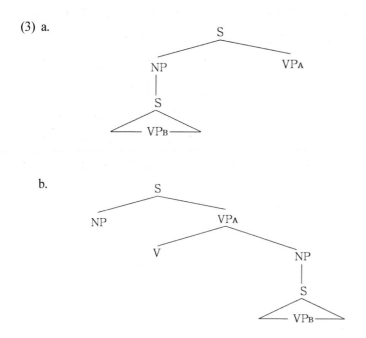

b.

c.

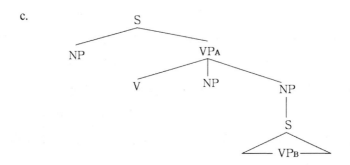

예문 (2a), (2b), (2c)는 예문 (3a)의 예이고, 예문 (2d)은 (3b)의 예이다.
Tai(1973)의 PPC의 결과에 대해서 생각해보자. 먼저, PPC는 VPA가 VPB
를 지배하면 VPA가 VPB를 선행해야 한다는 것을 명시하기 때문에, 중국어
에는 VPB를 VPA의 왼쪽으로 이동시키는 규칙도 없고, VPA를 VPB의 오른
쪽으로 이동시키는 변형규칙도 있을 수 없다. 단, 접속구조(conjoining
structures)와 같이 지배관계가 존재하지 않는 경우는 예외이다. 중국어에서
는 NP를 포함하는 좌측, 우측 이동이 풍부하다는 사실에 비추어 볼 때, 이러
한 제약은 일반적이지 않다3). 어떤 변형규칙들은 동사의 출현에 특히 민감

---

3) 좌향이동은 다음에서 관찰된다.

(i) a. 张三啊，他走了。
    张三 啊   他 走 了
    장삼 어기조사 그 가다 완료표지
    장삼, 그는 가버렸다.

b. 张三把车卖了。
    张三 把 车 卖   了
    장삼 BA 차 팔다 완료표지
    장삼은 차를 팔았다.

c. 英国跟法国，他都去过。
    英国 跟 法国   他 都   去   过

해서 단순 NP가 소절(S)을 지배하는 NP와 구분되는가?

둘째, 표층구조에 명세된 선행관계는 Tai(1973)에 의해서 관련구조와는 상관없이 표층에서의 좌에서 우로의 선형적 순서로 정의되었다. 다시 말해서, 만약 VPA가 VPB 뒤에 나오는 경우, VPA를 지배하려면 표층에서 VPB 를 지배하는 것만으로는 충분하지 않다. 그러한 경우, 그림 (3a)과 같이 VPA

영국 과 프랑스 그 모두 가다 경험표지
영국과 프랑스, 그는 다 가봤다.

    d. 他连一毛钱也没有。
       他 连   一   毛   钱也 没   有
       그 조차도 하나 양사 돈 도 부정 있다
       그는 한 푼 조차도 없다.

우향이동은 아래와 같다.

(ii) a. 杀了他那个家伙。
       杀   了   他 那个   家伙
       죽이다 완료표지 그 저 양사 놈
       그를 죽였다, 저 나쁜 놈을.

    b. 来了一个客人。
       来 了   一   个   客人
       손 완료표지   하나 양사 손님
       왔다 손님이.

    c. 昨天有跑了三个人。
       昨天 有   跑   了   三个   人
       어제 있다 도망치다 완료표지 세 양사 사람
       어제 도망쳤다 세 사람이.

    d. 山上住著一个老人。
       山 上 住   著   一   个 老人
       산 위 거주하다 진행표지 하나 양사 노인
       산에 살고 있다 한 노인이.

는 VPB의 좌측으로 이동할 수밖에 없다.

다음은 중국어 술어이동의 몇 가지 실례를 들어 Tai(1973)의 논증이 성립할 수 없음을 증명한 것이다.

2. 시간과 방위부사의 이동

중국어의 시간부사는 동사 앞에서 시점(time-when)을 나타내거나, 동사 앞에서 시간의 지속(time-duration)을 나타낼 수 있다. 예를 들면, 다음과 같다.

(4) a. 他(明天)来　(*明天)。
　　　 他 (明天) 来　 (*明天)
　　　 그 (내일) 오다　(*내일)
　　　 그는 내일 온다.

　　 b.　他(*三天)来了(三天)了。
　　　　 他 (*三天) 来　 了　　 (三天) 了
　　　　 他 (*3일)　오다 완료표지 (3일)　LE
　　　　 그는 온 지 3일 되었다.

Tai(1973)의 논점을 따라, 시점구(time-when phrase)가 전체 문장의 술어라고 가정해보자. 따라서 예문 (4a)은 '明天'(내일)을 VPA로 취하는 (3a)의 구조를 갖는다. 시간-지속 부사(time-duration adverb)는 하위 VP로부터 온다는 Tai(1973)의 주장과 반대로, 이 부사들도 상위술어라는 증거가 있다. 이것은 다음과 같은 사실로 뒷받침된다. (1) 동사 '有'가 선택적으로 시간-지속

(time-duration) 부사에 선행할 수 있고, (2) '已经'(이미)와 같은 부사들은 본동사와 시간-지속 부사 사이에 삽입될 수 있고, (3) 시간-지속 부사 자체가 부정될 수도 있다. 이러한 사실들은 다음에서 설명된다.

(5) a. 他来了有三天了。

他 来 了 有 三 天 了
그 오다 완료표지 있다 셋 일 어기표지
그가 온 지는 3일 되었다.

b. 他来了已经三天了。

他 来 了 已经 三 天 了
그 오다 완료표지 이미 셋 일 어기표지
그가 온 지는 이미 3일째다.

c. 他来了没(有)三天就走了。

他 来 了 没 (有) 三 天 就 走 了
그 오다 완료표지 부정 있다 셋 일 바로 가다 완료표지
그는 온 지 3일이 안 되어 바로 갔다.

여기서의 관건은 아래의 예문 (6a)가 예문 (4a)의 부정대응문인 반면, 예문 (4b)의 부정대응문은 예문 (6b)나 (6c)일 수 있다는 것이다.

(6) a. 他明天不来。

他 明天 不 来
그 내일 부정 오다
그는 내일 오지 않는다.

b. 他没来有三天了。

　　他 没　来　有　三 天 了

　　그 부정 오다 있다　셋 일 어기표지

　　그가 안 온 지 3일이 되다.

c. 他(有)三天没来了。

　　他 (有)　三 天 没　来　了

　　그 (있다) 셋 일 부정 오다 완료표지

　　그는 3일 째 오지 않았다.

　예문 (6b)와 (6c)는 사실상 같은 의미이다. 그림 (7)에서 보여주는 바와 같이, (6)의 부정사와 시간술어에 관한 상대적 높이를 주목하라.

(7) a.

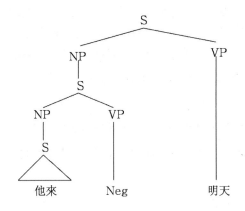

b.

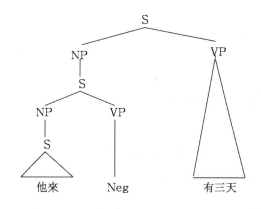

상위 VP를 하위 VP의 좌측으로 이동시키는 술어하향은 하위 S의 위쪽에
적용된다. 그러나 시점이 긍정문과 부정문 모두에서 의무적으로 하향 이동
하는 반면, 정상적으로는 불가능한(4b 참조) 시간-지속 부사의 하향이동은
그것이 부정사를 지배할 때 허용된다. 그러므로 예문 (6b)에서 상위술어는
여전히 지배함에도 불구하고 실제로는 보어성 술어를 뒤따른다.

중국어의 방위사는 두 가지로 분류할 수 있다. 일반적으로 동사 앞에 출현
하는 것(Fillmore의 외향방위사(outer locative)에 해당)과 동사 뒤에 출현하
는 것(Fillmore의 내향방위사(inner locative)에 해당)이다. 이 둘의 차이는 두
개의 NP가 실현되는 타동문에서 가장 잘 설명되는데, 두 개의 NP중의 하나
만이 방위사의 지시범위가 될 수 있다. 예를 들면, 방위사는 예문 (8a)에서는
주어-지향(subject-oriented)만이 될 수 있는 반면, 예문 (8b)에서는 목적어-지
향(object-oriented)만 가능하게 된다.

(8) a. 他在楼下挂画。

　　　 他 在　 楼下 挂　 画

　　　 그 ...에서 아래층 걸다 그림

그는 아래층에서 그림을 건다.

b. 画, 他挂在楼下。

　　画　他　挂　在　　楼下

　　그림 그 걸다 …에 아래층

　　그림, 그가 아래층에 걸었다.

동사 앞이나 뒤에 오는 방위사라는 용어 대신, 그것들을 주어-지향 혹은
목적어-지향 방위사로 나타내보자4). 다시 Lakoff(1970)와 Tai(1973)의 논점

---

4) '주어-지향'과 '목적어-지향'이라는 표시는 여기서는 다양한 범위가 가능한 방위
사의 이동에 관한 설명을 용이하기 위해서만 사용된다. 즉 그와 같은 개념은 자동
사의 경우에는 설명이 안 된다는 것이다. 예를 들어, 다음 두 개의 문장은 확실히
다른 것을 의미하며, 거기에는 주어 하나만이 존재한다.

(i) a. 他在树下站著。

　　他 在　树　下　站　　著

　　그 …에 나무 아래 서다　지속표지

　　그는 나무 아래에 서 있다.

b. 他站在树下。

　　他 站　在　树　下

　　그 서다　…에 나무 아래

　　그는 나무 아래에 서 있다.

(b)가 그가 서 있는 위치를 가리키는 반면, (a)은 그렇지 않다(그가 서 있는 위치
혹은 나무 아래에서의 그의 활동을 가리킬 지도 모른다). 따라서 (a)의 두 가지 해
석 중의 하나는 (b)로부터 도출될 수 있다. 즉, (a)에서 방위사구는 두 가지 다른
기저구조를 갖는다는 의미이다. 그러나 거기에는 다음 예문에서 식별이 가능한 어
떤 차이는 없는 것처럼 보인다.

(ii) a. 他住在纽约。

　　他 住　　在　　纽约

　　그 머물다 동조사 뉴욕

　　그는 뉴욕에 산다.

을 따라, 주어-지향인 방위사가 기저구조의 상위술어로부터 왔다고 가정해 보자(3a 참조)[5]. 아울러, 목적어-지향 방위사는 하위의 보어문으로부터 왔을 것이라는 Tai(1973)의 제안을 따를 것이다. 목적어-지향 방위사는 또 다른

---

    b.   他在纽约住。
          他 在　 纽约　住
          그 ...에 뉴욕　머물다
          그는 뉴욕에 산다.

‘站’(서다), ‘坐’(앉다), ‘住’(머물다), ‘躺’(눕다)와 같은 자동사가 방위사로 하여금 그 동사의 앞이나 뒤에 출현할 수 있도록 허락하는 반면, 다른 많은 동사들은 방위사에 대한 고정적인 위치를 요구한다. 예를 들면 다음과 같다.

(iii) a.   他在屋里哭。 (행위주)
         他 在　 　屋里哭
         그 ...에서 방 안 울다
         그는 방에서 운다.

    b.   *他哭在屋里。
         他 哭　 在　　 屋里
         그 울다 ...에서 방 안

    c.   他掉在井里。
         他 掉　　 在　　 井　 里
         그 떨어지다 동조사 우물 안
         그는 우물에 떨어졌다.

    d.   *他在井里掉。
         他 在　　 井　 里 掉
         그 ...에서 우물 안 떨어지다

여기서 (a)와 (b)의 차이는 동작문(action sentence, 주어가 행위주인)과 결과문 (result sentence) 간의 차이이다. 중국어 방위사의 모든 가정에 대해서는 더 많은 연구가 필요하다. 관련 부문은 Teng(1975a) 참조 바람.
5) Lakoff(1970)과 Teng(1975b) 참조.

술어를 동반할 수 있다는 점에서 이러한 방법은 합리적이다. 예문 (9)를 비교해보자.

(9) a. 他在楼下挂画挂了三个锺头。

他 在 　楼下 　挂 画 挂 了 　三 个 　锺头
그 …에서 아래층 걸다 그림 걸다 완료표지 셋 양사 시간
그는 아래층에서 그림을 3시간 동안 걸었다.

b. 画, 他挂在楼下挂了三天了。

画 　他挂 在 　楼下 　挂 了 　三 天 了
그림 그 걸다 …에서 아래층 걸다 완료표지 셋 일 어기표지
그림을 그는 아래층에 3일 동안 걸어놓았다.

예문 (9a)에서 '三个锺头'(3시간)은 '挂'(걸다)라는 이 동작이 지속된 시간의 양을 가리키는 반면, 예문 (9b)에서 '三天'(3일)은 동작이 이루어지고 난 후의 결과상태의 지속시간을 가리킨다. 그리고 이 결과상태는 목적어-지향 방위사에 의해 표시된다.

Tai(1973)에 의해 관찰된 것과 같이, 주어-지향 방위사는 동사 뒤에 출현할 수 없는 반면(Tai의 분석에서 그것이 본동사를 지배한다), 목적어-지향 방위사가 동사 앞에 출현하는 것은 상당히 보편적이다. 예를 들면 다음과 같다.

(10) a. 画,他也在楼下挂了一张。

画 　他 也 在 　楼下 　挂 了 　　一 张
그림 그 역시 …에서 아래층 걸다 완료표지 하나 양사
그림을 그도 아래층에 한 장 걸었다.

b. 她在头上戴了一朵花

   她　在　头　上　戴　了　　　一　朵　花

   그녀 ...에 머리 위 달다 완료표지 한 양사 꽃

   그녀는 머리에 꽃 한 송이를 달았다.

지금까지의 내용을 정리해 보면, 먼저, 시간-지속 부사(time-duration adverb)는 상위술어이지만, 기저구소에서 지배하는 수요농사의 뒤에 출현한다. 둘째, 목적어-지향 방위사는 하위술어이지만, 보통 기저구조에서 그것을 지배하는 본동사의 앞에 출현한다. 이 두 가지는 Tai(1973)의 PPC가 성립되지 않음을 확실하게 증명해주는 것이다.

그러나 지금까지의 논의로도 대답할 수 없는 중요한 사실이 있다. 시간-지속 부사(time-duration adverb)와 목적어-지향 방위사가 이동변형을 할 때, 시점부사(time-when adverb)와 주어-지향 방위사가 표층에서 반드시 본동사의 좌측에 출현하도록 제약하는 것은 무엇인가? 이 문제는 전치사라는 품사 전체의 표층구조전략과 관련되며, 이 글의 논의 범위가 아니다[6].

3. 문장주어를 갖는 동사의 하강

이 논의를 위한 문장 전체의 술어동사는 두 가지 범주이다. 하나는 단순 NP나 S를 주어로 갖는 경우이고, 또 하나는 단순 NP에 대한 진술을 할 수 없는 경우이다. 예문 (11)과 (12)를 대조해보자.

---

6) 즉, 시점, 방위사 (최소한 한 가지 유형), 동반격, 도구, 수혜격과 그리고 방향성(往, 对) 구들은 자연적 품사에 속하며, 중국어의 표층전략은 이 특정한 품사가 동사 앞에만 출현하도록 요구한다. 이것은 '전치사'라는 개념이 중국어 통사론에서 중요한 역할을 한다는 강력한 예시로 볼 수 있을 것 같다(Li & Thompson 1974 참조).

(11) a. 他不可能来。

　　　他　不　可能　　来

　　　그　부정　가능하다　오다

　　　그는 올 리가 없다.

　　b. 这不可能。

　　　这　　不　　可能

　　　이것　부정　가능하다

　　　이것은 불가능하다.

(12) a. 他恐怕不来。

　　　他　恐怕　　　　　不　来

　　　그　아마 …일 것이다　부정　오다

　　　그는 아마도 오지 않을 거야.

　　b. *这恐怕。

　　　这　　恐怕

　　　이것　아마 …일 것이다

　　동사의 이러한 두 유형은 다른 방식으로 구분된다. '可能'(가능하다)와 같은 일부 동사가 부정될 수 있는 반면, '恐怕(아마 …일 것이다), 幸好(다행히), 似乎(마치…인 듯하다)'와 같은 동사는 부정될 수 없다.

　　'可能'(가능하다)과 동일한 범주에 속하는 동사에는 3가지 유형이 있다. 첫 번째는 반드시 술어하강을 하는 것, 두 번째는 술어하강 이동을 할 수 없는 것, 그리고 세 번째는 선택적으로 하강이동 하는 것이다. 예문 (13~15)에서 보여주는 바와 같다[7].

───────────────

7) 각 품사의 다른 예들은 다음과 같다.

(13) a. 他很少来。

　　　他　很　　少　　来
　　　그 매우 적다 오다
　　　그는 아주 드물게 온다.

　　b. *他来很少。

　　　他　来　　很　　少
　　　그 오다 매우 적다

(14) a. 你深夜去找他很危险。

　　　你　深　夜 去　找 他 很　危险
　　　당신 깊다 밤 가다 찾다 그 매우 위험하다
　　　당신이 깊은 밤에 그를 찾아가는 것은 매우 위험하다.

　　b. *你很危险深夜去找他。

　　　你　很　危险　　深　夜 去　找　他
　　　당신 매우 위험하다 깊다 밤 가다 찾다 그

(15) a. 他亲手做菜很难得。

　　　他 亲手　做　菜　很　难得。
　　　그 손수 하다 요리 매우 하기 쉽지 않다
　　　그가 손수 요리를 하는 것은 참 쉽지 않은 일이다.

　　b. 他很难得亲手做菜。

(i)　最多(가장 많다), 明显(뚜렷하다).
(ii)　有意思(재미있다), 奇怪(이상하다), 合理(합리적이다), 重要(중요하다).
(iii)　容易(쉽다), 难(어렵다), 值得(... 할만한 가치가 있다), 真的(정말로).

他 很　难得　　　　亲手 做　菜
그 매우 하기 쉽지 않다 손수 하다 요리
그는 아주 어렵게 손수 요리를 했다.

Tai(1973)는 첫 번째 유형만을 보았기 때문에, 그의 PPC는 예문 (13)만을 설명할 수 있고, 그래서 예문 (14)과 (15)는 확실히 그의 제약과 모순된다. 왜냐하면 이 문장에서 지배하는 술어는 표층에서 하위술어를 선행하지 않기 때문이다. 또한, Tai(1973)는 동사 '可能'(가능하다)이 실제로는 첫 번째가 아닌 세 번째 유형에 속한다는 사실을 간과하였다. 예문 (16)을 보자.

(16) a. 他要做法官不太可能。

他 要　　　　　做 法官 不　太　可能
그 하려 하고 있다 하다 법관 부정 매우 가능하다
그는 법관이 되려고 하는데, 가능성이 별로 없다.

　　 b. 他不太可能做法官。

他 不　太　可能　　做　法官
그 부정 매우 가능하다　하다 법관
그가 법관이 되는 것은 거의 가능성이 없다.

문장주어로 말하자면, 상위술어의 위치는 가정(assumed)되거나 혹은 담화적으로 이미 주어진 것과 새롭게 단언된(asserted) 것 사이의 차이에 의해 어느 정도 결정된다. 이 개념에 대한 Hopper and Thompson(1973)의 해석이 적절하다. 또 다른 관점에서 보면, 이 차이는 역시 '구정보'(old information), '이미 알고 있는 정보'(given information)와 '신정보'(new information) 간의 차이로 볼 수 있다(Chafe 1974 참조).

문장이 가정될 때, 예문 (15a)에서 보는 바와 같이, 그 문장의 술어는 그것의 우측에 출현한다. 그리고 문장이 가정되지 않을 때는 예문 (15b)에서 보는 바와 같이, 문장술어가 하위술어의 좌측으로 이동할 수 있는데, 그것은 바로 선행한다는 의미이다. 그러나 예문 (13a)에서 동사 '少'(적다)는 의무적으로 하강해야 하기 때문에, 예문 (13a)은 단언된 것과 단언되지 않은 것 사이에 중의성이 발생한다. 이와 유사하게, 예문 (15b)은 '가정된' 해석이 약하다 할지라도, 이와 동일한 중의성이 생기게 된다.

그러므로 '단언여부'(assertion and nonassertion)를 기준으로 할 때, 첫 번째와 세 번째 유형의 동사는 단언되거나 아니면 가정된 문장주어를 모두 받아들이는 반면, 두 번째 유형의 동사들은 가정된 주어만을 받아들인다8). 앞에서 언급했던 '恐怕(아마 …일것이다/대체로), 幸好(다행이), 似乎(마치)'와 같은 다른 유형의 동사들은 단언된 주어만을 받아들여, 예측한 바와 같이 보어성 술어의 좌측에만 출현할 수 있다.

동사의 행동패턴이 늘 체계적인 것은 아니다. 어떤 경우에는 동사는 첫 번째 유형 패턴을 따르기도 하고, 두 번째나 세 번째 유형같이 행동하기도 한다. 동사 '容易'(…하기 일쑤다)가 바로 이 점을 설명해준다. 예문 (17)에서의 패턴은 '容易'(…하기 일쑤다)가 첫 번째 유형에 속한다는 것을 보여준다.

(17) a. 他很容易生气。

他 很   容易   生气

그 매우 …하기 일쑤다 화

그는 화를 잘 낸다.

---

8) 또는 두 번째 유형 동사들은 Kiparsky(1970)의 의미에서의 'factive verb'이다. 그러나 동사를 'factive'나 'non-factive'로 규정할 때, 어떤 경우에는 'factive'이고 또 어떤 경우에는 'non-factive'라고 말해야 될지 모른다. 예를 들면, 세 번째 유형의 동사들의 경우이다. 이것은 만족스럽지 못하다. 지배하는 요소는 오히려 동사 자체라기보다는 보어문장(구정보나 혹은 신정보)의 특성 때문이라고 보여진다.

b. *他生气很容易。

　　他　生气　很　　容易

　　그　화　　매우 …하기 일쑤다

　　그러나 다른 문맥에서는 하위술어의 좌측이나 우측에 출현할 수 있다. 예문 (18)에서 보여주는 바와 같다.

(18) a. 他找到事很容易。

　　　　他　找　到　　事　很　　容易

　　　　그　찾다 동조사　일 매우 쉽다

　　　　그가 일을 찾는 것은 아주 쉽다

　　b. 他很容易找到事。

　　　　他　很　　容易 找　到　　事

　　　　그　매우 쉽다 찾다 동조사　일

　　　　그는 일을 찾는 것을 아주 쉽게 한다.

　　따라서 술어배치제약은 Tai(1973)가 제안한 것처럼 기저구조에서의 지배구조관계와만 관련되는 것이라기보다는 동사의 개별적인 특성 혹은 '가설'과 '단언'의 분포와 더 많이 관련된 것처럼 보인다. 이러한 제약들은 상위주어가 표시되었는지의 여부와 상관없이 적용되는 경우가 있는데, 예를 들면, 하위목적어가 상위주어로 인상되었을 때 많은 상위의 술어들은 하위술어의 좌측에 놓일 수 있다. 다음에서 확인할 수 있다.

(19) a. 开你的车太容易了。

　　　　开　　　你　的　　　　车 太　　容易 了

　　　　운전하다 당신 관형어표지　차 매우　쉽다 어기표지

당신의 차를 운전하는 것은 너무 쉽습니다.

b. 你的车太容易开了。

你　的　　　车太　容易　开　　　了

당신 관형어표지 차 매우 쉽다 운전하다 완료표지

당신의 차는 너무 쉽게 운전이 됩니다.

그러나 만일 표층구조에서 상위주어가 나타나면 이러한 문장은 생성될 수 없다.

(20) a. 他开你的车太容易了。

他　开　　　你　的　　　车太　容易　了

그 운전하다 당신 관형어표지 차 매우 쉽다 어기표지

그가 당신의 차를 운전하는 것은 너무 쉽습니다.

b. *你的车太容易他开了。

你　的　　　车太　容易他　开　　　了

그 관형어표지 차 매우 쉽다 그 운전하다 LE

위의 중국어 술어이동과 관한 논의에서 볼 때, Tai(1973)의 PPC(술어배치 제약)와 같은 도출 제약은 과도하게 단순화되었다는 것이 확실해질 것이다.

4. VP 보어로부터의 인상

이 절에서는 예문 (3b)의 구조와 VPA를 V+S로 다시 쓰는 구조에 관해서 논의한다. 또한 하위 S나 술어가 전체 문장의 주제를 만들기 위해서 상위술어의 좌측이거나 아니면 상위주어의 좌측으로 이동한다는 것을 보여줄 것이다. 그러한 이동을 가정할 때, 어떤 하위술어는 사실상 상위술어를 선행할 수 있으며, 따라서 Tai(1973)의 PPC에서의 주장이 옳지 않음을 보여줄 것이다.

'连'(…조차도)의 작용역에 있을 때, 하위 S의 인상은 의무적으로 일어난다. 그러므로 일반적인 의미를 나타내는 예문 (21a)에 대응되는 어기가 강한 (강조된) 구문이 바로 예문 (21b)가 된다.

(21) a. 他不知道戴高乐死了。

　　　 他 不　知道 戴高乐 死　了
　　　 그 부정 알다 드골　 죽다 완료+어기표지
　　　 그는 드골이 죽은 것을 몰랐다.

　 b. 他连戴高乐死了都不知道。

　　　 他 连　　　戴高乐 死 了　　　　　 都　不　知道
　　　 그 …조차도 드골　 죽다 완료+어기표지 모두 부정 알다
　　　 그는 드골이 죽은 것조차도 몰랐다.

'连-인상'(Even-raising)은 타동사에만 적용이 가능한데, 다시 말해서 예문 (3b)의 구조는 '希望'(희망하다) 등의 동사에 적용될 수 없다. 이 동사는 자동사로서, Rosenbaum의 틀에서는 V+S 구조와 연관된다. 예를 들면 다음과 같다.

(22) a. 他希望尼克森会辞职。

　　　 他 希望　　 尼克森 会　　　 辞职
　　　 그 희망하다 닉슨　 …할 것이다 사임하다
　　　 그는 닉슨이 사임하기를 바란다.

b. *他连尼克森会辞职都希望。

他 连　　　尼克森 会　　　辞职　都 希望

그 ...조차도 닉슨　...할 것이다 사임하다 모두 희망하다

이러한 준칙에 근거하면, 양상사(modals)는 타동사이다[9]. 예문 (23)의 문장들을 비교해보자.

(23) a. 他连炒个蛋都不会。

他 连　　　炒 个 蛋 都 不 会

그 ...조차도 볶다 양사 계란 모두 부정 할 수 있다

그는 계란프라이조차도 할 줄 모른다.

b. 他连炒个蛋都不可以。

他 连　　　炒 个 蛋 都 不 可以

그 ...조차도 볶다 양사 계란 모두 부정 해도 된다

그는 계란프라이조차도 할 수 없다.

하위 S에 '任何'(어떠한/무슨) 의미를 갖고 양화사로 기능하는 의문사가 포함될 때, 하위 S나 하위술어의 앞으로의 이동엔 강제성이 있다. 예문은 (24)와 (25)와 같다.

(24) a. 跟谁结婚, 他都愿意。

跟 谁 结婚,　　他 都 愿意

...와 누구 결혼하다　그 모두 원하다

누구와 결혼하든 그는 다 좋다.

---

9) 중국어 양상사에 대한 좀 더 자세한 설명은 Teng(1975b) 참조.

b. *他都愿意跟谁结婚。

他 都 愿意 跟 谁 结婚

그 모두 원하다 …와 누구 결혼하다

(25) a. 开什么样的车，他都喜欢。

开 什么样 的 车, 他 都 喜欢

운전하다 어떤 관형어표지 차 그 모두 좋다

어떤 차를 운전하든, 그는 다 좋다.

b. *他都喜欢开什么样的车。

他 都 喜欢 开 什么样 的 车

그 모두 좋다 운전하다 어떤 관형어표지 차

이러한 경우의 앞으로의 강제적 이동은 양화사 '都'(모두)의 출현에 의해
설명될 수 있는데, '都'(모두)는 모든 경우에 그것이 양화하는 요소의 뒤에
온다. 다음에서 보는 바와 같이 동일한 제약이 예문 (26b)의 비문법성을 설명
할 수 있는데, 예문 (26b)에서 '都'(모두)는 단순 NP를 양화한다.

(26) a. 法国跟德国，他都去过。

法国 跟 德国, 他 都 去 过

프랑스 …와 독일, 그 모두 가다 경험표지

프랑스와 독일, 그는 모두 가봤다.

b. *他都去过法国跟德国。

他 都 去 过 法国 跟 德国

그 모두 가다 경험표지 프랑스 …와 독일

다른 상황 하에서는 앞으로의 이동은 선택적이다. 예문을 보자.

(27) a. 我又忘了他姓什么。

　　　 我 又 忘　 了　　 他 姓 什么

　　　 나 또 잊다 완료표지 그 성 무엇

　　　 나는 또 그의 성이 무엇인지 잊어버렸다.

　　 b. 他姓什么，我又忘了。

　　　 他 姓 什么，我 又 忘　 了

　　　 그 성 무엇，　나 또 잊다 완료표지

　　　 그가 성이 무엇인지，나는 또 잊어버렸다.

　　 c. 他也没有说他姓什么。

　　　 他 也　 没有说　　　 他 姓 什么

　　　 그 역시 부정 말하다 그 성 무엇

　　　 그도 그의 성이 무엇인지 말하지 않았다.

　　 d. 他姓什么，他也没说。

　　　 他 姓 什么，他 也　 没　 说

　　　 그 성 무엇，　그 역시 부정 말하다

　　　 그가 성이 무엇인지，그도 말하지 않았다.

　　 '선택적'이라는 말은 대략적으로 표현한 것이다. 앞으로 이동한 성분은 담화적으로 이미 알고 있는 정보여야 하고, 본 문장에서 새롭게 단언된 것일 수는 없다. 그러므로 예문 (27b)는 '你又忘了什么?(당신은 또 무엇을 잊어버렸습니까?)'에 대한 대답이 아니라, '他叫什么名字?(그의 이름은 무엇입니까?)'에 대한 대답일 수 있다. 따라서 담화적으로 이미 알고 있는 경우,

문장은 '한정적인' 특징을 가지며, 이러한 한정적인 성분만이 비로소 앞으로 이동하거나 주제화가 된다고 가정할 수 있다10). 이것은 일반적인 중국어의 주제화분석과 일치한다.

단언 혹은 '구정보'라는 개념은 Tai(1973)의 글에 인용된 비문법적인 문장들을 설명할 수 있다. 예를 들면, 그는 예문 (28a)의 '相信(믿다)'의 목적절이 예문 (28b)에서와 같이 앞으로 이동할 수 없다는 것에 주목했다. Tai(1973)는 이렇게 이동할 수 없는 이유가 바로 자신의 PPC 때문이라고 주장했다.

(28) a. 我相信他杀了张三。

　　　　 我 相信 他 杀 　 了 　　 张三
　　　　 나 믿다 그 죽이다 완료표지 장삼
　　　　 나는 그가 장삼을 죽였다고 믿는다.

　　 b. *他杀了张三，我相信。

　　　　 他 杀 　 了 　　 张三, 我 　 相信
　　　　 그 죽이다 완료표지 장삼, 나 　 믿다

예문 (28a)에서 목적절은 이 문장에서 새롭게 단언된 성분으로서, 앞으로 이동할 수 없다. 즉 중국어에서 '相信'(믿다)과 같은 동사는 영어에서의 대응어가 갖는 삽입어(parenthetically)의 기능이 없다는 것이다(Hooper and Thompson 1973 참조).

---

10) 필자는 '한정적'(definite)와 '비한정적'(indefinite)이라는 개념을 버리고 재분석하였다. 그 대신 의미원시소(semantic primitive)로서 '실제적인'(actual)과 '가상적인'(virtual)이라는 단어를 사용하였다. Teng(1972) 참조.

5. 결론

이 글에서는 중국어에서 상위술어 배치는 도출제약의 통제를 받지 않는다는 것을 증명하였다. 다시 말해서, 표층구조에서의 출현 위치는 기저형상으로부터 예측가능하지 않다는 것이다. 문장주어를 취하는 동사의 경우, 그러한 상위술어의 동사 앞과 뒤의 위치는 보어구문의 '구정보'와 '신정보'의 분포와 상당히 일치한다. 즉 이러한 술어의 위치는 대체로 단순한 문장 층위가 아닌 담화문법에서 결정된다는 것이다.

Tai(1973)의 PPC(술어배치 제약, Predicate Placement Constraint)는 현재 강력한 형식으로 진술되어 있는데, 그보다 더 약한 버전은 Tai(1973)에 의해 고려되었으나, 이는 부정되었다. 그 약한 버전에서는 '만약 술어 A가 심층구조에서 보어성 술어 B를 지배하고, 또한 A가 표층구조에서 B를 지배하지 않으면, A는 표층구조에서 반드시 B에 선행해야 된다'(Tai, 1973:411)라고 주장했었다. 이 글 제2절과 제3절의 논의는 PPC의 강력한 버전이 틀렸음을 증명하였는데, 이 약한 버전의 PPC에서는 이 글의 주장이 수용가능하다. 왜냐하면, 술어 A가 술어 B의 뒤에 출현하는데도 표층에서 A가 여전히 B를 지배하는 경우가 있기 때문이다. 제3절에서 지배구조가 표층에서 무너지고 또한 A가 B의 뒤에 출현하는 예를 보았다. 따라서 이 후자로 제시한 자료는 강력한 버전이든 약한 버전이든 상관없이 그 어떤 형식에서도 PPC에 대한 확실한 반례가 되는 것이다.

이 외에도, 시간-지속 부사와 목적어-지향 방위부사가 본동사의 앞이나 뒤에 출현할 수 있는 반면, 시점부사와 주어-지향 방위사는 본동사 앞에만 출현한다는 것을 증명하였다. 이 사실은 중국어에서 술어와 관련해서는 좌향 이동만이 존재한다는 것을 보여주는 것이다.

중국어의 좌향 이동에 대한 더 많은 증거는 '又(또), 再(다시), 也(도), 还

(게다가/또/더)'와 같은 단음절부사(혹은 술어)의 이동에서도 관찰된다. 예를
들면 다음과 같다.

(29)   我再去。
        我 再   去
        나 다시 가다
        나는 다시 간다.

이 문장은 행위주 '我'(나)가 발화시간 이전에 이미 최소한 한 번은 간
적이 있다고 가정하는 것이다(장소는 아직 지시하지 않음). 다시 다음의 문
장을 보자.

(30)   我叫他再去。
        我 叫   他 再   去
        나 하게 하다 그 다시 가다
        나는 그를 다시 가게 하였다.

동일한 상황은 상위의 행위자가 아니라, 하위의 행위주 '他'(그)에만 적용
된다. 즉 '他去'(그는 가다)는 그 전에 최소한 한 번은 발생한 게 틀림없지만,
'我叫(他去)(나는 (그를 가게) 하다)'가 전에 이미 발생했는지 여부는 직접
적으로 나타내주지 않는다. 아래의 문장을 보자.

(31)   我再叫他去。
        我 再   叫   他 去
        나 다시 하게 하다 그 가다
        나 다시 그를 가게 하였다.

두 가지 해석이 가능하다. 첫 번째는 하위의 행위주가 확실히 전에 이미
한 번 간 적이 있는데, 다시 한 번 가도록 요구받았다는 것이다. 또 다른
해석은 상위 행위주가 전에 하위 행위주에게 최소한 한 번은 가라고 요구했
지만, 후자가 가지 않아서 상위 행위주가 다시 요구한 것이다. 따라서 (31)의
첫 번째 해석은 (30)과 부합된다. 다시 말해서, 첫 번째 해석의 술어 '再'(다
시)는 하위절로부터 온 것이다. 예문 (31)의 두 가지 해석은 (32)의 그림에서
보여주는 바와 같다.

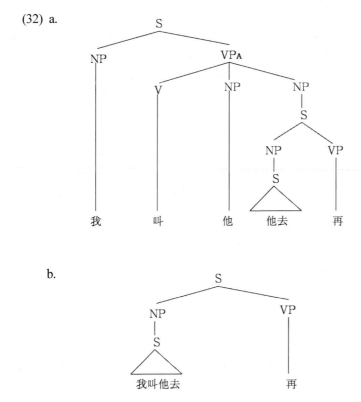

(32) a.

b.

중국어 술어가 좌향 이동(leftward movement)만이 허용된다는 주장이 성

립될 때, 예문 (31)의 중의적 의미를 정확하게 예측할 수 있는 것이다.

참고문헌

CHAFE, WALLACE. 1974. Language and consciousness. *Language* 50.1.111-133.

FILLMORE, CHARLES. 1968. *The case for case*. Universals in linguistic theory, ed. By E. Bach and R. Harms, 1-88. New York: Holt.

HOOPER, JOAN B. and SANDRA A. THOMPSON. 1973. On the applicability of root transformations. *Linguistic Inquiry* 4.4.465-497.

KIPARSKY, PAUL and CAROL KIPARSKY. 1970. Fact. Progress in linguistics, ed. by M. Bierwisch and K. Heidolph, 143-173. The Hague: Mouton.

LAKOFF, GEORGE. 1970. *Irregularity in syntax*. New York: Holt, Rinehart and Winston.

LAKOFF, GEORGE. 1971. On generative semantics. Semantics: an interdisciplinary in philosophy, linguistics, and psychology, ed. by D. Steinberg and L. Jakobovits, 232-296. Cambridge University Press.

LI, CHARLES N. and SANDRA A. THOMPSON. 1974. Co-verbs in Mandarin Chinese: verbs or prepositions? *JCL* 2.3.257-278.

TAI, JAMES H-Y. 1973. A derivational constraint on adverbial placement in Mandarin
Chinese. *JCL* 1.3.397-413.

TENG, SHOU-HSIN. 1972. An analysis of definite and indefinite. Paper presented at the Summer Meeting of the Linguistic Society of America, Chapel Hill.

TENG, SHOU-HSIN. 1975a. Location and movement in Chinese. Gengo Kenkyu 67.30-57.

TENG, SHOU-HSIN. 1975b. *A semantic study of transitivity relations in Chinese*. University of California Press, Berkeley and Los Angeles.

제8장 중국어의 부정[1)

Negation in Chinese

부정(negation)은 중요하고도 복잡한 언어학의 한 연구 분야로서, 아쉽게도 중국 언어학자들은 이 분야에 대한 연구가 그리 활발하지 않았다. 변형이론의 이론구성에서의 연구는 특히 그렇다. 생성의미론(generative semantics)의 이론적 모형은 부정과 부사와 상위술어 등과 같은 다른 언어현상 사이의 상호관계에서 체계적인 연구가 가능하게 해주었다. 이 글에서도 최근 생성의미론의 중요한 발견들을 바탕으로 중국어 부정사의 통사적 특징을 살펴보겠다[2).

1. 모순(contradictory)과 반대(contrary)

부정에 대한 통사적 연구에 앞서, 우선 '모순'(ex. 흰색: 흰색이 아니다)과 '반대(ex. 흰색: 검정색)'라는 두 개의 논리적 개념을 구분할 필요가 있다 (Jespersen, 1924:322 참조). 현대중국어에서 부정사 '不'은 두 가지 부정기능을 담당한다. 예를 들면, '不长'(길지 않다/모순)은 '长'(길다)이 아니라는 것

---

1) 이 논문은 *Journal of Chinese Linguistics* 2.2. 125-40, 1975에 출간된 것이다.
2) 이 논문은 메사추세츠 대학 연구회 Grant J51-73(1)의 지원을 받아 확장시킨 것임.

을 가리키며, 그렇다고 그 단어와 상대되는 '短'(짧다)'를 의미하지는 않는다. 반면, '不高兴'(시무룩하다, 고깝다/반대)은 확실히 반의어 '高兴'(즐겁다)을 나타낸다. 즉, '不开心(못마땅하다), 难过(고통스럽다), 生气(화나다)'등의 의미이다. 이러한 대립은 상태동사(stative verb)에만 적용이 되는데, 더 많은 예는 다음과 같다.

(1) a. 모순 : 不高(높지 않다), 不难(어렵지 않다), 不热(뜨럽지 않다), 不狡猾(간교하지 않다)

    b. 반대 : 不错(맞다), 不喜欢(싫어하다), 不方便(불편하다), 不舒服(불편하다), 不道德(비도덕적이다)

'모순'형 단어는 통사구조이지만, '반대'형 단어는 어휘적 표현이다. 이것은 아래의 통사적 표현에 의해 증명된다. 첫째, '반대'형 단어만이 다른 상태동사처럼 정도부사의 수식을 받을 수 있다. 예를 보자.

(2) a. 那一个饭馆真不错。
       那 一 个 饭馆 真 不错
       그 하나 양사 식당 정말 좋다
       그 식당은 정말 좋다.

    b. 他很不喜欢买菜。
       他 很 不 喜欢 买 菜
       그 아주 부정 좋아하다 사다 야채
       그는 야채 사는 것을 아주 싫어한다.

    c. 他大不高兴。

他 大　不　高兴
그 아주 부정 기쁘다
그는 아주 기분이 나쁘다.

(3) a.　*这一个问题真不难。

　　　　这 一　个 问题 真　不　难
　　　　이 하나 양사 문제 정말 부정 이럽디

　　b.　*汤很不热。

　　　　汤 很　不　热
　　　　국 매우 부정 뜨겁다

　　c.　*他太不高。

　　　　他 太　不　高
　　　　그 매우 부정 크다

'모순'형 구조에서 정도부사는 반드시 부정사 뒤에 온다.

(4) a.　汤不很热。

　　　　汤 不　很　热
　　　　국 부정 아주 뜨겁다
　　　　국이 아주 뜨겁진 않다.

　　b.　他不太高。

　　　　他 不　太　高
　　　　그 부정 너무 크다
　　　　그는 너무 크지는 않다.

이 차이는 다음과 같이 기술할 수 있다.

(5) a.   '반대'형 : 정도부사＋부정(NEG)＋상태 (비교 : very unhappy)

    b.   '모순'형 : 부정(NEG)＋정도부사＋상태 (비교 : not very happy)

예문 (5a)에서 NEG가 부정접두사(negative prefix)로 정의될 때에만 정도부사의 출현이 체계적으로 설명될 수 있다.

둘째, '반대'형 단어만이 다른 상태동사처럼 비교급 술어로 출현할 수 있다. 다음 예를 보자.

(6) a.   日本车跟法国车一样不舒服。

        日本　车　跟　法国　车　一样　不　舒服

        일본　차 ...와 프랑스　차 똑같이 부정　편안하다

        일본차와 프랑스차는 똑같이 편안하지 않다.

    b.   张三没有李四那麽不用功。

        张三　没有　李四　那麽　不　用功

        장삼 부정　이사 그렇게 부정 열심히 하다

        장삼은 이사처럼 그렇게 열심히 하지 않는 건 아니다.

    c.   你比他更不公平。

        你　比　他　更　不　公平

        당신 ...보다 그 훨씬 부정　공평하다

        당신은 그보다 훨씬 불공평하다.

(7) a.   *你跟他一样不高。

        你　跟　他　一样　不　高

당신 ...와 그 똑같이 부정 크다

b. *日本车没有法国车那麼不贵。

日本 车 没有 法国 车 那麼 不   贵

일본 차 부정 프랑스 차 그렇게 부정 비싸다

c. *桃子比苹果不红。

桃子 比   苹果 不 红

복숭아 ...보다 사과 부정 붉다

여기서의 술어들은 반드시 명확한 특성('긍정' 혹은 '부정' 의미)을 나타
내야 하는데, '모순'형 단어들은 이러한 특성이 없다. '모순'형 단어가 비교
구문에 출현했을 때, NEG는 반드시 비교표지(혹은 전치사) 앞에 출현해야
한다. 예를 들면 다음과 같다.

(8) a. 你不跟他一样高。

你   不   跟   他 一样 高

당신 부정 ...와 그 같다 크다

너는 그만큼 크지 않다.

b. 桃子不比苹果红。

桃子   不   比   苹果 红

복숭아 부정 ...보다 사과 붉다

복숭아는 사과보다 붉지 않다.

'모순'형 단어의 NEG가 다른 통사적 환경에 출현할 때는 NEG와 결합하
던 상태동사와 분리되는데, 이와 같은 현상으로부터 '반대'형 단어의 NEG는

상태동사의 일부분인 '부정접두사(negative prefix)'라는 결론을 얻을 수 있다.

2. 문장부정과 성분부정

이 글은 '모순'(contradictory)와 '반대'(contrary)의 차이가 문장부정 (sentence negation)과 성분부정(constituent negation)의 차이라고 가정한다 (Klima, 1964 참조). 문장부정은 구구조 규칙(Phrase structure rules)을 통해 생성되는 반면, 성분부정은 어휘사전에 명시된 것으로서 생산적이지 않다. 예문 (2c)과 (4b)의 심층구조는 【그림 1】과 【그림 2】와 같다.

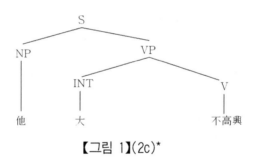

【그림 1】(2c)*

---

*[역자주] 【그림1, 2】의 'INT'는 'intensifier'로서 한국어로는 '강의어'(强意语)로 번역된다. 영어로는 very, so, more 등이 있고, 중국어는 很(매우, 아주), 太(몹시, 아주, 매우, 대단히), 极(아주, 극히, 몹시, 매우), 大(크게. 아주. 완전히. 철저히, 매우, 몹시) 등이 있다.

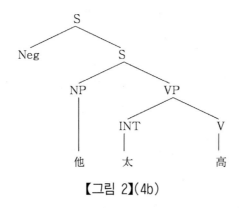

【그림 2】(4b)

　　예문 (2)과 예문 (4)의 차이를 설명하기 위해서는 두 가지 가정이 필요하다. 정도부사가 VP의 성분을 형성하고, NEG가 VP의 왼쪽으로 내려간다는 것이다. 이 두 가정은 예문 (3)의 문장들이 왜 비문법적인지를 설명해준다.

　　성분부정은 고립된 현상으로서 상태동사를 포함하는 경우가 많은데, 이외에도 예문 (1b)에서 보여주는 바와 같이, '不仅'(……뿐만 아니라), '不幸'(불행히도)과 같은 일부 다른 문법범주의 항목들을 포함한다. 아래의 논의에서 성분부정은 배제된다.

　　아래의 문장들은 성분부정이 아닌 문장부정의 예이다(Wang 1965, Hashimoto 1971:60, Chan 1973:각주 10 참조).

(9) a.　昨天没有下雨。

　　　　昨天 没有 下　　雨

　　　　어제 부정 내리다 비

　　　　어제 비가 오지 않았다.

　　b.　尼克森不会辞职。

　　　　尼克森 不　 会　　　　辞职

닉슨　부정 ...할 것이다　사임하다

닉슨은 사임하지 않을 것이다.

문장부정에 대한 주장은 문장부정과 조응(anaphoric)작용과 관련된다. 예문 (9)의 문장들은 예문 (10)과 같이 계속해서 이어질 수 있다.

(10) a. ...虽然电视那麽说

虽然 电视 那麽　说

비록 TV　그렇게　말하다

비록 TV에서는 그렇게 말했지만,

b. ...虽然大家那麽说

虽然 大家 那麽　说

비록 모두 그렇게　말하다

비록 모두가 그렇게 말했지만,

예문 (10)에서 '那麽'(그렇게)가 가리키는 것은 예문 (9)의 문장이 아니라, 그것의 긍정대응문이다. 이것은 조응작용이 일어날 때, NEG는 VP만 지배하는 게 아니라, 문장 전체를 지배한다는 것을 보여준다. 즉 'VP-부정'이 아니라, 'S-부정'이라는 것이다.

문장부정은 아래의 예문이 설명하는 바와 같다.

(11) a. 今天不热。

今天 不　热

오늘 부정 덥다

오늘은 덥지 않다.

b. 他不知道你的名字。

　　他 不　知道 你 的　　　名字

　　그 부정 알다 당신 관형어표지 이름

　　그는 너의 이름을 모른다.

c. 他昨天没有来3)。

　　他 昨天 没有 来

　　그 어제 부정 오다

　　그는 어제 오지 않았다.

　　예문 (11)로부터 '문장부정'(sentence negation)은 '문장 (또는 발화) 반박'(sentence (또는 utterance) denial)과 확실하게 구분된다4)는 것을 알 수 있다. 【그림 2】에서의 NEG는 누군가에 의해 발화된 S(문장)를 부인하거나 반박한다기보다는 S에 포함되는 부정값(A 대 -A)만을 가리킨다. 다음 문장의 차이에 주목해보자.

---

3) '没有'의 특징과 기능에 관한 더 자세한 설명은 Wang(1965)와 Tang(1973)을 참조하기 바란다.

4) 예문 (1b)에서 상태동사도 문장 NEG(stentence NEG)에 의해 지배될 수 있다. 비교해보자.

(i) a. 他喜不喜欢买菜?
　　 他 喜　　 不 喜欢　　 买 菜
　　 그 좋아하다 부정 좋아하다　사다 야채
　　 그는 야채를 사는 것을 좋아합니까 좋아하지 않습니까?

b. 他不喜欢。
　　他 不　 喜欢
　　그 부정 좋아하다
　　그는 좋아하지 않습니다.

대답 (b)은 '싫어한다기 보다는 좋아하지 않는다'로 해석된다.

(12) a. 他不要来。

　　　他　不　要　　　　　来
　　　그 부정 ...할 것이다 오다
　　　그는 오려고 하지 않는다.

　　b. 他不是要来。

　　　他　不　是　要　　　　　来
　　　그 부정 ...이다 ...할 것이다 오다
　　　그는 오려고 한 것이 아니다.

　　예문 (12a)만이 '是不是大家都要来?'(모두 다 오려고 합니까?) 혹은 '他要来吗?'(그는 오려고 합니까?)에 대한 대답이 될 수 있으며, 예문 (12b)은 완전한 발화가 아니다. '他是被强迫来的'(그는 강요에 의해 온 것이다)와 같은 어떤 설명이 뒤따라야 한다. 따라서 예문 (12b)는 '为什么他来?'(왜 그가 옵니까?) 혹은 '他也要来吗?'(그도 오려고 합니까?)와 같은 이전 발화에 대한 부인이나 반박이 될 수 있다. 예문 (12a)을 '문장부정'(sentence negation)으로 분석하는 데 그 문맥과는 무관한 반면, 예문 (12b)은 '문장반박'(sentence denial)으로서, 문맥(상하문)과 아주 긴밀한 관계가 있다. 다른 말로 하자면, 예문 (12a)가 아닌 예문 (12b)가 전제형식(이전 화자에 의해 가정된 '그가 오려고 한다(他要来)'는)을 가지고 있다고 말할 수 있다.

　　이전의 부정문을 다시 반박하는 것은 상당히 보편적이다. 다음에서 볼 수 있다.

(13) a. 他不是不要来...。

　　　他　不　是　不　要　　　　　来
　　　그 부정 ...이다 부정 ...할 것이다 오다

그가 오지 않으려고 한 것이 아니라...

b. 他不是不想去...。

他 不 是 不 想 去

그 부정 ...이다 부정 ...하고 싶다 가다

그가 가고 싶지 않은 것이 아니라...

c. 他不是没有钱...。

他 不 是 没 有 钱

그 부정 ...이다 부정 있다 돈

그가 돈이 없는 것이 아니라...

문장에 대한 반박을 나타내는 대부분의 경우, '是'는 부정사 뒤에 온다. 따라서 예문 (12b)은 【그림 3】과 같은 기저구조를 갖는다(보어는 단순화시킴).

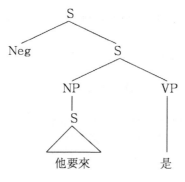

【그림 3】예문 (12b)

'是'는 상위술어로서, '이와 같다/이와 같은 상황이다'라는 의미를 나타낸다. 표층구조에 실현되기 위해서 NEG는 우선 최상위의 VP좌측으로 하향 이동한 후에 다시 상위술어인 NEG+VP가 최하위 VP의 좌측으로 하향 이동한다.

【그림 3】에서 '是'의 상정(postulation)은 표층에서 원래 '是'를 포함하지 않는 질문에 대한 대답이 부정적일 때 '是'가 출현하게 된다는 사실에 의해 뒷받침된다. 예를 들면, 다음과 같다.

(14) a. 你只有两块钱啊? — 不是 / *没有[5]。

---

5) 문장-부인(S-denial) 또한 '没有'를 취한다. 비교해보자.

  (i) a. 你很忙吗? - 没有啊。
        你　很　忙　吗　　　 - 没有 啊
        당신 매우 바쁘다 의문조사 - 부정 의문조사
        당신은 매우 바쁩니까? - 아닙니다.

     b. 你常到纽约啊? -没有。
        你　常　到　　纽约 啊　　　 -没有
        당신 자주 이르다 뉴욕 어기조사 - 아닙니다
        당신은 자주 뉴욕에 옵니까? 아닙니다.

'没有'는 '不是'처럼 완전한 대답과 병합할 수 없다는 것에 주의하라.

  (ii) a. * 我没有很忙啊。('不是'는 괜찮다.)
        我 没有 很　忙　　啊
        나 부정 매우 바쁘다 어기조사

     b. * 我没有常到纽约啊。('不是'는 괜찮다.)
        我 没有 常　到　　纽约 啊
        나 부정　자주 이르다 뉴욕 어기조사

따라서, '没有'는 이전 문장을 반박하지 않지만, 사건의 존재를 부인한다. 즉 '有'는 S를 취하는 술어로서, 아래에서 보여주는 것과 같다.

  (iii) a. NEG {[我很忙]NP 有}S
        NEG {[我 很　忙]NP　　有}S

你 只 有 两 块 钱 啊? — 不 是 / *没 有

당신 단지 있다 둘 양사 돈 어기조사　부정 …이다 / 부정 있다

당신은 2원밖에 없습니까? 아닙니다. / * 없습니다.

b. 你又要到纽约去啊? — 不是

你 又 要　　 到 纽约 去 啊?　　 — 不 是

당신 또 …하려하다 …에 뉴욕 가다 어기조사　부정 …이다

당신은 또 뉴욕에 가려고 합니까? 아닙니다.

c. 美国人也用筷子吃饭啊? —不是

美国人 也 用　 筷子 吃 饭 啊?　　 — 不 是

미국 사람 또한 …으로 젓가락 먹다 밥 어기조사　부정 …이다

미국인도 젓가락으로 밥을 먹습니까? 아닙니다.

'문장부정'의 관점에서 대답할 때는 어떤 상황에서도 '是'를 포함하지 않을 것이다. 예를 들면, 다음과 같다.

(15) a. 你会游泳吗? — 不会／*不是。

你 会　　　　 游泳 吗? — 不 会/　　　 *不 是

너 …를 할 수 있다 수영 의문조사 부정 …를 할 수 있다/ 부정 …이다

너는 수영할 줄 아니?　　　 못해요/ * 아니다.

NEG {[나 매우 바쁘다]NP 있다}S

b. NEG {[我常到纽约]NP 有}S

NEG {[我 常 到　 纽约]NP 有}S

NEG {[나 자주 이르다 뉴욕]NP 있다}S

'有'는 술어-하강이 되지 않는다.

b. 你要到纽约去吗? —不要 / *不是。

你 要 到 纽约去 吗? — 不 要 /* 不 是

당신 ...할 것이다 ...에 뉴욕 가다 의문조사 부정...할 것이다 / * 부정...이다

당신은 뉴욕에 가려고 합니까? 아닙니다./ * 아니다.

'문장부정'과 '문장반박' 사이의 더 큰 차이는 양화사와 접속사의 위치에 의해 알 수 있다. 다음을 비교해보자.

(16) a. 他也不要去。

他 也 不 要 去

그 ...도 부정 ...할 것이다 가다

그도 가려고 하지 않는다.

b. 他不是也要去。

他 不 是 也 要 去

그 부정 ...이다 ...도 ...할 것이다 가다

그도 가려고 하는 게 아니다.

(17) a. 他们都不要去。

他 们 都 不 要 去

그 ...들 모두 부정 ...할 것이다 가다

그들은 모두 가려고 하지 않는다.

b. 他们不是都要去。

他 们 不 是 都 要 去

그 ...들 부정 ...이다 모두 ...할 것이다 가다

그들은 모두 가려고 하는 것은 아니다.

이것은 NEG와 양화사 혹은 접속사 사이의 다양한 지배관계로 인한 것이다. '문장부정'일 때, 접속사와 양화사는 NEG를 지배하지만, '문장반박'의 경우엔 그 관계는 반대가 된다(【그림 4】와 【그림 5】 참조).

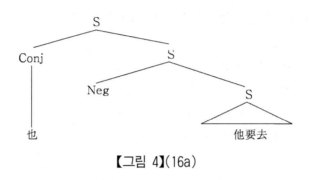

【그림 4】(16a)

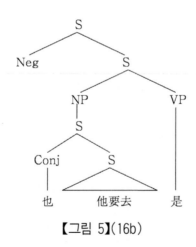

【그림 5】(16b)

NEG의 다양한 부정 작용역과 관련된 논의는 3절에서 다시 서술할 것이다.

Hashimoto(1971)는 NEG에 대한 근원을 술어 한 가지로 가정하고, '不'와

'不是'는 형태소 변이로서, 어휘나 문맥에 의해서 결정된다고 하였다. 이러한 접근에는 확실히 한계가 있다. 간단한 예를 보면, NEG의 이 단일한 근원이 어떻게 예문 (12)에서의 차이를 설명할 것인가 하는 문제이다. 더 심각한 것은 Hashimoto(1971)는 '是'의 단언효과(assertive force)를 간과한 결과, 다음과 같은 문장을 도출해낼 수밖에 없었다는 것이다.

(18)   张三不是不来。
        张三   不   是   不   来
        장삼(이름) 부정 ...이다 부정 오다
        장삼은 오지 않은 것이 아니다.

그것은 복잡하고 잘못된 구조인 【그림 6】으로부터 온 것이다(Hashimoto, 197:64에서 인용).

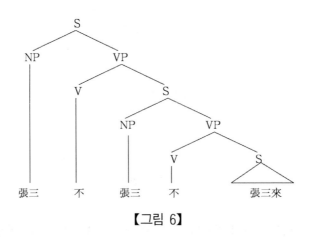

【그림 6】

또한, 그는 '不' + '不' → '不是不'와 같은 예외규칙(ad hoc)을 제안해야 했다.

'不'(문장부정)와 '不是'(문장반박)를 구분함으로써, 【그림 7】의 구조로부터 예문 (18)이 도출될 수 있고, 정당한 이유가 없는 규칙은 생략하였다.

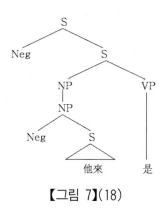

【그림 7】(18)

특수하고 드문 경우이긴 하지만, 이 글의 분석에서도 '문장부정'에서 선택적으로 '是'를 삽입하거나, '문장반박'에서 '是'를 선택적으로 삭제하는 것을 허용한다. 예를 들면, 다음과 같다.

(19)   题目并不是很难。
        题目 并 不 是   很   难
        주제 결코 부정 ...이다 매우 어렵다
        주제는 결코 어려운 건 아니다.

예문 (19)은 '문장부정'(ex: '考试考得怎么样?'(시험은 어떻게 봤습니까?'의 대답) 과 '문장반박'(ex: '考题很难(시험은 아주 어려웠습니다)'에 대한 반박) 사이의 중의성이 있을 수 있다. 또한 다음에 제시되는 문장들은 '是'가 선택적으로 삭제되는 '문장반박'의 예이다. 또한 다음에 제시되는 문장들은 '是'가 선택적으로 삭제되는 '문장반박'의 예이다.

(20) a. 他不(是)早就死了吗?

他　不　(是)　早　　就　死　了　　　　　　　吗

그 부정 (...이다) 일찍이 바로 죽다 완료표지+어기표지 의문조사

그는 옛날에 죽은 것이 아닙니까?

b. 他不(是)也是你朋友吗?

他　不　是　　也　(是)　你　朋友　吗

그 부정 ...이다 역시 ...이다 당신 친구 의문조사

그 역시 당신의 친구가 아닙니까?

3. 부정사의 작용역

양상(modals)이나 부사성분을 갖는 문장에서 부정사는 이 성분들의 좌측
이나 우측에 출현할 수 있다. 예를 들면, 다음과 같다.

(21) a. 你不可以走。

你　不　可以　　　走

당신 부정 ...할 수 있다 가다

당신은 너는 갈 수 없다.

b. 你可以不走。

你　可以　　　不　走

당신 ...할 수 있다 부정 가다

당신은 안가도 됩니다.

(22) a. 他不常来。

他 不　常　来
그 부정 자주 오다
그는 자주 오지 않는다.

　b.　他常不来。
他 常　不　来
그 자주 부정 오다
그는 자주 안 온다.

　이러한 다양한 위치는 '문장부정'과 '성분부정' 사이의 차이에 의한 것으로, Chan(1973, 각주10)을 참조할 만하다.
　Chan(1973)의 분석에 따르면, 예문 (22)의 문장들은 각각 예문 (23)의 구조를 갖는다.

(23) a.　NP [NEG [adv VP]] VP
　　　b.　NEG [VP [adv VP] VP] S

　예문 (23)이 성립될 수 있기 위해서는 Chan(1973)은 먼저 기저구조에서의 'VP부정'에 정당성을 부여해야 한다. 위의 (9), (10)에서 나타내는 바와 같이, 표층의 'VP-부정'은 '문장부정'으로부터 온 것이며, 또한 VP는 이들 부사에 있어서 가장 좋은 위치는 아닐 것이다. 예문 (22)과 예문 (24) 사이의 차이를 비교해보자.

(24) a.　*他不又来了。
他 不　又 来　了
그 부정 또 오다 LE

b. 他又不来了。

他 又 不 来 了

그 또 부정 오다 완료표지

그는 또 오지 않았다.

Chan(1973)의 분석에서, 예문 (24a)의 생성을 막는 것은 불가능하지는 않지만, 복잡한 작업이다.

한편, Hashimoto(1971)는 (22)의 구조를 다음과 같이 가정하였다.

(25) a. NPi NEG [Npi adv VP] s

b. NPi adv NEG [NPi VP] s[6]

이러한 가정은 두 가지 방면에서 표출되고 있다. 첫째, 그것은 '常'(often)과 같은 부사의 유동성을 인정한다. 둘째, 그것은 '常'(often)과 Neg 사이의 통어 관계(commanding relationships)를 포착한다. 즉, 예문 (22a)에서 Neg는 'often'을 통어(command)하고, (22b)에서는 그 반대의 경우가 일어난다. 하지만 이러한 가정은 부정의 범위를 잘못 정의한다. 예문 (22a)에서의 동사적 요소가 실제로 부정되지 않고 다만 그렇다고 가정될 때, (22a)와 (22b)에서 모두 Neg는 내포문 전체에 걸쳐 확대된다. 다음을 생각해 보자.

(26) a. 你常买新车吗?

你 常 买 新 车 吗

당신 자주 사다 새 차 의문조사

당신은 자주 새 차를 사십니까?

---

6) Chan은 Hashimoto의 분석을 잘못 해석하고 있다(Chan 1973: 331, fn. 10 참조). Hashimoto에게 Neg는 언제나 술어이다. 따라서 문장 대 구성성분 간의 부정은 존재하지 않는다.

b. 你也买新车吗?

你　也　买　新车　吗?

당신 역시 사다 새 차 의문조사

당신도 새 차를 사십니까?

예문 (26a)에서는 '买新车'(새 차를 사다)라는 사실이 가정되었지만, (26b)에서는 그렇지 않다. 예문 (26a)의 문제는 그것이 '买新车'(새 차를 사다)의 빈도를 가리킨다는 것이다. 따라서 '也'(…도)가 아니라 '常'(자주)이 논리적 술어(logical predicate)가 된다(Chao, 1968 : 78참조).

이와 유사한 상황이 부정문에서도 관찰된다.

(27) a. 我不常买新车。

我　不　常　买　新车

나 부정 자주 사다 새 차

나는 자주 새 차를 사지 않는다.

b. 我不是也买新车。

我　不是　　也　买　新车

나 부정 …이다 역시 사다 새 차

나 역시 새 차를 산 것이 아니다.

예문 (27a)에서는 '买新车'(새 차를 사다)라는 사실을 가정한 것이고, (27b)는 '买新车'(새 차를 사다)가 부정되었다. 또한 (27a)에서는 '常'(자주)이라는 유일한 성분만이 부정되었다. 이러한 사실을 설명하기 위해서는 '常'(자주)을 상위술어로 분석해야 한다(Lakoff, 1970b:172 참조). 예문 (22)의 기저구조는 【그림 8】, 【그림 9】와 같다.

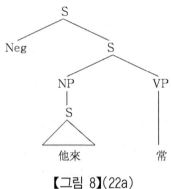

【그림 8】(22a)

【그림 8】의 NEG는 직접 '常'(자주)을 지배하고 또 그것을 부정하지만, 내포된 소절(S)은 긍정의미로 해석된다. 그러나 【그림 9】의 '常'(자주)은 NEG를 지배하지만, NEG에 의해 부정되지는 않는다. 그래서 '常'(자주)은 긍정의미로 해석되지만, 내포문은 부정의미로 해석되는 것이다.

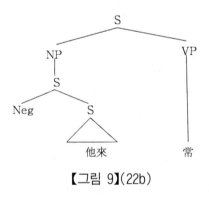

【그림 9】(22b)

여기서 두 가지 변형규칙은 바로 어순에서의 부정사-하강(NEG-lowering)과 술어-하강(predicate-lowering)이다. 전자의 규칙은 NEG를 하위 VP의 좌측으로 하향 이동시키는 것이다(【그림 8】로부터 '不常来'(자주 오지는 않는다)를 얻고, 【그림 9】로부터 '常不来'(자주 오지 않는다)를 얻을 수 있다).

이 글의 분석은, 동일한 변형규칙이 적용되어야 하는, 단 하나의 부정의 유형(문장-부정)과 상위술어로서 '常'(자주/항상)에 대한 하나의 위치와 기능만을 가정하였다.

양상(modals)은 '내적'(internal) 그리고 '외적'(external)으로 해석된다 (Teng 1972 참조). 외적 양상은 화행(speech act)과 관련된다(Boyd & Thorne 1969 참조). 더욱이 Teng(1972)에서는 외적 양상이 상위술어라고 하였다. 이에 대한 더 강력한 주장은 바로 예문 (21)에서 '可以'(가능하다)는 표층의 VP 성분으로부터 적출되어 문장의 나머지 술어부분을 구성한다는 사실로부터 찾을 수 있다.

(28) a. 你走是不可以的。

　　　　你　走　是　　　不　可以　　　的
　　　　당신 가다 강조표지 부정 가능하다 강조표지
　　　　당신이 가는 것은 안 되는 것이다.

　　 b. 你不走是可以的。

　　　　你　不　走　是　　　可以　　　的
　　　　당신 부정 가다 강조표지　가능하다 강조표지
　　　　당신이 가지 않는 것은 가능하다.

이러한 변이문장들은 확실하게 부정의 작용역을 보여주는데, 즉 NEG는 (28a)에서 양상사를 지배하지만, (28b)에서는 양상사를 지배하지 않는다. 그러므로 (21)에 제시된 문장의 구조는 각각 【그림 10】, 【그림 11】이 된다.

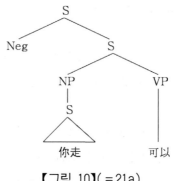

【그림 10】(=21a)

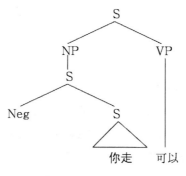

【그림 11】(=21b)

그런데, 【그림 10】의 구조는 '문장반박'의 예가 아니라, '문장부정'이다.
후자, 즉 '문장반박'의 경우라면, 예문 (21)과 상반된 의미의 문장에 '是'가
반드시 최상위 술어로 출현해야 한다.

(29) a. 你不是不可以走。

　　　 你　 不　 是　　 不　 可以　　 走

　　　 당신 부정 ...이다 부정 가능하다 가다

　　　 당신은 갈 수 없는 것이 아니다.

b. 你不是可以不走吗?

你　不　是　　可以　　不　走　吗

당신 부정　...이다 가능하다 부정 가다 의문조사

당신은 가지 않아도 되는 않습니까?

지금까지 양상사가 부정사를 지배하거나, 부정사에 의해 지배되는 실례를 살펴보았다. 사실상, 양상사는 직접 부정사를 지배하는 동시에, 부정사에 의해 지배될 수 있다. 아래에서 보여주는 바와 같다.

(30) a. 你不可以不说。

你　不　可以　　不　说

당신 부정 가능하다 부정 말하다

당신은 말하지 않을 수 없다.

b. 他不会不说。

他　不　会　　　　不　说

그 부정 ...할 줄 알다 부정 말하다

그는 말하지 않을 수 없을 것이다.

c. 你不该不说。

你　不　该　　　　不　说

당신 부정 ...해야 한다 부정 말하다

당신은 말하지 않으면 안 된다.

소위 이중-부정문(Ding, 1963:200)이라 부르는 예이다. 그러나 여기서 관찰되는 이중부정(double-negative)은 단지 표층적인 현상일 뿐이다. 왜냐하면, 이 문장들은 단순문이 아니라, 하나의 모문(matrix)과 성분문(constituent sentence)으로 구성되었기 때문이다. '단순문 하나에 NEG 하나'라는 개념은 중국어 언어자료에 모순되지 않는다(Stockwell et al. 1968: 27 참조).

　　방위(locative)와 방식(manner) 구(phrase)를 취하는 문장들 역시 부정사의 다양한 작용역을 보여준다. 예를 들면 다음과 같다.

(31) a. 他不在家吃午饭。

　　　　他　不　在　　家　吃　　午饭
　　　　그　부정　…에서　집　먹다　점심
　　　　그는　집에서　점심을　먹지　않는다.

　　 b. 他在家不吃午饭。

　　　　他　在　　　家　不　　吃　　午饭
　　　　그　…에서　집　부정　먹다　점심
　　　　그는　집에서　점심을　먹지　않는다.

(32) a. 冰棒，他不拿著吃。

　　　　冰　　棒，他　不　拿　　著　　　　吃
　　　　아이스　바，그　부정　가지다　진행표지　먹다
　　　　아이스　바，그는　들고　먹지　않는다.

　　 b. 冰棒，他拿著不吃。

　　　　冰　　棒，他　拿　　著　　　　不　　吃
　　　　아이스　바，그　가지다　진행표지　부정　먹다
　　　　아이스　바，그는　들고서　먹지　않는다.

　　예문 (31a)은 '그는 점심을 먹지 않는다.'는 의미를 나타내는 것이 아니라, '그의 점심을 먹는' 사건이 집에서 일어나지 않는다는 것을 가리킨다. 반면,

예문 (31b)은 '그가 집에 있을 때 점심을 먹지 않는다.'는 것을 의미한다. 마찬가지로, 예문 (31a)은 '먹는(吃) 동작'은 가정하고, 방식(manner)이 부정된 경우지만, 예문(32b)에서 동사의 방식이 가정된 반면, '먹는 동작'이 부정되었다. 문장 NEG-X-XY가 표층에 출현할 때, 부정사의 작용역은 바로 이웃하는 성분 밖으로까지 확장되지 않는다. 이것이 바로 '문장부정'의 경우이다. '문장반박'의 경우에는 X나 Y 단독으로 반박되거나, 아니면 X와 Y가 함께 반박될 수 있다. 예를 들면, '你有多喜欢在中国念书?'(당신은 중국에서 공부하는 것을 얼마나 좋아하십니까?)라는 질문을 받았을 때, 가능한 대답은 다음과 같다.

(33) a. 我不是在中国念书啊!

　　　我　不　是　　在　　中国　念书　　啊

　　　나　부정　…이다　…에서　중국　공부하다　어기조사

　　　나는 중국에서 공부한 게 아니다.

　 b. 我没有在中国念书啊!

　　　我　没有　在　　中国　念书　　　啊

　　　나　부정　…에서　중국　공부하다　어기조사

　　　나는 중국에서 공부하지 않았다.

　예문 (33a)은 그가 공부는 했지만, 중국에서는 아니라는 의미가 함축되어 있다. 예문 (33b)에는 그는 중국에 있었지만, 거기서 공부한 것은 아니라는 의미를 담고 있다.

　방식구(manner phrase)를 취하는 문장에서, NEG의 다양한 위치는 쉽게 설명이 된다. 왜냐하면, 두 개의 문장이 종속적으로 접속되었고(Li and Thompson, 1973 참조), 그들 각각이 부정-절점(NEG-node)을 만들 수 있기 때문이다.

만일 보편적인 처리방식처럼, 방위사구를 VP의 전치된 성분으로 처리하려면, NEG의 위치 변화를 설명하기 위해 '성분부정'에 기댈 수밖에 없다. 그러나 다음은 같은 문장을 다른 표현으로 바꾼 예문이다.

(34) a. 他们是在英国的一个小城结婚。

　　　他 们 是　　在　英国的　　一 个 小 城 结婚
　　　그 ...들 ...이다 ...에서 영국 관형어표지 하나 양사 작은 도시 결혼하다
　　　그들은 영국의 한 작은 도시에서 결혼한 것이다.

　　b. 他们结婚是在英国的一个小城！

　　　他 们 结婚 是　　在　英国的　　一 个 小 城
　　　그 ...들 결혼 ...이다 ...에서 영국 관형어표지 하나 양사 작은 도시
　　　그들의 결혼은 영국의 작은 도시에서였다.

예문 (34b)에서 방위구는 술어로서, '他们结婚'(그들 결혼)이라는 이 전체 문장을 논항으로 취한다. 문법이론은 동일한 방식으로 예문 (34a)과 (34b)를 생성할 수 있어야 한다. (34b)는 전치사 절점이 외치(extraposed)된 (34a)의 변형일 수 없다. 왜냐하면 중국어는 전치사의 외치(extraposition)를 허용하지 않기 때문이다. 예는 다음과 같다.

(35) a. *他来是从英国。

　　　他 来 是　从　英国
　　　그 오다 ...이다 ...부터 영국

　　b. *他说再见是对你。

　　　他 说 再 见　是　对　你
　　　그 말하다 다시 만나다 ...이다 향하다 당신

한편, (35b)로부터 (35a)를 도출하기 위해 활용해야 하는 것은 방위사구가
출현하는 일반적인 술어-하강으로서, 하위 VP의 왼쪽으로 이동하여 상위술
어가 되는 것이다. 그러므로 방위사구를 주요술어로 상정하는데, (31a)와
(31b)의 차이는 모문이든 성분문이든 상관없이 각 문장에서 하나의 NEG를
허용함으로써 체계적으로 설명될 수 있다. 【그림 12】와 【그림 13】에서
나타내는 바와 같다[7].

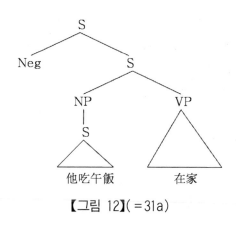

【그림 12】(=31a)

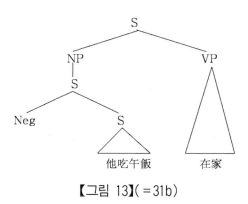

【그림 13】(=31b)

---

7) 주요 술어로서의 방위사구에 대한 좀 더 자세한 설명은 Lakoff(1970b: 167),
  Chafe(1970), 그리고 Teng(1972:71) 참조.

4. 부정사-하강(NEG-Lowering)과 부정사-인상(NEG-Rasing)

앞에서 NEG가 하위 VP의 좌측으로 하향 이동하는 것을 보았다. 부사가 출현할 때, NEG는 부사의 우측으로가 아니라, VP의 좌측으로 하향 이동한다. 예를 보자.

(36) a. 他也不吃鱼。

他 也 不 吃 鱼
그 역시 부정 먹다 생선
그도 생선을 먹지 않는다.

b. 他才不会抽烟。

他 才 不 会 抽 烟
그 비로소 부정 …할 줄 알다 피우다 담배
그는 비로소 담배를 피우지 않을 것이다.

c. 他们都不出去。

他 们 都 不 出 去
그 …들 모두 부정 나가다 가다
그들은 모두 나가지 않는다.

부정사가 표층에서 부사의 좌측에 올 때는 상위 술어 '是'를 갖는 문장-반박의 경우이다. 이 때, '是'는 선택적으로 삭제될 수 있다. 예를 살펴보자.

(37) a. 他不(是)也喜欢吃鱼吗?

他 不(是) 也 喜欢 吃 鱼 吗

그 부정 역시 좋아하다 먹다 생선 의문조사

그 역시 생선을 좋아하는 게 아닙니까?

b. 他们不(是)都出去了吗?

他们　不(是)　都　出　去　了　　　吗

그 ...들 부정 모두 나가다 가다 완료표지 의문조사

그들은 모두 나간 것이 아닙니까?

따라서 기저구조에서는 NEG가 항상 그것과 관련을 맺는 술어를 가져야 한다는 것을 알 수 있다. 의미가 같은 문장에 대해서 생각해보자.

(38) a. 他没说几句(就走了)。

他没　说　　几句　(就　走　了)

그 부정 말하다 몇 마디 바로 가다 완료표지

그는 몇 마디 안하고 바로 갔다.

b. 他说了没几句(就走了)。

他说　了　　没　几句　(就　走　了)

그 말하다 완료표지 부정 몇 마디 바로 가다 완료표지

그는 몇 마디만 하고, 바로 갔다.

NEG는 동사 앞 아니면 목적어 앞, 이 두 위치에 올 수 있다. 확실히 이들은 모두 단순문으로서, 두 개의 NEG를 허용할 수 없다. 이상적인 해결방법이 없기 때문에, 예문 (38b)을 부정사-하강(NEG-lowering)의 특수한 예로 가정할 수밖에 없다.

이러한 문장들은 시간사구를 갖는 문장들과 혼동해서는 안 된다. 예를 들면, 다음과 같다.

(39) a. 他没走几天...

他 没　走 几 天

그 부정 가다 몇 일

그가 떠난 지 며칠 안 되어...

b. 他走了没几天...

他 走 了　　没 几 天

그 가다 완료표지 부정 몇 일

그가 떠나고 나서, 며칠 안 되어...

이 문장들의 긍정대응문에는 '有'가 올 수 있기 때문이다. 예문 (40a)와 (40b)를 (40c)과 비교해보자.

(40) a. 他走了有几天了。

他 走 了　　有 几 天 了

그 가다 완료표지 있다 몇 일 어기표지

그가 떠난 지 며칠이 되었다.

b. *他说了有几句了。

他 说　　了 有 几 句　了

그 말하다 LE 있다 몇 마디 LE

c. 他有好几天没出去了。

他 有 好　　几 天 没 出　　去 了

그 있다 상당히 몇 일 부정 나가다 가다 완료표지

그는 며칠 동안 나가지 않았다.

예문 (40a)에서, '有'는 문장주어를 취하는 주요동사이다.

하위절의 NEG가 표층에 상위절의 술어를 선행해서 출현할 때 부정사-인상(NEG-rasing)이 생긴다8). 앞 절에서 NEG의 다양한 작용역이 표층에서 NEG의 다양한 위치를 통해 확장되는 것을 살펴보았다. 다음의 예문에서 보여주는 바와 같다.

(41) a. 他不在纽约做事。
      他 不 在   纽约 做 事
      그 부정 ...에서 뉴욕 하다 일
      그는 뉴욕에서 일하지 않는다.

   b. 他在纽约不做事。
      他 在   纽约 不 做 事
      그 ...에서 뉴욕 부정 하다 일
      그는 뉴욕에서 일을 하지 않는다.

이와 같은 경우, 부정사-인상(NEG-rasing)이 적용되지 않았다. 또한, 예문 (41a)와 (41b)의 의미에서도 차이가 난다. 이제 아래의 문장을 생각해 보자.

(42)   我就是没在你家吃过午饭。
      我 就是   没 在 你 家 吃 过   午饭
      나 강조표지 부정 ...에서 당신 집 먹다 경험표지 점심
      나는 당신의 집에서 점심을 먹은 적이 없다.

예문은 두 가지 의미가 있을 수 있다. (a)는 '너의 집을 제외하고, 나는

---

8) 영어에서의 NEG-rasing에 대해서는 Klima(1964)와 R.Lakoff(1969) 참조.

모든 사람의 집에서 점심을 먹은 적이 있다.'라는 의미인 반면, (b)은 '점심 이외에, 나는 너의 집에서 밥을 먹은 적이 있다.'는 의미를 함축하고 있다. 후자의 해석은 또한 다음과 같이 나타낼 수 있다.

    (43)   我在你家就是没吃过午饭。

            我 在   你 家就是   没 吃 过   午饭

            나 ...에서 당신 집 강조표지 부정 먹다 경험표지 점심

            나는 너의 집에서는 점심을 먹어본 적이 없다.

    (a)의 해석에서는 NEG의 작용역이 방위 술어에만 적용된 반면, (43)에서 증명한 바와 같이, (b)의 해석에서는 그 작용역이 하위소절에만 적용되었다.

    예문 (42)에 대한, (b)와 같은 해석은 예문 (43)으로부터 도출된 것으로, 하위절에서 NEG는 방위술어의 하향 이동보다 먼저 상위 술어로 인상되어야 한다. 【그림 14】에서 나타내는 것과 같다 ('就是(강조표지)'는 불확실한 지위 때문에 생략되었음).

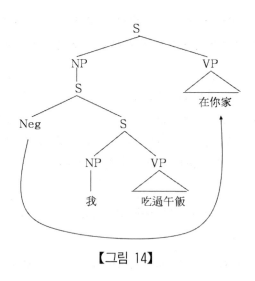

【그림 14】

이 절의 목적은 중국어의 부정사-하강(NEG-Lowering)과 부정사-인상
(NEG-Rasing)의 기제를 설명하는 데 있으므로, 그와 같은 기제의 적용에 대
한 제약에 대해서는 살펴보지 않았다.

참고문헌

丁声树. 1963. 现代汉语语法讲话. 北京:商务印书馆.

BOYD. JULIAN and J. P. THORNE. 1969. The semantics of modal verbs.
Journal of Linguistics 5: 57-74.

CHAN, STEPHEN. 1973. Review of Alleton: Les adverbes en Chinois
moderne. Journal of Chinese Linguistics 1.2: 323-333.

HASHIMOTO, ANNE YUE. 1969. The verb 'to be' in modern Chinese.
Foundations of Language, suppl. Series 9. 4: 72-111.

HASHIMOTO, ANNE YUE. 1971. *Mandarin syntactic structures*. Unicorn
8. Princeton University.

JESPERSEN. OTTO. 1924. *The philosophy of grammar*. New York: Norton.

KLIMA, EDWARD. 1964. Negation in English. The structure of language,
ed. by Fodor and Katz.

LAKOFF, GEORGE. 1970a. Pronominalization, negation, and the analysis of
adverbs. In Readings in English transformational grammar, ed. by
Jacobs and Rosenbaum, 145-165.

LAKOFF, GEORGE. 1970b. *Irregularity in syntax*. New York: Holt,
Rinehart and Winston.

LAKOFF, ROBIN. 1969. A syntactic argument for negative transportation.
In Papers from the 5th Meeting of the Chicago Linguistic Society,
140-147.

LI. Charles and S.A. THOMPSON. 1973. The meaning and structure of
complex sentences with –zhe in Mandarin Chinese. UCLA Working
Papers in Syntax. No.5.

STOCKWELL, ROBERT et al. 1968. *Integration of transformational theories on English Syntax*. University of California, Los Angeles.

TENG, SHOU-HSIN. 1972. A semantic study of transitivity relations in Chinese. Ph. D. dissertation, University of California, Berkeley.

TENG, SHOU-HSIN. 1973. Negation and aspect in Chinese. Journal of Chinese Linguistics 1. 1:14-37.

WANG, WILLIAM S-Y. 1965. Two aspect markers in Mandarin. Language 1.3:457-470.

제9장 중국어의 동조사[1]

A Grammar of Verb-Particles in Chinese

1. 정의

이 글에서 정의한 동조사(verb-particle) 구조는 Chao(1968 : 435)의 '동사보어'(verb-complement)의 일부이지만, 그의 방향보어(directional complements), 시상보어(phase complement) 그리고 결과보어(resultative complement)와 같은 '동사보어'의 특정한 하위그룹에 속하지는 않는다. 아래에서 동사 뒤에 오는 성분이 바로 동조사의 예이다.

(1) a.　穿上(衣服)
　　　穿　上 (衣服)
　　　입다 위 (옷)
　　　(옷)을 입다.

　　　留下(名字)
　　　留　下　(名字)
　　　남기다 아래 (이름)

---

1) 이 글은 *Journal of Chinese Linguistics* 5.2. 1-25, 1977에 출간된 것이다.

(이름)을 남기다.

显出(很失望的样子)
显　　出　　(很　失望　的　　　样子)
보이다 나가다 (아주 실망하다 관형어표지 모습)
(아주 실망한 모습)을 보이다.

提起(那件事)
提　　　起　　(那　件　　事)
제시하다 일어나다 (그 양사 일)
(그 일)을 제기하다.

b.　摊开 (两手)
摊　开　　(两 手)
펼다 열다 (두 손)
(두 손)을 펼치다.

脱掉(衣服)
脱　掉　　　(衣服)
벗다 떨어지다 (옷)
(옷)을 벗어버리다.

偷走(衣服)
偷　　走　(衣服)
훔치다 가다 (옷)
(옷)을 훔치다.

记住(名字)

记　　　住　　　(名字)

기억하다 머물다 (이름)

(이름)을 기억하다.

受到(苦)

受　　到　　　(苦)

받다 이르다 고통

(고통을) 받다.

　　예문 (1a)은 주로 '방향보어'(Chao, 1968 : 458 ; Hung, 1957 : 21 ; Thompson 1973 : 370—371)이고, 예문 (1b)은 Chao(1968)가 언급했던 '来'(오다), '去'(가다)와 결합하지 않는 방향보어들이다(Chao, 1968 : 464). 그러나 Hung(1957)은 '开'(열다)를 방향보어에 포함시켰으며, Thompson(1973)은 (1a)과 (1b)의 보어 전체를 자신이 제안한 결과동사(resultative verb)의 논의 안에 포함시켰다.

　　이 글은 예문 (1)의 모든 보어를 동조사(verb-particle)라고 부르고(Fraser, 1965와 Bolinger, 1971 참조), 논의의 편의를 위해 예문 (1a)은 '방향조사'(directional particle)로, 예문 (1b)은 '이동조사(movement particle)'로 표기할 것이다. '방향조사'가 주요동사로 사용될 때, 자유롭게 '来'(오다) 혹은 '去'(가다)와 결합할 수 있다. 그것은 '방향조사'가 갖는 '来'(가다)와 '去'(오다)와의 결합성이 아주 높은 의미적 특징 때문이다. '来'(오다)와 '去'(가다)가 동사보어가 될 때 일반적으로 화자와 가까워지거나 멀어지는 방향을 지시하게 된다2). 한편, 이동조사는 주요동사로 기능할 때조차도 '来'(오다)나 '去'(가다)와는 결합할 수 없다. 방향동사와 이동동사의 또 하나의 중요한

---

2) 이것은 해석적 특징이다. 동사의 방향성에 관한 좀 더 자세한 논의는 Teng(1975a) 참조바람.

차이를 보면, 후자는 반드시 평면상의 두 개의 지점(ex. '走'(가다) 혹은 '掉'(떨어지다))을 포함하지만, 전자는 수직적인 위치의 두 지점(예: '上'(위) 혹은 '下'(아래))이 아닌 평면적 위치의 한 지점만을 포함한다는 사실이다. 바꿔 말하자면, 이동동사는 이미 방향의 참조점, 즉 '来'(오다)나 '去'(가다)를 내포하고 있다는 의미이다. 그러나 이 두 유형의 동사가 동조사로 사용될 때는 이와 같은 차이는 더 이상 존재하지 않는다.

이 글은 대상(theme)(아래에서 정의할 것이다; Gruber, 1965 참조)의 이동과 관련되는 동조사에 대해서만 검토해보기로 하겠다.

2. 동조사의 특징

2.1 동사의 중복적 명세

동조사는 결합하는 주요동사의 확장된 의미를 구성한다. 주요동사와 조사의 관계는 '说话(말을 하다), 写字(글씨를 쓰다), 唱歌(노래를 부르다)'와 같은 동사와 동족목적어(cognate object)와의 관계와 상당히 비슷한데, 거기서 '话(말), 字(글씨), 歌(노래)' 등은 결합하는 동사가 지시하는 동작을 한정한다기보다는 그와 같은 동작들의 논리적 결과를 나타낸다. 영어에서 이와 같은 동족목적어는 보통 'Someone is singing'과 같이 특별히 표상되지 않는다.

동사와 조사 사이의 중복(overlapping)은 동족목적어의 경우처럼 완전하지는 않다. 완전한 중복의 예도 분명히 존재하지만, 이 경우 동조사(verb-particle)를 삭제해도 문장의 문법성이나 문장의 의미에는 어떠한 변화도 일어나지 않는다. 아래의 문장을 비교해보자.

(2) a. 他把大衣脱(掉)了。

　　　他　把　　　大衣脱　(掉)　　　了
　　　그　처치표지　외투　벗다　(떨어지다)　완료표지
　　　그는 외투를 벗어버렸다.

b. 他提(起)那件事没有？

　　　他　提　　　(起)　　　那　件　事　没有
　　　그　제시하다　(일어나다)　그　양사　일　부정
　　　그는 그 일을 제기했습니까?

c. 别让人把车子偷(走)了。

　　　别　让　　　人　把　　　车子偷　(走)　了
　　　말라　사역표지　사람　처치표지　차　훔치다　(가다)　완료표지
　　　차를 다른 사람이 훔쳐가게 하지 마십시오.

d. 他们已经把大门关(上)了。

　　　他　们　　已经　把　　　大门　关　(上)　了
　　　그　-들　이미　처치표지　대문　닫다　(위)　완료표지
　　　그들은 이미 대문을 닫았다.

일반적인 (방향) 동사-보어의 문장에서는 이와 같은 삭제는 허용되지 않는다. 다음 예를 보자.

(3) a. 把报纸捡起来。

　　　把　　　报纸　捡　起　　　来
　　　처치표지　신문　줍다　일어나다　오다
　　　신문을 주워들었다.

b. *把报纸捡了。

把　　　报纸 捡　了

처치표지 신문 줍다　LE

2.2 부차적(Peripheral) 술어

방향보어나 다른 보어와 같이 일반적인 동사-보어들은 정보의 초점이 되
는 반면(혹은 술어의 중심, Tai and Yang, 1974 참조), 동조사는 그렇지 않다.
이외에도, '동사+보어' 조합의 전형적인 기술은 '방식(manner)+동사'로 재해
석될 수 있다. 대동사(pro-verb)가 원래 의미에서 큰 변화 없이 방식동사를
대신하는 경우가 많은데, 그것은 바로 술어의 핵이 주요동사에 있기 때문이
다. 이와 같은 대체는 동조사의 문장에서 가능하지 않다. 왜냐하면 '동사+조
사' 조합에서 첫 번째 동사가 주요동사이면서 술어의 중심이기 때문이다.
아래의 문장을 비교해보자.

(4) a.　他把球踢进去了。

他 把　　　球 踢　进　去　了

그 처치표지 공 차다 들다 가다 완료표지

그는 공을 발로 차서 넣었다.

b.　他把球弄进去了。

他 把　　　球 弄　进　去　了

그 처치표지 공 하다 들다 가다 완료표지

그는 공을 넣었다.

(5) a.　他把鞋子脱掉了。

他 把　　　鞋子 脱　掉　　　了

그 처치표지 신발 벗다 떨어지다 완료표지

그는 신발을 벗어버렸다.

b. 他把鞋子弄掉了。

他 把　　　鞋子 弄　掉　　　了

그 처치표지 신발 하다 떨어지다 완료표지

그는 신발을 망가뜨렸다.

예문 (4b)에서 공을 들어가게 하는 방법과 관련해서 상당히 광범위한 해석이 있을 수 있다. '踢'(차다)로 해석하는 게 가장 가능성이 있지만, 예문 (5b)은 (5a)의 의미로는 해석하기 어렵다.

3. 의미의 예측가능성

결과보어의 의미에 대한 예측가능성에 근거하여, Thompson(1973)은 보어를 두 유형으로 분류하였다. 하나는 생산적인 어휘규칙을 통해 통사적으로 생성되는 예측 가능한 의미를 갖는 것이고, 다른 하나는 단어를 구성하고 있는 성분으로부터는 그 의미적 특징을 예측할 수 없는 것으로서, 어휘사전에 등재된 것을 가리킨다. 이 외에도, Thompson(1973)은 이 글의 동조사에 해당하는 다수를 그의 두 번째 분류에 포함시키고, 조사 '住'(live, still)에 관해서는 '어떠한 조합(combination)에 출현할지, 정확한 의미가 무엇인지 추측할 방법이 없다'고 하였다(1973:375). 비생산적이고 고립적인 사실들이 통사적으로는 그렇게 서술될 수 있다는 것에는 동의하지만, 이 글은 동조사들은 사실상 그 의미적 특징으로 볼 때, 체계적이고 추측가능하다고 제안하고 싶다. 이 주장은 다음 소절에서 증명해 보일 것이다.

이전의 많은 동조사에 관한 분석에서는 동조사의 의미를 방향이나 방위대응사와 동일시하려는 시도를 해왔다. 예를 들면, Chao(1968)는 조사 '上'을 'up, on'(p459)으로 해석하고, 완전히 영어번역에만 의존하여 중국어 형태를 설명하려고 하였다. '穿上(입다)'와 같은 복합어는 조사 '上'을 이용해서 영어의 'on'에 대응시켜 'put on'으로 해석할 수 있지만, '爱上(반하다)'와 같은 복합어는 설명할 수가 없다. 왜냐하면 후자와 같은 결합은 'love up'의 해석을 함축하기 때문이다. 또한 중국어는 'up'의 개념이 달리 사용된다는 인상을 피할 수 없기 때문이다.

이 글은 '上'과 같은 동사는 방향의 속성을 반드시 내포할 필요는 없다고 본다. 예를 들어, '上楼'(옥상에 오르다)의 '上'은 '向上'(위로)라는 의미를 가지고 있지만, '上学'(학교에 가다) 혹은 '上饭馆'(식당에 가다) 등의 구조에서는 방향과 무관하다. 사실상, '上'이 동조사로 사용될 때는 방향성이 없다. 앞으로의 논의에서 이 가설이 모든 조사들에 대해서도 참이라는 것을 보여줄 것이다.

呂叔湘(1956)은 동조사와 관련한 문제에서 탁월한 해결방안을 제안하였다. 그는 '上'과 같은 동사가 갖는 '방향'(directional)과 '힘'(force)의 기능을 구분해냈다[3]. 呂叔湘의 분류 중 후자 범주는 체계성은 조금 떨어질지라도, 대체로 이 글의 동조사에 대응될 수 있다. 그 이유에 대한 설명대신, 그는 복합어 '关上'을 예로 들어, 이 복합어에서 'up, on'의 의미를 갖는 동사 '上'은 '특정한 목적어를 원래 속한 위치로 되돌려주는'의 의미를 나타낸다고 하였다(呂 1956:214). 이러한 특징으로는 충분하지 않지만(爱上 참조), '上'이 '경험, 참여, 획득이나 달성을 보충 설명'한다고(1957:35) 보았다. 조사가 나타나는 문맥을 나열하는데 그쳤던 Jung의 정의와 비교해 볼 때, 그는 이

---

3) 그의 용어는 '趨向'(방향)과 '勢力'(세력)이다. 후자는 이 문맥으로 이해할 수 없다. 잠정적으로 'force'(힘)로 번역한다.

주제에서 상당부분 어떤 방향을 제시했다고 볼 수 있다.

呂叔湘(1956)의 분석에서 가장 중요한 점은 그가 이 조사들이(그가 이 용어를 사용한 적은 없을 지라도) 일부 사물의 어떤 이동을 지시한다고 본 것이다. 이 이동은 그가 주장한 '힘'(force)에 해당할 지도 모른다. 다음 절에서는 그가 제안한 '이동'의 개념을 더 발전시켜 이러한 조사들의 특징을 살펴볼 것이다.

4. 동조사의 의미자질

이동체계를 이해하는 관건은 바로 '대상'(theme)(Gruber, 1965)이나 '수동자'(patient)(Teng, 1975a,b)로서, 이들은 시작점인 '근원'(source)과 끝점인 '목표'(goal) 사이에서 시간적(temporal), 공간적(spatial) 또는 상태의 변화를 경험한다. 예를 들면, 다음과 같다.

(6) a.　李四在房子里。

　　　李四　　　在　　　房子 里
　　　이사(이름) 존재하다 집　안
　　　이사는 집안에 있다.

　　b.　张三把李四叫走了。

　　　张三　　　把　　　李四　　　叫　　走　了
　　　장삼(이름) 처치표지 이사(이름) 부르다 가다 완료표지
　　　장삼은 이사를 불러갔다.

　　c.　李四从房子里走到张三那儿。

李四 　　從 　房子 里 走 　到 　張三 　　那儿
이사(이름) ...에서 집 　안 가다 ...에 장삼(이름) 그곳
이사가 집안에서 장삼 쪽으로 걸어왔다.

예문 (6)에서 '李四'(이사)는 주어 자리에 출현하든 목적어 자리에 출현하든 모두 대상(theme)이다. 예문 (6c)에서 '房子'(집)는 '근원'(source)이고, '張三'(장삼)은 '목표'(goal)이다4).

이 이동체계의 틀 아래에서, 동조사의 특징은 아래와 같이 기술할 수 있다.

(7) a. 上 : 대상(theme)이 이동하지 않은 상태에서 목표로 하는 목표물, 즉 목표(goal)에 도달함.

　b. 下 : 대상(theme)이 근원(source)으로부터 분리되어 화자 혹은 주어의 영역(realm) 내로 진입함.

　c. 起 : 대상(theme)이 화자 혹은 주어의 영역에 나타남.

　d. 掉 : 대상(theme)이 근원에서 분리되어 화자 혹은 주어로부터 사라짐.

　e. 开 : 대상(theme)이 근원으로부터 벗어나 화자 혹은 주어에 남겨짐.

　f. 住 : 대상(theme)이 실제적인 혹은 잠재적인 이동으로부터 정지하게 됨.

---

4) 비교해보기 위해서 吕(1956:214-216)의 정의를 아래와 같이 번역하였다.

上: 대상이 자신이 속한 곳으로 돌아옴.
下: 대상이 원래 위치에 남겨짐.
起: 대상이 나옴.
开: 대상이 떠남.
住: 이동이 없음.

g. 走 : 대상(theme)이 근원(source)에서 분리되고, 행위주(agent)가 대
   상을 따라감.

h. 到 : 대상(theme)이 이동하는 상태에서 목표(goal)에 이름.

Bolinger(1971: 85)는 영어의 조사는 두 가지 특징을 갖는다고 가정하였는
데, 하나는 이동을 통해 정점에 이른다는 것과 그것이 종결점(terminus) 혹은
결과(result)라는 것이다. 이 두 가지 특징은 예문 (7)과 같이 중국어의 동조사
를 기술하는 데도 적용가능하다.

위에서 열거한 동조사는 동질적인 집합체가 아니므로, 그것들을 포함하는
구성원 사이는 어느 정도 중복될 수밖에 없다. 이러한 이질성의 많은 부분은
방언의 차이나 개인의 다양한 언어습관 등이 원인이 된다. 예를 들면,
Chao(1968:466)는 '掉'(떨어지다)는 우(吳) 방언으로부터 왔다고 지적하였
다. 그러나 이와 같은 제안은 동질적인 말의 개념을 찾는 것이 현실적으로
가능하지 않고, 이론적으로도 별 의미가 없다는 가정 아래 합리화될 수 있다.
그러므로 많은 표준중국어 화자(필자 포함)들은 확실히 그들의 일상적인 담
화에는 상술한 모든 동조사가 포함된다. 각각 동조사의 구체적인 특징은 개
인차에 따라 다양하게 나타나지만, 어떤 형태의 변이라도 이 글이 제안한
이동체계 내에서 충분히 수용될 수 있다.

5. 접촉(contact)

5.1 上-접촉

이 조사의 기본적인 의미는 그것이 대응하는 동사에서 도출되는데, 다음
과 같이 대상역(그들)과 목표역(학교와 대학)의 접촉이 성립하는 문장에서

발견된다. 예를 들면, 다음과 같다.

(8) a. 他们上学校去了[5]。

他 们　上　学校　去　了

그 -들　가다　학교　가다　완료표지

그들은 등교했다.

b. 他们都上大学了。

他 们　都　上　大学　了

그 -들　모두　가다　대학　어기표지

그들은 모두 대학에 갔다.

예문 (8)에서 문장의 주어 의미역은 대상(theme)인 반면, 동조사가 쓰인 문장은 다음과 같다.

(9) a. 他穿上大衣。

他 穿上　　大衣

그 입다-동조사 외투

그는 외투를 입었다.

b. 他关上门。

他 关上　　门

그 닫다-동조사 문

그는 문을 닫았다.

위의 동조사가 쓰인 문장에서는 대상(theme)이 목적어(大衣(외투), 门

---

5) Chao는 '上'의 이 출현을 전치사 'to'로 분석하였다(1968:757)

(문))인 경우이다. 아래와 같은 일부 특수한 문장은 제외된다6).

(10) a. 他爱上一个寡妇。

他 爱上 一 个 寡妇

그 사랑하다-동조사 하나 양사 과부

그는 한 과부를 사랑하게 되었다.

b. 他看上一个寡妇。

他 看上 一 个 寡妇

그 보다-동조사 하나 양사 과부

그는 한 과부가 눈에 들었다.

예문 (10)에서 '寡妇'(과부)는 목적어이자 목표(goal)이고, 대상(theme)은 '애정'(affection)혹은 '의도'(intention)이다.

목표 위치는 예문 (9a)에서와 같이 주어에서부터 예문 (10)의 목적어까지 다양하며, 심지어는 전치사구까지 포함된다. 예를 들면 다음과 같다.

(11) a. 他给小孩儿穿上大衣。

他 给 小 孩儿 穿上 大衣

그 ...에게 어리다 아이 입다-동조사 외투

그는 어린 아이에게 외투를 입혔다.

b. 他把锅盖上了。

他 把 锅 盖上 了

그 처치표지 솥 덮다-동조사 완료표지

그는 솥을 덮었다.

---

6) 예문 (10)에서, '上'과 '到'의 의미적 특징은 아래에서 보자.

또한, '목표'(goal)는 문장에 명시되지 않은 성분까지도 관련된다. 예를 보자.

(12) a. 老师给他加上十分。

　　　老师　　给　　他 加上　　　　 十　分
　　　선생님 ...에게 그 더하다-동조사 십　점
　　　선생님은 그에게 10점을 더하였다.

　　 b. 脚夫把车拴上。

　　　脚夫　把　　　　车　拴上
　　　짐꾼　처치표지 마차 묶다-동조사
　　　짐꾼은 마차를 묶었다.

어떤 조사가 선택될 것인지는 대부분 주요동사의 의미자질에 달려있다. 그러므로 '穿'(입다)과 같은 동사는 '上'과만 결합된다. 그러나 대상도 선택 과정에서 중요한 역할을 한다. 다음을 비교해 보자.

(13) a. 他把收音机关掉。

　　　他 把　　　收音机 关掉
　　　그 처치표지 라디오 끄다-동조사
　　　그는 라디오를 껐다.

　　 b. *他把收音机关上⁷⁾。

　　　他 把　　　收音机 关上
　　　그 처치표지 라디오 끄다-동조사

---

7) 이 논문의 요약을 발표했었던 Denver에서 11월 29-30일간 열린 중국어 교육협회 연차 모임 기간 동안 관찰한 바와 같이, 이 문장은 어떤 화자에게는 문법적이다.

라디오(혹은 TV)가 꺼졌을 때, 어떠한 사물과도 접촉되지 않는다. 그러므로 사라지는 것은 그 라디오(근원)에서 흘러나오는 소리(대상)이므로 '掉'가 된다(아래 참조).

5.2 到-접촉

이 조사의 기본적인 함의는 대응되는 동사로부터 파생된다. 다음 예문에서와 같다.

(14) a. 新年到了。

　　 新年　到　　　了
　　 새해　이르다　완료표지
　　 새해가 되었다.

　　 b. 他到英国了。

　　　 他　到　　　英国　了
　　　 그　이르다　영국　어기표지
　　　 그는 영국에 도착했다.

예문 (14)에서 '대상'(theme)인 '新年'(새해)와 '他'(그)는 각각 '목표'인 '现在'(현재, 드러나지 않음)와 '英国'(영국)과 접촉된다. '上-접촉'의 대부분 예와 달리, '到-접촉'은 예문 (14)에서와 같이, 문장에서 동사에 의한 내현적인 이동이나 외현적인 이동 이후에만 인지된다. 예를 들면 다음과 같다.

(15) a. 他走到台上。

　　　 他　走到　　　　台　上
　　　 그　가다-동조사　무대　위

그는 무대 위로 걸어갔다.

b. 他把车开到纽约。

他 把　　　车 开到　　　　　　纽约

그 처치표지 차 운전하다-동조사　뉴욕

그는 차를 뉴욕까지 운전했다.

따라서 '上'(오르다)이나 '到'(이르다)의 선택은 동사의 '이동'이라는 특징에 달려있기 때문에, '穿'(입다)와 '关'(끄다/닫다)와 같은 [-이동] 동사들이 '上'(오르다)과 결합하는 반면, '走'(가다), '开'(켜다/열다) 등과 같은 [+이동] 동사는 '到'(이르다)와 결합하게 된다. 이것은 동일한 동사에 또 다른 조사가 결합할 가능성은 배제하지 않지만, 이 경우에 동사는 다양한 해석을 가질 수 있다(예문 (10b)과 예문 (17a) 참조)8).

이 글에서 논의하는 '이동'(Movement)을 표면상의 물리적인 방위적 변화 (Bolinger의 정점으로의 이동 참조)로 한정시켜서는 안 된다. 심리적인 감정의 이동일 수도 있다. 예를 보자.

(16) a. 他感到很失望。

他 感到　　　　很　失望

그 느끼다-동조사 아주　실망하다

그는 큰 실망을 느꼈다.

b. 他也受到这种苦。

他 也　受到　　　这种　苦

그 역시 받다-동조사 이러한 고통

---

8) '上'과 '到'가 선택된 경우는 '遇上 / 到'와 '碰上 / 到 '가 선택적이다.

그 역시 이러한 고통을 받았다.

혹은 감각(눈빛, 청각, 후각의 이동)상의 이동일 수도 있다. 예를 보면 다음과 같다9).

(17) a. 他看到那封信了。
　　　 他 看到　　　那 封　 信　 了
　　　 그 보다-동조사 그 양사 편지 어기표지
　　　 그는 그 편지를 보았다.

　　 b. 他闻到一种香味。
　　　 他 闻到　　　　一　 种　香味
　　　 그 맡다-동조사 하나 양사 향기
　　　 그는 어떤 향기를 맡았다.

혹은 '寻找(찾다)／伸出(내밀다)'와 관련된 동작의 이동일 수도 있다. 예를 들면 다음과 같다.

(18) a. 他找到书了。
　　　 他 找到　　　 书 了
　　　 그 찾다-동조사 책 어기표지
　　　 그는 책을 찾았다

　　 b. 他借到钱了。
　　　 他 借到　　　　 钱 了

---

9) 많은 중국어 화자에게 있어서, '见', '到' 등은 예문 (17)에서 자유롭게 교체될 수 있다.

그 빌리다-동조사 돈 어기조사

그는 돈을 빌렸다.

6. 분리(separation)

6.1 开-분리

'开'(열다)의 기본적인 함의는 아래와 같다.

(19) a. 门开了。[10]

　　　门　开　　了

　　　문 열다 완료표지

　　　문이 열렸다.

　　b. 火车开了。

　　　火车 开　　　了

　　　기차 출발하다 완료표지

　　　기차가 출발했다.

　예문 (19)에서 대상 '门'(문)과 '火车'(기차)가 원래 위치로부터 분리되는 곳인 근원은 문장에 나타나지 않는다. 근원(source)이 출현할 때는 그것은 대체로 전치사에 의해 지배된다. 예를 보자.

(20) a. 他从车站走开了。

　　　他 从　　车站　走开　　　了

_____

10) '开开门'(문을 여십시오)에서 첫 번째 '开'는 주요동사이고, 두 번째 '开'는 동조사이다.

그 ...에서 기차역 걷다-동조사 완료표지

그는 기차역으로부터 걸어 나왔다.

b. 革命从广州展开。

革命 从　　广州 展开

혁명 ...에서 광주 펴다-동조사

혁명은 광주에서부터 시작되었다.

아주 드물게 근원이 목적어로 출현하는 경우도 있다. 예를 보자.

(21)　他离开美国了。

他 离开　　　　美国 了

그 떠나다-동조사　미국 어기표지

그는 미국을 떠났다.

타동문에서는 예문 (22a)의 본동사이든지, 예문 (22b)의 처치동사이든지, 대상은 항상 목적어인 반면, 자동문에서는 주어 자체가 곧 대상이다(22c).

(22) a.　他推开门。

他 推开　　　门

그 밀다-동조사 문

그는 문을 밀어 열었다.

b.　他把门推开。

他 把　　门 推开

그 처치표지 문 밀다-동조사

그는 문을 밀어 열었다.

c. 他走开了。

他 走开 了

그 가다-동조사 완료표지

그는 가버렸다.

예문 (22c)에서와 같이 행위주를 포함하는 자동문에서는 주어가 행위주와 대상의 역할을 정의한다(Teng, 1975b 참조).

대상이 근원으로부터 벗어났을 때, 대상 자체와 근원 사이의 거리나 개방적인 공간이 생긴다. 이 개방된 공간의 최종결과는 어떤 경우에 조사 '开'의 정의를 구성한다. 예를 들면, 다음과 같다.

(23) a. 把蛋糕切开!

把 蛋糕 切开

처치표지 케익 자르다-동조사

케익을 잘랐다.

b. 松开手!

松开 手

풀다-동조사 손

손을 풀어라!!

조사 '开'의 이러한 특수한 해석은 '开'와 결합하는 동사의 특징으로부터 예상가능하다. 예를 들어, 예문 (22)에서 제시된 이동동사(movement verb)는 '분리'의 속성이 두드러지는 반면, 예문 (23)과 같은 비-이동동사(nonmovement verb)는 '개방된'의 의미가 더 두드러진다.

다소 실질적인 의미(tangible sense)에서 '분리'의 개념이 '说开(잘 이해하게 말하다), 闹开(관계가 틀어지다), 展开(전개하다/펼치다)' 등의 복합어에서 발견되는 바와 같이, '시작점'(inception)을 가리키는 시간적 측면으로 확장될 수 있다. '시작점'과 같은 이 유형은 '활동'(activity)만을 기술할 수 있다는 것을 주의할 필요가 있다. 그러므로 '*睡开'와 같은 복합어는 불가능하다. 아마도 '시작점'의 의미는 논쟁의 여지가 있는 관용적 형태인 복합어 '吃得开'의 기저가 되지만, 이 문제는 보류해 두기로 하자.

6.2 掉-분리

'掉'(잃다 / 떨어지다)도 역시 '분리'의 정의가 있지만, '掉'의 대상은 근원으로부터 분리된 후 화자나 주어의 관점으로부터 사라진 상태로 들어간다는 점에서 '开'와는 다르다. 이러한 대조는 아래의 문장 쌍에서 명확하게 보여준다.

(24) a. 医生把脚割开。

　　　 医生 把　　　脚　 割开
　　　 의사 처치표지　다리　나누다-동조사
　　　 의사는 다리를 절개했다.

　　 b. 医生把脚割掉。

　　　 医生 把　　　脚　 割掉
　　　 의사　처치표지　다리　나누다-동조사
　　　 의사는 다리를 잘랐다.

예문 (24)에서 대상인 '脚'(다리)는 예문 (24a)에서는 수술이 진행 중인데 반해, 예문 (24b)에서는 이미 처치가 끝난 것이다(소유물).

이것은 조사 '开'와는 달리, 추상적인 상황에 자주 출현하는 '掉'의 특징에 기인한다. 예를 들면 다음과 같다.

(25) a. 他把名字忘掉了。

　　　　他　把　　　　名字　忘掉　　　　了
　　　　그　처치표지　이름　잊다-동조사　완료표지
　　　　그는 이름을 잊어버렸다.

　　 b. 老狗死掉了。

　　　　老　　狗　死掉　　　　了
　　　　늙다　개　죽다-동조사　완료표지
　　　　늙은 개가 죽었다.

　어떤 점에서 말하자면, '관련된 존재'(relevant existence)가 손실되었다는 것을 나타낸다.

　'掉'의 대상은 문장에서 어떤 구체적인 명사성분으로 실현되지 않고, 양도 불가능한 소유관계(inalienable possession)의 형태로 어떤 특징만이 내현적으로 표현되는 경우가 상당히 많다. 예를 들면, 예문 (26a)에서 대상은 车子(차) 자체가 아니고 그것의 정상적인 기능이며, 예문 (26b)에서의 대상 역시 电视(TV) 자체가 아니라 화면을 가리킨다.

(26) a. 车子坏掉了。

　　　　车子　坏掉　　　　　　了
　　　　차　　고장나다-동조사　완료표지
　　　　차가 고장났다.

　　 b. 把电视关掉！

　　　　把　　　　电视　关掉

처치표지 TV   닫다-동조사

TV를 껐다.

이와 유사하게, 근원은 보통 문장에 나타나지 않지만, 문맥으로부터 쉽게 분별해낼 수 있다. 그러므로 예문 (24b)에서 근원은 身体(몸)이고, 예문 (25a)에서는 意识(의식)이며, 예문 (26)에서는 존재상태가 되는 것이다.

조사 '掉'는 보통 '输掉(패하다), 坏掉(고장나다), 辞掉(사직하다)' 등과 같은 일부 여의치 않은 사건이나 상태와 관련된다. 이러한 이유 때문에 이 조사는 '*赢(이기다)掉 / *好(좋다)掉 / *雇(고용하다)掉'와 같은 반의어 대응사와는 결합할 수 없다. 이것은 조사가 모든 예에서 물리적이고 보편적인 관점이 아니라, 화자와 주어와의 관련성 측면에서 비존재(nonexistence)를 언급한다는 점을 생각하면 이상할 게 없다11).

6.3 下-분리

이 조사의 기본적인 의미는 그것과 대응되는 동사로부터 파생되는데, 예

---

11) Clark(1974)의 '来'(오다)와 '정상'상태, 그리고 '去'(가다)와 '비-정상'상태 사이의 상호관계에 대한 논의 참조. 중국어에서 비교해 보자.

  (i) 他 晕   过去了。
     他 晕   过去 了
     그 기절하다 가다 완료표지
     그는 기절해버렸다.

  (ii) 他醒过来了。
     他 醒   过来 了
     그 깨다   오다 완료표지
     그는 깨어났다.

또한 Amoy어에서 '死去'(죽었다)와 '坏去'(고장났다)는 각각 중국어의 '死掉'(죽었다)와 '坏掉'(고장났다)에 대응된다는 점에 주의하라.

를 들면 다음과 같다.

(27) a. 下飞机吧!

     下　　飞机　　吧

     내리다 비행기 어기조사

     비행기에서 내리자!

   b. 公鸡不会下蛋。

     公鸡 不　会　　　　下　蛋

     수탉 부정 ...할 것이다 낳다 알

     수탉은 알을 낳을 수 없다.

   여기서 대상 '我们'(우리)과 '蛋'(알)은 각각 근원인 '飞机'(비행기)와 '公鸡'(수탉)로부터 분리된 것이다. 그러나 동사 '下'(내리다)는 아래로 이동한다는 의미를 함의하는 반면, 조사 '下'는 최소한 외현적인 형식에서는 이와 같은 의미가 없다. 예를 들어 보자.

(28) a. 他们剩下一百块钱。

     他 们　剩下　　　一　百 块　钱

     그 -들 남다-동조사　하나 백 양사 원

     그들은 100원 남았다.

   b. 学生只剩下五个。

     学生 只　剩下　　　五 个

     학생 단지 남다-동조사　오 양사

     학생들은 단지 5명만 남았다.

'开'와 '掉' 둘 다 주어나 화자로부터 제거되는 대상을 가리키는 반면, '下'는 말하자면 소유 혹은 의식 속에 들어가는 대상을 가리킨다. 그러므로 '开'와 '掉'는 대부분 외향(outward)동사와 결합하고, '下'는 내향(inward)동사와 결합한다(Teng, 1975b 참조). 좀 더 정확하게 말하면, 주어나 화자는 '开'와 '掉'가 나오는 문장에서는 근원(source)이 되지만, '下'가 실현된 문장에서는 목표(goal)가 된다는 것이다. 다음 예문을 보자.

(29) a. 他花掉五块钱。

    他 花掉　　　五　块　钱

    그 쓰다-동조사 다섯 양사 원

    그는 5원을 써버렸다.

b. 他留下五块钱。

    他 留下　　　五　块　钱

    그 남기다-동조사 다섯 양사 원

    그는 5원을 남겼다.

예문 (29a)에서 행위주 '他'(그)가 돈을 쓰므로(花钱) 근원이 되는 반면, 예문 (29b)에서는 행위주가 돈을 가져가기 때문에 목표가 된다.

이러한 차이로부터 두 가지를 알 수 있다. 첫째, 동사가 방향성에서 중립적일 때, '掉'로 인해 '외향'적으로 해석되지만, '下'의 출현으로 '내향'적인 해석을 받게 된다. 다음을 비교해보자.

(30) a. 把房子租掉吧!

    把　　房子租　　掉　　吧

    처치표지 집　세를 주다 동조사 어기조사

집을 전세 주자!

  b. 把房子租下吧!

      把   房子 租 下   吧

      처치표지 집을 세내다 동조사 어기조사

      집을 세놓자!

둘째, 조사 '下'는 '来'와만 공기할 수 있다는 제약은 예측가능하다. 예를 들면, 다음과 같다(조사 없이 아래의 동사들은 보통 '来'나 '去'와 함께 공기할 수 있다는데 주의하라).

(31) a. 把房子买下来吧!

      把   房子 买下来   吧

      처치표지 집   사다-동조사 어기조사

      집을 사자!

  b. 谁把第二页撕下来了?

      谁 把   第 二 页   撕下来   了

      누구 처치표지 제 둘째 페이지 찢다-동조사 완료표지

      누가 두 번째 페이지를 찢었니?

이런 점에서 '＊买下去'와 '＊撕下去'의 조합은 문법에 부합되지 않는다.

6.4 走-분리

조사 '走'는 대상이 근원으로부터 분리된 것을 나타낼 뿐만 아니라, 행위주가 사건 발생 시에 대상을 동반하고 있다는 사실까지 나타낸다.

(32) a. 你把黑板推走!

　　　 你　把　　　黑板 推　走

　　　 당신 처치표지　칠판　밀다 가다

　　　 (당신은) 칠판을 미세요!

b. 你把黑板推开!

　　　 你　把　　　黑板 推开!

　　　 당신 처치표지　칠판　밀다-동조사

　　　 (당신은) 칠판을 밀치세요!

　　예문 (32)에서, '你'(당신)'는 행위주이고 '黑板'(칠판)은 대상이다. 예문 (32b)에서 행위주가 자신이나 화자로부터 '黑板'(칠판)을 민 반면, 예문 (32a)에서 행위주는 그것을 자신이 아닌 화자로부터 '黑板'을 분리시킨다.

　　'공동'(comitative)의 의미적 특징으로 인해, 조사 '走'의 대상은 '행위주-지향적'(agent-oriented)인 반면, '开'나 '掉'의 대상은 '근원-지향적'(source-oriented)이다. 다음을 비교해 보자.

(33) a. 他把鱼尾巴切走了。

　　　 他 把　　　鱼　尾巴 切走　　　　了

　　　 그 처치표지 물고기 꼬리 자르다-동조사　완료표지

　　　 그는 물고기 꼬리를 잘라갔다.

b. 他把鱼尾巴切掉了。

　　　 他 把　　　鱼　尾巴 切掉　　　　了

　　　 그 처치표지 물고기 꼬리 자르다-동조사 완료표지

　　　 그는 물고기 꼬리를 잘랐다.

대상인 '鱼尾巴'(물고기 꼬리)가 예문 (33a)에서는 행위주의 관점으로부터 나타나지만, 예문 (33b)에서는 '鱼'(물고기) 자체만 관련된다.

7. 起-출현(emergence)

'돌발적인 상황, 존재의 시작'등의 속성은 '起'가 본동사일 때 나타낸다. 예를 보자.

(34) a. 海上常起雾。

　　海　上　常　起　　　雾

　　바다 위　늘　일어나다　안개

　　바다 위에서는 늘 안개가 낀다.

　　b. 他们常起争执。

　　他　们　常　起　　　争执

　　그 -들　항상　일어나다　논쟁

　　그들은 항상 논쟁을 한다.

여기서 대상 '雾'(안개)와 '争执'(논쟁)은 논의되는 사건 이전에는 존재하지 않았다.

그러나 '起'가 조사로 쓰일 때는 '존재' 의미보다는 '출현'으로 정의된다. 이 외에도, 이 조사는 피영향성(effective) 동사와만 결합할 수 있고, 영향성 (affective) 동사와는 결합할 수 없다(Fillmore, 1968과 Teng, 1975b 참조). 다음 예를 보자.

(35) a. 他没提起那件事。

　　　他　没　　提起　　　　　那　件　事

　　　그　부정　제시하다-동조사　그　양사　일

　　　그는 그 일을 언급하지 않았다.

　　b. 他没问起你的名字。

　　　他　没　问　起　　你　的　　　名字

　　　그　부정　묻다　동조사　당신　관형어표지　이름

　　　그는 당신의 이름을 물어보지 않았다.

　한편, 앞에서 논의한 다른 모든 조사들은 다 '영향성' 동사와 공기한다. 조사 '起'와 '出'의 차이를 이해하기 위해서는 우선 '출현'과 '존재의 시작'의 차이를 구분해야 한다. 전자의 대상은 이미 존재하다가 누군가의 의식 안으로 들어온 데 반해, 후자의 조사의 대상은 새롭게 생겨난 것이다. 아래 예문에서 이 차이를 분명하게 보여준다.

(36) a. 我想起一个办法。

　　　我　想起　　　　　一　个　　办法

　　　나　생각하다-동조사　하나　양사　방법

　　　나는 방법 하나가 생각났다.

　　b. 我想出一个办法。

　　　我　想　　出　　一　个　办法

　　　나　생각하다　동조사　하나　양사　방법

　　　나는 방법 하나를 생각해냈다.

　예문 (36a)에서, '방법'(办法)은 원래 있었던 것으로(근원은 밝혀지지 않음), 주어의 의식 안으로 들어온 것이지만, 예문 (36b)에서는 그 '방법'(办法)이 주어에 의해 (막) 만들어진 것이다. 이것은 존재하는 것으로 상정되는 한정적 명사가 왜 '出'(나가다)가 나오는 문장에 나타나지 않는 것인지를 아주 자연스럽게 설명해 준다.

(37) a. 他想起他的母亲。

他 想起　　　　他 的　　　　　母亲
그 생각하다-동조사 그 관형어표지　어머니
그는 그의 어머니가 생각이 났다.

b. *他想出他的母亲。

他 想　　　出 他 的　　　　　母亲
그 생각하다 동조사 그 관형어표지　어머니

'돌발적인 상황'은 시간적 측면에서 '기동상'(inchoative aspect)을 정의한 것이다. 이로 인해 많은 중국어 언어학자들은 조사 '起'(来와 결합)를 기동상 표지로 정의하게 되었다(Chao, 1968:251, Wang, 1944:284). 아래의 문장은 이 기동상을 설명하고 있다.

(38)　他哭起来了。

他 哭起来　　　了
그 울다-동조사 완료표지
그는 울기 시작했다.

그러나 기동상(조사를 동작의 시작을 표현하는 해석으로 가정하는 대신)의 개념은 조사 '起'의 위치(추상적이기는 하지만)와 시간적 특징과 관련되는 중요한 일반화를 통해서 정립되었다12).

8. 住-부동성(immobility)

조사 '住'는 대상의 부동성을 나타내는데, 사실상 이 의미는 동사 '住'의 함의와도 대체로 부합된다.

(39) a. 他住在纽约。
　　　他 住　　 在 纽约
　　　그 머물다 …에 뉴욕
　　　그는 뉴욕에 산다.

　　 b. 我们住一夜吧!
　　　我们 住　　 一　 夜 吧
　　　우리 머물다 하나 밤 어기조사
　　　우리 하룻밤 머뭅시다.

기본적으로 이 동사는 '안정된'(stationary)의 상태로 정의된다13).
대상은 실제적인 이동 아니면 잠재적인 이동으로부터 부동의 상태가 될 수 있다. 예를 들면 다음과 같다.

(40) a. 你挡住他!

---

12) '买不起'((돈이 없어) 살 수 없다)와 '对不起'(미안하다/죄송하다)의 정확한 분석은 여전히 유효하다.
13) '住'를 '살다'로 번역하는 것은 적절하기 않다. 그것은 'stay'에 가깝지만, 'stay'는 과도한 함축을 가지고 있다.

你　挡住　　　他

당신　막다-동조사　그

당신은 그를 막으십시오!

b. 你留住他!

你　　留住　　　　他

당신　머무르다-동조사 그

당신은 그를 머무르게 하십시오!

또한, 이동은 예문 (40)에서와 같이 공간적 측면에서 정의되거나 시간적 측면에서 정의될 수 있다. 예를 보면 다음과 같다.

(41) a. 他被我问住了。

他 被　　　我 问住　　　了

그 피동표지 나 묻다-동조사 완료표지

그는 나에게 질문을 받았다.

b. 我记住他的名字了！

我 记住　　　　他 的　　　　名字 了

나 기억하다-동조사 그 관형어표지　이름 어기표지

나는 그의 이름을 기억했다.

마찬가지로, 시간적인 의미에서 예문 (41a)은 실제적인 이동의 예이고, 예문 (41b)는 잠재적인 이동의 예이다.

공간과 시간적 이동의 관계는 체계적이다. 이것은 공간적인 측면(동작동사와 공기할 때)이나 시간상(이동동사가 없음)의 측면에서 하향 이동과 관계되는 복합어 '下去'의 경우에 더 정확하게 설명될 수 있다. 예를 들면 다음과 같다.

(42) a. 你走下去!

你　走　下　　去

당신 가다 내려가다 가다

당신은 내려가십시오!

b. 你说下去!

你　　说下去

당신 말하다-동조사

당신은 계속 말해보세요!

예문 (42b)에서와 같이, 시간을 나타내는 '下去'를 지속상(continuative aspect)이나 연속상(successive aspect)으로 처리하게 되면(Wang 1944:284; Chao 1968:252; Thompson 1973:371), 중국어에서 공간과 시간의 중요한 연관성을 간과하게 된다[14].

참고문헌

Bolinger, Dwight. 1971. *The Phrasal Verb in English*. Harvard University Press.

Chao, Yuen Ren. 1968. *A Grammar of Spoken Chinese*. University of California Press.

Clark, Eve. 1974. Normal States and Evaluative Viewpoints. *Language*

---

14) 위의 토론과 관련없이, 우리는 예를 들면 '다음 달'은 중국어에서 '下月'로 설명할 수 없다. 또한 '下一站'(다음 역)은 동시에 공간적 시간적인 측면을 나타낸다는데 주의하자.

50.2.316-332.

Fillmore, Charles. 1968. *The Case for Case*. Universals in Linguistic Theory, ed. By E. Bach and R. harms. Holt, Rinehart, and Winston.1-88.

Fraser, Bruce. 1965. An Examination of the Verb-Particle Construction. MIT Ph.D. dissertation.

Gruber, Jeffery. 1965. Studies in Lexical Relations. MIT Ph.D. dissertation.

Hung, Xin-Heng. 1957. Modal Verbs, Directional Verbs, and the Copula. Yuwen Huibian 29.

Lü, Shu-Xiang. 1956. *Aspects of Chinese Grammar*. Shanghai: Commercial Press.

Tai James H.Y. and J.Y. Yang. 1974. On the Center of Predication in Chinese

Resultative Verb Compounds. Unpublished paper, Southern Illinois University.

Teng, Shou-Hsin. 1975a. On location and movement in Chinese. Gengo Kenkyu 67.30-57.

Teng, Shou-Hsin. 1975b. *A Semantic Study of Transitivity Relations in Chinese*. University of California Press.

Thompson, Sandra. 1973. Resultative Verb Compounds in Mandarin Chinese: a case for lexical rules. *Language* 49.2.361-379.

Wang, Li. 1944. *Theory of Chinese Grammar*. Shanghai: Commercial Press.

제10장 수식관계와 존현문 구조*

Modification and The Structures of Existential Sentences

1. 존현문(Existential Sentences)

이 글에서 존현문(Existential Sentences)이란 광의적인 측면에서 수동자 (patient) 의미역을 갖는 NP성분의 '존재'를 표현하는 구문을 말한다. 이러한 구문들은 전형적으로 '존재'(Presence), '출현'(Appearance), '소실'(Disappearance) 등의 3가지 범주의 동사를 포함한다.

(1) a. 존재(Presence)

有(have)

站著(standing)

坐著(sitting)

躺著(lying)

挂著(hanging)

放著(placed)

b. 출현 (Appearance)

---

*이 글은 ≪Symposium on Chinese Linguistics≫, 197-210, 1978. Taiwan: Students Books Co.에 출간된 것이다.

来(come)

出(come out)

起(emerge)

下(fall)

进(enter)

到(arrive)

c. 소실(Disappearance)

去(go)

死(die)

跑(escape)

逃(escape)

过(pass)

‘출현’(Appearance)와 ‘소실’(Disappearance)을 나타내는 동사가 본질적인 존재동사인 반면, ‘존재’(Presence)동사는 ‘有’를 제외하고는 행위동사로부터 도출되며, 진행상(progressive aspect) 접미사와 결합해야 한다.

존현문은 아래와 같은 통사적 특징에 의해 표시된다. 먼저, 존현동사는 대체로 공간이나 시간구와 공기한다. 예를 들면, 다음과 같다.

(2) a. 墙上有画。

墙 上 有　　画

벽 위 있다 그림

벽 위에 그림이 있다.

b. 昨天跑了两个犯人。

昨天 跑　　　了　　　两 个　犯人

어제 도망가다 완료표지 둘 양사 범인

어제 범인 두 사람이 도망갔다.

또한, '중복삭제'(redundancy deletion)라는 제약으로 인해, 공간적 혹은 시간적 성분들이 문장에 명확하게 드러나지 않고 함축된 경우, 발화의 장소나 시간이 관련된다. 예를 들어 보자.

(3) a. 医生来了。
　　　医生 来 　了
　　　의사 오다 완료표지
　　　의사가 왔다.

　　b. 新年到了。
　　　新年 到 　了
　　　새해 이르다 완료표지
　　　새해가 되었다.

시·공간적 성분이 결여된 경우, 중국어는 영어와 달리 항상 조응(anaphoric)성분이 존재하며, 그것은 일반적이거나 '형식적인'(dummy) 것으로 해석된다(Lyons, 1976). 예를 들면, 영어에서 예문 (4a)은 일반적인 것을 지칭할 수도 있고, 특정한 것을 지칭할 수도 있다(즉, 조응적인 해석도 가능한데, 말하자면 우주나 특수한 곳에 존재하는 유령을 지칭할 수 있다). 반면에 중국어의 예문 (4b)에서는 특정적인 해석만이 존재한다.

(4) a. I know that there are ghosts.
　　　(나는 귀신이 존재한다는 것을 안다.)

　　b. 我知道有鬼。

我 知道 有　鬼
나 알다 있다 귀신
나는 귀신이 있다는 걸 안다.

중국어에서는 일반적인 지칭인 경우에도 명시되어야 한다. 이것은 중국어와 영어의 조응전략(anaphoricisation strategies)의 차이로서, 예를 들어 'John is eating right now.'라는 의미를 나타내려면, 중국어로는 '约翰正在吃东西'(John is eating food right now)로 표현된다. 중국어에서는 동족목적어인 '东西'(것/물건/사물/물품)를 첨가해야 한다.

존현문의 두 번째 통사적 특징은 '출현'이나 '소실'동사 둘 다 주어가 동사의 앞과 뒤에 출현하는 것을 허용한다는 것과 관련이 있다. 존재 주어의 다른 위치는 예문 (5)에서 나타내는 바와 같다.

(5) a.　水进到二楼了。
　　　水 进　　　到　二 楼 了
　　　물 들어가다 보조사 이 층 어기표지
　　　물이 이층까지 들어왔다.

　　 b.　二楼进水了。
　　　二 楼 进　　　水 了
　　　이 층 들어가다 물 어기표지
　　　이층에 물이 들어왔다.

　　 c.　圣诞节过了就是新年。
　　　圣诞节　　过　了　　就　是　　新年
　　　크리스마스 지나다 완료표지 바로 ...이다 새해
　　　크리스마스가 지나면 바로 새해이다.

d. 过了圣诞节就是新年。

过　了　　圣诞节　　就　　是 新年

지나다 완료표지 크리스마스　바로 …이다 새해

크리스마스를 보내고 나면 바로 새해이다.

이와 같은 존현문에서 주어가 자동사와 관련된 동사들에 의해 다양한 위치에 실현될 수 있다 하더라도, 비-존현농사인 자동사(non-existential intrasitive)는 이것을 허용하지 않는다. 사실상, 이와 동일한 제약들은 영어를 포함한 다른 많은 언어에 존재한다. 아래의 문장을 비교해보자.

(6) a.　Here comes the bride.

　　　(여기에 신부가 왔다)

　b.　*Just now giggled the bride.

논의의 편의를 위해, 존현문의 '주어가 동사 뒤에 출현하는 현상'(post-verbal existential subjects)을 '주어도치'(Subject Inversion)라고 부를 것이다.

한편, '존재'(Presence)동사의 경우, 주어도치는 의무적이다. 이러한 동사들이 일반적으로 동사 앞의 주어와 공기하게 되면, 그것은 존현문이 아니다. 예를 들면 다음과 같다.

(7) a.　他在床上躺著。

　　　他 在　床 上 躺　著

　　　그 …에 침대 위 눕다 진행표지

　　　그는 침대 위에 누워있다.

b.　你坐著！

　　你 坐　著

　　너 앉다 진행표지

　　너 앉아 있어...

　　예문 (7)은 '활동'과 관련된다. 이 점에 관해서는 뒤에서 상세히 논의할 것이다.

　　이 글에서는 주로 중국어의 '주어도치' 현상을 살펴보고, 이 현상이 전통적인 술어나 수식개념으로 가장 합리적인 해석을 이끌어낼 수 있음을 보일 것이다.

2. 선행 분석(Previous Analyses)

　　중국어의 주어도치에 대한 선행적 접근은 가정되지만, 여기서 상세하게 논하지는 않을 것이다. 주어에 대한 선행 연구들은 주로 두 개의 이론을 바탕으로 이루어졌는데, 그 중 하나가 가장 전형적인 접근방법인 '한정성이론'(Definiteness Theory, Li & Thompson 1975, Hetzron 1975 참조)이다. 존현문의 주어가 한정적일 때는 동사 앞에, 비한정적일 때는 동사 뒤(Chao 1968)에 출현한다는 주장이다. 또 하나는 '주제성 이론'(Thematicity Theory, Li 1971, Kuno 1972, and Browne & Vattuone 1975)으로, 주제적 기능(thematic function)은 존현문의 동사 앞 주어와 관련시키는 반면, 비-주제적 기능(non-thematic function)은 동사 뒤에 출현하는 주어와 관련시키는 이론이다. 선행 연구에서 '주어도치'는 존현문이 갖는 독특한 자질이 아닌 단순한 언어현상의 한 가지로 간주되어왔다.

　　한정성이론에서 '주어도치'가 의미적 기능으로써 한정성을 표기하는 반면, 주제어 이론(Thematicity Theory) 에 따르면, '주어도치'는 텍스트 전략의 일부분이다. 왜냐하면 NP의 한정성은 경험적인 것 보다는 문법의 담화성분과 관련이 있기 때문인데, 이 두 이론은 기본적으로 양립될 수는 없으며, 두 분야를 관련시키는 체계적인 대안은 아직 제시되지 않았다.

상세한 비평은 잠시 제쳐두더라도, 상술한 두 가지 이론으로 제기되는 다음의 문제를 주목할 필요가 있다. (1)에서 제시된 바와 같이 존현동사가 자동사이지만, 많은 언어에서 형용사와 자동적인 행위동사와 같은 다른 형태의 자동사가 있다는 것을 상기해보자. 그러나 '주어도치'는 존현동사와 공기하며, 다른 형태의 자동사와는 공기하지 않는다. 아래의 문장에서도 찾아볼 수 없다.

(8) a. *很高一个人。
很　高　一　个　人
매우 크다 한 양사 사람

b. *哭了一个小孩子。
哭　了　一　个　小　孩子
울다 LE 한 양사 작다 아이

(9) a. *一个人很高。
一　个　人　很　高
한 양사 사람 매우 크다

b. *一个小孩子哭了。
一　个　小　孩子 哭　了
한 양사 작다 아이 울다　LE

NP의 한정성과 주제성은 한 언어의 모든 문장에 적용될 수 있는 문법자질이지만, 그것만으로는 존현문의 독특한 특징은 설명할 수 없다.

존현문의 이론은 왜 존현동사가 명사의 한정성, 비한정성과 다 관련될 수 있는 반면, 다른 유형의 동사는 그럴 수 없는 지를 설명할 수 있어야 한다. 다음에서 전통적인 '수식'의 개념이 이 문제에 대해 자연스러운 답을 제공할 수 있을 것으로 본다.

3. 술어와 수식(Predicate and Modification)

Jespersen(1924)의 종속(subordination)에 대한 정의로 볼 때, 술어(Predicate)의 기능은 주어를 수식하는 것이다. Jespersen(1924:96)은 종속의 개념을 활용해서 단어들이 서로 정의하고 정의되는 관계에 따라 단어의 다양한 계층을 구분하였다. 종속관계를 전체 문장에 적용할 때, 그는 다음과 같이 지적하였다.

'사납게 짖는 개'(a furiously barking dog)에서 성분 간의 결합관계를 보면 'dog'는 일차적이고, 'barking'은 부차적이며, 'furiously'는 더 부차적이다. 이 문장을 '개가 사납게 짖는다.'(the dog barks furiously)와 비교해보면, 후자에서 포착되는 종속관계가 전자의 결합과 동일하다는 것이 증명된다.(1924:97)

Jespersen(1924)의 원칙을 적용하여 이러한 수식관계(modification relation)는 모든 동사 앞에 위치하는 주어에는 성립되는 반면, 동사 뒤에 오는 주어의 모든 경우에는 비-수식관계(non-modification relation)가 적용된다고 가정할 수 있다.

존현문의 관점에서 볼 때, 다음 문장 쌍의 첫 번째는 수식문장이고, 두 번째는 비-수식문장이다.

(10) a. 客人来了。
　　　客人　来　　了
　　　손님　오다　완료표지
　　　손님이 왔다.

　　b. 来了客人。
　　　来　　了　　　客人
　　　오다　완료표지　손님
　　　왔다 손님이.

(11) a. 太阳出来了。
　　　太阳　出　　来　了
　　　태양　나오다　오다　완료표지
　　　태양이 나왔다.

　　b. 出太阳了。
　　　出　　太阳　了
　　　나오다　태양　어기표지
　　　나왔다 태양이.

(12) a. 昨天买的树死了。
　　　昨天　买　的　　　树　死　了
　　　어제　사다　관형어표지　나무　죽다　완료표지+어기표지
　　　어제 산 나무가 죽었다.

b. 昨天死了三棵树。

昨天 死　了　　　　　　　三　棵　树

어제 죽다 완료표지+어기표지　세 양사 나무

어제 죽었다 세 그루의 나무가.

이와 같은 분석은 다음과 같은 관찰로부터 증명된다. 술어의 기능은 주어를 수식하는 것이기 때문에 술어에 대한 다른 자격은 주어에 대해서도 참이어야 한다. 예문 (10)에서 부사 '又'(또)가 동사성분과 함께 출현하게 되면 다음과 같다.

(13) a. 客人又来了。

客人　又　来　　了

손님　또　오다　완료표지

손님이 또 왔다.

b. 又来了客人。

又　来　了　　　客人

또　오다 완료표지 손님

또 왔다 손님이.

예문 (13)에서 두 문장의 차이는 확실해진다. 예문 (13a)은 같은 사람이 중복해서 출현하는 것이고, 예문 (13b)은 다른 사람의 출현을 나타낸다. 예문 (13a)에서는 부사가 동사를 양화하는(quantifies) 반면, 예문 (13b)은 부사가 명사를 양화한다. 즉 (13a)은 동사성분이 주어를 수식하지만, (13b)은 그렇지 않다.

그러므로 수식에 있어서의 정상적인 제약은 비-수식에는 적용되지 않는다

는 것을 예측할 수 있다. 이는 확실히 일반적인 경험과 모순이 된다. 아래의
문장을 비교해보자.

(14) a. *病人又死了。

　　　　 病人 又　死　了

　　　　 환자 또　죽다 LE

　　 b. 又死了一个病人。

　　　　 又　死　了　　　　　　一　个　病人

　　　　 또 죽다 완료표지+어기표지 하나 양사　환자

　　　　 또 죽었다 환자 한 명이.

예문 (14a)의 기저구조의 변칙인 '*有个病人又死了。'(*There is a
patient such that he died again.)은 쉽게 설명할 수 있는 반면, (14b)의 기저구
조는 성립하기가 어렵다. '又有一个病人死了'(There again is a patient such
that he died.)는 이 문장의 구조를 제대로 반영할 수 없다. 그 문장에 대한
구조는 바로 다음과 같을 것이다.

(15)　　 又有一个病人死了。

　　　　 又　有　一　个 病人 死　了

　　　　 또 있다 한 명 환자 죽다 완료표지+어기표지

　　　　 또 환자 한 명이 죽었다.

예문 (15)은 예문 (14b)과 같은 의미도 아닐 뿐만 아니라, 그것으로부터
도출된 것도 아니다. 아래에 제시된 (16a) 역시 (16b)로부터 도출되었을 리는
없다.

(16) a. 又出太阳了。

又 出 太阳 了

또 나오다 태양 어기표지

또 태양이 나왔다.

b. *又有太阳出来了。

又 有 太阳 出 来 了

또 있다 태양 나오다 오다 LE

이와 동일한 상황은 다른 부사가 나왔을 경우엔 참이 된다.

(17) a. 病人也死了。

病人 也 死 了

환자 ...도 죽다 완료표지+어기표지

그 환자도 죽었다.(The patient also died.)

b. 也死了病人。

也 死 了 病人

역시 죽다 완료표지+어기표지 환자

어떤 환자들도 죽었다.(Some patients also died.)

c. 病人都死了。

病人 都 死 了

환자 모두 죽다 완료표지+어기표지

환자가 모두 죽었다.

d. *都死了病人。

都 死 了 病人

모두 죽다 완료표지+어기표지   환자

모든 환자가 죽었다.

e.   *病人只死了。

病人 只　死　了

환자 오직 죽다 LE

f.   只死了病人。

只　死　了　　　　　病人

단지 죽다 완료표지+어기표지 환자

단지 환자가 죽었다.

　상술한 논의에서 수식과 비-수식 문장들은 공기-제약과 양화규칙들을 준수하므로, 다양한 기저구조를 상정할 수 있다는 것을 보았다. 그 문장들이 NP성분의 한정성이나 주제성에서만 다르다고 주장하는 것은 타당하지 않다.

4. 수식의 속성(Properties of Modification)

　'수식'이란 문장에 의해 선택되는 문법자질이 아니고, 많은 요인에 따라 실현되는 논리관계이다.

　먼저, 동사의 의미범주는 문장의 수식 여부를 상당부분 결정한다. 행위동사, 타동사 혹은 자동사, 형용사들은 대체로 주어를 수식한다. 행위성은 반드시 행위주에 의해 실현되고, 기술(description)은 그 기술 대상(target)이 있어야 한다. 이것은 주어가 도치되는 비-존현문에 형용사나 자동성 행위동사가 포함되는 이유를 설명해준다.

일본어의 통사론 연구는 동사가 '수식'이나 '비-수식' 관계를 결정한다는 주장에 대한 유력한 증거를 제공해준다. Kuroda(1965)는 비형용사성 술어를 포함하는 문장의 주어는 'は'(wa)나 'が'(ga)로 표지될 수 있는 반면, 형용사를 포함하는 문장, 또는 그가 계사(copulative)라고 부른 술어의 주어는 대체로 'は'(wa)에 의해서만 수식될 수 있다고 지적하였다. Kuroda(1972)의 분석에 따르면, 'は'(wa)는 판단범주로 정의되는데, 필자가 이해한 바로는 그것은 Kuno(1972)의 주제어성 분석과 완전히 부합하지는 않는다. 그럼에도 불구하고, 일어에서 형용사는 주어의 한정정 유형과 관련이 있다는 점은 주목할 만하다.

한편, 존현동사는 '수식'이나 '비-수식'과 자유롭게 관련을 맺는다. 존현동사의 이와 같은 독특한 특징은 아래에서 상세하게 살펴볼 것이다.

둘째, 최소한 화자에게 있어서, 수식문의 주어는 반드시 특정적인 대상(specific referent)이 있어야 한다. 이 역시 형용사와 행위동사를 갖는 문장에서의 비한정적인 주어(indefinite subjects)의 비수식성을 설명해준다. 다음 문장을 살펴보자.

(18) a. 那种汽车很贵。

　　　　那　种　汽车很　贵

　　　　그 종류 차　　아주 비싸다

　　　　그런 종류의 차는 아주 비싸다.

　　 b. 有一种汽车很贵。

　　　　有　一　种　汽车很　　贵

　　　　어느 한　종류 차　아주 비싸다

　　　　어느 한 종류의 차는 매우 비싸다.

c. 德国汽车很贵。

德国　汽车　很　　贵

독일　차　　아주 비싸다

독일산 차는 아주 비싸다.

예문 (18a)의 주어는 한정적이며, 예문 (18b)에서는 특정적인 비한정명사이다. 즉, 화자에게 있어서는 한정적이고, 예문 (18c)에서는 총칭적(generic)이며, 또한 한정적 지칭의 한 유형이다. 진정한 비한정적 주어는 받아들여지지 않는다. 예를 들면, 다음과 같다.

(19) a. *一个小孩子很瘦。

一　个　　　小　　孩子 很　瘦

한 양사　어리다 아이 매우 여위다

b. *一个小孩子哭了。

一　个　　小　　孩子 哭　了

한 양사　어리다 아이　울다　LE

이와 동일한 제약이 다른 언어에서도 관찰되는데, 영어의 경우는 Firbas(1966)에서 상세히 논의되었다.

지칭성이 있는 명사만이 수식될 수 있지만, 그렇다고 수식되지 않는 명사들은 지칭성이 없다는 것을 의미하지는 않는다. 즉 수식문의 주어는 반드시 한정적이어야 하지만, 비-수식문의 주어는 한정적이거나 비한정적일 수 있다는 것을 의미한다. 후자의 경우는 다음과 같다.

(20) a. 门上有没有他的名字?

　　　门　上　有　没　有　他的　　　名字

　　　문　위　있다 부정 있다 그 관형어표지 이름

　　　문 위에 그의 이름이 있습니까?

　b. 黑板上有没有字?

　　　黑板　上　有　没　有　　字

　　　칠판 위　있다 부정 있다 글자

　　　칠판 위에 글자가 있습니까?

한편, 수사(numerals)에 의해 수식되는 명사들은 비-수식문의 주어 밖에
될 수 없다. 예를 들면 다음과 같다.

(21) a. 墙上挂著三幅画。

　　　墙 上 挂　著　　　三 幅 画

　　　벽 위 걸리다 진행표지 셋 양사 그림

　　　벽 위에 세 폭의 그림이 걸려있다.

　b. *三幅画挂在墙上。

　　　三 幅 画　挂　在　墙 上

　　　세 양사 그림　걸리다 ...에 벽 위

5. 비-수식어 특징(Characteristics of Non-modification)

위에서 서술한 논의를 통해, 이 연구의 핵심적인 문제에 접근하게 된다.
존현동사의 어떠한 특징이 그 자체로 비-수식어와 불가분의 관계를 갖게 하

는가? 비-수식어의 기능은 또 무엇인가?

비-존현동사(non-existential verb)의 주어는 화자와 청자가 공유하는 경험이나 지식 안에 존재한다고 가정되는 반면, 존현동사(existential verb)의 주어는 동사와 관련을 맺는 명사라는 사실이 중요하다. 확실히 '존재'라는 개념은 반드시 언어학의 관점으로부터 이해해야 한다. 아래의 문장을 보자.

(22)   树底下坐著一个老人。

       树　底下坐　著　　一 个 老人
       나무 아래 앉다 진행표지 한 양사 노인
       나무 아래 한 노인이 앉아 있다.

예문 (22)에서 화자가 이끄는 것은 '앉는 방식'이 아니라, '노인의 존재'이다(Firbas, 1964:271 참조). 존현동사가 '소실'이라는 개념으로 정의될 때는 다음과 같다.

(23)   昨天去了两个人。

       昨天 去　了　　两 个　人
       어제 갔다 완료표지 두 양사 사람
       어제 두 사람이 갔다.

물리적인 의미(physical sense)에서의 소실이라 할지라도, 동일한 경험적 존재가 표현된 것이다. 이러한 존재를 세우는 과정을 초점도입 혹은 '전경배치'(foregrounding)라고 부른다.

'전경배치'는 반드시 신정보와 '도입'(presentative)이라는 개념이 확실히 구분되어야 한다(Hetzron 1975). 전자는 문장의 정보구조(information structure)와 관련되지만, 후자는 담화전략(conversational strategy)이다. 둘 다 담화문법(discourse grammar)의 관점에서 정의된 것으로서, 담화요소(discourse factors)들이 체계적인 구조관계를 찾을 지는 확실하지 않다.

지금까지 도치된 주어로 전경화된 명사를 살펴보았다. 존현동사가 모두 자동사여서 그 명사가 주어인지 목적어인지와 관련해서 인지적인 혼동을 주지 않는다 할지라도, 왜 이 명사들이 통사에서 목적어의 위치에 출현하게 되는지를 묻지 않을 수 없다. 주제어 이론을 주장하는 학자들은 이 명사들이 목적어 위치에 있는 것이 아니고, 비-주제어 요소(non-thematic elements)의 위치에 있는 것이라고 주장할지도 모른다. 그러나 사실은 신정보는 문장에서 아주 다양한 위치에 출현할 수 있다(Lyons 1968:337 참조).

이와 관련해서, Dragunov(1958)의 분석은 시사하는 바가 크다. 그는 한정성 이론을 포기하고, 동사 뒤의 주어를 '종속 주어'(subordinated subject)로 정의하고, '종속주어는 술어의 구성성분 중의 하나이다. 많은 통사적 특징들로 인해 목적어에 가까워지기도 하고, 또한 비한정도 한정도 될 수 있다.'(1958:110, 주1)고 지적하였다. 여기서 Dragunov(1958)는 그가 주장한 '종속주어'와 목적어 사이에서 주저하고 있다. 형태변화가 없기 때문에, 중국어는 이러한 문제에 대한 명확한 해결책을 제공할 수가 없다. 덴마크어와 독일어에서는 존현명사가 목적격(objective case)의 형태로 나타나는 (Jespersen, 1924:155-6) 예가 몇 개 존재한다.

그러나 중국어에서 전경화된 명사를 목적어로 간주하는 데는 여전히 논란의 여지가 있다. 우선, 조건이 적절하다면, 일반적인 목적어는 관계절화(relativised)될 수 있지만, 관계화(relativisation)는 전경화된 명사에는 일어날 수 없다. 아래의 문장을 비교해보자.

(24) a. 我放了糖。
　　　 我 放　 了　　　 糖

나 넣다 완료표지 설탕

나는 설탕을 넣었다.

b. 我放的糖……

我 放　　的　　　　糖

나 넣다 관형어표지 설탕

네가 넣은 설탕…

c. 桌上放著糖。

桌　　上　放　著　　　糖

테이블 위 놓다 진행표지 설탕

테이블 위에 설탕이 놓여 있다.

d. *桌上放著的糖……

桌　　上 放　著　　　的　　　糖

테이블 위 놓다 진행표지 관형어표지 설탕

둘째, 수사 '一'과 목적어가 동시에 출현했을 때, 수사는 선택적으로 생략될 수 있다. 예를 들어보자.

(25)　我打了(一)个电报给他。

我 打　了　　　(一)　个 电报 给　　他

나 하다 완료표지 (하나) 양사 전보 …에게 그

나는 그에게 전보를 쳤다.

그러나 전경화된 명사와 동시에 출현했을 때는 생략하지 않는 게 낫다. 예를 들면 다음과 같다.

(26) a. ??里头躺著个犯人。

里头　躺　　著　　　　个　犯人

안　　눕다　진행표지　양사　범인

b. ??昨天跑了个犯人。

昨天　跑　　　了　　　个　犯人

어제　도망가다　완료표지　양사　범인

상술한 이러한 이유로 인해, 이 명사들은 이 글에서는 도치된 주어로 표시하였다. 향후 더 발전된 연구에서 이 현상을 명확하게 밝혀낼 수 있기를 바란다.

참고문헌

Browne, W and B. Vattuone. 1975. Theme-rheme structure and Zeneyze clitics. *Linguistic inquiry* VI:136-140.

Chao, Y.R. 1958. *Grammatical studies of modern Chinese* (Chinese translation). Peking: Kexue Chuban She.

Firbas, Jan. 1964. On defining the theme in functional sentence analysis. *TLP* 1:267-280.

Firbas, Ja, 1966. Non-thematic objects in contemporary English. *TLP* 2:239-256.

Hetzron, Robert. 1975. The presentative movement. Li 1975:346-388.

Jespersen, Otto. 1924. *The philosophy of grammar*. N.Y.: Norton.

Kuno, S. 1972. Functional sentence perspective: A case stud from Japanese and English. LI III: 269-320.

Kuroda, S-Y. 1965. Generative grammatical studies in the Japanese language. Ph.D. dissertation, MIT.

Kuroda, S-Y, 1972, The categorical and the thetic judgment. *Foundations of Language* 9:153-185.

Li, Charles. *Word order and word order change*. University of Texas Press.

Li, Charles and S. Thompson. 1975. The semantic function of word order: A case study in Mandarin. Li 1975:163-196.

Li, Frances. 1971. Case and communication function in the use of ba in Mandarin. Ph.D. dissertation, Cornell University.

Lyons, John. 1967. A note on possessive, existential, and locative sentences. *FL* 3:390-396.

Lyons, John. 1968. *Theoretical linguistics*. Cambridge University Press.

제11장 중국어 분열문에 관한 문제[1]

Remarks on Cleft Sentences in Chinese

이 글에서는 중국어 분열문(cleft sentences)을 일차적으로 정리하고 분석한다. 의미와 문법적인 측면에서 분열문과 판단문의 경계를 구분하고, 문법현상을 근거로 '是…的' 구문을 분열문으로 간주하던 전통적인 입장을 반박할 것이다. 분석과정에서 Hashimoto(1969)의 내포문(embeded sentences) 분석의 문제점을 지적할 것이다. 그러나 그의 문제점은 단문분석을 통해 해결될 수 있다는 점도 함께 언급할 것이다. 단문분석은 문장변형을 응용하여계사(Copula)를 문장 안으로 도입해야 한다. 하지만, 이러한 계사의 기원으로는 왜 분열문의 계사가 일반동사가 나타내는 문법적 특징들을 가지고 있는지를 해석할 수 없다.

적요

이 글은 중국어 분열문에 대한 일차적 연구를 제시한다. 중국어에서 분열문이 무엇인지를 정의하고, 대등구조(equation sentence)와의 복잡한 관계를

---

1) 이 글은 *Journal of Chinese Linguistics* 7.1.101-113, 1979에 출간된 것이다.

분명히 하고, 두 가지 대체가능한 분석을 논의한다. 이 글은 그 문제점에 대해 논쟁하거나 어떤 정의적인 문제의 해결방안을 제시하지는 않는다.

1. 중국어 분열문은 무엇인가?

이른바 '분열'(cleft) 혹은 '파열'(cleaving)은 통사적 기제를 통해 초점화시키고(focus), 대조(contrast)하거나 강조(emphasis)하기 위한 문장성분과 관련된 통사적 기술이다. 초점, 대조, 강조는 보통 음운(phonologically)을 통해 표시되는데(ex. 강세), 분열성분은 반드시 통사적으로 분명하게 표시되어야 한다. 아래에 열거된 두 개의 문장을 보자.

(1) a. It was your dog that I found in the park.
내가 공원에서 발견한 것은 바로 너의 개였다.

b. What I found in the park was your dog.
내가 공원에서 발견한 것은 너의 개였다.

예문 (1)에서 'your dog'는 모두 초점화 성분이다. 예문 (1a)은 '분열문'의 예이고, 예문 (1b)은 준분열문(pseudo-clefting)[2]의 예이다. 그러나 두 문장에서 초점화 성분은 모두 계사(copula) 바로 뒤에 온다. 또한, 초점화 성분인 'found'의 목적어는 주절에 출현하지 않았다.

예문 (1a)에서 초점이 주절의 앞에 출현하고, 예문 (1b)에서는 주절 뒤에 출현한 사실에도 불구하고, 그 초점들은 모두 전체 문장에서 '단언'(asserted)된 부분인 반면, 두 예문에서 주절은 '전제'(presupposed/assumed)된 부분이다.

---

2) 영어의 분열문과 준분열문 사이의 관계에 대한 논의는 Akmajian(1970) 참조.

그러므로 중국어 분열문을 판단하는 데는 아래와 같은 몇 가지 기준이 있다. (a) 초점화 성분을 표시하는 통사적 표지로서, 그것이 영어에서처럼 실제로 '분열'문인지의 여부는 이 글에서는 중요하지 않다. (b) 주절에 없는 NP는 초점화 성분과 공지시(co-referent)된다. (c) 전체 문장에서 차지하는 '단언'과 '전제'의 분포에서, 초점화 성분은 반드시 '단언'의 성질을 가져야 한다.

이 글은 '예문 (1)의 문장들을 중국어로는 어떻게 표현할까?'라는 질문으로부터 시작한다. 문장층위 및 담화·화용 층위에서의 의미적 특징을 제대로 반영하기 위해서, 아래의 예문 (2)만으로 예문 (1a)과 (1b)를 다 나타낼 수 있다.

(2)   我在公园里找到的是你的狗。

    我 在   公园里找 到   的   是   你   的   狗

    나 ...에서 공원 안 찾다 보조사 관형어표지 ...이다 당신 관형어표지 개

    내가 공원 안에서 찾은 것은 너의 개다.

예문 (2)은 위에서 언급한 (b)과 (c)의 조건을 만족시키고, 또한 초점인 '你的狗'(당신의 개)가 정상적인 위치로부터 왔기 때문에, (a)의 조건에도 합리적으로 부합된다. 그러나 중국어에서 '중심어-삭제'(Headnoun Deletion)가 상당히 보편적이라는 사실을 감안할 때, 그것이 핵이 없는 관계절인 대등문일 가능성을 배제할 수 없다. 예를 들면 다음과 같다.

(3) a.   他是一个要饭的。

    他 是   一   个 要   饭 的

    그 초점표지 하나 양사 ...희망하다 밥 초점표지

    그는 밥을 원하는 사람이다.

b. 那个昨天来找你的是老张。

那个　昨天来　找　你　的　　　是　老张

그 양사 어제 오다 찾다 당신 관형어표지 ...이다 장씨

그 어제 와서 당신을 찾았던 이는 장씨이다.

예문 (2)는 사실상 (1b)의 축소되지 않은 대응문인 예문 (4)를 나타낼 수도
있다.

(4) a. The thing that I found in the park was your dog.

내가 공원에서 발견한 것은 너의 개였다.

b. That which I found in the park was your dog.

내가 공원에서 발견한 그것은 너의 개였다.

초점이 목적어 (혹은 수동자) 이외의 역할을 하는 예를 살펴보면, 아래의
문장은 주절의 주어 (혹은 행위주)로 이해되는 초점을 포함한다.

(5) a. 在公园里找到你的狗的是我。

在　　公园里找　到　　你　的　　　狗的　　　是　　我

...에서 공원 안 찾다 보조사 당신 관형어표지 개 관형어표지 ...이다 나

공원에서 당신의 개를 찾은 사람은 바로 나다.

b. 是我在公园里找到你的狗(的)。

是　　我　在　　公园里找　到　　你　的　　　狗 (的)

...이다 나 ...에서 공원 안 찾다 보조사 당신 관형어표지 개 (관형어표지)

내가 공원에서 너의 개를 찾은 사람이다.

c. 你的狗是我在公园里找到的。

你　的　　　狗是　我在　公园里找到　　的
당신 관형어표지 개 …이다 나 …에서 공원 안 찾다 보조사 관형어표지
너의 개는 바로 내가 공원에서 찾은 것이다.

예문 (5)의 세 문장들은 의미가 동일하다. 초점의 위치(a의 문미, b의 문두, c의 문중)와 상관없이, 항상 계사(copula) 바로 뒤에 온다. 즉, 계사의 지배를 받는다. 문제가 되는 것은 바로 예문 (5b)와 (5c)와 같은 문장이다.

예문 (5c)은 중의적이다. 예문 (2)나 (5a)와 동일한 의미일 수 있다. 예문 (2)과 같은 의미일 때, 대등-도치(Equation Inversion)에 의해 설명될 수 있다. 즉, A=B를 B=A로 바꾸는 것으로서, 이 과정은 문장의 진리치에 영향을 주지 않는다[3]. 한편, (5c)가 (5a)와 같은 의미일 때, 그 어떤 과정을 통해서도 (5c)는 (5a)로부터 직접적으로 도출될 수 없다. 차라리 중국어에서 생산적인 과정으로 간주되는 목적어-전치(Object Preposing)를 통해 예문 (5b)로부터 도출되어야 한다. 그렇다면 예문 (5b)은 어떻게 해석가능한가? 의미가 동일하기 때문에 (5b)가 (5a)와 관련된다고 하면, 구조 A=B에서 B=A로 바꾸는 과정이 필요한데, 그 과정은 정상적으로는 관찰되지 않는다[4]. 예문 (2)을 다음의 문장과 비교해보자.

(6)　　　*是你的狗我在公园里找到的。

是　　　你　的　　　狗我在　公园里找到　　的
…이다 당신 관형어표지 개 나 …에서 공원 안 찾다 보조사 관형어표지

---

3) 중국어 계사구문에서의 도치과정에 대한 논의에 대해서는 Hashimoto(1969) 참조.
4) 만일 B가 상위술어라면 그와 같은 구조변화는 이론적으로 배제되지 않는다. 참조.
   (i) That he didn't come is uncomfortable, (ii) Unfortunately he didn't come.

초점이 장소일 때, 문장형식은 아래와 같다.

(7) a. 我是在公园里找到你的狗的。

我 是 　 在 　 公园 里 找 到 　 你 的 　 　 狗 的
나 초점표지 …에서 공원 안 찾다 보조사 당신 관형어표지 개 초점표지
내가 공원에서 너의 개를 찾은 사람이다.

　 b. 我找到你的狗的地方是在公园里。

我 找 到 　 你 的 　 　 狗 的 　 　 地方 是 　 在 公园 里
나 찾다 보조사 당신 관형어표지 개 관형어표지 곳 …이다 …에서 공원 안
내가 당신의 개를 찾은 곳은 바로 공원 안이다.

　 c. *我找到你的狗的是在公园里。

我 找 到 　 你 的 　 狗 的 　 　 　 是 　 在 　 公园 里
나 찾다 보조사 당신 관형어표지 개 관형어표지 …이다 …에서 공원 안

　 예문 (7)에서 초점화된 성분은 계사동사(copula verb) 바로 뒤에 온다. 예문 (7a)은 (5a)의 도치현상과 같이 해석이 약할 수는 있겠지만, 대등문처럼 해석할 수도 있다. 예문 (7b)은 일반적인 대등구조이며, 예문 (7c)에서 보여주는 바와 같이 그것의 중심어가 장소이면 삭제될 수 없다. 따라서 예문 (7c)의 비-공기성(non-occurrence)은 예문 (7a)가 예문 (7b)로부터 도출되었다는 것을 설명해준다. 예문 (5b)와 같이, 예문 (7a)은 대등문의 근원을 가지고 있지 않다.

　 이제 과거사건이 아닌 것(비-과거사건)과 상태와 관계되는 경우를 검토해보자. 아래에 제시된 모든 문장은 다 상술한 분열문의 기준에 부합한다.

(8) a.　是我明天到纽约去。

　　　　是　　　我 明天 到 纽约 去
　　　　초점표지　나 내일 ...에 뉴욕 가다
　　　　바로 내가 내일 뉴욕에 간다.

　　b.　我是明天到纽约去。

　　　　我 是　　　　明天 到 纽约 去
　　　　나 초점표지　내일 ...에 뉴욕 가다
　　　　나는 바로 내일 뉴욕에 간다.

　　c.　我明天是到纽约去。

　　　　我 明天 是　　　到 纽约 去
　　　　나 내일 초점표지 ...에 뉴욕 가다
　　　　나는 내일 바로 뉴욕에 간다.

즉, 초점화 성분 바로 앞에 오는 표지의 출현, 초점화 성분과 공지시되는 NP의 부재, 그리고 '단언'과 '전제'의 분포 등이다. 이러한 문형은 아래의 과거-사건 대응문과 얼마나 유사한 지 살펴보자.

(9) a.　是我昨天到纽约去的。

　　　　是　　　我 昨天 到 纽约 去　　的
　　　　초점표지　나 어제 ...에 뉴욕 가다 초점표지
　　　　바로 내가 어제 뉴욕에 갔다.

　　b.　我是昨天到纽约去的。

　　　　我 是　　　　昨天 到 纽约 去　　的
　　　　나 초점표지　어제 ...에 뉴욕 가다 초점표지

나는 바로 어제 뉴욕에 갔다.

c. 我昨天是到纽约去的。

    我 昨天 是 　 到 纽约 去 　 的

    나 어제 초점표지 ...에 뉴욕 가다 초점표지

    나는 어제 바로 뉴욕에 갔다.

과거-사건의 문장에서 유일한 차이는 조사 '的'의 출현이다. Dragunov (1958:91)는 이에 근거해서 '的'은 사실상 과거-시제 표지(past-tense marker) 라는 결론을 내렸다.

예문 (8)의 문장들을 분열문이라고 가정함으로써, 예문 (5b)과 예문 (7a)과 같은 문제가 되는 문장을 체계적으로 해석할 수 있다. 예문 (8)의 문장들은 확실히 대등구조와는 무관하다. 왜냐하면, 대등문의 정의를 보면, 대등문은 두 개의 NP와 하나의 S가 있어야 하기 때문이다. 예문 (8)의 계사동사(copula verb)는 단순한 초점표지처럼 보인다. 예문 (8a, b)은 아직 정의되지 않았지만, 예문 (5b)과 (7a)가 각각 대등구조와는 관계가 없다는 것을 설명해준다.

그러나 여전히 해결해야 할 문제가 있다. 과거와 비-과거의 문장에서 목적어를 제외한 모든 성분이 초점화될 수 있다(특히 아래의 예문 (22)참조). 다음 문장을 비교해보자.

(10) a. *我明天来带是你。

    我 明天 来 　 带 　 是 　 你

    나 내일 오다 데리다 ...이다 당신

b. *我昨天带是他来的。

    我 昨天 带 　 是 　 他 来 　 的

나 내일 데리다 초점표지 그 오다 초점표지

예문 (10)과 같은 문장은 일반적인 대등구조를 통해서 표현될 수 있다. 예문 (2)을 보라. 그러나 예문 (10)은 예문 (2)처럼 중의적이지 않다.

중국어에서 분열문은 구조적으로 비-대등 계사동사(copula verb)가 단독 출현함으로써 표현된다고 결론지을 수 있다. 전통적으로 Hashimoto(1969)가 '是…的' 구문이 중국어에서 (준)분열문((pseudo-)cleft sentence)이라고 정의했던 전통적인 가정에 모순된다. 한편, 예문 (8)과 (9)의 대조는 확실히 문말조사 '的'의 선택여부는 전체 문장이 분열문인지 비-분열문인지에 달려있다는 것을 보여준다.

2. 분열문과 대등문(Cleft and Equation)

표면적으로 볼 때, '과거-사건'이나 '상태'와 관련되는 분열문은 구조적으로 대등문과 구분하기가 쉽지 않은 경우가 많다. '중심어-삭제규칙'의 응용을 통해, 아래의 예문 (11a)은 선택적으로 예문 (11b)을 구성할 수 있다.

(11) a. 张三是1970年毕业的学生。

　　　 张三　　　是　　　1970 年 毕业　　　的　　　　　学生

　　　 장삼(이름) …이다 1970 년 졸업하다 관형어표지 학생

　　　 장삼은 1970년에 졸업한 학생이다.

　　b. 张三是1970年毕业的。

　　　 张三 是　　　　1970 年 毕业　　　的

　　　 장삼 초점표지　1970 년 졸업하다 초점표지

장삼은 1970년에 졸업한 학생이다.

예문 (11b)도 분열문으로 해석될 수 있는데, 거기서 '1970'만이 문장의 유일한 단언 부분이고, 나머지는 모두 전제이다. 이 중의성은 그 자체로는 나타나지 않지만, 우선적으로 분열문 해석이 가능하다. 따라서 예문 (11b)은 기껏해야 '谁是张三?'(누가 장삼입니까?)에 대한 부자연스러운 대답이 된다.

이와 같은 이중적인 해석이 항상 가능한 것은 아니다. 분열문 해석은 다음과 같은 환경에서는 가능하지 않다. 우선, 문장에서 계사 뒤에 수사(numerals)나 지시사(demonstratives)가 출현한 경우이다. 예를 들면 다음과 같다.

(12) a. 张三是一个最近毕业的。
　　　　张三 是 　　一 　个 最近 毕业 　　　 的
　　　　장삼 ...이다 하나 양사 최근 졸업하다 관형어표지
　　　　장삼은 최근에 졸업한 사람이다.

　　 b. 张三是那个昨天来看你的。
　　　　张三 是 　　那个 昨天 来 　看 　你 　的
　　　　장삼 ...이다 그 　　어제 오다 보다 당신 관형어표지
　　　　장삼이 바로 어제 너를 보러 온 그 사람이다.

이것은 수사와 지시사는 지시대상(referent), 즉, 이 경우에는 관계절의 중심어에 해당하는 대상을 필요로 한다는 사실에 의해 설명될 수 있다. 다시 말해서, 기저구조에서 분열문은 '的' 뒤에 명사성분을 포함할 수 없음을 말해주는 것이다.

(13) a. 他就是我昨天在路上碰见的。

　　　他　就　是　　　我　昨天　在　　　路上　碰见　　的
　　　그　바로　…이다　나　어제　…에서　길　만나다　관형어표지
　　　그가　바로　내가　어제　길에서　만난　사람이다.

b. 我昨天在路上碰见的就是他。

　　　我　昨天　在　　　路上　碰见　　的　　　　　就　　是　　　他
　　　나　어제　…에서　길　만나다　관형어표지　바로　…이다　그
　　　내가　어제　길에서　만난　사람이　바로　그이다.

이것은 전형적인 '판단문'(identification sentence)의 예로서, 명사성분은 자유롭게 도치될 수 있다. 더 자세한 것은 예문 (13b)에서 관계절이 보여준다. 예문 (13a)에서의 '단언'과 '전제' 부분은 분열문 해석을 암시하는데, 분열문은 계사 바로 뒤에 나오는 성분을 초점화시키거나 강조범위로 선별하기 때문이다.

한편, 계사 앞에 출현한 성분이 NP-절점으로부터 나온 것이 아닐 경우에는 분열문 해석만이 가능하다. 다음 세 개의 예를 보자.

(14) a. 他是昨天从纽约坐火车来的。

　　　他　是　　　昨天　从　　　纽约　坐　火车　来　　的
　　　그　초점표지　어제　…에서　뉴욕　앉다　기차　오다　초점표지
　　　그는　바로　어제　뉴욕에서　기차타고　왔다.

b. 他昨天是从纽约坐火车来的。

　　　他　昨天　是　　　从　　　纽约　坐　火车　来　　的
　　　그　어제　초점표지　…에서　뉴욕　앉다　기차　오다　초점표지
　　　그는　어제　바로　뉴욕에서　기차　타고　왔다.

c. 他昨天从纽约是坐火车来的。

　他　昨天　从　　纽约　是　　　坐　火车　来　　的
　그　어제　...에서　뉴욕　초점표지　앉다　기차　오다　초점표지
　그는 어제 뉴욕에서 바로 기차 타고 왔다.

　예문 (14)에서 (14a)만이 중의적인데, 왜냐하면 계사 앞에 온 성분인 '他'(그)는 NP이지만, (14b)과 (14c)에서 계사는 각각 '他昨天'(그 어제)과 '他昨天从纽约'(그 어제 뉴욕에서)의 앞에 오며, NP의 구성성분이 되지 않기 때문이다(사실상 그것들은 구성성분이 아니다).

　한편, 타동문(transitive sentence)에서 일반적으로 문말 혹은 목적어 뒤에 출현하는 조사 '的'(목적어-조사 도치(Object-Particle Inversion)를 통해)가 목적어 앞으로 이동할 경우, 이 문장은 분열문일 수밖에 없다. 아래 예문을 보자.

(15) a. 他是去年毕业的。

　　　他　是　　　　去年　毕　　业　的
　　　그　초점표지　작년　마치다　학업　초점표지
　　　그가 바로 작년에 졸업한 사람이다.

　　b. 他是去年毕的业。

　　　他　是　　　　去年　毕　　的　　　业
　　　그　초점표지　작년　마치다　초점표지　학업
　　　그가 바로 작년에 졸업한 사람이다.

　따라서 (15a)는 중의적이지만, (15b)은 단지 분열문으로만 해석된다[5].

---

5) 목적어-조사 도치에 관한 확장된 논의는 Hashimoto(1969)와 Chao(1968:297) 참조.

분열문에서 계사동사(copula verb)는 대등문에서의 대응성분과는 구분된다는 증거가 더 있다. 적절한 환경이 주어지면, A=B의 구조는 문장의 진리치를 변화시키지 않고, B=A의 구조로 전환될 수 있다(예문 13 참조). 한편, 분열문에서 그와 같은 도치 결과 의미가 완전히 변하게 된다. 예를 들면, 예문 (16a)은 대등문으로 해석될 때는 예문 (16b)과 동일한 의미를 갖지만, 분열문으로 해석될 때는 예문 (16a)은 예문 (16b)과 다르다. 왜냐하면 초점화된 성분, 즉 '是'바로 뒤에 오는 성분이 이동했기 때문이다.

(16) a. 张三是李四找到的。

张三　是　　　李四　找　到　　　的
장삼　초점표지　이사　찾다　보조사　초점표지
장삼이 바로 이사가 찾은 그 사람이다.

b. 李四找到的是张三。

李四　　　找　到　　的　　　是　　　张三
이사(이름)　찾다　보조사　관형어표지　초점표지　장삼(이름)
이사가 찾은 사람이 바로 장삼이다.

3. 보어문 분석(The complement sentence analysis)

다음과 같은 중의적인 문장을 설명하기 위해서, Chao(1968)는 '특정적인 的'(분열문 해석) 과 '제약적인 的'(대등문 해석)을 구분하였다(1968, p. 297).

(17)　　他是去年来的。

他 是 　　　去年 来 　的
그 초점표지　작년 오다 초점표지
그가 바로 작년에 온 사람이다.

　　바꿔 말하면, 그가 이 둘을 다 명사화표지(nominaliser)로 간주했을 지라
도, 중의적인 의미로 해석되는 원인을 그 조사의 다른 기능으로 보았다는
것이다. 이 외에도, 그의 분석을 통해 동사를 두 가지 해석 모두에서 일반적
인 계사로 간주한 것을 알 수 있다. 즉, 이 두 가지 해석이 대등문의 도출형태
라는 것이다. 이러한 분석은 앞에서 언급했던 Dragunov(1958)가 조사를 과
거시제표지로 간주했던 분석과는 본질적으로 차이가 있다.
　　한편, Hashimoto(1969)는 예문 (17)의 두 가지 해석은 각기 다른 구조로
인한 것이라고 주장하였다. 따라서 【그림 1】은 대등문의 해석을, 【그림
2】는 분열문의 해석을 나타낸다.

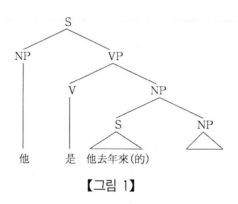

【그림 1】

　　먼저 Hashimoto(1969) 역시 두 개의 다른 '的'을 구분했다는 사실에 주목
할 필요가 있는데, 그 하나가 【그림 1】이다. 그것은 변형을 통해 도입된
관계절 표지이다. 또 하나는 【그림 2】이다.

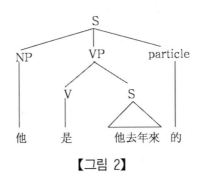

【그림 2】

기저에서 문장조사(sentential particle)로 표시되었는데, 이것은 Dragunov
(1958)의 방법과 유사하다.

(과거사건)의 분열문을 보어문으로 분석하는 데는 몇 가지 난점이 있다.
첫째, 【그림 1】과 【그림 2】에서 계사동사(copula verb) 사이의 관계에 대해
서는 아무런 설명이 없다. 중국어에서 자동사 계사(intransitive copula)의 가
설을 지지할 충분한 증거가 없으며, 【그림 2】의 구조는 예외적인 해결이다.

둘째, Hashimoto(1969)의 분석은 초점의 다양한 범위를 설명할 수 없다는
것인데, 이것은 아주 중요한 문제이다. 그는 초점범위를 "'是'와 '的' 사이에
오는 성분을 초점화한다."와 같이 정의하였다. 상술한 예문 (14)의 문장들은
형식상으로는 동일하고, 계사의 위치만 다르다. 따라서 초점의 범위가 다르
다. Hashimoto(1969)는 모든 문장에는 동일한 보어문이 있다고 간주한 것
같다(Yesterday he came from New York by train). 왜냐하면 주어 명사구(he)
는 시간, 장소와 방식부사 그리고 하나의 성분을 구성할 수 없으므로, 계사
앞에 출현하는 성분을 전체 문장의 주어라고 가정할 수 없기 때문이다. 따라
서 예문 (14)의 문장들이 【그림 2】에서 제안된 구조에서 도출된 것이라면,
계사를 정확한 위치에 할당할 방법이 없다. 다시 말해서, 초점의 범위를 정확
하게 정의할 수 없다는 것이다.

셋째, 보어문 분석은 '동일-명사구 삭제'(Equi-NP Deletion)를 정확하게 통제할 수 없다. 【그림 2】에서, 주어 NP의 두 번째 출현은 삭제되지만, 아래와 같이 예문 (18)을 도출해낸다.

(18)   是他去年来的。

   是   他 去年 来   的
   초점표지   그 작년 오다 초점표지
   바로 그가 작년에 온 사람이다.

Hashimoto(1969)는 분명 첫 번째 출현한 '他'를 삭제했다. 이 외에도, 그러한 경우 예문 (17)과 예문 (18)은 의미적으로는 다르지만, 동일한 기저구조를 갖는다.

4. 단순문 분석(The simplex analysis)

분열문이 단순문(simplex source)으로부터 파생되었을 가능성은 다음과 같은 사실에 근거한다. 첫째, 초점표지(focus marker)로서의 계사(copula)는 문장의 모든 성분 앞에 다 출현한다는 것이다(목적어 제외, 이 문제는 아직 미제로 남아있다). 둘째, 초점 성분은 영어와는 달리 비-분열문과 같이 원래의 위치에 남겨진다(예문 (14) 참조). 영어에서는 분열성분은 가장 좌측(분열문)이나 가장 우측(준분열문)으로 이동한다.

단순문 분석에서, 예문 (17)의 기저구조는 【그림 3】에서 나타내는 바와 같다.

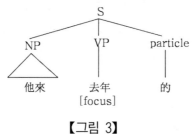

【그림 3】

그리고 (19)의 기저구조는 【그림 4】가 나타내는 바와 같다.

(19)   是我明天要去。

　　是　　我 明天 要　　　去
　　초점표지 나 내일 ...할 것이다 가다
　　바로 내가 내일 가려고 한다.

초점표지는 변형을 통해 초점화 성분을 직접 지배하는 곳으로 도입된다.

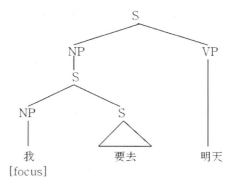

【그림 4】

이러한 분석은 주요동사 조차도 초점화되어 영어구문 'What he did with car was sell it.'에서 대동사(pro-verb) 'did'를 제거하고 난 후와 유사하다는 점에서 특히 매력적이다. 다음의 문장을 비교해보자.

(20) a. 那本书, 他是偷来的。

　　　 那 本　书, 他 是　　 偷　　 来　 的

　　　 그 양사 책,　그 ...이다 훔치다 오다 관형어표지

　　　 그 책, 그가 훔쳐 온 것이다.

　　 b. 这个房子是租的。

　　　 这 个　房子 是　　　 租　　 的

　　　 이 양사 집　 ...이다　 세놓다 관형어표지

　　　 이 집은 세놓은 것이다.

이 외에도, 이 분석은 아래 문장들 사이의 환언관계(paraphrase relation-ship)를 설명할 수 있다.

(21) a. 我们昨晚开会是在王家的。

　　　 我 们　昨晚　　 开会 是　　　 在　 王家　　　 的

　　　 나 -들 어제 저녁　 회의 초점표지 ...에 왕씨네 집 초점표지

　　　 우리들이 어제 저녁에 회의를 연 곳이 바로 왕씨네 집이다.

　　 b. 我们昨晚是在王家开的会。

　　　 我们　 昨晚　　　 是　　　 在 王家　　 开　 的　　 会

　　　 나 -들 어제 저녁　 강조표지 ...에 왕씨네 집 열다 초점표지 회의

　　　 우리들은 어제 저녁에 바로 왕씨네 집에서 회의를 열었다.

예문 (21)은 장소구의 위치에서만 차이가 난다. 장소가 상위술어(higher predication, Tai, 1973과 Teng, 1975 참조)라고 가정하면, 그것은 하위 VP의 좌측으로 내려갈 수 있다. 예문 (21b)은 술어하강(Predicate Lowering)을 통해 예문 (21a)로부터 파생되는 경우, 초점표지 '是'가 출현한 단순문 분석도 예문 (21a)과 (21b)간의 의미차이 없이 두 예문에서 모두 장소구 앞에 출현한다.

그러나 단순문 분석이 직면하게 되는 어려운 문제는 초점표지가 본동사처럼 기능한다는 것이다. 즉 초점표지는 부정될 수도 있고(따라서 분열문은 이중부정을 포함할 수도 있다), 부사의 영향권 관계에 놓이기도 한다. 아래의 문장은 이 점을 설명하고 있다.

(22) a.　不是他不要去6)。

　　　　不　是　　　他 不　要　　　　去
　　　　부정 초점표지　그 부정 ...할 것이다　가다
　　　　그가 가려고 하지 않은 게 아니다.

　　b.　可能是他不去。

　　　　可能　是　　　他 不　去
　　　　아마도 초점표지　그 부정 가다
　　　　아마도 그는 안 갈 것이다.

　　c.　是他可能不去。

　　　　是　　　他 可能　不　去
　　　　초점표지　그 아마도 부정 가다
　　　　바로 그가 아마도 안 갈 것이다.

---

6) 예문 (22a)은 분열문('It is not him doesn't want to go')과 반박문('It is not the case that he doesn't want to go')사이에서 중의적이다.

예문 (22b)에서는 부사가 초점표지를 지배하지만, 예문 (22c)에서는 후자가 전자를 지배한다[7]. 예문 (22b)과 (22c)는 근원이 동일하기 때문에 이러한 성분통어관계는 단순문 분석에서는 명시될 수 없다.

이 글에서는 중국어 분열문과 관련해서 기본적인 특징과 문제점에 대해 일차적으로 소개 하고자 했다. 앞으로의 연구를 통해 이 글에서 제안한 몇 가지 문제점들이 해결되고, 중국어 분열문에 대한 이해가 깊어지길 바란다.

참고문헌

AKMAJIAN, ADRIAN. 1970. On deriving cleft sentences from pseudo-cleft sentences. *Linguistic Inquiry* 1.2. 149-168.

CHAO, YUEN-REN. 1968. *A Grammar studies of spoken Chinese.* UC Press, Berkeley and Los Angles.

DRAGUNOV, A. A. 1958. *Grammatical studies of modern Chinese* (Chinese translation). Peking: Kexue Chuban She.

HASHIMOTO, ANNE. 1969. The verb 'to be' in modern Chinese. Foundations of Language Supplementary Series 9.4. 72-111.

TAI, JAMES H-Y. 1973. A derivational constraint on adverbial placement in Mandarin Chinese. *Journal of Chinese Linguistics* 1.3. 397-413.

TENG, SHOU-HSIN. 1974. Negation in Chinese. *Journal of Chinese Linguistics* 3.1. 60-75.

---

7) 중국어에서 술어와 관련된 성분통어관계에 관한 확장된 논의는 Tai(1973)와 Teng(1975) 참조.

제12장 중국어의 직시소, 조응사 그리고 지시사*

Deixis, Anaphora, and Demonstratives in Chinese

1. 직시(Deictic)와 조응(anaphoric)

이 글은 지시(reference)와 관련해서, 직시소(deixis)와 조응사(anaphora)의 개념을 집중적으로 논의할 것이다. 직시소는 '발화행위에 의해 창조되고 유지되는 시·공간적 맥락과 관련해서 얘기되고 있는 사람, 사물, 사건, 과정이 위치하고 있는 것과 그것이 무엇인지를 알려주는 요소'(Lyons 1977: 637)를 의미한다. 아래의 예문을 보자.

(1) a. 你要买哪个表?

   你   要   买   哪   个   表
   당신 …할 것이다 사다 어떤 양사 시계
   당신은 어떤 시계 사려고 하십니까?

   b. 我要那个。

---

*이 글은 *Cahiers de Linguistique Asie Orientale* 10.5-18, 1981(Paris)에 출간된 것이다.

我 要　　　那 个
나 필요하다 저 양사
나는 저 것이 필요합니다.

예문 (1b)에서 '那个'(저것)는 - 화자가 가리키고 있는 손목시계 - 직시소 (deixis)이며, 이 직시소는 화자와 청자 모두 볼 수 있다.

한편, 조응사(anaphora)는 선행사(antecedent)에 대한 지칭으로서, 이 선행사는 언어적인 혹은 비언어적인 행위로 이미 나타난 것이다. 즉 조응사는 기본적으로 대체물로 쓰인다. 예문 (2)을 보자.

(2)　　　好！我马上把那个寄给你。

好　我　马上　把　那 个　寄　　给　　你
좋다　나　바로　BA　그 양사　부치다 ...에게 당신
좋습니다! 내가 곧 그것을 너에게 부쳐주겠습니다.

위에서 '那个'(그것)가 조응사로서, 즉 화자와 청자가 이미 이 명사에 대한 지식을 공유하고 있다.

예문 (1)과 (2)에서 제안된 바와 같이, 직시사와 조응사의 구분은 신정보와 구정보에 대응되지 않는다. 이 두 문장은 완전히 독립적이다. 예를 들면, 예문 (3a)에서 직시명사 '这辆车'(이 차)는 신정보이지만, 그것이 예문 (3b)에서는 오히려 구정보로서 삭제될 수 있다.

(3) a.　谁要买这辆车?

谁　　要　　　　买 这 辆　车
누구　...할 것이다 사다 이 양사 차
누가 이 차를 사려고 합니까?

b. 你不能卖〈这辆车〉。〈这辆车〉是我的。

你　不　能　　　卖 这 辆 车 这 辆 车 是　　 我 的

당신 부정 할 수 있다 팔다 이 양사 차 이 양사 차 강조표지 나 강조표지

당신은 이 차를 살 수 없습니다. 이 차는 내 것이다.

이와 유사하게, 조응사는 (4a)의 '那封信'(그 편지)과 같이 신정보일 수도 있고, (4b)의 '那封信'(그 편지)과 같이 구정보일 수도 있는데, 이 구정보는 삭제될 수 있다.

(4) a. 那封信, 你带来没有?

那 封　信, 你　　带　　来　没有?

그 양사 편지, 당신　 휴대하다 오다 부정

그 편지, 당신은 가져왔습니까?

b. 对不起 ! 我〈把那封信〉忘了。

对不起 !　　我〈把 那 封　信〉忘了

미안합니다!　나　BA 그 양사　편지 잊다

미안합니다! 내가 그 편지를 잊었습니다.

직시사와 조응사의 그 어떤 구분도 예문 (3)과 (4)에서 제안한 바와 같이 삭제성(deletability)의 기초위에서 정의될 수는 없다. 사실상, 중국어에서 이 둘은 모두 삭제될 수 있다. 전자의 예는 아래에서 나타내는 바와 같다. 녹음기를 들고 군중에게 사라고 외치는 판매자를 상상해보라.

(5) a. 〈这个〉是日本做的 !

〈这 个〉　是　　 日本 做　　 的

이 양사 강조표지 일본 만들다 강조표지

이것은 일본제입니다.

b. 〈这个〉 谁要买?

　　〈这 个〉　谁　　要　　　　　买

　　이 양사　누구 ...할 것이다 사다

　　이것은 누가 사시렵니까?

　　예문 (5)에서, '这个'는 직시소이며 완전히 삭제가능하다. 이 상황은 중국어에서 '你'(당신)의 삭제와 아주 유사한데, 그것은 항상 직시적이다. 즉 다음과 같다.

(6) a. 〈你〉 要不要买这个?

　　〈你〉　要　　　　不　要　　　　买　这　个

　　당신　...할 것이다 부정 ...할 것이다 사다 이 양사

　　당신 이것을 살 겁니까?

b. 〈你〉 别走!

　　〈你〉　别　　　　　走

　　당신　...하지마라　가다

　　당신 가지 마십시오!

2. 공간(Space)과 시간(Time)

　　직시적으로 쓰였든 조응적인 용법이든 간에, 지시사(demonstrative)는 공간이나 시간을 가리킨다. 그것의 다양한 상황은 아래에서 보여주는 바와 같다.

(7) 공간 직시(Spatial deictic)

    a.   这个房子是我的。

        这 个　房子 是　　我 的

        이 양사 집　...이다 나 관형어표지

        이 집은 나의 것이다.

    b.   那个房子也是我的。

        那 个　房子 也　是　　我 的

        그 양사 집　...도 ...이다 나 관형어표지

        그 집도 나의 것이다.

(8) 시간 직시(temporal deictic)

    a.   这任主席谁当?

        这 任　主席 谁　当

        이 양사 의장 누가 담당하다

        이번 의장은 누가 담당합니까?

    b.   那任主席是谁当的?

        那 任　主席 是　　谁 当　　的

        그 양사 의장 ...이다 누가 담당하다 관형어표지

        그 때 의장은 누가 담당했습니까?

(9) 공간 조응(Spatial anaphoric)

    a.   这种话, 你最好别说。

        这 种　话, 你 最好　　别　　　说

        이 종류 말, 당신 제일 좋기는 ...하지 마라 말하다

        이런 말, 당신 제일 좋기는 말하지 마십시오.

b. 那个人又来了。

那 个 人 又 来 了

그 양사 사람 또 오다 완료표지

그 사람은 또 왔다.

(10) 시간 조응(Temporal anaphoric)

a. 九点到十点这个时间我都有空。

九 点 到 十 点 这 个 时间 我 都 有 空

9 시 이르다 10 시 이 양사 시간 나 모두 있다 여유

9시에서 10시까지 이 시간 동안 나는 모두 시간이 있습니다.

b. 那任的主席不是我。

那 任 的 主席 不 是 我

그 양사 관형어표지 회장 부정 ...이다 나

그 때의 회장은 내가 아닙니다.

여기서 몇 가지 주의해야 할 것이 있다. 첫째, 공간과 시간은 문법적으로 아주 긴밀하며, 때로는 어느 것이 관련되었는지 결정하기 어려울 만큼 불가분의 관계가 있다. 예를 들면, '这站'(이 정류장)은 '발화의 장소에 위치한 것' 혹은 '발화 시간에 위치한 것'이라는 두 가지 해석이 가능하다. 마찬가지로, '下站'(다음 정류장)은 공간 혹은 시간상의 '다음'으로 정의할 수 있다.

둘째, 양화(量化)의 관점에서 본다면, 지시사는 직시사-중심(dexis-oriented) 혹은 조응사-중심(anaphora-oriented)이 되는 경향이 있다. 전체적으로 볼 때, '这'(이)는 직시사가 되는 경향이 좀 더 있고, '那'(그/저)는 조응사가 되는 경향이 있다. 이 점으로 볼 때, 예문 (8b)에서와 같이 '那'(그/저)가 시간적 직시소로 사용되는 예를 찾기는 쉽지 않다. '这'(이)는 '那'(그/저)와 대립하지 않고, 오히려 '上'(above, 대화 이전)과 대립관계에 있다고 할 수

있다. 예문 (8a)에서 '那'(그/저)로 '这'(이)를 대체하게 되면, 조응사문이 생성된다(예문 (10a) 참조). 이 외에도, 예문 (10a)에서 선행사 '九点到十点'(9시에서 10시까지)가 없다면, '这'(이)는 직시사로만 해석될 것이다. 그러므로 '这个月'(이 달)과 '这个星期'(이 주) 등은 직시표현(*这个早上와 *这个晚上 참조)이지만, '那个月'(그 달)和 '那个星期'(그 주)는 조응적 표현이다.

'那'(그/저)가 더 조응-중심적이라는 사실은 조응사의 대상이 발화 이전에 실현되는 일반적인 경향에 의해 설명될 수 있다. 따라서 공간과 시간에서 서로 '격리되는 것'(removed)으로 개념화되는데, 그것이 '那'(그/저)의 특징이다. '这'(이) 혹은 '那'(그/저)가 모든 경우에 실제적인 대상을 갖느냐의 여부는 별개의 문제로 제4절에서 각각 논의하기로 하겠다.

3. 근거리(Immediate), 원거리(Distant)와 관련성(Relevance)

공간과 시간을 확실히 구분하는 대신, 화행(speech act)과 관련된 거리의 차원을 원용하는 것도 유용하다. 위치에 관련되는 한, 발화지점과 가까운 곳을 '근거리'(immediate)라고 정의하고, 발화지점에서 먼 곳을 '원거리'(distant)라고 구분한다. 이런 용어에 대한 기준은 화자에 판단에 따라 다르므로 실제의 거리와는 무관하다.

'这'(이)는 근거리, '那'(저)는 원거리라는 것이 원칙이지만, 약간의 예외(수정)가 존재한다고 볼 수 있다. 첫째, 화자와 청자의 물리적인 거리와 상관없이, 청자 자신은 화자와 공간적으로 대립되는 위치에 있지 않다. 아래의 문장을 비교해보자.

(11) a. 你/那个房子得修理了。

　　　 你 / 那 个 房子 得　　　　　 修理　 了
　　　 당신/ 그 양사 집은 ...해야 한다 수리하다 완료표지
　　　 당신/그 집은 수리해야 한다.

　 b. 你/*那个人，就是开车不小心。

　　　 你 / * 那 个 人， 就 是　　 开　 车 不 小心
　　　 당신 / *그 양사 사람 바로 ...이다 운전하다 차 부정 조심하다

　　예문 (11a)에서 지칭대상은 청자가 있는 집으로서, 장소의 명시에 관한
문제이다. 반면, 예문 (11b)에서는 그 지칭대상이 오직 청자와만 관련되기
때문에, 청자가 화자와 멀리 떨어져 있거나 전화상의 상대편에 있을지라도,
이 경우는 '这'(이)만을 사용할 수 있다. 한편, 제3자는 '这'(이) 혹은 '那'(저)
를 써서 지칭할 수 있다. 예를 보자.

(12)　 老张这/那个人，你要小心。

　　　 老张 这 / 那 个 人， 你 要　　　　 小心
　　　 장씨 이 / 저 양사 사람, 당신 ...할 것이다 조심하다
　　　 장씨 이/저 사람, 당신 조심해야 한다.

　　그러나 여기서는 선택을 결정하는 장소가 아니라, 이 명사의 현재 상황에
대한 관련성인 '즉시성'(immediacy)이다. 예를 들어, 이 사람이 화자나 청자
에게 주는 영향이 긴박하게 느껴지는 경우, '这'(이)가 사용된다.
　　둘째, 공간적 지칭과 무관한 경우에 '那'(그/저)가 사용된다. 따라서 '那'
(그/저)는 원거리와 관련해서 무표지(unmarked)일 수 있지만, 유표지

(marked)일수도 있다. 그러나 '这'(이)는 즉시성(immediate)이나 관련성 (relevant)에 있어서는 항상 유표적이다. 예를 들면 차의 속도에 대해 대화를 나눈다고 할 때, 다음과 같다.

(13) a. 汽车有没有火车那麼快?

　　汽车 有　没　有　火车　那麼　快

　　차　있다 부정 있다 기차　그렇게 빠르다

　　차가 기차만큼 그렇게 빠릅니까?

　　b. 汽车有没有火车这麼快?

　　汽车 有　没　有　火车　这麼　快

　　차　있다 부정 있다 기차　이렇게 빠르다

　　차가 기차만큼 이렇게 빠릅니까?

이 질문이 교실에서 논의하는 것이면 장소가 관련되지 않아서 예문 (13a) 가 사용되는 반면, 토론자들이 기차 위에 이미 타 있거나 혹은 단지 기차의 속도를 조사한 경우라면 예문 (13b)가 쓰인다. 아래의 문장들은 무표지로 해석될 수 있다.

(14) a. 法文没有德文那麼难。

　　法文　　没有　德文　那麼　难

　　프랑스어 부정　독일어 그렇게 어렵다

　　프랑어는 독일어처럼 그렇게 어렵지 않다.

　　b. 北极没有南极那麼危险。

　　北极　没有　南极　那麼　　危险

　　북극　부정　남극　그렇게　위험하다

북극은 남극처럼 그렇게 위험하진 않다.

시간이 관련되는 경우, 발화 시간과 가까운 것을 '근거리'(immediate)라고 하는 반면, 발화-시간과 시간적으로 먼 경우 '원거리'(distant)라고 한다. 이러한 개념들은 상대적이다. 이 외에도, 근거리(가까운) 시간은 발화-시간 이전일 수도 있고 이후일 수도 있다. 이러한 특징은 공간적 지칭으로부터 시간을 구분해준다. 중국어에서는 '这'(이)는 근거리로, '那'(그/저)는 원거리로 아주 체계적인 편이다. 아래에 제시된 대화를 보자.

(15) a. 下星期我想请假。

下　星期 我 想　　　　请假
다음 주　 나 ...하고 싶다 휴가를 내다
다음 주 나는 휴가를 내고 싶다.

b. 这/*那件事，我不能做决定。

这 /* 那 件　事，我 不　能　　　　做　决定
이 /＊ 저 양사　일，나 부정 ...할 줄 안다 하다 결정
이 /＊ 저 일, 나는 결정할 수가 없다.

무언가가 예문 (15b)의 화자의 주의를 끌면, 그 화자는 그것을 '这'(이)로만 지시할 수 있다. 왜냐하면, '시간적으로 가깝기'(time-immediate) 때문이다. 말하자면, 전경(foreground)인 것이다. 동일한 문제가 그 다음 날 다시 언급된 경우를 아래에서 살펴보자.

(16) a. 我昨天跟你说的事呢?

我 昨天 跟　你　说　　的　　　事 呢

나 어제 …와 당신 말하다 관형어표지 일 어기조사

내가 어제 당신과 얘기했던 일 있은?

　　b.　那/*这件事还没做决定。

　　　　那 / *这 件 事 还 没 做 决定

　　　　그 / *이 양사 일 아직 부정 하다 결정

　　　　그/ * 이 일은 아직 결정하지 않았다.

　이 경우는 이미 그 일이 배경(background)이 되었기 때문에 '那'(그)만을 사용해서 지칭할 수 있다.

　'这'(이)와 '那'(그/저)의 선택과 관련해서, 아래에 제시된 문장에서 이와 동일한 제약을 발견할 수 있다.

(17) a.　我们现在要去抓一个人。

　　　　我 们 现在 要　　去 抓 一 个 人

　　　　나 -들 현재 …하려하다 가다 잡다 하나 양사 사람

　　　　우리는 지금 한 사람을 잡으러 간다.

　　b.　这/*那个人是谁?

　　　　这/* 那 个 人 是　　谁

　　　　이/ * 그 양사 사람 …이다 누구

　　　　이/ * 그 사람은 누구입니까?

(18) a.　我给你们说一个故事。

　　　　我 给　　你 们 说　一 个　　故事

　　　　나 …에게 당신 -들 말하다 하나 양사 이야기

　　　　내가 당신들에게 이야기 하나 해 주겠습니다.

b. 这/*那个是不是一个鬼故事?

　　这/*那　个　是　　不　是　　一　个　鬼　故事

　　이/＊그 양사 …이다 부정 …이다 하나 양사 귀신 이야기

　　이/＊그것은 귀신 이야기입니까?

　문제가 되는 사건이 실현되지 않을지라도, 예문 (17b)과 (18b) 둘 다의 경우 '这'(이)는 시간이 아주 가까운 명사를 가리킨다.

　한편, 지칭대상이 시간적으로 멀리 떨어진 사건을 지시하는 명사일 경우에는 '那'(그/저)에 의해서만 명시될 수 있다. 예를 들면 다음과 같다.

(19) a. 我昨天碰见你的房东。

　　　我 昨天 碰见　　你　的　　　　房东

　　　나 어제 마주치다 당신 관형어표지 주인

　　　나는 어제 당신의 주인을 마주쳤다.

　b. 那/*这个人很有意思。

　　　那/*这　个　人　很　有意思

　　　그/＊이 양사 사람 매우 재미있다

　　　그/＊이 사람은 아주 재미있다.

(20) a. 去年我到瑞士去教书。

　　　去年 我 到　瑞士　去　教书

　　　작년 나 …에 스위스 가다　학생을 가르치다

　　　작년에 나는 스위스에 가서 학생을 가르쳤다.

　b. 在那/*这个地方待了多久?

　　　在　那/*这　个　地方　待　　　了　　　多久

...에 저/ * 이 양사 곳   기다리다 완료표지 얼마나

거기/ * 여기에서 얼마나 기다렸습니까?

예문 (15)에서 (20)까지의 예문들은 '这'(이)나 '那'(그/저)가 선택될 수 있는 직접적인 경우이다. 그러나 많은 경우에, 어떤 것이 사용될 수 있느냐는 관련된 상황과 화자의 판단에 달려 있다. 위에서 예문 (12)와 관련해서 '관련성'(relevance)의 개념을 언급하였는데, 그것은 제3자와 관련해서 어느 한 쪽이 선택될 수 있다. 사실상, 관련성은 하나의 시간적인 판단이며, 화자가 느끼는 '즉시성'(immediacy)인 것이다. 아래 예문 (21)을 보자.

(21) a. 王先生最近出版了一本书。

　　　王 先生 最近 出版   了   一 本 书

　　　왕 선생 최근   출판하다 완료표지 하나 양사 책

　　　왕 선생은 최근에 책 한권을 출판하였다.

b. 那本书, 我看过。

　　　那 本 书, 我看 过

　　　그 양사 책, 나 보다 경험표지

　　　그 책, 내가 본 적 있다.

c. 大家对这本书不太满意。

　　　大家 对   这 本 书 不 太   满意

　　　모두 ...에 대해 이 양사 책 부정 매우 만족하다

　　　모두다 이 책에 대해 만족하지 않는다.

예를 들면, 책이 이미 읽혔거나 혹은 한쪽에 놓여 있는 경우, '那'(그/저)가 사용되지만, 이 책이 여전히 논의의 초점일 경우에는 '这'(이)가 사용된다.

아래의 문장을 비교해보자.

(22) a. 1776年7月4日那天, 美国战败了英国。

1776 年 7 月 4 日 那 天, 美国 战败　　　了　　　英国

1776 년 7 월 4 일 그 날,　미국 패배시키다 완료표지 영국

1776년 7월 4일, 미국이 영국을 패배시켰다.

b. 1776年7月4日这天, 我们要记在心里。

1776年 7月 4日 这 天, 我 们 要　　　记　　　在 心 里

1776년 7월 4일 이 날 나 -들 …해야한다 기억하다 …에 마음 안

1776년 7월 4일 이 날을, 우리는 마음에 새겨야 한다.

4. 지칭대상(Reference)과 관계절(Relative Clause)

중국어에서 지시사(demonstrative)는 보통 관계절에서 중심어와 공기하고, 그 관계절은 직시와 조응적 특징 모두에서 '这'(이), '那'(그/저)와 차이는 유지된다. 한편, 영어에서는 관계절의 중심어와 공기할 때 지시사가 직시적일 수밖에 없으며, 관계절은 비제한적(non-restrictive) 관계절이 된다. 예를 들면 다음과 같다.

(23) a. I want you to read this book, which I just bought you.
나는 네가 이 책을 읽기를 원한다. 내가 방금 사준 이 책 말이다.

b. Can I have that ash-tray, over by the telephone?
저 재떨이를 좀 써도 될까요? 저기 전화기 옆에 있는 거 말입니다.

위의 문장에서 지시사(demonstrative)는 반드시 직시적이다. 이것은 아래 제시된 영어문장의 비문법성을 설명해준다.

(24) a. *This is that book which you wanted yesterday.

　　b. 这是你昨天要借的那本书。
　　　 这　是　　　你　昨天要　　　　借　　的　　　　那　本　书
　　　 이 ...이다 당신 어제 ...해야 한다 빌리다 관형어표지 그 양사 책
　　　 이것은 당신이 어제 빌리려고 했던 그 책이다.

그러나 중국어 지시사는 관계절에서도 조응적일 수 있기 때문에, (24a)의 중국어 대응문은 문법적이며, 바로 예문 (24b)가 된다. 예문 (24b)에서 '这'(이)는 직시적이고, '那'(그/저)는 조응적이다. 후자가 선택되는 근거는 바로 공간적으로는 가까울지라도, 시간적으로 먼 것을 가리키는 책(书)이 된다. 관계절에서 중국어 지시사의 기능은 아래와 같다.

(25) a. 那 — 직시(That-deictic)
　　　 我要你手里拿著的那个表。
　　　 我　要　　　你　手里拿著　　　的　　　那　个　表
　　　 나 필요하다 당신 손 안 들다 진행표지 관형어표지 그 양사 시계
　　　 나는 당신 손에 들고 있는 그 시계가 필요합니다.

　　b. 那 — 조응(That-anaphoric)
　　　 这是你昨天要借的那本书。
　　　 这　是　　　你　昨天要　　　　借　　的　　　　那　本　书
　　　 이 ...이다 당신 어제 ...해야 한다 빌리다 관형어표지 그 양사 책
　　　 이것은 네가 어제 빌리려고 했던 그 책이다.

c. 这 — 조응(This-deictic)

你为什麽一定要借我正在看的这本书?

你　为什麽 一定要　借　我 正在　　看　的　　　这本　书
당신 왜　꼭 ...해야한다 빌리다 나 마치...하다 보다 관형어표지 이 양사 책
당신은 왜 꼭 내가 읽고 있는 이 책을 빌리려고 하십니까?

d 这 — 조응(This-anaphoric)

你现在要说的这个故事，我听过。

你　现在要　　说　的　　　这个　故事, 我听　过
당신 현재 ...하려하다 말하다 관형어표지 이 양사 이야기 나 듣다 경험표지
네가 지금 하려고 하는 이 얘기는 나 들은 적 있다.

예문 (25)의 모든 문장에는 직시적이든, 조응적이든 상관없이 지칭대상이
있으며, 그것은 현실세계에 존재하는 것이다. 그러나 지시사 역시 한 문장,
즉 발화 내에서만 특정적(specified)인 성분을 가리킬 수 있다. 예문 (26)에서
이탤릭체로 표시된 대명사가 가리키는 것과 같다(Baker 1966 참조).

(26) a.　When you get a car, I want to take *it* out for a spin.
　　　네가 차를 사면, 그걸 끌고 한 바퀴 드라이브하고 싶다.

　　b.　你找到一个理想的人，就把*他*带来见我。
　　　你 找 到 一 个 理想的　　 人, 就 把 *他* 带 来 见 我
　　　당신 찾다 보조사 하나 양사 이상 관형어표지 사람 바로 BA 그 이끌다 오다 보다 나
　　　당신이 이상적인 사람을 만나면, 바로 그를 데려와서 나에게 보여주십시오

예문 (25)에서 관찰되는 '실제'적인 대상과 예문 (26)의 '가상'적인 지칭대
상에 대해 논의해보자. 영어 관계절에서의 가상적인 정의는 다음과 같다.

(27)   I cannot predict the way he is going to act tomorrow.
        그가 내일 어떻게 할지 나는 예상할 수 없다.

아래 제시된 예문 (28)에서 지시사는 가상적이다.

(28) a. 他明天给你介绍的那个人，我们会叫人跟踪。
        他 明天 给   你 介绍   的   那 个 人
        그 내일 …에게 당신 소개하다 관형어표지 그 양사 사람
        我 们 会   叫   人   跟踪
        나 -들 …할 것이다 사역표지 사람 뒤따르다
        그가 내일 당신에게 소개할 그 사람은, 우리가 사람을 시켜 뒤따르게 할 것이다.

    b. 他等一下用手指的那个人，就是我们要抓的人。
        他 等一下 用   手 指   的   那 个 人
        그 곧   …으로 손 가리키다 관형어표지 그 양사 사람
        就 是   我 们 要   抓 的   人
        바로 …이다 나 -들 …하려하다 잡다 관형어표지 사람
        그는 곧 손으로 가리키는 그 사람이 바로 우리가 잡아야 하는 사람이다.

    이러한 관련성에는 두 가지 특징이 있다. 첫째는 '这'(이)와 '那'(그/저)가
모두 '실제'적인 지칭대상을 가리킬 수 있지만(예문 (25) 참조), '那'(그/저)
만이 '가상'적인 대상을 가리킬 수 있다. 아래의 문장을 비교해보자.

(29)   只说话不做事的那/*这些人，你最好不要介绍。
        只 说 话 不 做 事 的   那/ * 这 些 人
        단지 말하다 말 부정 하다 일 관형어표지 그/ 이 양사 사람
        你 最好   不 要   介绍

당신 제일 좋기는 부정 …하려하다 소개하다

단지 말만하고 행동하지 않는 그/이 사람들, 넌 소개하지 않는 게 제일 낫다.

관계절이 없는 문장에서도 동일한 제약이 적용된다. 예를 들면 다음과 같다.

(30) a. 她想嫁给一个医生, 可是那/*这个人一定要懂音乐。

她　想　　　嫁　　给　　一　个　医生

그녀　…하고 싶다 시집가다 …에게 하나 양사 의사

可是　那/*这 个　人　一定　要　　懂 音乐

그러나　그 / 이 양사 사람 반드시 …해야 한다 알다 음악

그녀는 의사한테 시집가고 싶었다. 그러나 그/이 사람은 반드시 음악을 알아야 한다.

b. 你去写一封信, 然後把那/*这封信寄到联合国。

你 去　写 一 封　信, 然後 把 那/*这 封　信 寄　到　联合国

당신 가다 쓰다 하나 양사 서신 후에 BA 저 / 이 양사 서신 부치다 보조사 연합국

당신이 가서 편지 한통을 쓴 후에 그/＊이 편지를 UN에 부치십시오.

예문 (30a)에서 '这'(이)를 취하여 문법적인 문장이 되는 경우는 의사가 실제적인 대상, 즉, 특정적이고 비한정적인 대상을 가리킬 때이다.

마찬가지로, 영어의 'this'와 'that'은 '가상'적인 대상을 지칭할 수 없다. 예를 들면 다음과 같다.

(31) a. Those/*these who would like to leave may do so.

떠나고자 하는 사람은 그렇게 해도 좋다.

b. That/*this which concerns you concerns everyone.
    너에게 관련된 것은 모두에게 관련된다.

둘째, '실제'적인 '那'(그/저)는 관계절의 앞에 출현하거나, 중심어 바로
앞에 올 수 있다. 예를 들면 다음과 같다(Tang 1979:252 참조).

(32) a. 那个爱说话的人又来了。
         那 个   爱   说 话的   人 又 来 了
         그 양사 좋아하다 말하다 말 관형어표지 사람 또 오다 완료표지
         그 말하기 좋아하는 사람이 또 왔다.

     b. 爱说话的那个人又来了。
         爱   说   话的   那 个 人又来 了
         좋아하다 말하다 말 관형어표지 그 양사 사람 또 오다 완료표지
         말하기 좋아하는 그 사람이 또 왔다.

반면, '가상'적인 대상을 나타내는 '那'는 중심어 바로 앞에 와야 한다.
예를 보자(예문 (28)참조).

(33) a. *那个他明天给你介绍的人，我们会叫人跟踪
          那 个 他明天给   你 介绍   的   人
          그 양사 그 내일 …에게 당신 소개하다 관형어표지 사람
          我 们 会   叫   人   跟踪
          나 -들 …할 것이다 사역표지 사람 뒤따르다

     b. *那个他等一下用手指的人就是我们要抓的人。
          那 个 他 等一下 用 手 指   的   人

그 양사 그 곧   ...으로 손 가리키다 관형어표지 그

就   是   我们 要   抓   的   人

바로 ...이다 나 -들 ...하려하다 잡다 관형어표지 사람

그는 곧 손으로 가리키는 그 사람이 바로 우리가 잡아야 하는 사람이다.

이 제약은 관계절이 '那'(그/저)의 선행사를 명시한다는 사실에 의해 자연
스럽게 설명된다. 그래서 중국어는 뒤에서 수식하는 내넁사화(pronominali-
zation)를 허용하지 않는다. 즉 중국어에서 선행사에 대한 수식은 반드시 그
것에 선행해야(anticipatory) 한다는 것이다(Tai 1973 참조). 구조적으로 볼
때, 예문 (33)의 문장은 예문 (27)의 영어문장에 대응되는데, 그 문장에서
'the'는 그것이 지칭하는 대상을 선행한다.

5. 지시사의 위치와 관계절

Hashimoto(1971)는 중국어 관계절에서 지시사의 위치는 관계절이 제한적
(restrictive)인지 비제한적(non-restrictive)인지를 결정하는데, 전자는 선-핵어
(pre-headnoun) 위치에 의해 드러나며(32b), 후자는 선-관계절(pre-relative
clause) 위치에 의해 나타난다(32a)고 하였다. 이와 같은 가설의 난점은 아래
에서 다룰 것이다.

중국어에서 제한적 관계절과 비제한적 관계절을 인식하게 되면서,
Hashimoto(1971)는 제한적이거나 비제한적 특징을 갖는 성분을 취하는 것이
모든 수식의 본유적 특징일 때, 그 관계절들을 다른 모든 명사적 수식과 구분
해냈다. 그러므로 예를 들어, '年轻大学生'(young college student/젊은 대학
생)은 '年轻的那些大学生'(college students, who are young/젊은 저 대학생
들)일 수도 있고, '那些年轻的大学生'(those college students who are

young/저 젊은 대학생들)일 수도 있다. 이와 같은 해석은 영어와 중국어 모두에서 가능하다. 따라서 중국어에는 관계절을 구분하기 위한 구조적 동기가 없는 것이다(아래 내용 참조).

중국어 관계절의 특징을 규정하는 데 있어, 대조 강세(contrastive stress)를 이용해서 제한적 해석과 비제한적 해석을 구분할 수 있다. 이 글은 한정적인 지시만이 대조적일 수 있다고 가정하는데, 예를 들면 아래의 문장과 같다.

(34) a. 那本你昨天要借的书在这儿。

　　 那本　你　昨天要　　　 借　　 的　　　 书　在　 这儿
　　 그 양사 당신 어제 ...하려하다 빌리다 관형어표지 책 ...있다 여기
　　 그 당신이 어제 빌리려고 한 책 여기 있다.

b. 你昨天要借的那本书在这儿。

　　 你　昨天要　　　 借　　 的　　　 那本　书　在　 这儿
　　 당신 어제 ...하려하다 빌리다 관형어표지 그 양사 책 ...있다 여기
　　 당신이 어제 빌리려고 한 그 책 여기 있다.

지시사에 강세가 주어지면 자연스럽지 않다. 이러한 문장들이 받아들여진다 할지라도, 이때의 강세는 강조만을 위한 것이며, 대조의미로는 해석될 수 없다. 한편, 아래의 문장을 보자.

(35) a. 我想喝这罐李四带来的茶。

　　 我　想　　　 喝　这罐 李四　 带　来　 的　　　 茶
　　 나 ...하고 싶다 마시다 이 양사 이사(이름) 가지다 오다 관형어표지 차
　　 나는 이 이사가 가지고 온 차를 마시고 싶다.

b. 我想喝李四带来的这罐茶。

我 想　　　喝 李四 带 来 的　　　这罐 茶

나 ...하고 싶다 마시다 이사(이름) 가지다 오다 관형어표지 이 양사 차

나는 이사가 가지고 온 이 차를 마시고 싶다.

강세는 반드시 대조를 위한 것이다. '李四'(이사, 이름)가 가지고 온 차는 틀림없이 '한 단지' 이상일 것이다. 강세가 없으면 예문 (35)의 그 어떤 문장도 대조의미로 해석될 수 없다.

이는 대조 강세의 출현이 지시사의 위치와는 무관하다는 사실로부터 확실히 알 수 있다. 즉 지시사의 위치는 관계절의 제한적/비제한적인 해석을 결정하지 않는다. Hashimoto(1971)의 분석은 예문 (34)과 (35)의 관계절의 차이를 설명할 수가 없다.

이 글의 직시와 조응의 프레임 하에서, 이 둘의 차이는 체계적이다. 예문 (34)의 문장은 조응적인 반면, 예문 (35)은 직시적이다. 조응성분은 관계절의 문맥에서든 그렇지 않든 대조적인 해석은 받을 수 없다. 예를 들면 다음과 같다.

(36)　　那封信, 你带来了。

那 封 信, 你 带 来 了

그 양사 편지, 당신 가지다 오다 완료표지

그 편지, 네가 가져왔다.

＊那封信, 你也带来了没有?

那 封 信, 你 也 带 来 了 没有

그 양사 편지, 당신 도 가지다 오다 완료표지 부정

그러나 직시성분은 대조적인 해석이 가능하다. 예를 들면 다음과 같다.

(37)　这封信, 你看一看!
　　　这　封　信,　你　看　一　看
　　　이　양사　편지,　당신　보다　하나　보다
　　　이 편지, 당신이 한 번 보십시오!

　　　*这封信, 你也看一看!
　　　　这　封　信,　你　也　看　一　看
　　　　이　양사　편지,　당신　도　보다　하나　보다

　　지시사가 관계절 앞에 올 때와 중심어 앞에 올 때에 관한 문제는 이 글에서는 미제로 남겨 두었다(Tang 1979 참조). 이 문제는 음운학의 영향을 받는 것으로 보이는데, 예를 들면 관계절이 짧을 때 그것들은 두 위치에 다 출현하지만, 관계절이 긴 경우에는 중심어 앞 위치를 선호한다는 것이다.

　　중국어에서는 최소한 그것은 한정의 문제라기보다는 대조의 관점에서 관계절을 분석하는 게 더 효과적일 수 있을 것이다. 영어에서 소위 비제한적 관계절 혹은 묘사(descriptive) 관계절이라고 하는 문장 등은 중국어에 항상 대응문이 있는 것은 아니다. 다음의 문장을 비교해보자.

(38) a.　I met a friend, who said he knew you.
　　 b.　*我碰见一个说认识你的朋友。
　　　　我　碰见　　一　个　说　认识　你　的　　　朋友
　　　　나　마주치다　하나　양사　말하다　알다　당신　관형어표지　친구

　　 c.　我碰见一个朋友; (他) 说认识你。
　　　　我　碰见　　一　个　　朋友; (他) 说　　认识　你

나 마주치다 하나 양사 친구 (그) 말하다 알다 당신

나는 친구 한 명을 마주쳤다. (그가) 너를 안다고 말했다.

(39) a. I met a friend, who just returned from China.

 b. 我碰见一个刚从中国回来的朋友。

 我 碰见 一 个 刚 从 中国 回 来 的 朋友

 나 마주치다 하나 양사 방금 …부터 중국 돌다 오다 관형어표지 친구

 나는 방금 중국에서 돌아온 친구 한 명을 마주쳤다.

 c. 我碰见一个朋友; 刚从中国回来。

 我 碰见 一 个 朋友; 刚 从 中国 回 来

 나 마주치다 하나 양사 친구; 방금 …부터 중국 돌다 오다

 나는 친구 한 명을 마주쳤다. 방금 중국에서 돌아왔다.

예문 (38a)은 화자에 의한 두 가지 명제를 나타내는데, 시간적으로 선후가
있다. 이와 같은 경우, 중국어에서는 예문 (38b)과 같은 관계절 대신 접속방
식을 사용한다(38c). 예문 (39a)은 중의적인데, 중국어에서는 두 개의 명제가
모두 접속문으로 수정되거나(39c), 혹은 기술되는 하나의 명제만이 (39b)와
같은 관계절이 된다. 이와 관련된 접속에 대한 더 상세한 논의는
Thompson(1971)을 참조하길 바란다. 명제가 연속해서 출현하는 경우에는
축소(reduction)가 허용되지 않는다. 다음을 비교해보자.

(40) a. *I met a friend, saying he knew you

 b. I met a friend, just returned from China.

6. 지시사와 대명사: 통시적 결론

현대중국어에서 지시사와 대명사는 유사한 부분이 있다. 둘 다 직시적이
거나 조응적일 수 있다. 대명사의 가장 기본적인 기능은 직시(deixis)이다.
또한, 3인칭 대명사일 경우에는 조응(anaphora)도 가능하기 때문에 조응기능
은 부차적(peripheral)이다. 조응이 될 때, 함축적인 면에서 약간의 차이가 있
긴 하지만, 지시사와 대명사는 동일한 위치에 출현할 수 있다. 예를 들면
다음과 같다.

(41)   我给你介绍一个朋友。

        我 给   你 介绍   一 个 朋友
        나 …에게 당신 소개하다 하나 양사 친구
        나는 당신에게 친구 한 명을 소개하겠다.

        他/这个人明年也要去中国。

        他 / 这 个   人 明年 也 要   去 中国
        그 / 이 양사 사람 내년 도 …하려하다 가다 중국
        그/이 사람은 내년에도 중국에 가려고 한다.

둘째, 지시사와 대명사 모두 단독으로 명사성분의 위치에 출현할 수 있다.
예를 들면 다음과 같다.

(42) a. 他是我们的新校长。

        他 是   我 们 的   新 校长
        그 …이다 나 -들 관형어표지 새 교장
        그는 우리들의 새 교장선생님이다.

b. 这是我的秘书。

这 是　　我 的　　　秘书

이 ...이다 나 관형어표지 비서

이 사람은 내 비서이다.

만약 대명사가 대용물을 뜻한다면, 소위 지시사에 대명사의 지위를 주지 않는 것은 임의적인 것으로 보인다. 만약 직시적 지시사가 가리키기 (pointing)를 통해 (실세계에 있는 개체를) 확인하는 것이라면, 예문 (42)은 어떤 종류의 개체가 확인되지 않는 한 거의 의미가 없다.

셋째, 영어의 지시사와 대명사는 분명히 구분되는데, 오직 전자만 명사를 수식할 수 있다. 예를 들면 다음과 같다.

(43) a. This cake is delicious.

이 케이크는 맛이 있다.

b. *It cake is delicious.

그러나 중국어에는 이러한 구분이 없다. 대명사가 명사를 수식할 수 있다고 주장하려면, 다음 (44a) 문장에서 보이는 소유격 표지(possessive marker)가 제거된 소유대명사의 예는 이러한 경우가 아님을 증명할 필요가 있다.

(44) a. 我这儿也有一个洞。

我 这儿 也 有　一　个　洞

나 여기 도 있다 하나 양사 구멍

여기 나에게도 구멍이 하나 있다.

b. *我的这儿也有一个洞。

我 的　　　这儿 也 有　一　个　洞
나 관형어표지 여기 도 있다 하나 양사 구멍

c　*我有一个洞。
我 有　一　个　洞
나 있다 하나 양사 구멍

　예문 (44a)의 문장에서 대명사 '我'(나)는 축약된 소유격도 아니며(44b 참조), 동사의 주어도 아니다(44c 참조). 그 어느 것도 '这儿'(여기)과 동격 관계로 분석될 수 없다. 예문 (45)가 그 예가 될 것이다.

(45)　我这个人就是这样。
我 这 个　人　就 是　　这样
나 이 양사 사람 바로 ...이다 이렇다
나란 이 사람은 바로 이렇다니까.

　한정적인 대명사는 고대나 중세의 중국어에서만큼 현대중국어에서는 그렇게 생산적이지 않다. 고대나 중세 중국어에서는 비한정의 명사를 수식하는 대명사를 발견할 수 있다. 예를 보자.

(46) a.　我国。　 我方。　我军。
우리나라. 우리 측. 우리 군대.

　 b.　他国。　他方。他物。
그 나라. 그쪽. 그의 것.

　그러나 여기서는 대명사가 지시사로 해석되는 것이 훨씬 타당하다.

사실상, 문헌의 기록을 보면, 고대중국어의 초기형식은 지시사와 대명사 둘 다 출현하였다(Lu 1955, Wang 1958). Lu(1955)와 Wang(1958)에 따르면, 현대중국어의 '这'(this)와 '那'(that)는 고대중국어의 '之'(3인칭) 나 '尔'(2인칭)로부터 각각 발전된 것이다. 중국어에서 통시적 변화를 거쳐 일부 형식은 명사성과 형용사성(한정어성이라고도 말할 수 있다)의 특징이 남아있는 채로, 오늘날에는 지시사로 분석되고, 또 다른 형식은 형용사적인 성질을 잃고 대명사로 전문화된 것이다.

여기서 해결되어야 할 중요한 문제는 지시사와 대명사 기능의 어떤 것이 초기 형식의 주요 특징이었는가 하는 것이다. Wang(1958)과 Lu(1955)는 대명사보다 지시사의 기능이 더 우월했다고 가정하였다. 그러나 역사자료를 보면, '尔'(2인칭)의 대명사 기능이 지시사 기능보다 앞선 반면, '他'(3인칭)의 지시기능은 대명사 기능보다 백년이나 앞선다(Wang 1958).

상술한 문제는 더 많은 다른 언어자료에 대한 연구가 선행되어야 하지만, 한 가지 확실한 것은 바로 초기형식의 일차적 특징은 조응기능이 아니라 직시기능이었다는 것이다. 약 B.C 4세기경의 '左传'(좌전)에서는 두 번째로 언급되는 것은 완전히 반복될 수 있었는데, 이러한 장치는 현대중국어에서는 사용되지 않는다. 그러나 여기서 직시와 조응의 구분이 강조되어서는 안 되는데, 왜냐하면, 전자는 발화시(utterance-time)가 참조시(reference-time)와 일치할 때만 가능한 반면, 후자는 발화시(utterance-time)에서 참조시(reference-time)가 제거될 때 가능하기 때문이다.

참고문헌

BAKER, C. 1966. Definiteness and indefiniteness in English. M.A. Thesis, University of Illinois.

HASHIMOTO, Anne. 1971. *Mandarin Syntactic Structures*. Unicorn 8 Princeton University.

LÜ, Shuxiang. 1955. On the origin of zhe and na, in Papers on Chinese Grammar, 179-181. Peking : Kexue Chuban She.

LYONS, John. 1977. *Semantics*. Cambridge : Cambridge University Press.

TAI, James. 1973. Chinese as an SOV language, in Papers from the 9th Regional Meeting of Chicago Linguistic Society, pp. 659-671.

TANG, Ting-chih. 1979. On relative clauses in Chinese, in *Studies in Chinese Syntax*, pp. 249-300. Taipei : Student Book Co.

THOMPSON, Sandra. 1971. The deep structure of relative clauses, in *Studies in Linguistic Semantics*, eds. C. Fillmore & D. Langendeon. New York : Holt, Rinehart, and Winston.

THOMPSON, Sandra and Charles LI. 1979. Third-person pronouns and zero-anaphora in Chinese discours, in *Syntax and Semantics* Vol. 12, pp. 311-335. New York : Academic Press.

WANG, Li. 1958. *History of the Chinese Language*. Peking : Kexue Chuban She.

제13장 중국어의 양화사 계층*

Quantifier Hierarchy in Chinese

1. 토론 범위

이 연구에서 다루게 될 수사의 범위는 '也'(also), '再'(again), '又'(again), '还'(more), '只'(only)이며, '都'(all)에 대해서는 간략하게 논의할 것이다. '都'를 제외한 양화사들은 확실히 다른 연구에서 논의되던 양화사의 범주에 속하지 않는다. 예를 들어, Carden(1976)은 all, every, each, many, few, much, little 등을 포함시켰다. 영어 통사론에서, 이른바 양화사는 'many toys'와 같이 한정사 앞에 출현할 수도 있고, 'the many toys'와 같이 한정사 뒤에 출현할 수도 있으며, 때로는 'toys are many'와 같이 술어 위치에 출현하기도 한다. 그러나 가장 중요한 위치는 명사 앞이다. 한편, 중국어 통사론에서는 아래에 제시된 유형들을 볼 수 있다.

(1) a.　동사 앞(Pre-verbal)：all, many, few
　　　你多吃一点儿。

---

*이 글은 *Modern Language Association*(1979:27-30), San Francisco에서 발표된 것이며, ≪*Studies in Chinese Syntax and Semantics*≫(1983), 241-252, Taiwan: Students Books Co.에 출간된 것이다.

你　多　吃　一点儿
당신 많다 먹다 조금
당신 좀 더 먹으세요.

b.　명사 앞(Pre-nominal)：every, each, many, few
很多人没来。
很　多　人　没　来
매우 많다 사람 부정 오다
매우 많은 사람들이 오지 않았다.

c.　술어(Predicate)：many, few
抽烟的人很多。
抽　烟　的　　　人　很　多
피우다 담배 관형어표지 사람 매우 많다
담배 피는 사람이 매우 많다.

　　따라서 Carden(1976)이 분류한 양화사를 중국어에 적용한다면, 그것은 구조적 측면보다는 의미적인 동기가 더 클 것이다.

　　의미적 기준에서 보면, 여기서 논의될 문법성분 역시 양화사이다. 예를 들어, 再(again/다시)는 명사가 아닌 사건 자체를 양화한다. 예를 들면 다음과 같다.

(2)　　我们再唱一次。
　　　　我　们　再　唱　　　一　　次
　　　　나 -들 다시 부르다 하나 양사
　　　　우리들은 다시 한 번 불렀다.

위의 문장은 이전에 이미 완성된 사건이 다시 한 번 출현하는 것을 가리킨다. 유사한 규칙 이 '也'(also), '又'(again), '还'(more)과 '只'(only)에 적용된다. '都'는 '也'와 밀접하게 관련되는데, 전자가 후자를 함축한다. 그러므로 예문 (3a)과 (3b)는 자연스럽게 관련이 된다.

(3) a.　你也喝酒；我也喝酒。

　　　　你　 也　 喝　　 酒；我 也　喝　　 酒
　　　　당신 ...도 마시다 술　 나 ...도 마시다 술
　　　　당신도 술 마시고, 나도 술 마신다.

　　 b.　我们都喝酒。

　　　　我 们 都　 喝　　 酒
　　　　나 -들 모두 마시다 술
　　　　우리 모두 술 마신다.

어떤 성분이 하나 이상의 의미를 가지는 경우, 양화사의 특징에만 관심을 가져보자. 예를 들면, '再'와 '还'은 예문 (4)에서는 양화사이지만, 예문 (5)에서는 그렇지 않다.

(4) a.　你再说一个故事。

　　　　你　 再　 说　　一 　个 　故事
　　　　당신 다시 말하다 하나 양사 이야기
　　　　당신 다시 이야기 하나 더 말 하세요.

　　 b.　他还说了什麼？

　　　　他 还 说　　 了 　　什麼
　　　　그 더 말하다 완료표지 무엇

그는 뭔가를 더 말했습니까?

(5) a. 你先炒菜再炒肉。

　　　　你　先　炒　菜　再　炒　肉

　　　　당신 우선 볶다 야채 다시 볶다 고기

　　　　당신은 우선 야채를 볶고 나서, 다시 고기를 볶으세요.

　　 b. 他大学还没毕业。

　　　　他 大学 还　 没 毕业

　　　　그 대학 아직 부정 졸업하다

　　　　그는 대학을 아직 졸업하지 않았다.

2. 양화사군(Quantifier clustering)

지금 다루고 있는 양화사는 통사적으로 동질적인 그룹에 속하는 부사로서 반드시 동사 앞에 출현한다. 그러므로 한 문장에 두 개 혹은 두 개 이상의 양화사가 출현할 때, 그 위치는 동사 앞이 될 것이라고 예측할 수 있다. 예를 들면 다음과 같다.

(6) a. 你也都再喝一点儿酒。

　　　　你　也　都　再　喝　　一点儿 酒

　　　　당신 ...도 모두 다시 마시다 조금　 술

　　　　당신도 모두 술 조금 더 마십시오.

　　 b. 中国人也都只喝茶。

　　　　中国人 也　都　只　喝　　茶

중국인 ...도 모두 ...만 마시다 차

중국인도 모두 차만 마신다.

c. 我们也都只再待一会儿。

我 们 也 都 只 再 待 一会儿

나 -들 ...도 모두 단지 다시 기다리다 조금

우리도 모두 단지 더 조금 기다렸다.

여기서 중요한 두 가지 사실은 첫째는 양화사군 사이에는 확실한 순서가 있다는 것이다. 어떤 양화사들은 반드시 다른 양화사를 선행해야 한다. 아래의 문장을 비교해보자.

(7) a. 我们也再叫一个菜。

我 们 也 再 叫 一 个 菜

나 -들 ...도 다시 주문하다 하나 양사 요리

우리도 다시 요리 하나를 다시 주문하였다

b. *我们再也叫一个菜。

我 们 再 也 叫 一 个 菜

나 -들 다시 ...도 주문하다 하나 양사 요리

(8) a. 他也只会开自动的车。

他 也 只 会 开 自动 的 车

그 ...도 단지 ...할 수 있다 운전하다 자동 관형어표지 차

그도 단지 자동인 차만 운전할 수 있다.

b. *他只也会开自动的车。

	他	只	也	会	开	自动的	车
	그	단지	...도	...할 수 있다	운전하다	자동 관형어표지	차

둘째, 공기할 수 없는 양화사들도 있다는 것이다. 예를 들면 다음과 같다.

(9) a. *他又还叫了一杯咖啡。

他	又	还	叫	了	一	杯	咖啡
그	또	더	주문하다	LE	하나	양사	커피

   b. *他还又叫了一杯咖啡。

他	还	又	叫	了	一	杯	咖啡
그	더	또	주문하다	LE	하나	양사	커피

다음에서 양화사의 계층은 양화 작용역(scope of quantification)을 근거로 가정되어야 하는데, 이것은 양화사군 사이의 정해진 배열순서와 나란히 올 수 없는 일부 양화사들에 대해서 체계적으로 설명해 줄 것이다.

3. 양화의 작용역(Scope of quantification)

양화의 작용역은 담화 프레임을 근거로 정의될 것이다. 프레임이 명확한 담화를 이루는 두 개의 문장으로 구성되고, 그 담화에 양화사가 나올 때, 양화의 작용역은 그러한 담화 내에서 정의될 수 있어야 한다. 이 가정은 먼저 양화사 '也'(also)를 통해 설명될 것이다. 예문 (10)의 문장들을 비교해보자.

(10) a. 张三买了新车 ; 李四也买了新车。

張三 买 了　　新车 ; 李四 也　　买 了　　　新 车

장삼 사다 완료표지　새 차,　이사　…도 사다　완료표지 새 차

장삼은 새 차를 샀고, 이사도 새 차를 샀다.

b　张三买了新车 ; 也买了电视。

張三 买 了　　新 车 ; 也　　买 了　　　电视

장삼 사다 완료표지 새 차,　…도　사다 완료표지 TV

장삼은 새 차를 샀고, TV도 샀다.

c.　张三买了新车 ; 也盖了新房子。

張三 买 了　　新 车 ; 也　盖 了　　　新 房子

장삼 사다 완료표지 새 차,　…도 짓다 완료표지　새 집

장삼은 새 차를 샀고, 새 집도 지었다.

d.　张三买了新车 ; 李四也盖了新房子。

張三 买 了　　新 车 ; 李四　也　盖 了　　　新 房子

장삼 사다 완료표지 신 차,　이사　…도 짓다 완료표지 새 방

장삼은 새 차를 샀고, 이사도 새 집을 지었다.

　상술한 모든 문장에는 '也'가 출현한 문법적인 담화프레임을 구성한다. 예문 (10a)은 주어가 다른 두 개의 문장을 포함하는데, 비록 지시하는 바는 다를지라도 둘 다 동일한 VP를 가지고 있다. '也'의 출현조건으로서 이 '동일-동사구(Equi-VP) 프레임을 살펴보자. 다시 말하자면, '也'의 양화 작용역은 두 번째 주어 NP, 즉 두 번째 문장에서 유일하게 '단언'(asserted)된 부분이다. 이 예문은 주어-지향적(subject-oriented)이다.

　한편, (10b)은 같은 주어와 다른 목적어를 갖는 두 개의 문장을 포함하고 있다. 마찬가지로, (10c)는 동일한 주어와 동일하지 않은 동사구를 포함한다.

따라서 동일 주어이기만 하면 '也'의 출현조건이 만족된다. 바꿔 말하자면, '也'의 양화 작용역은 VP의 일부이거나 VP 전체가 된다. 즉, 목적어-지향이 거나 동사구-지향이라는 것이다.

예문 (10d)은 상당히 다른 프레임을 포함한다. 두 개의 문장은 어휘적으로 동일한 어떠한 성분도 공유하지 않는다. 따라서 그 범위는 S 전체이다. 보통 두 개의 관련되지 않은 S는 '也'의 프레임을 만족시킬 수 없다. 예를 들면, 다음과 같다.

(11) a. 张三要去图书馆；李四 (*也) 想喝咖啡。

张三　要　　　去 图书馆；李四 (*也) 想　　　喝　咖啡
장삼 …하려하다 가다 도사관, 이사 (*…도) …하고 싶다 마시다 커피
장삼은 도서관에 가려고 하고, 이사는(*도) 커피가 마시고 싶다.

b. 中东产石油；美国 (*也) 种大豆。

中东　产　　　石油；美国 (*也)　种　大豆
중동　생산하다 석유，　미국 (*…도) 심다 콩
중동은 석유를 생산하고, 미국은(*도) 콩을 심는다.

예문 (11a)은 미래의 사건과 관련이 있고, (11b)는 총칭적 진술인 반면, (10d)은 이미 완성되고 서로 독립된 사건과 관련된다는 사실에 주목할 필요가 있다.

'也'가 어떠한 작용역도 포함하지 않는 경우는 아래 예문 (12)에 예시되어 있다.

(12) a. 自己的太太死了，他也不管。

自己 的　　　太太 死 了，　　　　他 也　不　管

자신 관형어표지 아내 죽다 완료표지+어기표지 그 ...도 부정 관여하다
자신의 아내가 죽었는데, 그 역시 상관도 하지 않는다.

　b.　他连一个孩子也没有。

　　　他 连　　　一 　个 孩子 也　 没 　有
　　　그 ...조차도 하나 양사 아이 ...도 부정　있다
　　　그는 한 명의 아이도 없다.

‘也’의 수식 작용역을 정리하자면 아래와 같다.

(13) a.　NPa VPa; NPb ye VPa

　　 b.　NPa VPa; NPa ye VPb

　　 c.　Sa; ye Sb

‘也’에 있어 유일하게 불가능한 프레임은 하나의 목적어가 두 문장을 연결하는 유일한 어휘적 혹은 지시적 등가물이 되는 경우이다. 예를 들면 다음과 같다.

(14)　　 ?? 他喜欢你的文章; 我也看了你的文章。

　　　　 他 喜欢　 你 的 文章; 我也　 看 了　　 你 的　　 文章
　　　　 그 좋아하다 당신 관형어표지 글, 나 ...도 보다 완료표지 당신 관형어표지 글

이제 ‘也’의 의미자질과 많이 유사한 양화사 ‘又’(again, more)의 작용역을 검토해보기로 하자. 아래의 문장을 비교해보자.

(15) a.　*张三买了新车 ; 李四又买了新车。

　　　　 张三 买 了　 新 车;又　 买 了　 电视

장삼 사다 LE 새 차, 또... 사다 LE   TV

장삼은 새 차를 샀고, 또 TV를 샀다.

c. 张三买了新车；又盖了新房子。

张三 买 了　　新车；又盖 了　　新房子

장삼 사다 완료표지 새 차, 또 짓다 완료표지 새 집

장삼은 새 차를 샀고, 또 새 집을 지었다.

d. 你要王小姐打字; 他又不是你的秘书。

你 要　　王小姐打字; 他又不是 你 的　　秘书

당신 요구하다 왕 아가씨 타자하다 그 또 부정...이다 당신 관형어표지 비서

당신은 미쓰 왕에게 타이핑을 요구하였는데, 그는 당신의 비서도 아닙니다.

'又'를 수용할 수 없지만, '也'는 수용 가능한 유일한 프레임은 주어가 다른 경우이다. 따라서 '又'는 기본적으로 동사-지향적인 양화사(VP-oriented quantifier)로 정의되어야 하는데, 그 작용역은 아래와 같이 요약된다.

(16) a. *NPa VPa; NPb you VPa

b. NPa VPa; NPa you VPb

c. Sa; you Sb

'还'(more)대한 프레임은 예문 (17)에서 나타내는 바와 같다.

(17) a. *张三买了新车；李四还买了新车。

张三 买 了 新车；李四 还　 买了 新 车

장삼 사다 LE 새 차,　 이사 더　 사다 LE 새 차

b. 张三买了新车；还买了电视。

张三 买 了　　　新车；还 买 了　　　　电视

장삼 사다 완료표지 새 차, 더 사다 완료표지　TV

장삼이는 새 차를 샀고, 또 TV를 샀다.

c. 张三买了新车；还盖了新房子。

张三 买 了　　　新车；还 盖 了　　　　新 房子

장삼 사다 완료표지 새 차,　더 짓다 완료표지　새 집

장삼이는 새 차를 샀고, 또 집을 지었다.

d. *日本人养珍珠；韩国人还种人参。

日本 人　养　　珍珠；韩国 人　还 种　人参

일본 사람 키우다 진주,　한국 사람 더 심다 인삼

정리하면 다음과 같다.

(18) a. *NPa VPa; NPb hai VPa

b. NPa VPa; NPa hai VPb

c. Sa; hai Sb

'又'(again)와 비교하면, '还'(more)은 엄격하게 동사-지향적인 편이다. 만일 전혀 관련이 없는 두 개의 문장이 '还'로 연결된다면, S2는 반드시 먼저 존재동사에 의해 도입되어야 한다. 예를 들면 다음과 같다.

(19)　日本人养珍珠；还有，韩国人种人参。

日本 人　养　　珍珠；还有，韩国 人 种　人参

일본 사람 키우다 진주, 그리고 한국 사람 심다 인삼

일본인은 진주를 기르고, 한국인은 인삼을 기른다.

양화사이면서 시간적 접속(temporal conjunction)은 아닌 '再'(again)의 작용역에는 엄격한 제약이 있다. 예를 들면 다음과 같다.

(20) a. *张三看了这本书；李四再看这本书。

张三　看　　了　　　这　本　　书；李四　再　　看　　这　本　　书

장삼　보다 LE　　이 양사　책　　이사　다시　보다　이 양사　책

b. 张三看完这本书；想再看一次。

张三　看　　完　　　　这　本　书；想　　　　　再　　看　一　　次

장삼　보다 결과보어　이 양사　책 …하고 싶다　다시　보다　하나 양사

장삼은 이 책을 다 읽고, 다시 한 번 보고 싶다.

c. *张三买了新车；再盖新房子。

张三　买　　了　　　新车；再　　盖　　新　房子

장삼　사다 LE　　새 차　다시　짓다　새　방

d. *张三听完音乐；李四再看电视。

张三　听　　完　　　　音乐；李四　再　　看　电视

장삼　듣다 결과보어　음악　　이사　다시　보다 TV

주어가 다른 경우, VP가 다른 경우, 그리고 별개의 두 개의 문장 모두 '再'(again)의 출현이 허용되지 않는다. 예문 (20b)에서 나타내는 바와 같이, 반드시 동일한 주어, 즉 전제되고 이미 알고 있는 주어와 동사, 그리고 목적어를 지시해야 한다. 두 번째 문장에서 나올 수 있는 유일한 '새로운'성분은 동사와 목적어에 대한 수식어뿐이다. 다시 말하자면, '再'는 단일하고 동일

한 사건의 중복 발생이라고 정의할 수 있다. 예문 (20)의 프레임은 아래와 같이 정리할 수 있다.

(21) a. *NPa VPa; NPb zai VPa

   b. NPa VPa, NPa zai VPb (with VP-modifications)

   c. *NPa VPa; NPa zai VPb

   d. *Sa; zai Sb

VP를 수식하는 성분이 두 번째 문장에서는 나타나지 않을 때, '再'가 실제로 지시하는 것은 동일한 핵심문장의 반복이다. 즉, 예문 (21b)은 다음과 같이 확장할 수 있다.

(22)   Sa; zai Sa (with VP-modifications)

'再'의 작용역은 동사 혹은 목적어에 대한 수식이 된다. 그것을 제약적인 VP-지향(restricted VP-oriented)이라고 보자.

'只'(only)는 대조 양화사(contrastive quantifier)이다. 그것의 프레임은 상당히 다양한데, 아래와 같다.

(23) a. 张三买了三本字典；李四只买了一本。

   张三 买   了   三 本 字典；李四 只 买   了   一 本

   장삼 사다 완료표지 셋 양사 자전, 이사 단지 사다 완료표지 하나 양사

   장삼은 자전 3권을 샀고, 이사는 한 권만 샀다.

   b. 张三没买新车；他只修了引擎。

   张三 没   买   新 车；他 只   修   了   引擎

장삼 부정 사다 새 차,   그 단지 수리하다 완료표지   엔진

장삼은 새 차를 사지 않았고, 단지 엔진만 고쳤다.

c. 张三请客；李四只付了小费。

张三 请   客；   李四 只 付   了   小费

장삼 초대하다 손님, 이사 단지 지불하다 완료표지 팁

장삼은 손님을 초대했고, 이사는 팁만 냈다.

다음과 같이 정리할 수 있다.

(24) a. NPa Va NPa; NPb zhi Va NPb

b. NPa Va NPa; NPa zhi Vb NPb

c. Sa; zhi Sb

'只'(only)를 포함하는 담화 프레임은 최소한 두 가지 대조할 수 있는 성분을 명시해야 한다. 즉 적어도 두 개의 작용역을 가져야 한다는 것이다. 예문 (23a)에서, '张三(장삼)과 '李四(이사)가 대조를 이루고, '三本字典(자전 세권)과 '一本字典(자전 한권)역시 그렇다. 다음 문장을 보자.

(25)   *俄国人买义大利车；英国人只买义大利车。

俄国   人 买 义大利 车；英国 人   只 买   义大利 车

러시아 사람 사다 이태리 차, 영국 사람 단지 사다 이태리 차

예문 (25)은 대조되는 부분이 없기 때문에 비문법적이다. 다음을 보자.

(26) a. *他只病了。

他 只 病   了

그 단지 아프다 LE

    b. 他只病了一次。

       他 只   病   了   一   次

       그 단지 아프다 어기표지+완료표지   하나 양사

       그는 단지 한 번 아팠다.

마찬가지로, 위의 예문 (26a)은 충분한 대조를 이룰 수 있는 담화문맥이 없으나, 예문 (26b)는 최소한 두 가지 대조적인 해석이 가능하다.

동사로 말하자면, 긍정-부정(positive-negative)의 대립은 대조를 이룬다. 그러므로 다음과 같다.

(27)   老王没念大学；他只念了中学。

        老王 没   念   大学；他 只 念   了   中学

        왕씨 부정 공부하다 대학   그 단지 공부하다 완료표지 중학교

        왕씨는 대학을 다니지 않았고, 단지 중학교만 다녔다.

'大学'(대학교)과 '中学'(중학교)은 대조를 이루는 반면, '没念'(학교를 다니지 않았다)과 '念了'(학교를 다녔다)는 또 다른 대조를 이룬다. 사실상, 두 번째 문장에서 동일한 주어가 오는 경우, 긍정-부정 극성(polarity, 极性)이 반드시 출현한다. 예문 (23b)과 아래의 문장을 비교해보자.

(28)   *张三买了新车；他只买了日本车。

        张三 买   了   新车；他 只 买   了 日本 车

        장삼 사다 LE   새 차, 그   단지 사다 LE 일본 차

4. 작용역의 계층(Hierarchy of scopes)

앞에서 서술한 바와 같이, 양화사가 여러 개가 함께 출현할 때, 일정한 순서가 있을 수 있고(6 참조), 일부 수사는 공기하지 않는다. 위에서 명시된 양화사의 작용역에 따라, 양화사의 순서와 양립 불가성에 대한 정의를 내려 보자.

양립 불가성은 두 개 혹은 그 이상의 양화사가 동일한 수식 작용역으로 인해 겹치게 될 때 관찰된다. 예를 들면, '又', '再'와 '还'는 모두 VP-지향으로서, 즉 주어는 '신정보'혹은 '단언'의 성분이 될 수 없으며, 또한 공기할 수도 없다. 예를 들면 다음과 같다(9 참조).

(29) a. 他又要去德国。

他 又 要　　 去 德国

그 또 ...하려 하다 가다 독일

그는 또 독일에 가려고 한다.

b. 他还要去德国。

他 还 要　　 去 德国

그 더 ...해야 하다 가다 독일

그는 독일에도 가야한다.

c. *他又还要去德国。

他 又 还 要　　 去 德国

그 또 더 ...해야한다 가다 독일

(30) a. 你再说 !

你 再 说

당신 다시 말하다

당신 다시 말해보세요!

b. 你还说！

你　还　说

당신 더 말하다

낭신 너 날합니까!

c. *你还再说！

你　还　再　说

당신 더 다시 말하다

양화사가 하나 이상의 작용역을 가질 수 있다면, 다른 공기하는 양화사와 동일한 작용역을 공유할 수 없다는 것은 앞의 논의로부터 예측가능하다. 예를 들어, '也'는 다기능의 양화사로서, 주어-지향, VP-지향 혹은 목적어-지향이 다 될 수 있다. 아래 제시된 (31a)에서 '也'는 VP-지향이고, (31b)의 '又'도 마찬가지이다. (31c)는 수식의 작용역이 충돌하기 때문에 비문법적이다.

(31) a. (张三吃了鱼) 他也吃了虾。

(张三 吃　了　　鱼) 他 也　吃　了　　虾

(장삼 먹다 완료표지 생선) 그 …도 먹다 완료표지 새우

(장삼이 생선을 먹었다.) 그도 새우를 먹었다.

b. (张三吃了鱼) 他又吃了虾。

(张三 吃　了　　鱼) 他 又 吃　了　　虾

(장삼 먹다 완료표지 생선) 그 또 먹다 완료표지 새우

(장삼이 생선을 먹었다.) 그는 또 새우를 먹었다.

c. *他也又吃了虾。

他 也　又 吃 了　虾

그 …도 또 먹다 LE　새우

　　그러나 '也'가 주어-지향인 경우, VP-지향인 '又'와는 자유롭게 공기할
수 있다. 예를 보자.

(32)　(那个电影, 张三又看了一次) 李四也又看了一次。

　　　(那 个 电影, 张三 　　 又 看 了 　 一 次)

　　　(그 양사 영화, 장삼(이름) 또 보다 완료표지 하나 양사)

　　　李四 也 又 　 看了 　 一 　 次

　　　이사…도 또 하나　완료표지 하나 양사

　　　(그 영화, 장삼이 또 한 번 봤다) 이사도 또 한 번 봤다.

　　이것은 양화사의 출현순서에 대한 문제를 던져준다. (32)에서 나타내는
바와 같이, 주어-지향인 '也'는 반드시 VP-지향인 '又'앞에 출현해야 한다.
이와 상반된 순서는 허용되지 않는다. 예를 들면 다음과 같다.

(33)　*李四又也看了一次。

　　　李四 又 也 　 看 了 　 一 　 次

　　　이사 또 …도 보다 LE　하나 양사

　　따라서 양화사 계층은 양화사의 작용역을 근거로 이루어질 수 있으며, 또
한 선형상의 순서에 의해 정의될 수 있다. (32)와 (33)에서 나타내는 바와
같이, 주어-작용역은 VP-작용역에 비해 높은 층위이므로 전자는 후자 앞에
위치한다. 아래의 문장에서 '也'는 다른 동사-지향의 양화사를 선행한다.

(34) a. 你也再想一想。

　　你　也　再　想　　一　　想

　　당신 ...도 다시 생각하다 하나 생각하다

　　당신도 다시 생각해 보십시오.

b. 他们也还要再叫一个菜。

　　他们　也　还　要　　　　再　叫　　　一　个　菜

　　그 -들 ...도 더 ...해야 한다 다시 주문하다 하나 양사 요리

　　그들도 또 요리를 다시 주문해야 했다.

c. 我也只喝香片。

　　我　也　只　喝　　香片

　　나 ...도 단지 마시다 꽃차

　　나도 꽃차만 마신다.

　　두 개의 주어-지향 양화사가 공기할 때, 그 순서는 양화사에 대한 다른
제약의 출현 여부에 의해 결정된다. '都'는 주어-지향일 수도 있고(35a), 목
적어-지향일 수도 있다(35b).

(35) a. 张三跟李四都去过欧洲。

　　张三　跟　李四　都　去　过　　欧洲

　　장삼 ...과 이사 모두 가다 경험표지 유럽

　　장삼과 이사는 모두 유럽에 갔다.

b. 法国跟德国张三都去过。

法国　跟　德国　张三　都　去　过
프랑스 ...와 독일 장삼 모두 가다 경험표지
프랑스와 독일을 장삼은 모두 가보았다.

그러나 '都'는 다른 어떤 작용역도 명시하지 않는다. 그러므로 '都'는 '也'만큼 다양하지 않다. 그래서 이 둘이 공기하는 경우, '也'가 '都'를 선행하게 된다. 예를 들면 다음과 같다.

(36) a. 他们也都毕业了。

　　　他们 也 都 毕业 了
　　　그 -들 ...도 모두 졸업하다 완료표지
　　　그들도 모두 졸업했다.

　　b. *他们都也毕业了。

　　　他们 都 也 毕业 了
　　　그 -들 모두 ...도 졸업하다 LE

마찬가지로, 두 개의 VP-지향 양화사가 공기하는 경우, 그 순서 역시 관련 제약의 양에 의해 결정된다. 예를 들어, '只'는 VP를 작용역으로 명시하지만, 이 작용역 내에서 '只'는 '단언'동사와 목적어를 명시할 수 있다. 한편, '再'는 반드시 동일한 동사와 목적어를 명시하는데, 왜냐하면 '再'가 동사나 목적어에 대한 수식을 자신의 작용역으로 보기 때문이다(20 참조). 따라서 '再'는 '只'보다 더 제약적이고 다양하지도 않다. 그러므로 이 둘이 공기하는 경우 '再'는 '只'의 뒤에 와야 한다. 예를 들면 다음과 같다.

(37) a. 我也只再住三天。

　　　我 也 只 再 住 三 天

나 ...도 단지 다시 머물다   셋 일

나도 단지 다시 3일 머무른다.

b. *我也再只住三天。

我 也 再 只 住   三 天

나 ...도 다시 단지 머물다   셋 일

5. 결론

상술한 내용을 정리해 보면, 아래와 같은 규칙을 발견할 수 있다.

(38) a. 계층은 양화사의 작용역을 근거로 결정된다. 주어-작용역은 VP-작용역보다
    높다.

   b. 그 다음, 계층은 양화사의 다양성을 바탕으로 결정된다. 더 다양한 작용역을
    갖는 양화사가 덜 다양한 것보다 계층이 높다.

   c. 표층구조의 선형적 순서에서, 상위에 위치한 양화사가 하위에 랭크된 양화사
    를 선행한다.

참고문헌

Carden, Guy. 1976. *English quantifiers*. New York: Academic Press.

Lyons, John. 1977. *Semantic*. Cambridge: Cambridge University Press.

제14장 중국어 동사의 시간구조*

Temporal structures of Chinese verbs

서론

서양철학에서는 자연언어에 구현되는 상황(situation)을 4가지 유형으로 구분하는데, 바로 활동(activity), 완수(accomplishment), 달성(achievement), 그리고 상태(state)이다. 언어학자들은 이 분류체계 안에서 4가지 상황유형과 언어현상의 관계를 연구하였다. 그들은 상황과 시제(tense), 그리고 상(aspect)의 직접적인 관계에 주목하고, 시간과 상에 더욱 집중함으로써 체계적으로 인식하기에 이르렀다. 가장 주된 성과는 상(aspect)의 구조가 동사의 조어적 구조와만 관련이 있는 것이 아니라, 문장 전체에 영향을 준다는 점을 명확하게 분석해냈다는 데 있다.

이 글은 시간구조의 관점에서 4가지 다른 상황유형이 중국어 문법에서 어떻게 구현되는지를 검토하고, 이를 통해 중국어의 술어 자체가 함의하고 있는 시간구조의 특징을 밝혀낼 것이다. 또한 문장 전체를 분석 범위(즉, 상황)로 상정할 때, 비로소 중국어의 시간구조가 체계적으로 규범화될 수 있다는 것을 증명할 것이다. 즉, 동사 자체만으로 시간구조를 연구하는 것은 충분

---

* 이 글은 ≪语言教学与研究≫4:7-17, 1985. Beijing: Language Institute Press에 출간된 것이다.

하지 않다는 의미인 것이다. 이에, 중국어도 서양철학에서 제안한 4가지 상황유형으로 구분하는 것이 필요하다. 戴浩一(1984)에서 중국어는 '완수'(accomplishment)유형이 필요하지 않다고 주장했는데, 그것은 정확하지 않다.

이 글은 중국어 '상 구조'(aspect structure)를 분석하기 위한 가장 기본적인 작업에 해당한다. 이 글에서 언급되는 중국어의 '상'에 대해서는 명확한 정의는 하지 않았다.

4가지 상황유형

상황유형(situation type)이란 인류가 언어를 교류하는 최소한의 완전한 정황을 가리키며, 일반적으로 하나의 단문으로 나타낸다. 언어학에서 Vendler(1967)는 이러한 상황유형을 다음과 같이 구분하였다.

활동(activity)
(1) a. 他去年学法语。
　　　　他 去年 学　　法语
　　　　그 작년 배우다 프랑스어
　　　　그는 작년에 불어를 배웠다.

　　b. 张教师在美国教汉语。
　　　　张 教师 在　　美国 教　　　汉语
　　　　장 교사 ...에서 미국 가르치다 중국어
　　　　장 선생님은 미국에서 중국어를 가르친다.

완수(accomplishment)

(2) a.　他学会法语了。

　　　他　学　　会　　　法语　　了
　　　그　배우다　능숙하다　프랑스어　어기표지
　　　그는 불어를 배워 능숙하게 되었다.

　　 b.　张老师教错了一个字。

　　　张　老师　教　　　错　　了　　　一　　个　　字
　　　장　교사　가르치다　틀리다　완료표지　하나　양사　글자
　　　장 선생님은 한 글자를 잘못 가르쳐주셨다.

달성(achievement)

(3) a.　小李病了。

　　　小李　病　　　了
　　　이군　아프다　완료표지+어기표지
　　　이군이 아팠다.

　　 b.　老王丢了一只手表。

　　　老王　丢　　　　　了　　　　　　　一　　只　　手表
　　　왕씨　잃어버리다　완료표지+어기표지　하나　양사　손목시계
　　　왕씨는 손목시계 하나를 잃어버렸다.

상태(state)

(4) a.　我们都知道他的名字。

　　　我　们　都　　知道　他　的　　　名字
　　　나　-들　모두　알다　그　관형어표지　이름
　　　우리들은 모두 그의 이름을 안다.

b.　他不喜欢北方菜。

　　他 不　喜欢　　北方 菜

　　그 부정 좋아하다　북방 요리

　　그는 북방요리를 좋아하지 않는다.

　Vendler(1967)는 영어의 시제와 상의 특징을 바탕으로, 이 4가지 상황유형이 다양한 문법표현 방식과 관련된다는 것을 설명하였다.

　다양한 상황유형은 동사분류와 밀접한 관계가 있지만, 기본적으로는 동사자체의 분류가 아닌 문장술어에 대한 분류이다. 예를 들어, '활동'과 '상태'라는 두 상황유형에 실현되는 동사는 완전히 다르지만, 같은 동사가 '활동'과 '완수'의 상황 모두에 출현할 수도 있다(ex. '学(배우다)).

　'활동'은 순수한 동작 과정을 나타내는데(ex. 走路(걷다)), 동작이 시작된 후 그 동작 자체가 목표가 된다. 즉 '走路'(걷다) 자체는 어느 특정한 지점까지 걸어갈(走/걷다) 필요는 없다. 어떤 지점까지 걸어간 것은 우연에 불과하다.

　'완수'는 동작의 목표에 이른 것을 나타내며(ex. '走到学校'(학교까지 걷다)), 이러한 상황은 목표에 도달하기 전에는 존재하지 않는다. 즉 학교까지 걸어가지 전에는 이 상황이 실현되지 않은 것이다. 또한 그 실현은 순식간에 이루어진다. 학교에 도달하는 것이 동작의 목표인 것이다. 예문 (1)과 (2)를 비교해보자. '他去年学法语'(그는 작년에 프랑스어를 배웠다)는 '去年'(작년)이라는 시기의 모든 시점에 '学法语'(프랑스어를 배우다)라는 동작이 존재한다. 그러나 '他学了两年的法语'(그는 프랑스어를 2년간 배웠다.)에서 만일 배운 지가 '两年'(2년)이 되지 않았으면, 이 상황은 존재하지 않는다. 다음에서는 이 시간구조의 다양성에 대해서 심도 있게 논의할 것이다.

　'달성'은 동작이 아니라, 단지 어떤 상황의 출현만을 나타낸다(ex. '乾了'(말랐다)). '달성'이 '완수'와 다른 점은 동작의 단계가 없을 뿐만 아니라, 목표도 없다는 것이다. 그러나 '실현'이 된다는 이 점에서는 '완수'와 같다. '乾'(마르다)이라는 이 현상은 '乾了'(말랐다) 이전에는 존재하지 않으며, '乾了'(말랐다) 역시 어떤 동작의 목표는 아니다. 개괄하자면, '乾了'(말랐다)는 어떤 상태의 발생이거나 상태의 변화일 뿐이다.

'상태'는 어떤 상황이 존재한다는 것만을 나타낸다(ex. '快乐'(즐겁다)). 인간관계에서 '상태'는 어느 정도의 영원불변한 현상을 나타낸다. 그러나 '활동'은 자연적인 시작점과 종결점을 갖는다.

상황 유형과 동사 분류

격문법의 동사분류와 비교해보면(邓 1975 참조), '활동' 및 '완수'에 출현하는 동사는 모두 행위동사(action verb)이고, '달성'에 출현하는 동사는 변화동사(process verb)이며, 그리고 '상태'에 출현하는 동사는 상태동사(state verb)이다. 이 두 가지 분류법은 확실히 비슷한 점이 많다. 이러한 유사성은 자동사에서 특히 현저하게 나타난다. 대다수의 변화동사나 상태동사는 모두 자동사이다. 이것은 상황유형의 분류라는 것이 기본적으로는 동사의 분류이고, 행위동사를 두 가지 (즉 '활동'과 '완수')로 재분류하는 것을 의미하는 것은 아닐까?

戴浩一(1984)에서 제안한 결론이 바로 이와 같다. 그는 중국어 동사를 활동(activity), 상태(state), 그리고 결과(result)로 분류하였다. 이것은 격문법의 동사분류와 완벽하게 부합되는데, 여기서 결과는 바로 변화(process)를 나타낸다. 戴浩一(1984)는 Vendler(1967)의 분류를 수정하는데, 주로 중국어의 활동동사에 근거해서 결과(attainment)를 포함시키지 않았다. 다음 예문을 보자.

(5) a. 我昨天画了一张画，可是没画完。

我 昨天 画　　　了　　　一　张　画，可是 没　　画　　完

나 어제 그리다 완료표지 하나 양사 그림 그러나 부정 그림 결과보어

b. I painted a picture yesterday but I didn't finish it.

(나는 어제 그림을 그렸으나, 아직 끝내지 못했다.)

위의 예문에서 戴浩一(1984)은 예문 (5a)가 중국어에서는 성립되지만, 영어에서는 문법적이지 않다고 지적하였다. 그는 이에 대해 다음과 같이 설명하였다. 즉 영어의 행위동사(예: paint)는 목적어가 생기면 결과를 포함하게 되지만, 중국어에서는 이와 유사한 함의(entailment)가 성립하지 않으므로, 예문 (5a)는 문법적인 문장이라고 주장하였다. 그러나 사실 예문 (5b)도 문법에 어긋나지만, 예문 (5a) 역시 중국어 문법에 맞지 않는다. 상황유형이라는 것은 결코 단순하게 문장의 동사만을 가리키지 않으며, '완수유형'의 상황도 결과의 발생만을 가리키지는 않는다. Vendler(1967)의 분류는 문장 전체의 시간구조에 근거한 것으로서, 戴浩一(1984)의 출발점과는 그리 연관성이 없다.

'상황유형'과 '동사'의 분류는 원칙적으로 두 가지의 다른 관점이라 할 수 있다. 편폭의 제한으로 이 글에서는 상세하게 다루지는 않겠다. 다음은 시간구조의 논점에서 4가지 상황유형의 차이를 설명할 것인데, Vendler(1967)의 이론은 중국어 상 구조에 대해 명확한 분석을 내놓을 수 있을 것이다.

시간의 구조

이 글과 관련된 시간구조는 기점(inception), 종결점(termination), 이 두

점 사이의 과정(duration) 그리고 이 과정에서 임의의 한 점에 해당하는 부분구간(subinterval)으로 분류된다. 과정은 기간(period)을 가리키며, 다른 3가지(기점, 종결점, 부분구간)는 시점(point)에 해당한다. 중복 출현하는 기간이나 시점은 빈도(frequency)라고 부른다. 중국어의 시간사는 아래와 같이 크게 3가지로 구분할 수 있다.

(6) a. 기간 : 一小时(한 시간), 三天(삼일), 整年(온 한 해), 一会儿(잠시), 马上(바로), 一下(바로/곧)

    b. 시점 : 那个时候(그 때), 刚才(방금), 五分钟前(오 분 전), 昨天(어제)

    c. 빈도 : 三次(세 번), 很少(아주 적다), 常(자주), 每月(매월), 老(계속)

시간의 분류는 단어나 혹은 복합어에 국한되지 않으며, 구(phrase)나 절(clause)이 이와 동일한 성질을 갖는다. 예를 들면, '客人到的时候'(손님이 도착했을 때)에는 시점이 없으며, '三个小时之内'(세 시간 이내)는 기간을 나타낸다.

'활동'의 시간구조

상황유형의 시간구조는 아래와 같다. 기간은 '활동'에 출현하여 '활동'의 지속 범위를 나타낸다. 즉 '활동'의 '기점'에서 '종결점'까지의 길이를 나타낸다. 예를 들면 다음과 같다.

(7) a.   罚你煮三天饭!

      罚   你   煮   三   天   饭

      벌하다 당신 삶다 셋 양사 밥

      3일간의 밥 하는 것으로 당신을 벌한다!

b.　我(每天)走三个小时。

　　　我 (每天) 走　　　三 个　小时
　　　나 (매일)　걷다　셋 양사 시간
　　　나는 (매일) 3시간 걷는다.

　이것은 단지 일반적인 경우에 속한다. 일부 시간부사는 '활동'이 시작되는
때를 가리킨다. 예를 보자.

(8) a.　我马上就写信。

　　　我 马上 就　　　写 信
　　　나 바로 강조표지 쓰다 편지
　　　나는 바로 편지를 쓴다.

　　b.　他一会儿就上街。

　　　他 一会儿 就　　　上　　街
　　　그 잠시　강조표지 오르다 거리
　　　그는 잠시 후 바로 시내에 나갔다.

　'马上'(바로)은 발화에서 동작(写信(편지를 쓰다))이 시작되는 그 짧은 시
간을 가리키는데, 즉 '马上'(바로)이나 '一会儿'(잠시)는 '활동'의 '기점'을
나타내지만, 그 '활동'의 지속시간은 나타내지 않는다. 이와 유사한 부사는
'一下'(바로/곧)로서 그것의 시간구조는 다르다. 다음에 제시된 문장을 비교
해보자.

(9) a.　*我一下就做饭！

　　　我 一下 就　　　做 饭
　　　나 바로 강조표지 하다 밥

b. *我一下就看书！

　　我　一下就　　　看　书

　　나 바로 강조표지 보다 책

c. 我一下就吃完了。

　　我　一下就　　　吃　完　　　了

　　나 바로 강조표지　먹다 결과보어 완료표지

　　나는 바로 다 먹었다.

　　예문 (9a)과 (9c)는 '一下'(바로/곧)이 '활동'의 시작을 나타내는데 사용되지 않고, 단지 대화시간이 완결되는 시간까지의 기간만을 가리킨다. 예문 (9c)에서 보여주는 바와 같다. 즉 '马上'(바로)과 같은 시간부사가 '기점-지향적'(inception-oriented)인 부사라면, '一下'(바로/곧)와 같은 시간부사는 '종결점-지향적'(termination-oriented)인 부사로 볼 수 있다는 것이다.

　　시점은 '활동'에 출현해서 '활동의 시작 혹은 진행'을 나타낸다. 예를 들면 다음과 같다.

(10) a. 你什麼时候写信?

　　　　你　　什麼时候 写　信

　　　　당신 언제　　 쓰다 편지

　　　　당신은 언제 편지를 씁니까?

b. 他昨天下午堆石头。

　　他 昨天 下午　　堆　石头

　　그 어제 오후에 쌓다 돌

　　그는 어제 오후에 돌을 쌓았다.

빈도는 '활동'에 출현해서 활동이 출현하는 비율을 표시한다. 예를 들면 다음과 같다.

(11) a. 他们家很少做饭。

　　　他 们　家 很　少　　做 饭

　　　그 -들 집 아주 적다 하다 밥

　　　그들의 집에는 아주 드물게 밥을 한다.

　　b. 小孩儿老哭。

　　　小孩儿 老　　哭

　　　아이　 항상 울다

　　　아이는 항상 운다.

'완수'의 시간구조

'완수'의 시간구조는 '활동'과 아주 다르다. 기간이 '완수'구문에 출현하면 단지 '활동'이 완성될 때의 '종결점'만을 나타내며, '활동'의 지속기간은 나타낼 수 없다. 다음 문장을 비교해보자.

(12) a. *他洗好衣服洗了半小时了。

　　　他洗　好　　　衣服 洗 了 半 小时 了

　　　그 씻다 결과보어 옷　씻다 LE 반 시간　LE

　　b. 他洗好衣服半个小时了。

　　　他 洗　好　　　衣服 半 个　小时 了

　　　그 씻다 결과보어 옷　 반 양사 시간 어기표지

　　　그는 30분 만에 옷을 다 빨았다.

c. 他洗了半个小时才洗好衣服。

他 洗 了　　 半 个 小时 才　 洗 好　　　 衣服
그 씻다 완료표지 반 양사 시간 비로소 씻다 결과보어　　 옷
그는 30분 동안 옷을 씻은 후에 비로소 다 씻었다.

예문 (12a)에서, 만일 '洗好'(다 씻다)라는 이 상황이 30분 동안 지속된다
면, 이 문장은 문법에 맞지 않게 된다. 왜냐하면, '洗好'(다 씻다)는 동작이
'완수'되는 '시점'(종결점)을 가리키며, 이미 '완수'된 것은 지속될 수 없기
때문이다. 예문 (12b)의 '半个小时'(반시간)는 '완수' 이후의 대화시간까지
의 기간을 나타내고, (12c)에서, '半个小时'(반시간)는 '활동'이 '완수'가 일
어날 때까지 지속됨을 나타낸다. 그러므로 (12b)에 나타내는 기간은 사건이
발생한 후의 기간이지만, (12c)에서는 사건이 일어나기 이전의 기간을 나타
낸다. 이러한 구분은 문법상에서도 아주 명확하게 나타나는데, 동사 뒤의 시
간은 사건 이후이고, 동사 앞의 시간은 사건 이전이다. 이것은 중국어의 일반
적인 규칙이다('来早了'(온 것이 빠르다/빨리 왔다)와 '早点儿来(일찍 오
다)를 비교해보라).

제5절에서 '马上'(바로)은 활동문에서 '활동'이 '기점'을 나타내지만, '一
下'(바로/곧)는 활동문에 출현할 수 없다고 언급한 바 있다. 이와 반대로, '马
上'(바로)과 '一下'(바로/곧)는 모두 완수문에 출현할 수 있으며, 또한 모두
'활동'이 완수되는 '종결점'을 가리킨다. 예를 들면 다음과 같다.

(13) a. 他一下(马上)就煮好饭了。

他 一下 (马上) 就　　 煮 好　　 饭 了
그 곧　 (바로) 강조표지 삶다 결과보어 밥 어기표지
그는 곧 밥을 다 지었다.

b. 他一下(或马上)就写好三封信了。

他 一下 (或 马上) 就 写 好 三 封 信 了

그 곧 (혹은 바로) 강조표지 쓰다 결과보어 셋 양사 편지 어기표지

그는 곧 편지 세 통을 썼다.

완수문에서 '기점-지향적'인 특징과 '종결점-지향적'인 특징은 중성화되었다. 뿐만 아니라, 활동문에서는 예문 (8a)과 같이 동작이 아직 시작하지 않았지만, 완수문에서는 예문 (13a)과 같이 동작은 분명히 이미 진행 중이다. 그러므로 시간부사의 범위(scope)는 활동문과 완수문에서 각각 다르게 나타난다.

'一下'(바로/곧)와 '马上'(바로)은 시간의 길이를 명확하게 경계 짓지 않으며, 명확한 시간구조도 마찬가지이다. 다음 예문을 보자.

(14) a. 他五分钟吃了二十个饺子。

他 五 分钟 吃 了 二十 个 饺子

그 다섯 분 먹다 완료표지 이십 양사 만두

그는 5분 만에 20개의 만두를 먹었다.

b. 他一小时搬了二十块砖。

他 一 小时 搬 了 二十 块 砖

그 하나 시간 옮기다 완료표지 이십 양사 벽돌

그는 한 시간에 20개의 벽돌을 옮겼다.

'五分钟'(5분)은 '완수'를 가리키며, '吃二十个饺子'(20개의 만두를 먹다)라는 이 '활동'에 필요한 시간으로서, 즉 '기점'에서 '종결점'까지 총 '五分钟'(5분)이라는 시간이 필요하다는 것을 나타낸다. 이러한 구조는 활동문

에는 출현하지 않는다. 예를 들면 다음과 같다.

(15) a. *他五分钟做了饭。

　　　　他 五　分钟 做　 了 饭

　　　　그 다섯 분 하다 LE 밥

　　 b. *他一小时写了信。

　　　　他 一　小时 写　 了　 信

　　　　그 하나 시간 쓰다 LE 편지

'吃饺子'(만두를 먹다)는 '활동'을 나타낸다. 그러나 '吃了二十个饺子'(20개의 만두를 먹다)는 완수문이다. 이 두 가지 '상황유형'은 구분해야 한다.

시점은 완수문에 출현해서, '활동'이 완수되는 '종결점'을 가리킨다. 예를 보자.

(16) a. 他六点半洗好衣服。

　　　　他 六点 半 洗　 好　　 衣服

　　　　그 여섯 반 씻다 결과보어 옷

　　　　그는 6시 반에 옷을 다 빨았다.

　　 b. 他就在那个时候堆好二十块砖。

　　　　他 就　 在　 那个 时候 堆　 好　　 二十 块　 砖

　　　　그 바로 …때 그 양사 시간 쌓다 결과보어 이십 양사 벽돌

　　　　그는 바로 그 때 20개의 벽돌을 다 쌓았다.

이러한 구문은 '활동'의 '기점'과는 관련이 없으며, 활동문과 완전히 다르다.

빈도는 일반적으로 완수문에 출현하지 않는다. 다음을 비교해보자.

(17) a. *他很少煮好饭。

他 很 少 煮 好 饭
그 매우 적다 삶다 결과보어 밥

b. *我找到喜欢的字典三次。

我 找 到 喜欢 的 字典 三 次
나 찾다 보조사 좋아하다 관형어표지 자전 셋 양사

c. *我经常写好家信。

我 经常 写 好 家信
나 자주 쓰다 결과보어 가신(가족 사이에 왕래하는 편지)

'달성'의 시간구조

완수문이 달성문과 다른 점은 주로 완수문은 어떤 '활동'이 결과에 도달하여, 어떤 결과가 생겼음을 나타낸다는 데 있다. 달성문은 대체로 어떤 '상태의 발생 혹은 변화, 즉 변화의 과정'을 설명한다. 그러나 이 과정은 순간적이며 지속될 수 없기 때문에 '달성'의 시간구조 역시 '완수'와는 다르다.

기간이 달성문에 출현하여 변화의 '기점' 혹은 '종결점'을 가리키는데, 동사의 유형에 따라 다르게 나타난다. 아래 예문을 보자.

(18) a. 这只虫死了很久了。

这 只 虫 死 了 很 久 了
이 양사 벌레 죽다 완료표지 매우 오래다 어기표지
이 벌레는 죽은 지 한참 되었다.

b. 这块玻璃破了好几天了。

这块　　玻璃　破　了　　　好　几　天　了

이 양사 유리　깨지다 완료표지 한참　몇　일 어기표지

이 유리는 깨진 지 며칠 되었다.

예문 (18)에서 시간사는 어떤 변화('출생부터 죽음'이 이르기까지, '완전한 것에서 깨지는 것'까지)의 발생 후부터 대화시간까지의 시간적 거리를 나타내며, 또한 변화의 상태는 이미 존재하지 않는 과거의 사실이다. 그러나 아래의 상황은 오히려 이와 반대된다.

(19) a. 我的狗病了很久了。

我 的　　　狗 病　了　　　很 久　了

나 관형어표지 개 병나다 완료표지 매우 오래다 어기표지

나의 개는 병 난지 오래 되었다.

b. 医院的门开了半天了。

医院 的　　　门 开　了　　　半天 了

병원 관형어표지 문 열다 완료표지 반나절 어기표지

병원의 문은 반나절 내내 열려 있었다.

예문 (19)의 시간사도 변화의 발생부터 대화시간까지의 시간적 거리를 나타내지만, 여기서는 변화 후의 상태가 여전히 존재하고 있다. '死'(죽다)와 같은 달성문은 상태의 종결을 나타내는 '종결점-지향적'이라 할 수 있다. 그러나 '病'(아프다)과 같은 유형은 상태의 시작을 나타내는 '기점-지향적'이다. 이러한 차이는 지속상 '着'구문에서 나타난다. 예를 들면 다음과 같다.

(20) a. 他病了三天了　= 病着。

他病 了 三天了 ＝病 著
그 병나다 완료표지 셋 일 어기표지 ＝ 병나다 진행표지
그는 병이 난 지 3일이나 되었다 ＝ 병이 진행 중이다.

b. 他死了三天了 ≠ 死著。
他死 了′ 三天了 ≠死 著
ㄱ 죽나 완료표시 셋 일 어기표지 ≠ 죽다 진행표지
그는 죽은 지 3일 되었다 ≠ 죽음이 진행 중이다.

'马上'(바로)과 '一下'(바로/곧)는 보통 이미 완성된 달성문에 출현한다.
예를 들면 다음과 같다.

(21) a. 鱼一下就死了。
鱼 一下就 死 了
물고기 곧 강조표지 죽다 완료표지+어기표지
물고기는 곧 죽었다.

b. 狗一下就病了。
狗 一下就 病 了
개 곧 강조표지 병나다 완료표지+어기표지
개는 곧 병이 났다.

c. 大门马上就开了。
大门 马上就 开 了
대문 바로 강조표지 열다 완료표지
대문이 바로 열렸다.

이러한 문장 역시 완성되지 않은 상황을 가리킬 수 있지만, '了'가 없을

경우에는 상황은 달라진다. 비교해보자.

(22) a. 鱼马上就死。

　　　鱼　　马上　就　　　死

　　　물고기 바로　강조표지 죽다

　　　물고기는 바로 죽는다.

　　b. *狗马上就病。

　　　狗 马上 就病

　　　개 바로 강조표지 병나다

　　c. 衣服马上就乾。

　　　衣服 马上 就　　　乾

　　　옷　 바로 강조표지 마르다

　　　옷은 곧 마른다.

　　이와 같이 다양한 상황들은 명확한 규칙은 없지만, 일반적으로 볼 때, '종결점-지향적'인 달성문이 예문 (22)과 유사한 문장에 자주 출현하는 편이다. 왜냐하면, '종결점-지향적'인 동사 자체는 달성 이전에 이미 기점이 존재('死'(죽다)의 과정 혹은 '乾'(마르다)의 과정)하지만, '기점-지향적'인 동사 자체에는 그러한 기점이 존재하지 않는다('病'(아픔) 이전에는 '病'(아픔)의 과정이 없다). 예외적인 상황도 존재한다. 예를 들면 다음과 같다.

(23) a. 大门马上就开。

　　　大门 马上 就　　　开

　　　대문 바로 강조표지 열다

　　　대문이 곧 열린다.

b.　小孩儿马上就醒。

　　　　小孩儿 马上 就　　　醒

　　　　아이　　바로 강조표지 깨다

　　　　아이는 곧 깬다.

　　좀 더 심도 있는 논의가 필요하다. 구체적인 시간이 달성문에 출현하면
그것의 구조 역시 완수문과 다르다(예문 (14) 참조). 다음 예문 (24)을 살펴보
자.

(24) a.　那个病人一年就死了。

　　　　那 个　病人 一 年就　　　死 了

　　　　그 양사 환자　하나 연 강조표지 죽다 완료표지+어기표지

　　　　그 환자는 1년 만에 죽었다.

　　b.　小孩子五分钟就醒。

　　　　小孩子 五 分钟 就　　　醒

　　　　아이　　다섯 분　강조표지 깨다

　　　　아이는 5분 만에 깨어났다.

　　'一年'(일 년)은 '死'(죽다)에 필요한 시간이 아니며, 입원해서 죽을 때까
지의 경과시간이다. 예문 (24b)에서의 '五分钟'(5분) 역시 깨어나는데 필요
한 시간이 아니라, 말하는 시간으로부터 깨어날 때까지 경과한 시간이다. 이
부분에서 완수문과 달성문의 시간구조는 상당히 다르다.

　　달성문에 출현한 시점은 상태변화의 '기점' 혹은 '종결점'을 가리킨다. 예
를 들면 다음과 같다.

(25) a.　病人六点半死的。

病人 六 点半 死   的
환자 여섯 시 반 죽다 문말조사
환자는 6시 반에 죽었다.

b. 他上星期六病的。

他 上   星期六 病   的
그 위   토요일 병나다 문말조사
그는 지난주 토요일에 병이 났다.

빈도가 달성문에 출현하는 규칙 역시 복잡한 편이다. 다음을 비교해보자.

(26) a. ?鲤鱼很少死。

鲤鱼 很   少 死
고래 매우 적다 죽다

b. 他病了三次。

他 病   了   三 次
그 병나다 완료표지+어기표지 셋 양사
그는 3차례 병이 났다.

c. *床单乾了三次。

床   单 乾   了   三 次
침대 포 마르다 LE 셋 양사

d. 我晚上很少醒。

我 晚上 很   少 醒
나 저녁 매우 적다 깨다
나는 저녁에 매우 적게 깬다(거의 안 깬다.)

예문 (26a)에서 '死'(죽다)는 동일한 '鲤鱼'(고래)를 가리킬 수 없는데, 이 것은 실제적인 언어 외적인 제약이다(ex: '*他死了三次'(그는 세 번 죽었 다)). 예문 (26c)에서의 제약은 실제로 쉽게 발생하는 것으로서 상당히 복잡 해서 설명하기 쉽지 않다(예: '衣服湿了三次'(옷이 세 번 젖었다.)"). 이 문 제 역시 좀 더 연구가 필요하다.

'상태'의 시간구조

제2절에서 상태문은 비교적 안정되고 영구적인 심리나 생리적인 상황을 나타낸다고 언급한 바 있다. '知道'(알다)와 '爱'(사랑하다)의 경우를 예로 들 수 있는데, 이러한 단어들은 언어적으로 의사소통이 이루어질 때, 상태의 '기점'과 '종결점'은 중요하지 않다. 실제 생활에서 존재할 수 있음에도 불구 하고, "언제 알기 시작했는가? 혹은 "언제 사랑이 이미 존재하지 않았다" 등과 같은 시점은 중요하지 않다는 것이다.

상태문의 시간구조를 논의하기 전에, '상태'와 '달성'의 관계를 명확하게 인식해야 한다. 중국어에서 이 관계는 아주 밀접하다. 하나의 현상이 존재하 는 것은 '상태'이지만, 하나의 현상이 발생한 것은 '달성'이다. 다음 예문(27) 을 살펴보자.

(27) a. 我认识王大成。
　　　我 认识 王大成
　　　나 알다 왕대성(이름)
　　　나는 왕대성을 안다.

　　b. 我认识了王大成(了)。
　　　我 认识 了　　王大成 (了)

나 알다 완료표지 왕대성 (어기표지)

나는 왕대성을 알게 되었다.

예문 (27a)은 '상태', (27b)는 '달성'을 나타낸다. 이 구분은 꼭 '了'의 출현에 있는 것은 아니다. 아래의 예문에서는 '了'가 있음에도 여전히 '상태'인 경우이다.

(28) a. 他高兴了。

    他 高兴　了

    그 즐겁다 어기표지

    그는 즐거웠다.

   b. 手指肿了两个月。

    手指　肿　了　　两 个 月

    손가락 붓다 완료표지 둘 양사 월

    손가락이 두 달 동안 부어있다.

예문 (28b)의 '两个月'(2개월)은 기간으로서, '肿'(붓다)의 상태가 지속되는 '두 달'을 가리키며, '肿'(붓다)의 발생으로부터 어느 시기까지 '두 달'이 걸렸다는 것을 의미하지 않는다('死了两个月了'(두 달 전에 죽었다)"와 비교해보라). 아래 예문 역시 마찬가지이다.

(29) a. 我认识他很久了。

    我 认识 他 很　久　了

    나 알다 그 매우 오래다 어기표지

    나는 그를 아주 오랫동안 알고 있었다.

b. 他喜欢小王好几年了。

他 喜欢　 小王 好 几 年 了
그 좋아하다 왕군 매우 몇 년 어기표지
그는 몇 년 동안이나 왕군을 좋아하고 있다.

그러므로 상태문의 기간은 '상태의 지속시간'을 가리킨다. 일반적으로 형용사의 상태동사는 기간과 동시에 나타나지 않는다. 예를 들면 다음과 같다.

(30) a. *汽油贵很久了。

汽油　 贵　 很　 久　 了
휘발유 비싸다 아주　 오래다 LE

b. *小张高好几年了。

小张 高　 好　 几 年 了
장군 크다 매우　 몇 년 LE

제6과 제7절에서 '一下'(바로/곧)와 '马上'(바로)은 '완수' 혹은 '달성'의 관계와 가장 밀접하고, 일종의 변화를 표시한다고 언급한 바 있다. 그러므로 '상태'와는 어울리지 않는다. 예를 들면 다음과 같다.

(31) a. *他的房子一下就很大。

他 的　　 房子 一下 就　　 很 大
그 관형어표지 방　 바로 강조표지 매우 크다

b. *那个小孩子一下就很勇敢。

那 个　 小孩子 一下 就　　 很 勇敢
그 양사 아이　 바로 강조표지 매우 용감하다

예문 (31)에 만일 문말어기사 '了'가 있으면 이 문장은 문법적이지만, 전체 문장은 달성문이 된다. 왜냐하면, 문미의 '了'가 나타내는 것이 '상태의 변화'이기 때문이다. 다시 말해서, '一下'의 범위는 상태동사 자체에 있지 않고 문미의 '了'에 있는 것이다.

상태동사는 또한 '안정적인 상태'(stable state)와 '순간적인 상태'(temporary state)로 구분할 수 있다. 전자에는 大(크다), 高(높다), 知道(알다), 胆小(소심하다), 勇敢(용감하다) 등이 포함되고, 후자에는 生气(화나다), 纳闷(갑갑하다), 难堪(난감하다), 累(피곤하다), 烫(뜨겁다) 등이 포함된다. 또한 客气(공손하다)와 같은 경우는 두 가지 부류에 다 속한다. 단지 시간구조의 관점에서만 본다면, 안정된 상태를 국한하는 시간은 반드시 '시각'(점)이 아니라, '시간'(면)이 될 것이다. 예를 들면, 다음과 같다.

(32) a. 他小时候很胆小。
　　　　他 小时候　很　胆小
　　　　그 어렸을 때 매우 소심하다
　　　　그는 어렸을 때 매우 소심하였다.

　　 b. *他进门的时候很胆小。
　　　　他 进　门 的　　　时候 很　胆小
　　　　그 들다 문 관형어표지 때　매우 소심하다

그러나 순간적인 상태로 국한되는 것은 이와 반대이다. 예를 들면 다음과 같다.

(33) a. *他小时候很生气。
　　　　他 小时候　很 生气
　　　　그 어렸을 때 매우 화내다

b. 他进门的时候很生气。

他 进 门 的　　　时候　很　生气

그 들다 문 관형어표지 때　　매우 화나다

그가 문에 들어섰을 때 매우 화나 있었다.

또한, 안정적인 상태는 일반적인 상황 하에서는 더 이상 지속될 수 없다. 예를 들면 다음과 같다.

(34) a. *军人还很勇敢。

军人 还　很　勇敢

군인 아직 아주 용감하다

b. 他还很生气。

他 还　很　生气

그 아직 아주 화나다

그는 아직 아주 화나 있다.

확실한 시간의 시점 및 빈도는 일반적으로 상태문에는 출현하지 않는다.

(35) a. *他八点半喜欢四川菜。

他 八　点半 喜欢　　四川 菜

그 여덟 시 반 좋아하다 사천 요리

b. *他很常喜欢湖南菜。

他 很　常　喜欢　　湖南 菜

그 매우 자주 좋아하다 호남 요리

결론

이 글은 시간구조의 관점에서 중국어의 4가지 상황유형을 살펴보았다. 다양한 시간구조를 이해해야만 비로소 다양한 동사 자체의 구조를 이해할 수 있고, 또한 동사와 목적어 사이의 상호간의 영향을 인식할 수 있다. 상황의 시간구조를 정확하게 인식할 때만이 중국어의 상(aspect)이 비로소 명확하게 파악되어질 것이다. '상황유형'과 '상'은 직접적인 관계가 있지만, 편폭의 한계로 다른 논문에서 논의하겠다. 여기서는 두 가지 사이의 밀접한 관계만을 지적하였다.

첫째, 상의 기능은 직접적으로 상황유형의 제약을 받는다. 예를 들어, '*他教了书'는 문법에 맞지 않지만, '他教过书'(그는 학생을 가르쳐본 적이 있다.)는 가능하다. 이 구분은 동사 자체에 있는 것이 아니라, '他教书'(그는 학생을 가르치다.)라는 상황유형(활동)에 있는 것이다. 赵元任이 발견한 중국어 문법규칙은 바로 목적어에 수량사 수식이 있을 경우, 동사는 반드시 '了'를 취해야 한다는 것이다. 이 현상에 대해 지금까지는 이것은 중국어의 규칙이라는 것만 알 뿐, 설득력 있는 해석을 내릴 수가 없었다. 그러나 '상황유형'의 관점에서 접근한다면, 이 규칙은 자연스럽게 합리적인 해석을 도출해낼 수 있다. '他卖了一本字典'(그는 자전 한권을 팔았다.)은 활동문이 아니고, 완수문이다. 그리고 '了'가 완수문에 출현하는 것은 자연스럽다. 이전에는 '상'에 대한 분석은 동사와의 관계에만 집중하고 '상황유형'의 중요성을 간과했던 것이 사실이다.

둘째, 상의 분포는 상황과 직접적인 관계가 있는데, 바로 상이 직접적으로 상황분류가 될 수 있다는 것이다. 다음에 제시된 표가 그 예가 된다.

	습관(∅)	진행(在, 着)
활동	教書 教　　書 가르치다 책 가르치다	在寫信 在　寫　信 진행표지 쓰다 편지 편지를 쓰고 있다
완수	*過去煮好飯 過去　煮　好　　飯 과거 삶다 결과보어 밥	*煮好着飯 煮　好　　着　　飯 삶다 결과보어 진행표지 밥
달성	*某種人不死 某　種　人　不　死 어떤 양사 사람 부정 죽다	*氣球在破 *氣球　在　　破 풍선 진행표지 파손되다
상태	不喜歡吃肉 不　喜歡　　吃　肉 부정 좋아하다 먹다 고기 고기 먹는 것을 좋아하지 않다	*在知道這件書 在　　知道這件　書 진행표지 알다 이 양사 책

	완성(了)	경험(過)
활동	*走了路 走　了　　路 걷다 완료표지 길	找過房子 找　過　　房子 찾다 경험표지 방 방을 찾아보았다.
완수	做了一個夢 做　了　　一　個　夢 하다 완료표지 하나 양사 꿈 꿈을 꾸었다	*走到過大學 走　到　過　　大學 걷다 보조사 경험표지 대학
달성	油漆乾了 油漆　乾　　了 페이트 마르다 어기표지 페이트가 마랐다.	他病過 他　病　過 그 병나다 경험표지 그는 아파보았다.
상태	*會了游泳 會　　了　　游泳 할 수 있다 어기표지 수영	*客氣過 客氣　過 겸손하다 경험표지

위의 표는 일반적인 경우이다. 세부적인 부분에서 약간의 차이가 있을 수 있으나, 여기서는 상세하게 논의하지는 않겠다. 중국어의 상에 관한 분석은 아직 체계화되지 못했으며, 순수하게 시간구조의 관점에서 분석되지 못하고 있다. 예를 들어, '过'는 일반적으로 '경험'으로 분석되지만, '경험'이 어떤 상에 속하는지, 그리고 그것의 시간구조는 어떤지에 관한 문제들은 다른 논문에서 연구하게 될 것이다.

참고문헌

Carlson, Lauri, 1981, Aspect and quantification. *Syntax and Semantics* 14.31-63.

Chafe, Wallace. 1970. *Meaning and the structure of language*. Chicago: University of Chicago Press.

Partee, Barbara. 1978. *Toward the logic of tense and aspect in English*. Bloomington: Indian University Linguistic Club.

Smith, Carlotta. 1985. *Notes on aspect in Chinese*. MS. University of Texas., Austin.

Tai, James, 1984. Verbs and times in Chinese: Vendler's four categories. *Lexical Semantics* 289-298. Chicago: Chicago Linguistic society.

Teng, Shou-hsin. 1975. *A semantic study of Transitivity Relations in Chinese*. Berkeley & Los Angeles: University of California Press.

Vendler, Zeno. 1967. *Linguistic in Philosophy*. Ithaca: Cornell University Press.

제15장 기능문법과 중국어의 정보구조*

Functional grammar and the informational structures of Chinese

요약

이 글은 기능문법(functional grammar)의 관점에서 중국어 문법에서 정보구조(informational structure)를 표현하는 방식을 검토해 볼 것이다. 편폭의 제한으로, '구정보'(given information)와 '신정보'(new information)만을 분석의 근거로 삼고, 중국어에서 계사(copula)를 포함하는 문장에 대해 살펴본다. 문장구조로 볼 때, 중국어는 어순으로써 정보구조를 표현하는데, 신정보는 구정보의 뒤에 출현한다. 이러한 표현방법은 다른 언어에서도 발견되기는 하지만, 중국어에서 더 많이 나타난다. 이것은 중국어의 '화제'(topic)구조가 풍부한 것과도 직접적인 관계가 있다. 또한, 중국어는 어조나 강세 등으로 정보구조를 표현하는데, 이러한 구조에서 동사 '是'가 담당하는 역할은 아주 중요하다. 첫째, 분열문(cleft sentences)에서 '是'가 지배하는 영역은 신정보이다. 둘째, 부사 '就'가 출현하는 계사문(copula sentences)에서 계사(copula)

---

*이 글은 '*The First International Conference on Teaching Chinese as a Second Language*, 163-171, 1985. Taipei'에 출간된 것이다.

뒤의 부분은 반드시 구정보여야 한다. 셋째, 강세가 있는 '是'가 출현하는 문장 전체는 모두 구정보이다. 넷째, 강세를 받지 않는 '是'가 지배하는 부분은 반드시 구정보이다.

기능문법이 일반 문법이론 틀과 가장 크게 다른 점은 바로 인간관계의 의사소통에 주목한다는 것이다. 즉, 연구 중점을 언어의 동적인 현상에 두기 때문에, 그 연구 범위는 자연스럽게 단문분석을 넘어선다. 언어자체는 인간의 의사소통에 있어 가장 중요한 수단이다. 그러므로 기능문법의 중요성이 부각된다. 즉, 언어학 분야에서 기능문법은 확실히 긍정적인 위치를 차지하고 있다는 것이다.

이 글은 중국어 문장의 정보구조를 분석하는 데 중점을 둔다. 정보구조는 언어를 통해 의사소통이 이루어질 때, 화자와 청자가 그 관련정보를 어떻게 인식하는지를 설명한다. 즉, 어떻게 최소한의 공유 지식(shared knowledge)으로부터 최대 공유 지식으로 도달하게 되는지를 살펴본다. 이 글은 이와 같은 정보전달 절차가 중국어 문법상에서 어떻게 표현되는 지를 논의하고자 한다.

간단하게 말하자면, 문장에서 화자와 청자가 공유하는 정보를 표현하는 부분은 '이미 아는' 구정보이다. 그러나 이와 반대로, 화자가 청자가 아직 모르는 정보를 언급하는 부분은 '새로 알게 된' 신정보이다. 이 두 개념이 언어학상에서 자주 언급되지만, 이 개념들을 중국어 문장구조와 관련시킨 논의는 많지 않다. 자주 논의되는 것으로는 '화제'(topic)라는 영역뿐이다.

현대중국어에서 구정보는 일반적인 경우에 신정보 앞에 오게 된다. '일반적인 경우'라고 하는 이 조건은 필수적이다. 왜냐하면, 한 문장의 구조는 종종 문법 자체나 담화 요인의 제약을 받기 때문이다. 그러면 우선 중국어 의문대명사가 출현하는 위치를 살펴보기로 하자. 영어의 의문대명사는 일반적으로 항상 문두에 출현한다. 이것은 영문법 구조상의 규정이다. 그러나 만일 중국어의 의문대명사는 이동 규정이 없으므로 의문대명사 자신이 맡는 문법 범주의 위치에 출현해야 한다고 말한다면, 이는 언어의 다양한 현상을 간과하게 된다. 아래의 두 문장을 보자.

(1) a. 到圓山大饭店去, 怎麼走?
　　 到　　　圓山　　大饭店 去,　　　怎麼　　 走
　　 ...까지 위앤산 호텔　 가다, 어떻게 가다
　　 위앤산 호텔은 어떻게 갑니까?

　 b. 我怎麼到圓山大饭店去?
　　 我 怎麼　　到　　圓山　大饭店 去
　　 나 어떻게 ...까지 위앤산 호텔　 가다
　　 나는 어떻게 위앤산 호텔에 갑니까?

예문 (1b)에서 대명사가 부사어로 자주 출현하는 위치에 왔음에도 불구하고, 예문 (1a)이 (1b)보다 자연스럽고 더 자주 사용된다. 이와 마찬가지로, 아래에 나열된 각각의 문장에서 (2a), (3a), (4a)는 (2b), (3b), (4b)보다 자연스럽다. (b)의 경우는 문법적으로 혹은 화용적으로 맞지 않다.

(2) a. 英语的专业信件, 怎麼写?
　　 英语 的　　　专业 信件, 怎麼　　写
　　 영어 관형어표지 전공 서신　 어떻게 쓰다
　　 영어의 전공 서신은 어떻게 씁니까?

　 b. ??我怎麼写英语的专业信件?
　　 ??我 怎麼 写 英语 的　　　专业 信件
　　 나 어떻게 쓰다 영어 관형어표지 전공 서신

(3) a.　昨天来应徵的人是谁？

　　　昨天　来　应徵　　的　　　　人　是　　谁

　　　어제 오다 응모하다 관형어표지 사람 …이다 누구

　　　어제 와서 응모한 사람은 누구입니까?

　　b.　*谁是昨天来应徵的人？(비회답용법?)

　　　谁　是　　昨天　来　应徵　　的　　　　人

　　　누구 …이다 어제 오다 응모하다 관형어표지 사람

(4) a.　观光签证手续，在哪个窗口办?

　　　观光　签证　手续，在　　哪　个　窗口　办?

　　　관광 비자 수속　…에서 어느 양사 창구 처리하다

　　　관광비자수속은 어느 창구에서 처리합니까?

　　b.　?我在哪个窗口办观光签证手续?

　　　我 在　　哪　个　窗口 办　　　观光 签证 手续

　　　나 …에서 어느 양사　창구 처리하다　관광 비자 수속

　　이상에서 예문 (a)는 모두 자연스럽고 자주 사용되는 말이다. 이렇게 언어
환경이 아주 명확하고 합리적인 상황에서는 중국어가 확실히 의문대명사를
문말에 위치시킨다는 것을 쉽게 알 수 있다. 왜냐하면, 의문대명사는 상대방
에게 알지 못하는 정보를 그 위치에서 화자에게 제공할 것을 요구하기 때문
이다. 다시 말해서, 알지 못하는 신정보는 이미 알고 있는 구정보 앞에 출현
한다는 것이다. 그러나 영어에서는 이와 동일한 정보구조가 문법구조에 영
향을 주는 상황을 허용하지 않는다.

　　중국어 교수법에서, 학습자들에게 중국어 표층구조상의 정보배치 및 구성
상의 경향과 담화전략을 이해시킬 수 있다면, 학습자들은 중국어의 표면적

인 어순의 자유로운 특징을 확실하게 습득할 수 있을 것이다. 또한 정보구조와 문법 사이의 상호관계까지도 이해할 수 있을 것이다. 중국어 교수법의 최종목표는 학습자들에게 중국어 단문의 문법을 이해시키는 데 있지 않고, 학습자들이 중국어를 정확하게 사용하여 중국어를 통해 순조롭게 정보를 전달할 수 있도록 하는 것으로서, 이것은 기능문법의 언어교수법 이론에서 아주 중요하니 간과해서는 안 될 것이다.

상술한 내용은 중국어의 일반적인 규칙이다. 다음에서 논의할 것은 바로 개별적인 중국어 문법구조의 정보적 특징이다. 편폭의 한계로 여기서는 '是'와 관련된 구조에 대해서만 논의할 것이다. 첫째, 이른바 분열문(cleft sentences)에서 초점표지(focus marker) '是'의 지배성분은 신정보이다. 아래의 예문을 보자.

(5) a. 赵小姐上个月请了三天假。

　　　　赵　小姐　　上　个　月　请　　了　　　三　天　　假
　　　　조　아가씨　위　양사　달　청하다　완료표지　셋　일　　휴가
　　　　미스 조는 지난달에 3일간의 휴가를 냈습니다.

　　 b. 赵小姐是上个月请了三天假的。

　　　　赵　小姐　是　　上　个　月　请　　了　　　三　天　　假　　的
　　　　조　미스　초점표지　위　양사　달　청하다　완료표지　셋　일　　휴가　초점표지
　　　　미스 조는 바로 지난달에 3일간의 휴가를 냈다.

　　 c. 是赵小姐上个月请了三天假的。

　　　　是　　　赵小姐　上　个　月　请　　了　　　三　天　　假　　的
　　　　초점표지　조　미스　위　양사　달　청하다　완료표지　셋　일　　휴가　초점표지
　　　　바로 미스 조가 지난달에 3일간의 휴가를 냈다.

예문 (5a)은 초점표지가 없고, 대신 강세(stress)를 적절하게 사용하였다. 문장에서는 어떤 성분이라도 모두 초점이 될 수 있다. 예문 (5b)의 초점은 '上个月'(지난 달)가 되며, 예문 (5c)의 초점은 '赵小姐'(미스 조)이다. 초점 앞에는 모두 확실한 초점표지가 있다. 초점은 분명 신정보이다. 이 현상은 아래의 사실로부터 증명된다. 예문 (5b)은 예문 (6a)의 질문에 대한 대답이 될 수 있지만, 예문 (6b)의 대답은 될 수 없다. 그리고 예문 (6c)은 문법에 맞지 않는다.

(6) a.　赵小姐是什麼时候请了三天假的?

　　　赵小姐　是　　　什麼时候请　了　　　三　天　假　的
　　　미스 조 초점표지 언제　　청하다 완료표지 셋 양사 휴가 초점표지
　　　미스 조는 언제 3일간의 휴가를 냈습니까?

　　b.　谁上个月请了三天假?

　　　谁　上 个 月 请　　了　　　三　天　假
　　　누구 위 양사 달 청하다 완료표지 셋 양사 휴가
　　　누가 지난달 3일간의 휴가를 냈습니까?

　　c.　*谁是上个月请了三天假的?

　　　谁　是　　　上 个 月 请　了 三 天　假　的
　　　누구 초점표지 위 양사 달 청하다 LE 셋 양사 휴가 초점표지

그러나 예문 (5a)은 예문 (7)의 어떠한 질문에 대한 대답도 될 수 있다.

(7) a.　谁上个月请了三天假?

　　　谁　上 个 月 请　　了　　　三　天　假
　　　누구 위 양사 달 청하다 완료표지 셋 양사 휴가

누가 지난달에 3일간의 휴가를 냈습니까?

b.　赵小姐什麼时候请了三天假？

　　赵 小姐　　什麼时候 请　　　了　　　三 天　　假

　　조 아가씨 언제　　　청하다 완료표지 셋 양사 휴가

　　미스 조는 언제 3일간의 휴가를 냈습니까?

c.　赵小姐上个月怎么了？

　　赵小姐　　上 个 月　怎么　　　　　了

　　조 아가씨 위 양사 달　어떻게 ...하다 완료표지

　　미스 조는 지난 달 어떻게 했습니까?

둘째, 계사문(copula sentences)에서, 주요동사 '是'가 부사 '就'의 수식을
받으면, 계사 뒤의 성분은 반드시 구정보이다. 다음에서 (8)의 예문을 보자.

(8) a.　那个人是谁？

　　那 个　人 是　　谁

　　그 양사 사람 ...이다 누구

　　그 사람은 누구입니까?

b.　他是张大为大夫。

　　他 是　　张大为　　　大夫

　　그 ...이다 장대위(이름) 의사

　　그는 의사 장대위이다.

c.　他就是张大为大夫。

　　他 就　　是　　张大为　　　大夫

　　그 강조표지 ...이다 장대위(이름) 의사

그는 바로 의사 장대위이다.

예문 (8b)의 대답은 청자에게 있어서는 '张大夫'(의사 장)는 공유 지식 속에 존재하지 않는다. 그러나 예문 (8c)가 예문 (8a)의 질문에 대한 대답일 때, 청자는 분명히 '张大夫'(의사 장)라는 이 사람을 이미 잘 알고 있거나 혹은 들은 적이 있을 것이다. 즉 '就是'(바로 …이다) 뒤에 오는 것은 반드시 구정보라는 의미이다. 인간관계에서 의사소통이 이루어질 때, 구정보는 '잉여적인'(redundant) 부분이므로 생략되는 경우가 많다. 그러므로 일상생활에서 예문 (9c)은 자주 볼 수 있는 반면, 예문 (9b)과 같은 상황은 화용적으로 맞지 않다.

(9) a. 请林美英小姐听电话?
　　　 请　　林美英　小姐　听　电话
　　　 청하다 임미영 아가씨 듣다 전화
　　　 임미영씨에게 전화 받으라고 해주시겠습니까?

　　 b. *我是！
　　　 我是！
　　　 나 …이다

　　 c. 我就是！
　　　 我 就　是
　　　 나 바로 …이다
　　　 접니다.

이상에서 부사 '就'의 계사문에서 정보기능에 대해서만 논의하였다. 사실, 다른 문형에서도 부사의 기능은 마찬가지로 구정보 부분을 지배한다. 예를 들면 다음과 같다.

(10) a. 这麼贵的字典大概没人买吧!

　　　 这麼　　贵　　 的　　　　 字典 大概 没　 人　 买　　 吧

　　　 이렇게 비싸다 관형어표지 자전　 대개 부정 사람 사다 어기조사

　　　 이렇게 비싼 사전은 대개 사는 사람이 없지!

　b. 我就买了一本 !

　　　 我 就　　　 买　 了　　　 一　 本

　　　 나 강조표지 사다 완료표지 하나　 양사

　　　 난 (바로) 한 권 샀지요.

예문 (10b)에서 생략된 '这麼贵的字典'(이렇게 비싼 자전)은 (10a)에서 이미 출현하였다. 이와 같이 '就'의 용법이 각종 문장 유형에서 담당하는 기능은 일치한다.

셋째, 강세를 받는 '是'가 출현하는 전체 문장은 모두 구정보이다. 먼저 하나의 실례를 보자.

(11)　　 新德里是印度的首都。

　　　 新　　 德里 是　　 印度 的　　　　 首都

　　　 새롭다 델리　 ...이다 인도　 관형어표지 수도

　　　 뉴델리는 인도의 수도이다.

예문 (11)에는 강세를 받는 '是'가 사용되었다. 이 문장은 예문 (12)의 어떤 질문에 대한 대답도 될 수 없다.

(12) a. 新德里是什麼样的一个城市?

新　　德里是　　什麼样 的　　　　一　个　城市
새롭다 델리 ...이다 어떤　　관형어표지 하나 양사 도시
뉴델리는 어떤 도시입니까?

b. 哪个城市是印度的首都?
哪　　个　　城市 是　　印度 的　　　　首都
어느 양사 도시 ...이다 인도 관형어표지 수도
어느 도시가 인도의 수도입니까?

c. 印度的首都是哪个城市?
印度 的　　　　首都 是　　哪　个　城市
인도 관형어표지 수도 ...이다 어느 양사 도시
인도의 수도는 어느 도시입니까?

예문 (12)과 같은 의문문은 모두 중음의 '是'를 포함하지 않으며, 단지 응답문에는 계사 '是' 앞에 출현하든 뒤에 출현하든 상관없이 신정보가 있어야한다는 것만을 요구한다. 예문 (11)은 그와 유사한 예문 (13)의 문장 뒤에만 출현할 수 있다.

(13) a. 新德里不是印度的首都。
新　　德里 不　是　　印度 的　　　　首都
새롭다 델리 부정 ...이다 인도 관형어표지 수도
뉴델리는 인도의 수도가 아닙니다.

b. 新德里真的是印度的首都吗?
新　　德里 真的 是　　印度 的　　　　首都 吗
새롭다 델리 진짜로 ...이다 인도 관형어표지 수도 의문표지

뉴델리가 진짜로 인도의 수도입니까?

예문 (13)에서 '新德里(뉴델리)와 '印度的首都(인도의 수도)는 모두 출현하였으므로, 예문 (11)에서 이 두 성분은 구정보이다. 전체가 다 구정보인 문장이 다시 사용되면, 그것이 사실이라는 것을 강조하는 기능이 있다. 이것이 바로 강세를 받는 '是'의 기능이다. '是'가 지배하는 구정보 부분은 실제로 출현할 필요 없이 생략할 수 있다. 예문 (13)의 질문에 간단하게 다음과 같은 부가설명을 할 수 있다.

(14) 是(啊)!
      是   (啊)
      맞다 어기조사
      맞습니다!

강세를 받는 '是'의 다른 비-계사문(non-copula sentences)에서의 기능 역시 이와 같다. 아래의 예문을 보자.

(15) a. 王教授是参加了上次的会议!
        王 教授 是   参加 了   上 次 的   会议
        왕 교수 초점표지 참가하다 완료표지 위 양사 관형어표지 회의
        왕 교수는 지난번 회의에 참석했습니다.

     b. 法国是吃过英国这种亏！
        法国 是   吃 过   英国 这种 亏！
        프랑스 초점표지 먹다 경험표지 영국 이렇게 당하다
        프랑스는 영국에게 이렇게 당한 적이 있습니다.

c. 明天是要下大雨!

明天 是　　 要　　　 下　 大雨

내일 초점표지 ...하려하다　내리다 큰 비

내일은 큰 비가 내립니다!

　이러한 정보구조를 요구하는 문형은 극히 드물다. 강세가 있는 '是'의 기능은 아주 특수한 것이다.

　넷째, '就是'와 상반되게 강세를 받지 않는 '是'가 비-계사문에서 담당하는 역할은 신정보를 제시하는 것이다. 뿐만 아니라, '是'의 주어가 신정보이든 구정보이든 상관없이 대조(Contrast)의 작용을 필요로 한다. 그러므로 다른 주어를 제시할 때, 강세를 받지 않는 '是'는 자주 출현한다. 예문 (16)의 상황을 보자.

(16) a. 各国人吃饭的习惯如何？

各国　 人　 吃 饭的　　　 习惯 如何

각 나라 사람　먹다 밥 관형어표지 습관 어떠하다

각국의 사람들의 밥 먹는 습관은 어떻습니까?

b. 欧美人是用刀叉；东方人是用筷子; 而印度人是用手指。

欧美 人　 是　　 用　　 刀　　 叉

구미 사람 초점표지 사용하다 나이프　 포크

东方人　　 是　　 用　　　 筷子

동양 사람들 초점표지 사용하다　젓가락

而　　　 印度人 是　　 用　　 手指

전환접속 인도 사람 강조표지 사용하다 손가락

구미 사람은 나이프와 포크를 사용하고, 동양 사람들은 젓가락을 사용하며, 인도 사람들은 손가락을 사용한다.

예문 (16b)에서 각각의 인종은 모두 신정보이며, 사용하는 도구 역시 새롭게 안 정보이다. 이러한 상황 하에서 강세를 받지 않는 '是'의 출현은 비록 필수적인 것은 아닐지라도 극히 자연스럽다. 다음 예문 (17)을 보자.

(17) a. 英国人跟印度人吃饭的习惯一样吗?

英国 人　跟　印度人　吃　饭的　　习惯 一样 吗

영국 사람 ...과 인도 사람 먹다 밥 관형어표지 습관 같다 의문표지

영국인과 인도인은 밥 먹는 습관이 같습니까?

b. 不, 英国人是用刀叉, 而印度人却是用手指。

不,　　英国 人　是　用　　刀　叉

부정표지 영국 사람 초점표지 사용하다 나이프 포크

而　　印度人却是　　用　　手指

전환접속 인도　사람 초점표지 사용하다　손가락

아닙니다. 영국인은 나이프와 포크를 사용하고, 인도인은 손가락을 사용합니다.

예문 (17b)에서 두 개의 주어는 구정보이지만, 문장에서 제안한 도구는 신정보이다. 그러므로 (16), (17)과 같은 예문으로부터, 강세를 받지 않는 '是' 뒤에 출현한 부분은 반드시 신정보라는 것을 알 수 있다. 이러한 상황은 '就是'의 구조와 반대이다. 예문 (18)은 강세를 받지 않는 '是' 뒤에는 구정보가 출현할 수 없다는 것을 보여준다.

(18) a. 日本人用手指吃饭吗?

日本 人　用　　手指　吃 饭 吗

일본 사람 사용하다 손가락 먹다 밥 의문표지

일본인은 손가락으로 밥을 먹습니까?

b. 不, 印度人是用手指吃饭。

不　　印度 人 是　　　用　　手指 吃 饭
부정표지 인도　사람 초점표지 사용하다 손가락 먹다 밥
아닙니다. 인도인이 손가락으로 밥을 먹습니다.

위에서도 강세를 받지 않는 '是'의 주어는 반드시 '대조'의 작용이 있어야
한다는 것을 언급하였다. 예문 (19)는 이 점을 설명할 수 있다.

(19) a. 你哥哥开福特汽车; 你呢? - 我是喜美。

你　哥哥 开　　福特 汽车; 你　呢　　 - 我 是　　喜美
당신 형은 운전하다 포드 자동차 당신 의문조사 - 나 ...이다 시빅
당신 형은 포드자동차를 타는데, 당신은? -나는 시빅을 탑니다.

b. 你哥哥开什么样的汽车? -*他是喜美。

你　哥哥 开　　什么样 的　　　汽车? *他 是　　喜美
당신 형　운전하다 어떤　관형어표지 자동차? *그 ...이다 시빅
당신 형은 어떤 자동차를 탑니까? *그는 시빅입니다.

예문 (19a)의 대답에는 확실히 대조적인 느낌이 있으나, (19b)의 문장 이전
에 '차 모델'을 얘기하지 않았다면, (19b)의 대답은 화용적으로 맞지 않는다.
이상에서 '是'의 4가지 화용적인 기능으로써 중국어 정보구조의 현상들을
설명하였다. 엄격하게 말해서, 이 4가지 문법현상은 동사 '是'의 일반적인
기능은 아니다. '是'는 이러한 문법 환경에서는 이미 문법화되어 정보표지의
역할만을 담당하게 된 것이다. '是'는 중국어의 정보구조에서 상당히 중요하
고 특수한 역할을 맡고 있다. 이것은 대명사에서 변화되어 왔다는 역사적
기원과 아주 밀접한 관련이 있다. 그러나 이 글에서는 더 이상 다루지 않겠

다.

 이상의 논의를 통해 문법 연구의 범위가 아주 넓다는 것을 인식할 수 있기를 바란다. 언어는 의사소통의 수단으로서, 문장의 문법분석 이외에 그 연구 범위를 확대하여 언어의 화용기능까지도 연구해야 한다. 기능문법은 이 부분에서 근거가 될 수 있는 이론적 토대를 제공함으로써 심도 있는 연구방향을 제시헤 준다. 기능문법은 중국어 교수법의 방법론상에서도 아주 중요한 역할을 담당할 것으로 믿는다. 학습자들은 문장의 구조를 이해하는 것 이외에도, 문장의 사용을 파악하는 것이 필요하다.

참고문헌

Chafe, Wallace. 1976. "Giveness, contrastiveness, definiteness, subjects, topics, and point of view", in Subject and Topic, ed. By Charles Li, pp. 25-26. New York: Academic Press. 1976

Firbas, Jan. 1964. "On defining the theme in functional sentence analysis", *TLP* 1. 267-280

Halliday, M.A.K. 1967. "Notes on transitivity and theme in English". *Journal of Linguistics* 3.2 199-244.

Kuno Susumo. 1980. "Functional syntax", in Syntax and Semantics 13, ed. By E. Moravcsik and J. Wirth, pp.117-133. New York: Academic Press. 1980.

Li, Charles and S. Thompson. 1976. "Subject and topic: a new typology of languages", in *Subject and Topic*, pp.457-490.

汤廷池, 1984, 英语语法教学与功用解释, 英语文教学论文集, 81-120, 台北:文鹤出版公司.

제16장 중국어의 관계절*

Relative Clause in Chinese

이 글에서는 중국어 통사론에서 제한(restrictive), 비제한(non-restrictive) 관계절을 구분하는 데 대한 반론을 제기할 것이다(이하 RR과 NRR로 구분). 영어와 같은 언어에서 관찰되는 일부 NRR(비제한관계절, non-restrictive relative clause)의 통사적 특징이 중국어에서는 나타나지 않는다는 것을 보일 것이다. 이와 같은 구분은 수식(modification)과 직시(deixis)라는 일반적인 이론구성 안에서 체계적으로 설명될 수 있다. 이 글은 중국어에는 NRR(non-restrictive)이 없다고 가정한다. 아래에 전개될 논의는 기저분석과는 관련시키지 않고, 표층구조의 특징과만 관련된다.

1. 연구 가설

이 연구에서는 통사적 실현이든 의미적 표상이든 간에 자연언어에는 RR (제한관계절, restrictive relative clause)과 NRR(비제한관계절, non-restrictive clause)과 같은 통사구조가 존재한다고 가정할 것이다. 이 가설은 'NRR이

---

*이 글은 Wang Li memorial volumes. Ed. *Chinese Language Society* of Hong Kong. 423-434, 1987에 출간된 것이다.

실제로 기저에서 접속된 문장으로부터 도출된 것(Ross 1967)이고, RR 역시 그렇게 도출된 것(Thompson 1971)이라는 가정과는 상당히 독립적이다.

그와 같은 가설은 최소한 영어 통사론에 의해 입증되었다. 예를 들면, 영어 통사론에서는 휴지억양(comma intonation)과 관계대명사의 선택은 확실히 관계절의 한 유형을 다른 문장유형과 구분시켜 준다. 아래의 예문을 비교해보자.

(1) a. John, /*∅who made an appointment with me, failed to appear.
       존은, 나와 약속을 해놓고선, 나타나지 않았다.

    b. The radio that /* which you found belongs in fact to John.
       네가 찾은 라디오는 실은 존의 것이다.

예문 (1a)은 중심어 'John' 뒤에 휴지억양이 있는데, 그것은 NRR의 예이다. 반면, 예문 (1b)에서는 특히, 비영국계 화자들 사이에서는 휴지표지 없이 'that'가 의무적으로 선택되었는데, 이것은 RR의 예가 된다.

아래에서는 NRR의 특징으로 볼 수 있는 몇 가지 현상들에 대해 논의한다. 그리고 그와 같은 특징들이 NRR/RR의 구분과는 무관하거나, 아니면 명사수식의 일반적인 이론구성 안에서 설명될 수 있다는 것을 살펴본다.

2. 고유명사 중심어(Proper Headnoun)

영어와 일본어에서, 화자와 청자 모두가 알고 있는 고유명사는 관계절에 의해 자유롭게 수식될 수 있다. 이와 같은 경우, 예문 (1a)에서 나타내는 바와 같이, 이 관계절을 NRR의 예로 정의한다. 한편, 중국어의 고유명사는 항상

관계절화가 될 수 있는 것은 아니다. 아래의 문장들을 비교해보자.

(2) a.　Mary, who is an Australian, supports the Queen.

　　 b.　*是澳洲人的玛丽拥护女皇。

　　　　 是　　　　澳洲　　　人　的　　　　玛丽 拥护　　女皇
　　　　 초점표지　오세아니아 사람 관형어표지 메리 지지하다 여황제

　　 c.　*从澳洲来的玛丽拥护女皇。

　　　　 从　　　澳洲　　　来　的　　　　玛丽 拥护　　女皇
　　　　 …부터 오세아니아 오다 관형어표지 메리 지지하다 여황제

　예문 (2a)와 같은 문장은 중국어에서는 대부분 접속문의 형태로 출현한다.
예를 들면 다음과 같다.

(3)　　　玛丽是澳洲人,　（所以）她拥护女皇。

　　　　 玛丽 是　　　澳洲　　　人, (所以) 她　拥护　　女皇
　　　　 메리 …이다 오세아니아 호주, (그래서) 그녀 지지하다 여황제
　　　　 메리는 오세아니아 사람(이어서), 그녀는 여황제를 지지한다.

마찬가지로, 중국어의 대명사는 관계화가 되지 않는다. 예를 보자.

(4) a.　You, who were always afraid of water, are now a swimming coach?

　　 b.　*一向怕水的你现在作游泳教练啦?

　　　　 一向 怕　　水 的　　　　你　现在 作　游泳 教练 啦
　　　　 줄곧 두렵다 물 관형어표지 당신 현재 하다 수용 코치 어기조사

　Tang(1979)은 관계화된 고유명사의 예를 들었으나, 고유명사가 화자와 청

자 모두에게 한정적이라는 의미에서, 고유명사가 반드시 한정적일 필요는 없다. 'a (certain) Mr. Johnson'과 같은 지시(reference)는 아주 잘 알려져 있다. 이 글은 중국어에서 관계화된 고유명사들은 화자에게는 한정적이지만, 청자에게는 비한정적이라고 가정한다. 그러므로 예문 (5a)에 대응되는 예문 (5b)에는 관계화된 고유명사가 존재한다.

(5) a. 我家隔壁住著一位钱先生。
     我 家 隔壁 住　著 　一　位 钱　先生
     나 집 이웃 살다 진행표지 하나 양사 전 선생
     우리 집 이웃에는 전 선생이 살고 있다.

   b. 住在我家隔壁的钱先生，你认识吗?
     住 　在 　我 家 隔壁 的 　　钱 先生, 你 　认识 吗
     살다 …에 나 집 이웃 관형어표지 전 선생　당신 알다 의문조사
     우리 집 이웃에 살고 있는 전 선생을 당신은 압니까?

이러한 가설에 근거해서, 본유적으로 한정적인 대명사가 왜 중국어에서는 관계화가 되지 않는지를 해석할 수 있다. 이 외에도, 지시(reference)의 불일치는 기저의 근원을 가정하는 관계절에 대한 분석으로부터 온 것으로서, 예문 (5b)에 출현한 전 선생은 문장의 주어이다. 왜냐하면 그 경우에는 화자와 청자 모두에게 한정적으로 해석되기 때문이다.

중국어에서 (한정적)인 고유명사가 관계절화가 될 수 없다는 사실은 중국어에서 NRR(비제한관계절)을 가정하는 의견에 반하는 주장인 것이다.

3. 총칭적 핵명사(Generic Headnoun)

영어에서 총칭명사가 관계절화 되는 경우, 반드시 휴지표지가 있어야 하는데, 그것은 바로 NRR의 예를 가리킨다. 예를 들면 다음과 같다.

(6) Bean-curd, which is rich in protein, is becoming better known in the U.S.
두부는, 단백질이 풍부한데, 미국에 점점 더 알려지고 있다.

NRR로서는 예문 (6)의 관계절은 모든 경우에 반드시 참이어야 한다. 즉 '두부 종류'(Bean-curd)의 전체집합을 말하는 것이며, 두부의 부분집합의 어떤 것만을 말하는 것이 아니다.
그러나 전체집합/부분집합의 해석이 NNR/RR의 차이를 요구하는 것은 아니다. 오히려 전자는 후자의 결과이다. 예문 (6)에서 RR/부분집합의 대당문(counterpart)은 아래와 같다.

(7) Bean-curd that is not kept properly goes sour in two days.
잘 보관되지 않은 두부는 이틀이 지나면 상해버린다.

이 글이 주장하는 전체집합/부분집합의 차이는 통사적으로는 나타나지 않는다는 사실을 입증하기 위해서, 일반 형용사에서 나타나는 이와 동일한 차이를 살펴보자. 예를 들어, '白雪'(백설)에서, '白'(하얗다)은 비제한적(non-restrictive)으로 이해되는데, 왜냐하면, 흰색은 자연세계에서 관찰되는 유일한 눈의 색깔이기 때문이다. 반면, '白紙'(흰 종이, white-paper)에서는 '白'(하얗다)가 제한적(restrictive)으로 해석된다. 종이(紙)는 여러 가지 색깔이 있을 수 있기 때문이다. 그러나 과학뿐만 아니라, 자연현상도 변할 수 있어서 눈의 경우까지도 그 역의 경우인 제한적 해석이 가능할 수 있다는 것이다. 종이의 경우도 마찬가지이다. 따라서 이러한 해석은 구조상의 해석이 아닌 언어-외적인 것이다.

여기서의 주된 관심은 전체집합/부분집합의 해석을 가지고 NRR/RR의 차이를 설명할 수 없다는 것이다. 이것은 Tang(1979)에서 논의된 것이다. 아래에 있는 예문 (8)을 보자.

(8)   爱好和平的中国人...
       爱好   和平 的   中国 人
       사랑하다 평화 관형어표지 중국 사람
       평화를 사랑하는 중국인

예문 (8)은 NRR로도 RR로도 해석이 가능하다. 한편, 이 글의 분석은 형용사와 관계절 모두 명사수식어이고, 적절한 상황에서 그와 같은 것들은 전체집합/부분집합으로 해석되어야 한다고 가정한다. 바꿔 말하자면, 중국어에서는 한 유형의 관계절만으로 충분하고 그래서 한 가지만 설정한다는 것이다.

중국어에는 RR만 있다는 이 글의 주장에 대한 증거는 총칭명사로부터 온다. 예문 (8)에서 중심어인 '中国人'(중국인)은 좋은 예는 아니다. 왜냐하면 그것은 '中国'(중국)이라는 수식어와 명사로 구성되었기 때문이다. 이 글의 논점은 진정한 총칭명사, 혹은 총칭적으로 출현하는 명사들은 쉽게 관계화되지 않는다는 것이다. 아래의 예문을 보자.

(9) a.   ?身上有条纹的斑马喜欢躲在树丛里。
          身上有 条纹   的   斑马 喜欢 躲 在   树丛里
          몸 위 있다 줄 무늬 관형어표지 얼룩말 좋아하다 숨다 ...에서 나무 숲 안
          몸에 줄무늬가 있는 얼룩말은 나무숲에 숨는 것을 좋아한다.

(Zebras, which have striped bodies, like to hide in the bushes.)

    b.   ?喜欢在河里打滚的河马不吃肉。

       喜欢　　　在　　　河里打滚　的　　　　河马不　吃　　肉

       좋아하다 …에서 하천 안 구르다 관형어표지 하마 부정 먹다 고기

       하천에서 구르기를 좋아하는 하마는 고기를 먹지 않는다.

       (Hippos, which like to roll in the river, do not eat meat.)

    c.   ?抓老鼠的猫舌头上长著刺。

       抓　老鼠 的　　　　猫　舌头 上 长　　著　　　　刺

       잡다 쥐　관형어표지 고양이 혀　위 자라다 진행표지 가시

       쥐를 잡는 고양이 혀에 가시가 돋았다.

       (Cats, which catch rats, have barbed tongues.)

예문 (9)의 문장들은 모두 매우 어색하거나 RR로 해석되어야 한다. 만약 총칭문을 의도하기 위해서는 접속문이 사용되어야 한다. 예를 들면 다음과 같다.

    (10)   猫抓老鼠, 舌头上长著刺。

        猫　　抓 老鼠, 舌头 上 长　著　　　　刺

        고양이 잡다 쥐,　혀　위 돋다 진행표지 가시

        고양이는 쥐를 잡고, 혀에는 가시가 돋았다.

예문 (9)의 문장이 RR로 해석되는 것이 더 좋다는 사실은 형용사에서 제한적(restrictive) 해석이 더 두드러진다는 것과 평행적이다. 형용사의 비제한적인 경우는 아주 드물다. 예를 들면, 白雪(white-snow), 红血(red-blood), 青草(green-grass), 黑夜(black-night) 등이 있다.

이 절에서는 명사수식의 다른 유형으로서 관계절 또한 전체집합/부분집합으로 해석되어야 한다는 것을 보여주었다. 그렇다고 해서 두 가지 종류의 형용사를 설정해야 한다는 의미는 아니다. 더욱이, 중국어에서 총칭명사들은 관계화되지 않는다는 것에 주목하였는데, 이것은 중국어의 NRR의 설정을 반대하는 증거이다.

4. 지시사와 관계절

소위 사람들이 말하는 중국어에 NRR과 RR이 둘 다 존재한다는 것에 대한 가장 강력한 통사적 주장은 지시사의 위치와 관련된다. 예를 들어, 관계절 앞에 위치하는 지시사는 NRR을 표시하고, 관계절의 뒤에(단, 중심어 앞에) 오는 지시사는 RR을 나타낸다는 것이다(Chao 1968 및 Hashimoto 1971, 또한 Tang 1979 참조). 그들의 분석에 따르면, 예문 (11a)은 NRR의 예이고, (11b)는 RR의 예가 될 것이다.

(11) a. 那枝卖三块钱的笔......

　　　 那 枝 　 卖 　 三 块 钱 的 　　　　 笔......

　　　 그 양사 팔다 셋 양사 원 관형어표지 연필......

　　　 그 3원 파는 연필......

　　 b. 卖三块钱的那枝笔......

　　　 卖 　 三 块 　 钱 的 　　　　 那 枝 　 笔......

　　　 팔다 셋 양사 원 관형어표지 그 양사 연필......

　　　 3원에 파는 그 펜......

이 글은 다음에서 중국어 통사론에서 지시사의 위치와 NRR/RR의 차이 사이에는 구조상의 관련이 없다는 것을 보일 것이다. 첫째, 화용적인 관점에서 보자면, NRR/RR을 적절하게 구분하는 문제는 관계 지시사가 문장의 앞에 오느냐, 뒤에 오느냐의 문제로 귀착된다. 예를 보면 다음과 같다.

(12) a. 你要买哪枝笔?

　　　你　要　　　　买　哪　枝　笔
　　　당신 ...하려하다　사다 어떤 양사 연필
　　　당신은 어떤 펜을 살 겁니까?

　　 b. 我要买那枝卖三块钱的笔。

　　　我　要　　　买　那　枝　卖　三　块　钱　的　　　　笔
　　　나 ...하려하다 사다 저 양사 팔다 셋 양사 원 관형어표지 연필
　　　나는 저 3원에 파는 연필을 살 겁니다.

　　 c. 我要买卖三块钱的那枝笔。

　　　我　要　　　买　卖　三　块　钱　的　　　　那　枝　笔
　　　나 ...하려하다 사다 팔다 셋 양사 원 관형어표지 저 양사 연필
　　　나는 3원에 파는 저 연필을 살 겁니다.

이론적으로, 예문 (12a)의 질문에 답하는 경우, RR이 필요하다. 예를 들어, 영어에서는 '*I want the one, which costs three dollars.'라는 대답은 받아들여질 수 없다. 이 사실은 이 글이 주장하는 중국어에는 RR만 존재하며, 예문 (12b)과 (12c) 둘 다 RR이라는 논점을 입증해준다.

둘째, 자신의 이론구성 내에서만 가능하지만, Chao(1968)는 관계절 앞의 지시사가 강세를 받는 경우, RR로 해석된다고 지적하였다. NRR/RR의 구분이 구조상의 차이와 상호관계가 있다는 관점을 취하게 되면, 이 가설은 유지

될 수 없다.

그러나 Chao(1968)의 관계절 해석에 있어서 강세 효과에 관한 흥미로운 관찰은 아주 중요하며, 아래에서 좀 더 논의해볼 필요가 있다. 이 글은 관계절 혹은 비관계절과 같은 제한적인 요소만이 대조적인 강세를 받을 수 있는 반면, 다른 상황에서는 강세 효과는 오직 강조만을 위한 것이라는 가정을 계속 유지할 것이다. 이것은 한정형용사만이 강세를 받을 수 있다는 사실로부터 증명된다. '白的纸'(하얗다 관형어표지 종이)와 '*白的雪'(하얗다 관형어표지 눈)을 비교해보자. 아래의 예문 (13b)과 (13c)는 예문 (13a)의 연속이라는 것을 알 수 있다.

(13) a. 不是'这'个戴眼镜的学生。

    不　　是　　'这'个　　戴　　　眼镜 的　　　　学生
    부정 …이다 '이' 양사 착용하다 안경 관형어표지 학생
    '이' 안경 쓴 학생이 아니다.

   b. 是'那'个戴眼镜的学生。

    是　　　'那'个　　戴　　　眼镜 的　　　学生
    …이다 '그' 양사 착용하다 안경 관형어표지 학생
    '그' 안경 쓴 학생이다.

   c. 是'戴'眼镜的那个学生。

    是　　　'戴'　　眼镜 的　　　　那 个 学生
    …이다 '착용하다' 안경　관형어표지 그 양사 학생
    안경을 '쓴' 저 학생이다.

관계절의 앞에서든 뒤에서든 지시사는 대조적으로 강세를 받을 수 있다. 이는 예문 (13b)과 (13c) 둘 다 RR문장이고(주의: 영어 해석은 구분되지 않

음), 지시사의 위치는 NRR/RR구분에 중요하지 않다는 이 글의 주장으로부터 알 수 있다.

Tang(1979)은 관계절에서 지시사의 위치와 수량사에 대한 연구를 통해 다음과 같은 결론에 도달했다. (a) 삭제된 명사가 관계절에서 주어인 경우, (b) 표제명사가 주로 주요동사의 목적어인 경우에는 지시사들은 관계절 뒤에 출현한다는 것이다. 아래에 제시된 예문은 이러한 관찰을 설명해준다(pp. 252-253).

(14) a. 有些戴眼镜的(*有些)学生很用功。

　　　　有些 戴　　 眼镜 的　　　　(*有些) 学生 很　 用功
　　　　일부 착용하다 안경 관형어표지 (* 일부) 학생　아주 열심이다
　　　　일부 안경 쓴 (* 일부) 학생들은 아주 열심이다.

　　b. (很多) 我认识的很多学生都很用功。
　　　　(很多) 我 认识 的　　　 很 多 学生 都　 很　 用功
　　　　(많은) 나 알다 관형어표지 아주 많다 학생 모두 아주 열심이다.
　　　　(많은) 내가 아는 아주 많은 학생들은 모두 다 매우 열심이다.

　　c. 我读了三本讨论关系子句的(*三本)书。
　　　　我 读 了　　　三 本 讨论　 关系子句 的　　　 (*三 本) 书
　　　　나 읽다 완료표지 셋 양사 토론하다 관계사절 관형어표지 (* 셋 양사) 책
　　　　나는 세 권의 관계사절을 논한 (* 세 권) 책을 읽었다.

이러한 관찰 결과는 만족할 만한 것은 아니다. 예문 (14a)과 (14c)는 비슷하게 행동하지만, 그것들의 관련성은 아직 설명되지 않았다. 이 외에도, (b)의 조건에서 '주로'라는 말은 명시적이 아니다.

대신 여기서 다음과 같이 가정한다. 표제명사가 청자에게 있어 비한정

(indefinite)이라면, 수량사는 관계절 앞에 오는 반면, 표제명사가 한정
(definite)이라면 수량사는 관계절의 앞이나 뒤에 온다는 것이다. 지시사는
항상 한정적이기 때문에 관계절의 앞과 뒤에 온다. Tang(1979)의 예문은 모
두 이러한 이론구성 내에서 설명된다. 또한, 지시사가 관계절 앞인지 뒤인지
와 같은 위치는 상당부분 음운적으로 결정된다. 즉 관계절 자체의 길이에
따라 결정된다는 것이다. 길이가 짧으면 앞이나 뒤에 다 올 수 있지만, 길면
절대적인 것은 아니라 할지라도 보통은 관계절 뒤에 오는 경향이 있다.

5. 결론

이 글에서는 중국어에서 NRR(비제한관계절과 RR(제한관계절)를 구분하
는 데 있어, 구조적인 동기는 존재하지 않는다는 것을 말하고 싶었다. 관계절
은 명사적 수식의 또 다른 유형일 뿐이며, 그 기능은 일반적인 형용사와 비슷
하다. 이 글은 중국어 관계절은 항상 제한적(restrictive)이라는 것을 보여주었
는데, 이 경우 영어에서는 NRR과 RR을 통사적으로 음운적으로 구분하고
있다.

참고문헌

Chao, Yuen-ren. 1968. *A grammar of spoken Chinese*. Berkeley: Uni. of
    California Press.
Emonds, Joseph. 1979. Appositive relatives have no properties, *Linguistic
    Inquiry*, 10.2.211-242.
Hashimoto, Ann. 1971. *Mandarin syntactic structures*. Princeton: Unicorn
    Monograph.

Huang, James. 1980. Grammar of topicalisation and relativisation in Chinese. in Chinese Linguistics, MIT.

Kuno, Susumu. 1973. *The structure of the Japanese language*. Cambridge: MIT Press.

Paris, M-C. 1976. relative clause formation in English and Mandarin Chinese and constraints: A contrastive approach. 2nd International Conference of English Contrastive Project, Bucharest.

Ross, J.R. 1967. Constraints on variables in syntax. Ph.D. dissertation, MIT.

Tang, Ting-chi. 1979. Deixis, anaphora, and demonstratives, International on Sino-Tibetan Linguistics, Paris.

Thompson, Sandra. 1971. The deep structure of relative clauses, in Fillmore, C. and D.T. Langendoen ed. *Studies in Linguistic Semantics*, pp.79-96. New York: Holt, Rinehart and Winston Inc.

제17장 중국어 사역구조의 의미적 특성*

The Semantics of Causatives in Chinese

1. 연구 범위

중국어에서 사역구문(causative construction)은 이른바 결과구조(resulta-tive structures), 특히 결과보어(resultative complements)가 풍부하다는 이유 때문에(Chao 1968 참조), 현대중국어 통사론 연구에서 많은 관심을 받아왔다. 그러나 이 분야에서는 단지 동작(ations, 사건1)과 결과(results, '사건2')의 관계, 즉 擦乾(닦다-마르다, wipe-dry)을 예로 들자면, 결과가 상태(state)를 명시하는 사역구문만을 그 대상으로 하였다(Huang 1974 참조). 이 글은 이러한 관계를 단순화시켜, 그와 같은 경우를 '행위주-수동자 사역'(Agent-Patient causatives)이라고 부를 것이다.

한편, 이 글에서는 '사건1'의 동작과 '사건2' 사이의 행위관계를 나타내는 '행위주-행위주 사역'(Agent-Agent' causatives)에 대해서도 살펴본다. 예를 들면, '使他离开'(make him leave) 와 같은 구문을 말한다. 이러한 구문들은 지금까지 Chappell(1983)의 연구를 제외하고는 그다지 주목을 받진 못했다.

편폭의 한계로 이 글에서는 다른 가능한 사역관계는 보류하기로 한다. 예

---

*이 글은 *Journal of the Chinese Language Teachers Association*. Monograph #1. 227-244, 1989에 출간된 것이다.1)

를 들어, '饥荒使很多人迁徙到北方'(기근은 많은 사람들을 북방으로 옮겨 가게 하였다, The famine caused a great number of people to migrate northward.) 등과 같은 '수동자-행위주'(Patient-Agent) 관계는 상당히 보편적이다. 이 외에도, '搬家让他沮丧'(이사는 그를 낙담하게 하였다. The move made him depressed.) 등과 같은 '수동자-수동자'(Patient-Patient) 관계도 있다.

중국어에서 사역구문의 특별한 유형이 문언인지 구어인지, 또는 표준어인지 방언인지는 이 글에서는 중요하지 않다. 예를 들어, 사역동사 '使'는 '叫' 보다 문언문에 많이 쓰일 것이지만, 이것은 또한 교육수준이 높은 사회층과 같은 어떤 특정 단체에서는 동일하게 보편적일 수 있다. 그리고 '让'의 특별 용법(4절 참조)은 남방, 특히, 대만에서는 관찰되지 않는다. 이러한 문제는 이 글에서는 논의하지 않는다.

2. 사역동사의 정의

이 글에서 언급하는 사역동사는 엄격하게 '주어+사역동사+상태동사'의 통사구조로 제한한다. 이와 같이 명시함으로써 다음과 같은 결과를 얻을 수 있다. 첫째, 사역구문들은 결과보어구문과 구분된다. 결과보어구문에 출현하는 동사들은 사역동사가 아니다. 아래의 문장을 비교해보자.

(1) a. 她把衣服洗乾净了。

    她　把　　　衣服　洗　　乾净　　　了
    그녀 처치표지 옷　 씻다 깨끗하다 완료표지
    그녀는 옷을 깨끗하게 빨았다.

　　 b. *她洗衣服乾净了。

她　洗　衣服 乾净　　了

　　그녀 씻다 옷　 깨끗하다　LE

(2) a.　他把地址写错了。

　　他　把　　　地址　写　错　　　了

　　그 처치표지 주소　쓰다 틀리다　완료표지+어기표지

　　그는 주소를 잘못 썼다.

　　b.　*他写地址错了。

　　他　写　　　地址　错　　　了

　　그 쓰다　주소　틀리다　LE

　동사 '洗'(씻다)와 '写'(쓰다)는 비록 그것들이 원인이 아니라, 어떤 결과의 출현과 관련이 있을 수 있다 할지라도, 통사구조에 부합되지 않으므로 사역동사는 아니다. 따라서 이 동사들은 '乾净'(깨끗하다)와 '错'(틀리다)을 단지 결과보어로만 취할 수 있다. '洗'(씻다)와 '写'(쓰다)는 단순한 행위동사의 구성원이다.

　한편, 아래의 문장 속의 동사를 살펴보자.

(3) a.　这件事使他很生气。

　　这 件　事 使　　他 很　生气

　　이 양사 일 사역표지 그 매우 화나다

　　이 일은 그로 하여금 화나게 했다.

　　b.　*这件事把他使生气。

　　这 件　事 把　　他 使　　　生气

　　이 양사 일 처치표지 그 사역표지 화나다

(4) a. 这件事让他很满意。

　　这 件　事 让　　他 很　满意

　　이 양사 일 사역표지　그 매우 만족하다

　　이 일은 그를 만족시켰다.

　　b. *这件事把他让满意。

　　这 件　事 把　　他 让　　满意

　　이 양사 일 처치표지 그 사역표지 만족하다

예문 (3a)과 (4a)에 각각 실현된 동사들은 이 글에서 정의하는 사역동사의 통사구조에 부합하므로 사역동사로 정의된다. 예문 (3b)과 (4b)의 문장들은 이 동사들이 보어를 취하지 않는다는 것을 보여준다.

둘째, 사역구문은 간접명령문(indirect imperative sentences) (혹은 赵元任 (1968)이 정의한 겸어문(兼语句, pivotal sentences)과 구분된다. 예문은 아래 와 같다.

(5) a. 我催他赶快缴所得税。

　　我 催　　　他 赶快 缴　　　所得税

　　나 재촉하다　그 빨리 납부하다 소득세

　　나는 그에게 빨리 소득세를 납부하라고 촉구했다.

　　b. 我们都劝他多喝一点酒。

　　我 们 都　劝　　他 多 喝　　一点 酒

　　나 -들 모두 권하다 그 더　마시다 조금 술

　　우리들은 모두 그에게 조금 더 술을 마시라고 권했다.

　　c. 学生请他签名。

学生 请　　 他 签名

학생 청하다 그 사인하다

학생들은 그에게 사인 해달라고 청했다.

예문 (5)에서 주요 동사들은 그것들이 '사건2'에서 상태동사를 취할 수 없다는 사실로 인해, 사역동사가 될 수 없다는 것이 설명된다.

(6) a. *我催他快醉。

　　　 我 催　　 他 快　 醉

　　　 나 재촉하다　 그 빨리　 취하다

　 b. *我们都劝他快乐。

　　　 我 们 都　 劝　 他 快乐

　　　 나 -들 모두 권하다 그 즐겁다

　 c. *学生请他舒服。

　　　 学生 请　　 他 舒服

　　　 학생 청하다 그 편안하다

이러한 제약은 상태동사는 (긍정)명령문에 출현하지 않는다는 사실과 정확하게 일치한다. 예를 들면 다음과 같다.

(7) a. *快一点儿醉！

　　　 快　　 一点儿 醉！

　　　 빠르다 조금　 취하다

　 b. *快乐一点儿！

快乐一点儿！
즐겁다 조금

c. *舒服！
    舒服！
    편안하다

직접명령문이든 간접명령문이든 이들 구문은 사역구문이 아니다.

사역동사는 '사건2'에서 상태동사를 취할 수 있는 동사를 가리킨다. 하지만 이 요구는 아래에서 보여주는 바와 같이, 그 동사들이 반드시 상태동사만 취할 수 있다는 것을 의미하지는 않는다. 이 글에서는 '使', '叫', '让'에 집중할 것이다.

3. 사역구문의 분류

위에서 명시한 통사적 조건을 만족시키는 일부 사역동사들은 또한 '사건2'에서 행위동사를 취할 수도 있다.

(8) a. 我让他很失望。
        我 让   他 很 失望
        나 사역표지 그 매우 실망하다
        나는 그를 실망시켰다.

b. 我让他解释一下儿。
    我 让   他 解释   一下儿
    나 사역표지 그 해석하다 좀 …하다

나는 그에게 해석을 한 번 해보게 했다.

(9) a. 他叫我很满意。

他 叫　　我 很　满意

그 사역표지 나 매우 만족하다

그는 나를 만족시켰다/그는 나를 만족하게 만들었다.

b. 他叫我嗞了一口菜。

他 叫　　我 嗞　　了　　　一　口　菜

그 사역표지 나 맛보다 완료표지 하나 양사 음식

그는 나에게 한 입 맛보게 했다.

(10) a. 他使我很生气。

他 使我　　很　生气

그 사역표지 매우 화나다

그는 나로 하여금 화나게 했다.

b. *他使我喝了很多酒。　　　(만일 '他'= 행위주)

他 使　　我 喝　　了　很　多　酒

그 사역표지 나 마시다 LE　매우 많다 술

따라서 사역동사의 다양한 분류가 존재한다. 더욱이 '주어+사역동사+목
적어+상태동사'라는 이 구조는 주어나 목적어가 행위주나 수동자가 될 수
있을 때는 오직 '주어'와 '목적어'만을 명시한다. 그러므로 사역구문은 이러
한 다양한 변항에 근거해서 분류될 수 있다.

(11) 행위주-행위주(Agent-Agent)

a. 我故意让他解释一下儿。

我　故意　让　　他　解释　一下儿
나　일부러　사역표지　그　해석하다　한 번
나는 일부러 그에게 한 번 해석하도록 했다.

b. 他故意叫我喰了一口菜。

他　故意　　叫　　我　喰　　了　　　一　　口　　菜
그　일부러　사역표지　나　맛보다　완료표지　하나　양사　음식
그는 일부러 나더러 한 입 맛보게 했다.

c. *他故意使我喝了很多酒。

他　故意　　使　　我　喝　　了　　很　多　酒
그　일부러　사역표지　나　마시다　LE　매우　많다　술

(12) 행위주-수동자(Agent-Patient)

a. 我故意让他吓一跳。

我　故意　让　　他　吓　　一　　跳
나　일부러　사역표지　그　놀라다　하나　두근거리다
나는 일부러 그를 놀라게 했다.

b. 他故意叫我生气。

他　故意　　叫　　我　生气
그　일부러　사역표지　나　화나다
그는 일부러 나를 화나게 했다.

c. 学生故意使他吃了一惊。

学生 故意 使 他吃 了 一 惊
학생 일부러 사역표지 그 당하다 완료표지 하나 놀래다
학생은 일부러 그로 하여금 놀라게 했다.

(13) 수동자-행위주(Patient-Agent)

    a. 那个电影让他茶饭都喝不下。
        那个 电影 让 他茶饭都 喝 不 下
        그 양사 영화 사역표지 그 음식 ...도 마시다 부정 내려가다
        그 영화는 그를 밥도 못 넘어가게 만들었다.

    b. 满嘴的饭叫他说不出话来。
        满 嘴的 饭叫 他说 不 出 话来
        가득하다 입 관형어표지 밥 사역표지 그 말하다 부정표지 나가다 말 오다
        입에 가득한 밥은 그로 하여금 말을 할 수 없게 만들었다.

    c. 过多的酒使他说了一些不该说的话。
        过多 的 酒使 他说 了 一些 不
        지나치다 관형어표지 술 사역표지 그 말하다 완료표지 조금 부정표지
        该 说 的 话
        마땅하다 말하다 관형어표지 말
        지나친 술은 그가 하지 말아야 할 말을 하게 했다.

(14) 수동자-수동자(Patient-Patient)

    a. 他的为人让我很失望。
        他 的 为人 让 我很 失望
        그 관형어표지 사람됨 사역표지 나 매우 실망하다

그의 사람됨은 나로 하여금 실망하게 만들었다.

b. 这次成果叫他很满意。

这次　成果　叫　　　他很　满意

이 양사 성과 사역표지 그 매우 만족하다

이번의 성과는 그를 만족시켰다.

c. 失败使他更灰心。

失败　使　　　他更　　灰心

실패 사역표지 그 더욱 의기소침하다

실패는 그로 하여금 의기소침하게 만들었다.

　모든 사역동사가 다 이와 같이 다른 유형의 문장에 들어갈 수 있는 것은 아니다. 세 개의 사역동사 중에서 '使'는 제약이 가장 많이 받는데, '행위주-행위주'의 프레임에는 출현할 수 없다(예문 (11c) 참조). 빈도 면에서는 '叫', '让'이 '수동자-행위주' 프레임에 들어가는 경우가 적다. 만일 '의지(volition)'라는 의미자질이 행위주의 꼭 필요한 자질 중의 하나라면, 예문 (13a-c)에서 '사건2'의 그 어느 것도 진정한 행위주 문장이 될 수 없다. 중국어에는 (15a)과 같은 문장이 아주 많은데, 그것은 의지적일 수도 있고 비의지적일 수도 있다. 예문 (15b)과 (15c)의 영문번역을 비교해보자.

(15) a. 他喝了一口水。(± 의지)

他　喝　　了　　　一　口　水

그 마시다 완료표지 하나 양사 물

그는 물 한 모금을 마셨다.

b. He had a drink of water. (+ 의지)

그는 물 한 모금을 마셨다.

c. He swallowed some water. (± 의지)
그는 약간의 물을 넘겼다.

예문 (13a)의 '茶饭都喝不下'(losing appetite, 밥도 못 넘어가게 만들었
다)는 상태에 더 가깝고, (13b)의 '说不出话来'(unable to utter, 말을 할 수
없게 만들었다) 역시 상태와 같다. 예문 (13a)과 (13b) 두 문장은 모두 단순한
행위동사가 아니라, 이른바 '가능결과보어'(potential resultative complement)
가 있다는 사실에 주의해야 한다.

한편, 이와 관련해서 예를 들면, '弄', '弄得', '使得'과 같은 다른 단어들
도 검토할 만하다. '弄'은 많은 행위동사를 대체할 수 있는 보편적인 대동사
(Lu 1981:373 참조)이지만, 사역동사는 아니다. 그것은 결과보어만을 취할
수 있고, 또한 사역구조에 맞지 않는다(다음 논의 참조).

(16) a. 狗弄坏了不少东西。

狗 弄　　坏　　　了　　　不　　少　东西
개 하다 망가뜨리다 완료표지 부정표지 적다 물건
개가 많은 물건을 망가뜨렸다.

b. *你别弄他生气。

你　　别　　　　弄 他 生气
당신 ...하지 마라 하다 그 화나다

c. *你一定要弄他写一篇文章。

你　一定　要　　　　弄　他　写　一　篇　文章

당신 반드시 …해야 한다 하다 그 쓰다 하나 양사　글

그러나 '弄得'은 이 글의 정의에 의하면 사역동사이다. 그것은 '사건2'에서 상태동사나 행위동사를 취할 수 있다. 예를 들면 다음과 같다.

(17) a. 小孩子弄得地上真脏。

小孩子 弄　得　　　地上 真　脏

아이　하다 보어표지 바닥 아주 더럽다

아이는 바닥을 아주 더럽혔다.

b. 你弄得老李瞪着眼一直看你。

你　弄　得　　　老李 瞪　　着　　眼 一直 看　你

당신 하다 보어표지 이씨 부라리다 진행표지 눈 계속 보다 당신

당신은 이씨가 눈을 부라리며 계속해서 널 쳐다보게 만들었다.

c. 那场雨弄得大家都湿透了。

那场 雨 弄　得　　　大家 都　湿　透　　了

그 양사 비　하다 보어표지 다들 모두 적다 결과보어 완료표지

그 비는 모두를 젖게 만들었다.

d. 蛀牙弄得他整天喊痛。

蛀牙 弄　得　　　他 整天 喊　　痛

충치 하다 보어표지 그 하루 외치다 아프다

충치는 그를 하루 종일 아프게 만들었다.

예문 (17a)은 '행위주-수동자', (17b)는 '행위주-행위주', (17c)는 '수동자-수동자', (17d)는 '수동자-행위주'구문이다. 그러나 사역동사 '使'의 용법에 대응되는지, 아니면 통사적으로 동사 '弄'에 정도표지 '得'을 부가되어 구성된 것인지를 결정하기는 쉽지 않다. 다음과 같이 대응된다.

(18) a. 我说得他很窘。

　　　　 我　说　　 得　　　他很　 窘
　　　　 나 말하다 보어표지 그 매우 곤경에 처하다
　　　　 나는 그를 곤경에 처하게 말하였다.

　　 b. 【我说X】得【他很窘】

　　　　 【我 说X】　　 得　　　【他 很　窘】
　　　　 【나 말하다X】정도보어 【그 매우 곤경에 처하다】

예문 (18b)가 나타내는 바와 같이, 이러한 구문은 '说'(말하다)을 포함하는 모문(matrix sentence)과 동사 '窘'(곤경에 처하다)을 포함하는 보어문(complementation sentence)으로 이루어졌다. 이 글에서는 이러한 구문에 대해서는 논의하지 않을 것이다.

'使得'(…로 하여금 …하게 하다)은 하나의 단일동사로 볼 수 있는데, 이 글의 정의에 따르면, 그것 역시 사역동사이다. 아래의 각 문장을 비교해보자.

(19) a. 他的话使得我很感激。(수동자-수동자)

　　　　 他 的　　　 话 使得　　 我 很　 感激
　　　　 그 관형어표지 말 …하게 하다 나 매우 감격하다
　　　　 그의 말은 나를 감동시켰다.

　　 b. 我一定要使得他心服口服。 (행위주-수동자)

我 一定 要 使得 他 心服口服

나 반드시 ...해야 한다 ...하게 하다 그 굴복시키다

나는 반드시 그를 굴복시킬 것이다.

c. *你一定要使得他睡一会儿。(행위주-행위주)

你 一定 要 使得 他 睡 一会儿

당신 반드시 ...해야 한다 ...하게 하다 그 자다 잠깐

d. *那次旅行使得他说一口流利的西班牙话。(수동자-행위주)

那次 旅行 使得 他说 一口 流利 的 西班牙 话

그 양사 여행 ...하게 하다 그 말하다 완전하다 유창하다 관형어표지 스페인 말

'使得'(…로 하여금 …하게 하다)은 상태와 어울리지만((19a)과 (19b) 문
장 참조), 행위와는 어울리지 않는다((19c)와 (19d) 문장). 이 점에서는 '使'
와 상당한 차이가 있으므로, '使得'은 '使'에 정도표지 '得'을 부가해서 도출
된 것일 수가 없다.

4. 讓1과 讓2

이 글에서 다루고 있는 3개의 사역동사 중에서, '使'는 유일하게 '행위주-
행위주' 구문에 출현할 수 없는 동사이다. 이 절에서는 '让'구문과 관련된
다양한 의미를 집중적으로 논의할 것이다.

呂叔湘(1981:406)은 예문 (20a)가 3가지 의미를 포함하는 중의문
(ambiguity sentence)이라고 주장하였다. 예문 (20b-d)의 번역문이 나타내는
바와 같다.

(20) a. 我让他说了几句。

    我 让　　　 他 说　　 了　　 几 句
    나 사역표지 그 말하다 완료표지 몇 마디

   b. I had him say a few words. (让1)
      나는 그에게 몇 마디 하도록 했다.

   c. I let him say a few words. (让2)
      나는 그에게 몇 마디 하도록 허락했다.

   d. I got criticized by him.
      나는 그에게 비판을 받았다.

　예문 (20d)는 수동문이므로 이 글에서는 논의하지 않겠다. 북방의 중국어 화자는 (20b)과 (20c)의 의미를 확실하게 구분할 수 있다. 그러나 남방의 화자, 특히 대만에서는 (20b)의 해석이 없다. 이 글은 북방의 화자를 따라, 예문 (20b)의 让1과 예문 (20c)의 让2를 구분할 것이다.

　의미를 고려한다면, 让2는 상당히 명확해서 영어의 대응어인 'let'과 그리 다르지 않다. 그러면 让2의 의미를 예문 (21)로 정의하겠다.

(21) 让2 : 행위주1의 행위주2에 대한 의지적 양보

   a. 把门的让他进去。　(Chappell 1983:239 참조)
      把门的 让　　 他 进　去
      문지기 사역표지 그 들다 가다
      문지기가 그를 들어가게 하였다.

b. 他不让他的儿子看电视。

     他 不　　　　让　　　他的　　　　　儿子看　电视

     그 부정표지 사역표지 그 관형어표지 아들 보다 텔레비전

     그는 그의 아들에게 텔레비전 시청을 허락하지 않았다.

'让步'(양보)라는 자질은 '让2'를 정의하는 데 있어 중요하다. 그것은 행위주2가 행위주1의 동작 이전에 뭔가를 하고자 한다는 것을 전제한다. 그러나 Chappell(1983)은 오히려 그것을 '사역주'(causer)가 능력은 있지만, 피사역주(causee)가 하고자 하는 일을 저지하지 않는 것'이라고 정의하였다(1983:242).

한편, 让1은 훨씬 복잡하다. 그것의 기본적인 특징을 예문 (22)과 같이 정의해보자.

(22) 让1 : 행위주1이 행위주2에게 행위를 하게 하다

  a. 金生让灵芝接著说完，灵芝便… (BU 1982:372)

     金生　　　　让　　　灵芝　　　接著　说　完，　　　灵芝便

     금생(이름) 사역표지 영지(이름) 이어서 말하다 결과보어 영지 곧

     금생은 영지로 하여금 이어서 말을 마치도록 하니, 영지가 곧…

  b. 她身体好了以後，领导上让她到中央民族学院学习。(Liu 1983:452)

     她　身体 好　了　　　　　　以後，领导上 让　　　她　到

     그녀 몸 좋다 완료+어기표지 이후, 지도 부분 사역표지 그녀 …에

     中央民族学院　学习

     중앙민족학원　공부하다

     그녀는 몸이 좋아진 이후, 지도 차원에서 그녀에게 중앙민족학원에 가서 공부하게 했다.

让2의 주요자질은 '권한'(authority)으로서, 이것은 5절에서 상세하게 논의될 것이다. 让2와 달리, 让1에는 행위주2가 행위주1의 행위보다 먼저 뭔가를 하려고 한다는 전제가 없다. 단지 영어의 사역동사 'have'와 유사한 점이 있다. 그러나 Chappell(1983)은 과도하게 이 문제를 단순화시켜 '사역주가 피사역주에게 어떤 일을 하도록 요구하는 것'이라고 정의하였다(1983: 237).

이 글에서는 제5절에서 제7절에 걸쳐 더 상세하게 让1의 의미를 다룰 것이다. 이 절에서는 让1과 让2의 통사적 차이를 집중적으로 논의해보자.

첫째, 让2만이 부정될 수 있는데, 아래의 예문과 같다.

(23) a. 把门的不让他进去。

把门的 不 让 他 进 去
문지기 부정표지 사역표지 그 들다 가다
문지기가 그가 들어가지 못하게 하였다.

b. *金生不让灵芝接著说完。

金生 不 让 灵芝 接著 说 完
김생(이름) 부정표지 사역표지 영지(이름) 이어서 말하다 결과보어

'have'는 부정될 수 있다는 점으로 볼 때, 让1은 영어의 'have'와는 상당히 다르다(예문 (23b)의 번역 참조).

둘째, 让2의 정의, 즉 '행위주1이 행위주2의 의지를 용인한다.'는 점에서 행위주2가 부정적 의지(곧, 어떤 것을 하고자 하지 않는 소망)를 갖는 것이 완벽하게 가능할지라도, 실제 언어사용에서 행위주2는 거의 부정적 실행자가 될 수 없다. 让2는 그와 같은 방식에 제한받지 않는다. 다음 예문을 비교해보자.

(24) a. *把门的让他不进去。

把门的 让　　他 不　　　进 去

문지기 사역표지 그 부정표지 들다 가다

b. *学校让我不教书。

学校 让　　我 不　　　教书

학교 사역표지 나 부정표지 가르치다

c. 他让我别出声。

他 让　　我 别　　　出　　声

그 사역표지 나 …하지 마라 나오다 소리

그는 나에게 소리를 내지 말게 했다.

让1의 뒤에는 부정적인 동작이 올 수 있는데, 이의 영어 대응어인 'have' 는 그럴 수 없다(예문 (24c)과 영문번역 참조). 따라서 '不'에 의한 부정은 항상 让1과 让2사이의 중의성을 없애주지만, '没'에 의한 부정은 여전히 중 의적이다. 다음 예문 (25)과 같다.

(25) a. 他没让我回答那个问题。

他 没　　　让　　我 回答　　那个　　问题

그 부정표지 사역표지 나 대답하다 그 양사 문제

그는 나에게 그 질문에 대답하지 못하게 하였다.

b. 他没让我在这儿等人。

他 没　　　让　　我 在　　这儿 等　　　人

그 부정표지 사역표지 나 …에서 여기 기다리다 사람

그는 나에게 여기서 사람을 기다리지 못하게 하였다.

셋째, 让1만이 명령문인 '사건2'를 도입할 수 있다. 다음과 같다.

(26) a. 他让1我别修车了。

　　　他 让1　　我 别　　　修　　车 了

　　　그 사역표지　나 …하지 마라 수리하다 차 어기표지

　　　그는 나에게 차를 수리하지 못하게 하였다.

　　b. *他让2我别修车了。

　　　他 让2　　我 别　　　修　　车 了

　　　그 사역표지　나 …하지 마라 수리하다　차 LE

이와 같은 让2의 특수한 자질은 확실히 상술한 让1과 让2의 두 번째 통사적 차이, 즉 '사건2'에는 부정이 없다'는 차이로 설명될 수 있다. 그러나 내포문(embedded sentence)에 '别'가 없으면, 표층구조에서 명령문의 출현을 결정하기가 쉽지 않을 것이다.

위의 분석을 통해 让1과 让2의 의미와 통사상의 구분은 아주 명확해졌다. 그러나 남방의 중국어 화자가 왜 让1을 사용하지 않는지는 알 수 없다. 또한, 让1이 영어의 사역동사 'have에 대응되는지도 확실하지 않다(Chappell 1983 참조), 다음에서는 이 문제에 대해 심도 있게 논의해 보겠다.

5. 행위 vs. 결과

Chappell(1983)은 '让1'은 일반적으로 영어의 'have', '叫'는 'make'에 대응된다고 가정하였다. 아래에서 이 가설에 대한 반증을 보일 것이다. 제4절에서 让1은 부정될 수 없고(예문 (23b) 참조), 더욱이 让1은 부정적인 '사건

2'를 취할 수 있다는 것을 보았다(예문 (24c) 참조). 영어의 사역동사 'have'는 그 중 하나의 특징에 의해서만 제약을 받는다. 다음에서 '让1'과 영어의 'have', '叫'와 'make'의 비-통사적 특징과 관련해서 유사성과 차이점을 비교해 볼 것이다.

사건은 어떤 경우에는 활동(activity)과 결과(result)로 구성된다고 분석될 수 있다. 예를 들면, 'look'은 단지 '활동'인 반면, 'found'는 '활동'과 '결과' 둘 다 있다(Vendler 1967 참조). 이 관련에서, '让1'은 어떠한 결과도 포함하지 않는 활동만을 나타내는 반면, 'have'는 ('사건2'에서) 결과를 함의한다.

> (27) 老师让他回答那个问题。
>
> 老师 让　　他 回答　　那个　问题
> 선생 사역표지　그 대답하다　그 양사 질문
> 선생님께서 그에게 그 질문에 대답하게 하였다.

그러므로 예문 (27)에서 그가 반드시 대답을 해야 하는 것은 아니지만, 영어 번역에서는 '그가 그 질문에 대답했다'는 것을 함의하고 있다. 이것은 예문 (28)에서 확실하게 볼 수 있다.

> (28) a. 老师让他回答那个问题, 可是他不肯。
>
> 老师 让　　他 回答 那个 问题, 可是 他 不　　肯
> 선생 사역표지 그 대답하다 그 양사 질문 그러나 그 부정표지 받아들이다
> 선생님은 그에게 그 질문에 대답하게 했지만, 그는 받아들이지 않는다.
>
> b. 他让秘书打封信, 可是她不肯。
>
> 他 让　　秘书 打 封 信, 可是 她 不　　肯
> 그 사역표지 비서 치다 양사 편지 그러나 그녀 부정표지 받아들이다

그는 비서에게 편지를 치라고 했지만, 그녀는 받아들이지 않는다.

예문 (28a)과 (28b)의 상황은 중국어에서는 모두 문법적이지만, 이들 예문에 대응하는 영문번역은 그렇지 않다. 따라서 让1자체는 영어 'have'가 갖는 특징인 '사건2'가 완료적 해석을 갖도록 강요하지 않는다. 한편, 让1의 문장에서 '사건2'는 독립적으로 완료상 표지를 취할 수 있는 반면, 영어의 'have'는 이러한 상황을 허용하지 않는다. 예를 들면 다음과 같다.

(29) a. 老师让他回答了那个问题。

老师　让　　　他　回答　　了　　　那个　问题
선생　사역표지　그　대답하다　완료표지　그　양사　질문
선생님은 그에게 그 질문에 대답하게 하였다.

b. 他让秘书打了封信。

他　让　　　秘书　打　了　　　封　信
그　사역표지　비서　치다　완료표지　양사　편지
그는 비서에게 편지를 치라고 하였다.

이 문장들은 필연적으로 완료적 해석을 갖는다. 다음과 비교해 보자.

(30) a. *老师让他回答了那个问题，可是他不肯。

老师　让　　他　回答　　了　那个　问题，可是　他　不　　肯
선생　사역표지　그　대답하다　LE　그　양사　질문　그러나　그　부정표지　받아들이다

b. *他让秘书打了封信，可是她不肯。

他　让　　　秘书　打　了　封　信，可是　她　不　　　肯
그　사역표지　비서　치다　LE　양사　편지　그러나　그녀　부정표지　받아들이다

이와 유사하게, 이러한 관점에서 '叫'는 그것의 번역 대응어라고들 말하는 'make'와 달리, 정확하게 '让1'과 같은 기능을 한다. '叫'구문들은 '활동문'(activities)뿐이다.

(31)　老师叫学生擦黑板，可是他们不肯。
　　　老师 叫　　　学生 擦　　黑板，可是 他 们 不　　　肯
　　　선생 사역표지 학생 지우다 칠판　그러나 그 -들 부정표지 받아들이다
　　　'The teacher asked the students to erase the blackboard, but they refused.'

'叫'구문 역시 '사건2'에 완성상표지의 출현을 허용한다. 즉 다음과 같다.

(32) a.　老师叫学生写了一篇作文。
　　　　老师 叫　　　学生 写 了　　　一 篇　作文
　　　　선생 사역표지 학생 쓰다 완료표지 하나 양사 작문
　　　　선생님께서 학생에게 작문 한 편을 쓰라고 했다.

　　　b.　*老师叫学生写了一篇作文，可是他们不肯。
　　　　老师 叫　学生 写 了 一 篇 作文，可是 他-们 不　　肯
　　　　선생 사역표지 학생 쓰다 LE 하나 양사 작문　그러나 그 -들 부정표지 받아들이다

이상의 예문으로 볼 때, 그것의 가설이 부적합하다는 것을 알 수 있다. 그러나 이 반증은 '행위주-행위주 구문'에서만 적용된다. '행위주/수동자-수동자'구문의 경우에는 완전히 다른 상황이 된다(예문 (12)와 예문 (14) 참조).

6. 권한의 계층성(Hierarchy of Authority)

사역구문에서 행위주1과 행위주2 사이의 관계는 복잡하다. 예를 들어, 영어에서는 Goldsmith(1984)에서 상세하게 논한 바와 같이, 'have' 사역구문은 행위주1과 행위주2와 관련한 권한(authority)의 어떤 패턴을 따라야 하며, 이때 행위주1은 주어진 맥락에서 행위주2보다 우위에 있어야만 한다. '권한'(authority)이라는 개념은 상대적이고 맥락-의존적이며 절대적이지는 않다. 아래의 각 문장을 비교해보자.

(33) a. The senator had/got/made his secretary type a letter.
　　　 그 상원 의원은 비서에게 편지 한 통을 타이핑하도록 했다 / 부탁했다 / 시켰다.

　　 b. Ms. Ray, a secretary, *had/got/made the senator type a letter for her.
　　　 비서인 레이 씨는 그 상원 의원에게 그녀를 위해 편지 한 통을 타이핑하도록 했다 / 부탁했다 / 시켰다.

이 점에서, '让1'은 영어의 'have'와 비슷하다. 항상은 아니지만, 대부분의 상황에서 '让1'구문은 행위주1은 행위주2보다 우위에 있다. 그러므로 행위주2로 하여금 어떤 행동을 하도록 시킬 수 있는 것이다. 아래의 예문과 같다.

(34) a. 老师让谁回答问题，谁回答；不要乱说话。(Liu 1983:453)
　　　 老师 让　　 谁 回答　 问题，谁 回答;　 不　　 要　　　 乱　　 说话
　　　 선생 사역표지 누구 대답하다 질문　 누구 대답하다 부정표지 ...해야 한다 함부로 말하다
　　　 선생님이 누구에게 질문에 대답하게 하면 대답하고, (다른 사람은) 함부로 말하지 마라.

b. 领导上让我回来看看您老人家。(Liu 1983:455)

领导　　上让　　我回来　　看看您老人家
지도하다　　사역표지　나 돌아오다　보다 당신 어르신
지도 차원에서 나에게 돌아와서 어르신을 뵙게 하였다.

c. 领导上让我干什麽, 我从来也没有说过'不'字。(BU 1982:372)

领导　上让　　我干什麽, 我从来也没有说过'不'字
지도하다 위 사역표지 나 하다 무엇,　나 한번도 또한 부정표지 말하다 경험표지 '不' 글자
지도 차원에서 나에게 뭘 하라고 하였고, 나는 한번도 '不'라는 글자를
말해 본 적이 없다.

위에서 문제가 되는 역할은 '老师与学生'(선생님과 학생) 및 '领导与较
低层的人'(지도자와 비교적 낮은 계층의 사람)이다. 만약 역할이 바뀐다면
사회질서에 어긋나는 결과가 초래될 것이다. 예를 보자.

(35) a. *学生让老师再解释一下。

学生让　　老师再　解释　　一下
학생 사역표지 선생 다시 설명하다 좀 …하다

b. *小女孩让妈妈把衣服给她穿上。

小　女孩　让　　妈妈把　　衣服给　她穿上
작다 여자아이 사역표지 엄마 처치표지 옷　…에게 입다 결과표지

한편, '叫'는 영어의 'make'처럼 이러한 계층성에 따를 필요가 없다. 예문
(36)을 예문 (35)과 비교해보자.

(36) a. 学生叫老师再解释一次。

学生 叫　　老师再　解释　一　次

학생 사역표지 선생 다시 설명하다 하나 양사

학생이 선생님에게 다시 한 번 설명하라고 했다.

b. 小女孩叫妈妈把衣服给她穿上。

小　女孩　　叫　　妈妈把　　衣服给　　她　穿　上

작다 여자아이 사역표지 엄마 처치표지 옷 …에게 그녀 입다 결과표지

어린 여자아이가 엄마에게 옷을 입혀달라고 했다.

그러나 예문 (36a)과 (36b)의 언어사용은 적절하지 않다.

7. 강제성의 정도(Degree of Coersion)

Goldsmith(1984)는 '원인'(cause)인 하위 주어가 상위 주어, 즉 사역주 (causer)의 의지를 통제하지 않을 때, 'make'가 사용된다.'고 주장하였다. 바꿔 말하자면, 영어의 'make'는 사역동사 중에서도 강제성이 가장 높다. 아래의 예문을 비교해 보자.

(37)　They would not eat anything; so I had to

그들은 아무것도 먹으려고 하지 않았다. 그래서 나는 … 해야만 했다.

　a.　have them (do it).

그들에게 그것을 하도록 했다.

　b.　get them (to do it).

그들에게 그것을 하도록 부탁했다.

c. make them (do it).

그들에게 그것을 하도록 시켰다.

Chappell(1983)의 '叫'가 영어 'make'에 대응된다는 가정에 따르면, '叫'가 갖는 이와 유사한 강제성의 강도를 예측할 수 있다. 그러나 중국어에서는 그렇지 않다. 예문 (38)의 그 어느 상황도 문법적이지 않다.

(38)　　他们什麼都不吃；我只好

　　　　他 们　什麼 都　不　　吃；我 只好

　　　　그 -들　무엇　...도 부정표지 먹다 나 부득이

　　　　그들은 아무 것도 먹지 않았다. 그래서 나는 부득이 하게

　　a.　*让他们吃。

　　　　让　　　他 们 吃

　　　　사역표지 그 -들 먹다

　　b.　*叫他们吃。

　　　　叫　　　他 们 吃

　　　　사역표지 그 -들 먹다

따라서 '让'이나 '叫' 그 어느 것도 강제성이 없다. 물론, 중국어에서도 강제동사(coersive verbs)는 존재한다. 다음에서 보는 바와 같다.

(39) a. 我只好强迫他们吃。

　　　　我 只好　　　强迫　他 们　吃

　　　　나 어쩔 수 없이 협박하다 그 -들　먹다

　　　　나는 어쩔 수 없이 그들을 협박해서 먹게 하였다.

b. 我只好逼他们吃。

我 只好 　　逼 　　他们 　吃

나 어쩔 수 없이 강압하다 그 -들 먹다

나는 어쩔 수 없이 그들을 먹도록 강압하였다.

그러나 이러한 동사들은 이 글의 정의에 의하면 사역동사가 아니다.

이상에서 '让'과 '叫'가 각각 영어의 'have'와 'make'에 대응되지 않는다

는 것을 보여준다.

8. 결론

위에서 논의한 내용 중에는 아직 상세하게 다루지 못한 두 가지 문제가

있다. 첫째, 사역동사와 겸어동사 사이의 중첩은 어떻게 설명할 것인가? 둘

째, 사역과 수동의 관계는 또 어떤가?

겸어동사(Chao, 1968)는 간접명령문에서 첫 번째 주요동사로 출현하는 동

사를 가리킨다. 아래의 예문 (40)에서 보는 바와 같다(예문 (5)도 참조 가능).

(40) a. 学校要求学生使用文明语言。

　　　 学校 要求 　　学生 使用 　　文明 语言

　　　 학교 요구하다 학생 사용하다 　문명 언어

　　　 학교는 학생들에게 문명화된 언어를 사용하도록 요구한다.

b. 学校禁止学生随地吐痰。

　　 学校 禁止 　　学生 随地 　　吐 　痰

　　 학교 금지하다 학생 아무 데나 뱉다 침

학교는 학생들이 아무 데나 침을 뱉는 것을 금지한다.

이러한 문장들은 표층구조가 행위주-행위주 사역구문과 같다. 또한 많은 언어학자들 역시 후자를 겸어문의 한 종류로 간주한다(呂叔湘 1983:448-449 참조). 제2절에서는 통사적 차이를 제시하였으나, 그 차이는 단지 행위주-수동자 구문과만 관련된다. 만약 겸어문이 단순명령문과 관련이 있다면, 그 관계 역시 화용적인 목적을 위한 행위주-행위주 사역구문에서만 적용된다. 예를 들어, 예문 (40a)과 (40b)가 (41a)와 (41b)와 관련된다. 즉 다음과 같다.

(41) a. 你们要使用文明语言!

　　 你　 们　 要　　　　　 使用　　 文明 语言

　　 당신 -들　…해야 한다 사용하다 문명 언어

　　 너희들은 문명 언어를 사용해야 한다.

　 b. 你们不许随地吐痰。

　　 你　 们　 不　　 许　　　 随地　　　 吐　 痰

　　 당신 -들 부정표지 허락하다 아무 데나 뱉다 침

　　 너희들은 아무 데나 침을 뱉을 수 없다.

위와 같은 관련성을 인정한다면, 예문 (42) 역시 예문 (43)과 관련되어야 한다.

(42) a. 咱们先让大伙儿提提意见。

　　 咱们　　 先　 让　　　 大伙儿 提提　 意见

　　 우리들　 먼저 사역표지 녀석들　 내다　 의견

　　 우리들은 먼저 그 녀석들더러 의견을 내도록 하자.

b. 他叫你们别互相残杀。

他　叫　　　你们　别　　　　互相　残杀
그　사역표지　너 -들　...하지 마라　서로　죽이다
그는 너희들더러 서로 죽이지 말라고 하였다.

(43) a. 你们提提意见!

你 们 提提　意见
너 -들 내다　의견
너희들이 의견을 내라!

b. 你们别互相残杀!

你 们 别　　　　　互相 残杀
너 -들 ...하지 마라　서로 죽이다
너희들은 서로 죽이지 말아라.

만일 이러한 경우에, '겸어문'과 '행위주-행위주 사역구문' 사이의 진정한 차이는 의미상의 차이다.

또한, '叫'와 '让'은 사역구문에만 출현하는 것이 아니고, 수동문에도 출현할 수 있다. 아래의 문장들을 비교해 보자.

(44) a. 我让孩子稍个口信儿。

我 让　　　孩子 稍　　　个　口信儿
나 사역표지 아이 가져오다 양사 메시지
나는 아이에게 메시지를 가져오게 했다.

b. 他又让人请去盖房子去了。

他 又 让　　　人 请　　去 盖 房子 去 了

그 재차 사역표지 사람 청하다 가다 짓다 집　가다 완료표지

그는 재차 다른 사람에게 초대되어 집을 지으러 갔다.

(45) a. 医生叫他多休息。

医生 叫　　他 多　休息

의사 사역표지 그　많다 휴식하다

의사는 그에게 많이 쉬라고 하였다.

b. 他又叫村长派去监工了。

他 又 叫　　村长派　　去 监　　工 了

그 또 사역표지 촌장 파견하다 가다 감독하다 공사 어기표지

그는 또 촌장을 파견하여 공사 감독을 하게 하였다.

예문 (45a)에서 주어는 행위주이며, 예문 (45b)에서 주어는 내포문의 행위
주이다. 앞에서 '使'는 행위주-행위주 구문에 출현할 수 없다(예문 (11c) 참
조)고 한 점을 상기하라. 그리고 이것은 아마도 '使'가 수동문에 출현할 수
없는 것과도 관련이 있다. 위의 문장들이 왜 그렇게 되어야 하는 지는 확실하
지 않다. 한편, 영어에서 'get'만이 사역동사 중에 유일하게 수동구조로써 드
러나지 않지만, 오히려 수동기능을 갖는 사역동사이다.

(46)　　a. John got criticized at the meeting.

존은 회의에서 비판을 받았다.

b.* Mary made the Dairy Queen at the convention.

사역구문과 수동구문 사이의 정확한 관계는 앞으로 더 연구를 해야 할

부분이다.

참고문헌

BU (Beijing University) 1982. *Grammatical Elements in Modern Chinese.* Beijing: Commercial Press. (In Chinese) 现代汉语虚词例释

Chao, Yuenren. 1968. *A Grammar of Spoken Chinese.* Berkeley: University of Press.

Chappell, Mary. 1983. A Semantic Analysis of Passive, Causative, and Dative Constructions of Standard Chinese. Ph. D. Dissertation, Australian National University.

Goldsmith, John. 1984. Causative Verbs in English. Parassession on Lexical Sematics. Chicago Linguistic Society. 117-130

Huang, Shuan-fan. 1974. 'Mandarin Causatives.' *Journal of Chinese Linguistics.* 2.3.354-369.

Liu, Yuehua. 1983. *Practical Chinese Grammar.* Beijing: Foreign Language Teaching and Research Press. (In Chinese) 实用现代汉语语法

LÜ, Shuxiang, 1981. *800 Modern Chinese Words.* Beijing: Commercial Press. (In Chinese) 现代汉语八百词

Vendler, Zeno. 1967. *Linguistics in Philosophy.* Ithaca: Cornell University Press.

제18장 교수법의 관점으로 본 중국어 품사 분류*

Grammatical Categories in Chinese:

A Pedagogical Perspective

1. 서론

이 논문에서는 초급중국어에서 광범위하게 사용되는 품사를 포함한 문법 범주에 대해서 검토하고, 통사 혹은 의미-개별적인 프레임보다 다면적인 체계가 선호된다는 점을 제안한다.

2. 문법범주의 정의

중국어 교사나 언어학자들이 자문한 표준 참고서에 제안된 품사에 관한 여러 정의들을 살펴보는 것이 유용할 것이다.

---

*이 글은 'International Symposium of the Chinese Language, 25-32, 1990. Singapore: Chinese Language Research Institute'에서 출간된 것이다.

1) 품사 및 형태분류: '형태분류(form class)는 형태(form)에 대한 기능적 분류이다...
   품사(parts of speech)는 단어로 이루어진 형태분류이다(Chao 1968:496).
2) 품사: '품사는 단어의 문법기능에 따라 구분해낸 유형이다'(朱德熙 1982:38).

위의 두 정의는 단어의 의미적인 특징은 고려하지 않고, 통사적인 기능에 의해서만 정의한다는 그들의 품사에 대한 가정과 일치한다. 그러나 실제로 Chao(1968)에서는 '大'(크다)와 같은 질량동사(quality verb)의 하위범주를 분류할 때, 의미표지를 사용하기도 하였으나(Chao 1968:665). Chao(1968)의 접근 방법을 비판하는 것이 아니다. 특히, 교수법의 관점에서 이 문제를 접근할 때는 그와 같은 혼합된 프레임은 확실히 장점이 있다.

3. 문법범주의 교수법적 동기

교사가 문법을 가르칠 때, 가장 중요한 목표 중의 하나는 학생들이 목표언어(target language)의 문법에 맞는 문장을 구사할 수 있도록 하는 것이다. 바로 이러한 이유로 인해, 문법범주는 새로운 어휘항목에 명시되었던 것이다. 구체적으로 말하자면, 문법범주들이 중국어의 다양한 통사적 특징과 함께 상세하게 소개되면, 학생들은 언어 사용 시에 다음과 같은 사실들을 숙지할 수 있게 된다.

a. 수사(Numeral)는 분류사(Classifiers)와 양사(Measures) 앞에 온다.
b. 분류사는 명사 앞에 온다.
c. 부사는 동사 혹은 형용사 앞에 온다.
d. 조동사(Auxiliary Verbs)는 동사 앞에 온다.
e. 형용사는 명사 앞에 온다.

f. 접두사(prefix)는 앞, 접미사(suffix)는 뒤

접두사와 접미사는 형태적인 요소이며, 이러한 정보는 필수적인 것은 아니지만, 초급 학습자들에게는 상당히 유용하다. 또한, 학습자들에게 동일한 문법범주로부터 하나 이상의 단어를 선택할 수 없다는 사실을 가르쳐야 한다. 그렇게 함으로써 '*三这本书'와 같은 문장을 생성하지 않고, '这三本书'(이 세권의 책)의 구조로 이해할 수 있게 되는 것이다.

중국어교재에서 사용되는 문법범주의 구체적인 예를 살펴보기에 앞서, 중국 언어학자들과 중국어 교사들의 영향력 있는 연구로부터 참고할 수 있는 프레임을 세우는 것이 중요하다.

4.≪現代漢語八百詞≫(Lu 1981)에서의 품사분류

다음의 문법범주는 呂叔湘(1981)의 저서≪現代汉语八百词≫(현대중국어 800단어)에서 확립되었다. 각각의 문법범주에 확실한 예문들이 제시되지 않았고, 지금까지는 어떤 표준화된 차용도 없었기 때문에 영어 번역도 되어 있지 않다.

a. 명사
b. 방위사 : 上, 下, 之上, 前面, 中间
c. 수사
d. 양사
e. 지시사 : 你, 这, 那, 谁, 什麼, 每, 各, 其他
f. 동사
g. 형용사

h. 부사 : 都, 不, 总, 正, 很, 到处, 难道

i. 전치사

j. 관련사 : 虽然, 但是, 和, 同

k. 조사 : 著, 的, 吗

l. 감탄사 : 啊

여기서 두 가지 유형은 좀 더 명확한 설명이 필요하다. 첫째, 지시대명사는 두 가지의 서로 다른 - 아마 관련이 없는 - 분류를 포함하는 것으로 보인다. '这是谁的?'(이것은 누구의 것입니까?)에서 '这'(이)는 확실히 대명사(pronoun)인 반면, 동일한 '这'(이)가 '这个是谁的'(이것은 누구의 것인가요?)과 같이 말해질 수는 없다. 후자의 '这'는 항상 지시사(demonstrative)로 정의된다. 이것은 '每'(매)와 '各'(각)에도 동일하게 적용된다. 따라서 별도의 분류가 呂叔湘(1981)의 분류체계에 추가되어야 한다.

둘째, 조사(助词)라는 범주는 다음과 같이 3가지의 하위유형을 포함한다(刘月华 등, 1983:4).

a. 구조조사 : 的, 地, 得

b. 시태조사 : 了, 著, 过

c. 어기조사 : 吧, 吗, 的

조사는 보통 'particles' 라고 번역이 되는데, 위에서 본 바와 같이 그와 같은 특징을 갖는 단어들을 포함할 때, 중국어에서 'particles'가 실제로 어느 그룹에 속하는지 이해하기란 쉽지 않다. 다음에서 보게 되겠지만, 'particles' 라는 이 명칭은 중국어 교재에서 상당히 남용되고 있다. 이런 점에서 특히, 언어 교수법 분야에서는 별도의 범주들이 요구된다.

다음 절에서는 미국에서 널리 사용되는 초급중국어 교재 두 권을 검토해 볼 것이다. Wang(1989)의 최근 실시한 교재조사에 따르면,≪实用汉语课本≫(실용중국어 교재)은 미국에서 가장 폭넓게 사용되는 초급교재 중의 하나이다. 그리고≪Speak Mandarin≫은 Wang(1989)이 실시한 조사에서 두드러지지는 않았지만, 일찍이≪Beginning Chinese≫와 경쟁했었던 교재이다. 여기서 채택된 이유는 이 교재의 교수법적 접근이 미국과 해외에서 상당히 영향력이 있기 때문이다. 예를 들어, 대만의 타이페이 국립대만사범대학 중국어교육센터에서 1988년에 출판된≪实用国语会话≫(실용중국어회화)는≪Speak Mandarin≫의 문법범주 그대로 채택하였다.

5. ≪Speak Mandarin≫(1967)

아래에 제시된 예는≪Speak Mandarin≫에서 발췌한 것이다. 일부 적합하지 않은 예도 있지만, 여기에 포함된 예들은 오늘날까지도 중국어 교수법 분야에 그와 같은 실례가 존재한다는 것을 보여준다. 이러한 조사(particles)가 무엇인지를 규명하려는 시도는 이루어져 있지 않다.

a. 부사(Adverb): 再, 又, 多, 多久, 怎么, 这, 够, 那, 就

b. 조동사(Auxiliary Verb): 得, 打算, 收, 肯, 可以, 没用, 学

c. 의존형태소(Bound Form): 房, 到, 去, 在, 给, 久, 来, 男, 女, 文, 铺, 式

d. 부동사(Co-verb): 对, 到, 把, 在, 坐, 骑, 叫, 看

e. 동등동사(Equative Verb): 是

f. 기능동사(Functive Verb): 吃, 写, 坐, 病, 到, 打开, 放下

g. 방위사(Localiser): 上, 下, 前, 後

h. 양사(Measure): 个, 本, 点, 千, 号, 壶, 年

i. 이동성 부사(Movable Adverb): 早上, 当然, 半天, 不一定, 差不多, 可是, 因为,

这麽样, 要不然, 大概

j. 명사(Noun): 自己, 法国, 公路, 打算

k. 수사(Number): 一, 二, 几, 好些

l. 조사(Particle): 吧, 的, 得, 过, 著, 极了, 之, 了, 呢, 哦

m. 대명사(Pronoun): 他, 我

n. 장소사(Place Word): 饭厅, 左, 底下, 北京, 茶馆, 当中, 飞机场, 後头, 南, 哪儿, 这儿, 这边, 家

o. 의문사(Question Word): 什麽, 怎麽样, 什么样

p. 결과어미

q. 결과동사: 放满, 找著, 找来找去, 收起来

r. 결과동사어미

s. 특정지시사: 第, 这, 那, 每, 哪, 头

t. 정태동사: 大, 小, 够

u. 시간사: 明天, 三点, 星期六

v. 동사

w. 동목구조: 放假, 发脾气, 作饭, 吃饭, 请客, 打仗, 搬家, 帮忙, 下雨, 散会, 讲一讲, 送信, 随便, 谈话, 阘上书

위에서 명확하게 알 수 있듯이,≪Speak Mandarin≫에서 제시된 체계는 한 마디로 뒤죽박죽이다(mixed bag). 이것은 아마도 문법범주를 엄격하게 구분하려고 한 것이 아니기 때문일 것이다. 이 글의 분석을 보다 명확하게 하기 위해서, 상술한 항목들을 아래와 같이 3가지로 재분류한다.

1) 형태론(Morphology)

   의존형태소(Bound forms), 방위사(localisers)

2) 통사범주(Syntactic categories)

부사(adverbs),   조동사(auxiliary verbs),

부동사(co-verbs),   관계동사(equative verbs),

기능동사(functive verbs),   양사(measures),

명사(nouns),   수사(number),

조사(particles),   대명사(pronouns),

장소사(place words),   의문사(questions),

특지사(specifiers),   정태동사(stative verbs),

시간사(time words),   동사(verb)

3) 통사기능(Syntactic functions)

이동성 부사(movable adverbs),   결과어미(resultative endings),

결과동사(resultative verbs),   결과동사어미(resultative verb endings),

동목구조(verb object)

'의존형태소'(bound form)라는 명칭은 단어형성적 속성이지만, 중국어교육에서는 한자의 서사 단위(written unit)와 관련이 있기 때문에, '의존형태소'는 중국어와 같은 언어를 가르치는 데 있어서는 상당히 실용적이면서도 중요한 개념이다. 예를 들어, '饭桌'(밥상)이 있을 때, 습관적으로 '桌'(탁자)을 분리해서 나열하지만, 학생들에게 '桌'(탁자) 자체는 자유형태소가 아니기 때문에 반드시 书桌(책상), 桌子(탁자), 桌椅(탁자와 의자), 桌面(탁자의 윗면) 등과 같이 다른 글자와 함께 사용되어야만 한다는 것을 가르쳐야 한다. 그러나 이러한 특성은 일반적인 문법범주와 동등한 수준으로 구체화되어서는 안 되고, 후자(의존형태소)의 상단에 표시되어야 한다. 같은 예를 들자면, 桌(탁자)은 의존형태소가 아닌 명사의 범주에 들어가야 한다.

이 외에도, '형용사'라는 범주를 없애고, 그것을 일반적인 동사범주로 포함시키는 것은 중국어에 있어서 바람직하지만, Chao(1968)와 같이, 소수의 동사들을 위한 별도의 'equative verbs' 범주설정은 그렇지 못하다. 언어학의 관점에서 볼 때, '기능'(functive)과 '정태'(stative) 동사의 차이는 아주 중요하지만, 이 개념은 ≪Speak Mandarin≫에서 잘못 적용되었는데, 거기서 '기능'(functive)이 가리키는 것은 전통적인 개념의 형용사를 포함하는 일반동사이다. 그것은 다시 통사적 특징에 따라 행위(Action), 상태(State) 그리고 변화(Process) 동사로 정의된다. 따라서 문법범주의 하위범주들은 어떤 경우에는 언어교재에도 제시되어야 한다.

또한, 전통적인 형용사를 포함하는 상태동사들은 '술어적'(predicative) 성격을 갖는다는 것을 표기해야 한다. 예를 들면, 够(충분하다), 少(적다), 多(많다) 등의 단어들은 일반적으로 명사를 수식하는 특징(attributive property)이 없으며, 부정문에서는 특히 그렇다는 사실을 학생들에게 가르쳐야 한다. 아래의 각각의 문장을 비교해보자.

a. 我带的钱不够　　vs.　*我没带够的钱
　　我 带　　 的　　　 钱 不　　　 够
　　나 가지다 관형어표지　 돈 부정표지 충분하다
　　내가 가진 돈은 충분하지 않다.

　　*我 没　　 带　　 够　　　 的　　　 钱
　　 나 부정표지 가지다 충분하다 관형어표지　 돈

b. 他认识的字不多　 vs.　*他不认识多字
　　他 认识 的　　 字 不　　 多
　　그 알다 관형어표지 글자 부정표지 많다.
　　그가 아는 글자는 많지 않다.

　　*他 不　　　 认识 多　 字

'이동성 부사'는 중국어 교수법에서 오늘날까지도 널리 수용되고 활용된 품사이다. 이 범주 역시 다양한 종류의 항목이 혼합된 것으로서, 사실상 그 대부분은 접속사와 시간사이다. '이동성 부사'는 문장 주어의 앞이나 뒤에 출현할 수 있다는 사실에 대해서만 유동적이다. 대부분의 시간사는 이러한 방식으로 행동하는데, 이것은 '이동성 부사'의 통사적 특징의 일부로 정의될 수 있다. 다음은 접속사인데, 중국어에서는 문장의 다양한 위치에 출현하는 것으로 정의된다. 마지막 그룹은 부사로 구성되는데, 그 부사의 지시범위가 문장 전체까지 미친다. 예를 들면, 当然(당연히), 大概(아마/대개)와 恐怕(대체로/대략) 등이 이에 속한다. 영어에서는 그와 같은 부사들이 문장에서 다양한 위치에 오는 것은 흔히 있는 일이다. 중국어에서도 마찬가지이다. 수식범위가 좁은 부사, 예를 들면, 동사구(他'只'看了一眼(그는 단지 한번 쳐다보았다))나 명사구(学生'都'走了(학생은 다 갔다))들은 동사 앞에 출현해야 한다. 이러한 것들은 중국어에서는 실제 그렇게 사용되고 있다. 이와 같은 '통사적'인 현상은 현행 문법 내에서 다루어져야 하며, 문법범주의 체계 내에서 규명되어서는 안 된다.

그러므로 이동성 부사라는 이 범주를 없애고 거기에 속한 단어들을 시간사, 접속사 혹은 부사에 재분류할 수 있다. 접속사는 ≪Speak Mandarin≫에 포함되지 않았지만, 추가되어야 한다. 부사는 문장부사(sentential adverbs)와 일반부사(regular adverbs)로 하위분류되어야 한다. 앞에서 주장한 바와 같이, 하위범주들은 학생들에게 필수적이고 절대적으로 도움이 된다.

결과구조는 통사적 특징이며, ≪Speak Mandarin≫에 포함된 모든 결과성분들은 기능동사 나 정태동사와 같은 다른 범주 하에서 재분류될 수 있다. 만일 어떤 동사들이 결과구조에 출현할 수 있다는 사실을 규명할 필요가 있다면, 이 부차적인 특징에 대해서도 표시할 수 있다. 예를 들면, 동사 '清楚 (이해하다/알다)는 1차적 특징은 '상태/정태'(state/stative)이고, 부차적 속성 혹은 잠재적 속성이 '결과'이다. 그러나 엄격한 교수법의 관점 및 경험으로 볼 때, 이러한 종류의 표기는 거의 필요하지 않다. Chao(1968)가 제안한 것처럼, 말이 되기만 한다면 어떠한 결과적 조합도 가능하다. 사실상, 중국어 화자들은 예외적인 조합들을 만들어낸다. 그러므로 이론적으로 이러한 효과에 대해서 단정할 수는 없다.

마지막으로 중국어에서 가장 이해하기 어렵고 잘못 이해하고 있는 것이 바로 동목구조(Verb-Object)이다. 그러나 ≪Speak Mandarin≫에서 몇 가지 예만 제거하면, 이 글의 주장을 보다 확실히 입증할 수 있다. 확실히 讲一讲 (이야기하다)과 闔上书(책을 덮다)와 같은 예는 포함시키지 말아야 한다. 여기서의 문제는 帮忙(도움을 주다/원조하다/거들어 주다)과 帮助(돕다/원조하다/보좌하다)와 같은 단어의 차이에 의해 가장 잘 설명되는데, 이 두 단어는 대략적인 의미가 'to help'이다. 반면, 후자 '帮助'는 항상 하나의 단위로 기능하지만, 전자는 '帮忙'은 어떤 문맥에서는 '帮我忙(나를 돕다), '帮了一个大忙(큰 도움을 주다), '帮一次忙(한번 도움을 주다) 등과 같이 분리될 수 있다. 즉, '*帮他助'라고는 하지 않는다. '동목'구조에 관한 오해는 그 구조들이 위의 '帮忙'을 설명할 때, '忙'이 '목적어'처럼 기능한다는 것을 함의하지 않는다는 점이다. 오히려 목적어가 있거나 혹은 활동에 대한 어떤 수식이 명시된다면, 그것은 두 개의 형태소 사이에 '삽입'된다는 것이다. 따라서 중국어 구조를 가르치는 데 있어, '帮忙'은 '삽입'과 '분리'가 가능'한 부가적인 특징을 갖는 동사로 정의될 수 있다. 이 정의는 放假(방학하다), 随便(마음대로 하다), 下雨(비 내리다), 搬家(이사하다)와 结婚(결혼하다) 등에도 동일하게 적용된다. 이외에도, 진짜 목적어가 있을 때, 그것들은 삽입 가능하진 않지만, 두 번째 요소가 관련되는 한 삭제가능하다. 예를 들면, '教

汉语'(중국어를 가르치다), '写封信'(편지를 쓰다)이 아니라, '教过书'(가르쳐본 적이 있다), '写完字'(글자를 썼다)라는 것이다. 따라서 그와 같은 단어의 두 번째 그룹에 있어서는 '동목'이라는 용어는 더 적용가능하다. 그러나 '教书'(가르치다), '唱歌'(노래하다), '写字'(쓰다), '吃饭'(밥 먹다) 등이 형태적으로 동사-목적어로 분리되는 동사라고 말하는 것보다는 '教'(가르치다) 등은 항상 목적어를 요구하는 진정한 타동사라고 배우는 것이 훨씬 나을 것이다. 만일 동사 뒤에 목적어가 없다면, '书'와 같은 형식적인 목적어를 필요로 한다. 마지막 분석에서 '동목'이라는 이 표지는 되도록 중국어 교과서 품사범주 항목에서 피해야 한다.

이 절에서는 ≪Speak Mandarin≫에서 제시된 체계를 자세히 살펴보고, 많은 범주들을 제거했다. 그러나 논의를 통해서 최소한 교수법의 차원에서는 형태론이나 통사론과 같은 다양한 층위로부터 오는 혼합된 용어들은 언어학습에는 도움이 된다는 것을 보여 주었다. ≪Speak Mandarin≫은 너무 많은 개념들을 체계 안에 포함시키고자 했는데, 다음에서 보게 될 ≪实用汉语课本≫(실용중국어 교재)은 이와 상반된다.

6. ≪實用漢語課本≫(1985)

다음은 ≪实用汉语课本≫(실용중국어 교재)에서 제시된 완전한 문법범주표이다. 예들은 이 책으로부터 직접 채택한 것이다.

    a. 助 : 吗, 的, 得, 吧, 了, 著 [동태, 구조, 어기]
    b. 代 : 哪, 他, 谁, 什麼, 多少, 怎麼样, 每
    c. 副 : 很, 也, 不都, 常, 没, 正在, 总是, 多, 更, 别, 一起
    d. 形 : 忙, 客气, 有名

e. 名：哥, 外语, 现代, 外边, 上边, 对面, 女

f. 动：是, 看, 请, 姓, 叫, 知道, 让

g. 专名：中国, 帕兰卡

h. 介：在, 离, 给, 对

I. 数：四, 半

j. 量：个, 些, 套, 把, 点, 分, 岁

k. 能动：肯, 会, 能, 应该, 可以

l. 连：和, 或, 可是, 还是

m. 叹：啊, 喂

n. 象声：哗

o. 头：老（师）, 初（一）

p. 尾：（石）头, （前）边

　　≪Speak Mandarin≫의 체계와 비교해보면, ≪实用汉语课本≫(실용중
국어 교재)의 체계는 훨씬 더 기본에 충실하다. 일부 항목들을 제외하고는
범주들은 통사-지향적이며, 또한 대부분이 吕叔湘(1981)이 제안한 체계와
일치한다. 吕叔湘(1981)의 체계에서 빠진 유일한 범주는 방위사(locatives)
로서, 그것은 명사범주로 통합되었다. 원칙적으로, 이와 같은 수정은 올바른
것처럼 보인다. 결국, 모든 방위사와 시간사는 그 의미와 통사적 특징으로
볼 때 명사이다. 그러나 ≪实用汉语课本≫(실용중국어 교재)에서는 의존
(bound) 명사들은 그와 같이 표기되지 않았다. '哥', '女'와 비교해보라.

　　吕叔湘(1981)의 체계와 비교해 볼 때, ≪实用汉语课本≫(실용중국어 교
재)에 추가된 범주는 고유명사(Proper nouns), 양상동사(modal verbs), 접두
사(prefix) 그리고 접미사(suffix) 등이다. 영어에서 대문자를 써서 적절하게
해석되는 한, 어떤 항목을 고유명사로 표기하는 것이 어학 교재에서 어떤
교수법상의 목적을 제공할 수 있을 지는 의심스럽다. 접두사와 접미사는 물

론 조어법상의 속성이긴 하지만, 학생들에게 매우 유용한 용어이다. 그러나 이와 동시에 접두사와 접미사는 앞에서 언급했던 바와 같이 '의존적'이라는 이 개념을 통해서만 적절하게 명시될 수 있을 것이다. 바꿔 말하자면, 중국어에 '접두사'라는 이 개념이 있다 하더라도, 그것은 좌측의 의존형태소([B-]로 표시가능)로 표시되고, 접미사는 우측의 의존형태소([--B]라고 표시가능)라고 표시될 수 있다는 것이다. ≪实用汉语课本≫(실용중국어 교재)에 제시된 접두사들은 다른 형용사와 함께 분류되고, 접미사는 다른 명사들과 함께 분류될 수 있다.

'양상'(modal)이라는 용어는 '会', '能', '可以' 등과 같은 동사들의 의미상의 자질을 가리킨다. 이 표지는 교수법의 관점에서 볼 때는 ≪Speak Mandarin≫에서 사용되는 조동사(auxiliary)만큼 효과적이지는 않다.

조사(particles)는 吕叔湘(1981)에서 제시된 체계와 관련해서 위에서 간략하게 언급한 바 있다. 그것을 특징에 따라 아래와 같이 세 가지로 분류하는 것이 학생들이 쉽게 이해할 수 있을 것이다. 다음은 몇 가지 실례에 불과하며, 전체를 의미하지는 않는다.

    a. 수식표지(Modification Markers)
        소유격(Possessive) '的',
        형용사(Adjectival) '的',
        부사'(Adverbial) '地,
        보어(Complement) '得'

    b. 상표지(Aspect Markers)
        완성상(Perfective) '了',
        진행상(Progressive) '著',
        경험상(Experiential) '过'

c. 문말조사(Sentence Particles)

　　의문사(Question) '吗, 吧, 啊, 呢',

　　진행어기(Progressive) '呢',

　　단언(Assertive) '的, 嘛'

7. 결론

이 글에서는 일부 제2언어로서의 중국어 교재에서 사용되는 주된 문법범주에 대해 비판적으로 검토하고, 그 과정에서 이러한 문제에 대한 대안적인 접근을 제안하였다. 이 글에서 제안한 체계는 다양한 언어분석층위로부터 온 혼합된 문법범주이다. 또한 통사적 특징이 아주 중요한 하위범주들을 명시하는 것을 지지하고 있다. 이 글에서 제안한 체계가 주로 영어 중심으로 이루어지긴 했지만, 이러한 영어중심적인 분석은 확실히 성인 학습자들의 언어교육에서 필요한 것이다. 제2언어 습득 및 교수법 분야에서 대조분석 (contrastive analysis)은 이미 확고하게 입증되었다.

참고문헌

Chao, Yuen Ren. 1968. *A grammar of spoken Chinese*. Berkeley: University of California Press.

Fenn et al. 1967. *Speak Mandarin*. New Haven: Yale University Press

Thompson, Sandra & Charles Li. 1981. *Mandarin ChineseA functional reference grammar*. Berkeley & LA: University of California Press.

Teng, Shou-hsin. 1974. Verb classification and its pedagogical extensions. *Journal of Chinese Language Teachers Association*, 9(2).

Wang, George C.Y.   1989.   Research on Teaching Chinese in 45
    Universities: Analysis of Survey Results.   *Journal of the Chinese*
    Language Teachers Association, 24.3.101-113

吕叔湘. 1981. ≪现代汉语八百词≫. 北京: 商务印书馆.

朱德熙. 1982. ≪语法讲义≫. 北京: 商务印书馆.

刘月华等.1983. ≪实用现代汉语语法≫. 북경: 外语教学与研究出版社

≪实用汉语课本≫. 1985. 北京: 商务印书馆.

≪实用国语会话≫. 1988. 台湾师大国语中心.

제19장 중국어 이중 술어구조*

The structures of double-predicate constructions

1. 이 글의 논의 범위

이 글에서 이중술어문이란 문장에 두 개의 VP(동사에는 전통적인 형용사 포함)가 있는 문형구조를 가리킨다. 엄격하게 말하자면, 이중술어문은 연동 구문(혹은 다술어문)의 한 종류지만, 이중술어문의 문법적 특징 중 하나는 동작을 나타내는 VP와 상태를 나타내는 VP의 결합이라는 데 있다. 예를 들면 다음 예문 (1)과 같다.

(1) a.　他做事很负责。

　　　　他　做　事　很　负　　　责
　　　　그　하다　일　아주　부담하다　책임
　　　　그는 일 하는 데 아주 책임감이 강하다.

　　b.　他待人很热情。

---

*이 글은 '*The 3rd International Symposium on Teaching Chinese as a Second Language*, 326-332. 1991. Beijing: Beijing Language Institute Press'에 출간된 것 이다.

他 待　人 很 热情
그 대하다 사람 아주 열정적이다
그는 사람을 대하는 게 아주 열정적이다.

c. 他说话很有分寸。

他 说　话 很 有 分寸
그 말하다 대화 아주 있다 분별
그는 말하는 게 아주 분별이 있다.

'동작-VP'와 '상태-VP'의 결합은 결과구문, 부사어구문 및 주어문 등과 같은 다른 문형에서도 관찰된다. 다음 예문 (2)를 보자.

(2) a. 他跑累了。

他 跑 累　了
그 뛰다 지치다　어기표지
그는 뛰다 지쳤다.

b. 他跑得很快。

他 跑 得　很 快
그 뛰다 보어표지 아주 빠르다
그는 달리는 게 아주 빠르다/그는 아주 빨리 달린다.

c. 他跑四百米比较合适。

他 跑　四百 米 比较　合适
그 뛰다 400 미터 비교적　적합하다
그가 400m 뛰는 것이 적합한 편이다.

이 글의 목적은 예문 (1)이 어떤 문형이고, 어떤 구조를 가졌으며, 부사구문의 한 종류로 볼 수 있는지를 검토해보는 데 있다. 구체적으로 다음과 같은 의문을 제시하는 데 있다. 이중술어문의 두 개의 술어 중, 1차술어와 2차술어는 각각 무엇인가? 이 두 개의 술어가 병렬되어 함께 1차술어가 될 수 있는가? 이 글에서 말하는 이중술어문이 부사구문으로부터 온 형태로 볼 수 있는가? 이 글은 부사구문의 부사어표지는 어떤 문법 환경에서는 생략가능하다는 것을 안다. 다음 예문 (3a)을 보자.

(3) a. 他说外语说得很流利。

   他 说　外语　说　得　　很　流利
   그 말하다 외국어 말하다 보어표지 아주 유창하다
   그는 외국어를 말하는 게 아주 유창하다

   b. 他说外语很流利。

   他 说　外语　很　流利
   그 말하다 외국어 아주 유창하다
   그는 아주 유창하게 외국어를 말한다.

그러나 예문 (3b)은 문법구조상 예문 (1)의 문장과 완전히 일치한다. 그러므로 이 글에서는 이중술어문과 부사구문의 같은 점과 다른 점을 심도 있게 살펴보고, 그 차이를 논의할 것이다.

마지막으로, 이중술어문과 예문 (4)의 구문과의 유사점을 검토하고, 이중술어문의 선행술어가 후행술어를 수식하는 순수한 부사어로 분석하는데, 예문 (4)의 구조와 완전히 일치한다.

(4) a. 他看起来很年轻。

他 看　起来　很　年轻

그 보다 동조사 아주 젊다

그는 보기에 아주 젊다.

b.　那件事说起来真荒唐。

那件　事　说　起来　真　荒唐

그 양사 일　말하다 동조사 아주 황당하다

그 일은 말하자면 아주 황당하다.

2. 이중술어문의 하위분류

이중술어문은 의미적인 관점에서 각각 아래의 유형으로 재분류할 수 있다.

(5) a.　他讲话很啰唆。

他 讲　话　很　啰唆

그 말하다 대화 아주 말이 많다

그는 이야기할 때 말이 아주 많다.

b.　他办事很麻利。

他 办　事 很　麻利

그 하다　일 아주 민첩하다

그는 일 처리가 아주 민첩하다.

c.　他发音很清晰。

他　发音 很　清晰

그 발음 아주 정확하다

그는 발음이 아주 정확하다.

(6) a. 他做事很负责。

他 做 事 很 负 责

그 하다 일 아주 부담하다 책임

그는 일 하는 게 아주 책임감이 있다.

b. 他说话很诚恳。

他 说 话 很 诚恳

그 말하다 대화 아주 진실하다

그는 말하는 게 아주 진실하다.

c. 他教书很认真。

他 教 书 很 认真

그 가르치다 책 아주 진지하다

그는 가르치는 게 아주 진지하다.

(7) a. 他炒菜有两下子。

他 炒 菜 有 两下子

그 볶다 야채 있다 재주

그는 야채를 볶는데, 실력이 보통이 아니다.

b. 他出手很大方。

他 出手 很 大方

그 돈을 쓰다 매우 대범하다

그는 돈 씀씀이가 인색하지 않다.

c. 他是穿衣服很讲究。

他 是 　　　穿 衣服 很 　讲究

그 강조표지 입다 옷 　아주 신경 쓰다

그는 옷 입는데 아주 신경을 쓴다.

　첫 번째 유형 예문 (5)에서, 선행술어와 후행술어의 관계는 확실히 잉여적 (redundant)인데, 즉 양자가 같은 의미라는 것이다. 예를 들면, 예문 (5)에서 '啰唆'(말이 많다)의 상태는 분명히 '讲话'(대화하다/이야기하다)라는 동작 안에 존재할 것이다. 예문 (5c)에서, '清晰'(정확하다)는 반드시 '发音'(발음) 이라는 전제가 필요하다. 또한 예문 (6)에서는 이러한 잉여적인 관계의 요소 가 상당히 줄어든다. '负责'(책임을 지다)은 '做事'(일을 하다)의 관련된 상 태일 수 있고, '说话'(대화를 하다) 혹은 기타 다른 동작의 관련 상태일 수도 있으며, '认真'(진지하다)는 반드시 '教书'(가르치다)와 관련되는 것은 아니 다. 그러나 이러한 상태의 관련 동작은 역시 한계가 있다. '认真'(진지하다) 과 관련된 동작은 '教书'(가르치다), '做事'(일하다), '工作'(일하다), '学 习'(배우다) 등을 벗어나지 않는다. 그리고 '诚恳'(진실하다)과 관련된 것은 더 적은데, '说话'(대화를 하다), '做人'(처신하다), '待朋友'(친구를 대하다) 등에 불과하다. 예문 (7)에서 잉여적 관계는 상당히 약하거나 혹은 아예 존재 하지 않는다. 아마도 '有两下子'(보통 아닌 실력/재주가 있다)와 관련된 동 작은 손에 꼽을 수 있지만, 사람은 아주 많은 부분에서 '讲究'(신경 쓰다) 할 수 있다.

　이상의 분류는 순수하게 의미적인 것으로, 문법상에서는 구분해낼 수 없 다. 아래에서 이중술어문의 문법구조에 대해 분석해 볼 것이다.

3. 주요 술어

전통적으로 다중동사구조의 선행동사를 주요술어로, 후행동사를 부차술어 (혹은 보어라고도 칭함)로 분석해 왔는데, 예를 들면, '看见'(보다/보이다), '洗乾净'(깨끗이 씻다), '弄清楚'(정확히 해명하다) 등이 있다. 그러나 戴&杨(1974)은 후행동사가 주요술이 (혹은 술어의 중심)라는 주장을 제기하였다. 이 글에서는 戴&杨(1974)의 분석을 받아들여, 그들이 제안한 구조가 기본적으로 중국어 및 다른 언어의 정보구조에 부합하며, 주요 정보성분은 문말에 위치한다고 주장할 것이다.

다중술어문의 구조는 복잡하다. 일반적으로 두 개의 술어를 갖는 문장을 보면, 두 개의 술어 사이의 관계는 병렬조합일 수도 있고(8a), 시간적 배열조합일 수도 있다(8b).

(8) a.　他们整晚唱歌跳舞。

　　　他 们　整晚　　唱　　歌　　跳　舞

　　　그 -들　저녁 내내　부르다　노래　추다　춤

　　　그들은 저녁 내내 노래하고 춤을 추었다.

　　b.　他进入台大攻读法律。

　　　他　进入　　　台大　　　攻读　　法律

　　　그　들어가다　대만대학교　공부하다　법률

　　　그는 대만대학교에 들어가서 법학을 공부한다.

병렬조합은 선후순서가 확정된 게 아니며 의미를 변화시키지도 않지만, 시간적 배열조합은 어순이 문장의 의미에 영향을 준다. 그러므로 예문 (8)에서는 주요술어 혹은 부차술어라는 게 의미가 없으며, 둘 다가 주요술어가

된다. 문법상으로 볼 때, 양자는 모두 양상, 부정을 취하며, 부사의 수식을
받는다.

(9) a.　他们昨晚唱了歌跳了舞。

　　　他们　　昨晚　　　唱　　了　　　歌　　跳　了　　　舞
　　　그 -들　어제 저녁　부르다　완료표지　노래　추다　완료표지　춤
　　　그들은 어제 저녁에 노래를 부르고 춤을 추었다.

　　 b.　他们昨晚没唱歌没跳舞。

　　　他们　昨晚　　　没　　　唱　　歌　没　　　跳　舞
　　　그 -들　어제 저녁　부정표지　부르다　노래　부정표지　추다　춤
　　　그들은 어제 저녁에 노래도 부르지 않고 춤도 추지 않았다.

　　 c.　他们昨晚又唱歌又跳舞。

　　　他们　　昨晚　　　又　唱　　　歌　又　跳　舞
　　　그 -들　어제 저녁　　또　부르다　노래　또　추다　춤
　　　그들은 어제 저녁에 노래 부르고 춤도 추었다.

　　예문 (9)의 문법현상은 일반적으로 전통적인 그리고 현대의 중국어 언어
학 이론상에서 한 문장의 주요 위치를 결정하는 기준으로 사용되어 왔다.
그러나 이 기준은 Huang(1988)의 논문에서 비판을 받았다. 다음 절에서는
이중술어문에서 하나의 문형, 즉 이른바 부사구문의 구조에 대해서 살펴볼
것이다.

4. 부사구문의 구조

Huang(1988)에서 이른바 부사구문은 예문 (10)과 같은 문장을 가리킨다.

(10) a. 他跑得很快。

　　　他　跑　　得　　　很　快

　　　그 달리다 보어표지 아주 빠르다

　　　그는 달리는 게 아주 빠르다/그는 아주 빨리 달린다.

　　 b. 他走路走得很慢。

　　　他　走　路　走　得　　　很　慢

　　　그 걷다 길 걷다 보어표지 아주 느리다

　　　그는 길을 걷는 게 아주 느리다/그는 아주 늦게 길을 걷는다.

　　 c. 他走得很累。

　　　他　走　　得　　　很　累

　　　그 걷다 보어표지 아주 피곤하다

　　　그는 걸어서 아주 피곤하다/그는 아주 피곤하게 걸었다.

　　 d. 他洗衣服洗得很乾净。

　　　他　洗　衣服　洗　得　　　很　乾净

　　　그 씻다 옷　씻다 보어표지 아주 깨끗하다

　　　그는 옷을 빨았는데 아주 깨끗하다/그는 아주 깨끗하게 옷을 빨았다.

　　예문 (10)에서 (10a)와 (10b)는 '정도'를 나타내는 부사어이고, (10c)와 (10d)는 '결과'를 나타내는 부사어라고 부른다. Chao(1968)는 위에서 논의한 바 있는 문법현상으로 부사구문의 후행술어를 주요술어로 확정하였다. 왜냐하면, 후행위치만이 각종 문법적인 수식을 부가할 수 있기 때문이라는 것이다. 다음 예문 (11)을 보자.

(11) a. * 他不跑得很快。(跑得不快 참조)

　　　　他　不　　跑　得　　很　快

　　　　그　부정표지　달리다　보어표지　아주　빠르다

b. * 他跑了得很快。(跑得快着呢?)

　　　　他　跑　　了　　得　　很　快

　　　　그　달리다　완료표지　보어표지　아주　빠르다

c　*他跑不跑得很快? (跑得快不快)

　　　　他　跑　　不　　跑　得　　很　快

　　　　그　달리다　부정표지　달리다　보어표지　아주　빠르다

Huang(1988)이 이에 대해 이의를 제기했지만, 예문 (9)과 (11)의 문법현상을 동시에 고려하기 위해서 이 글은 전통적인 방법에 따라, 부사구문의 후행술어를 주요술어로 간주한다. 이러한 방법은 戴&杨의 후행술어 중심의 방법 및 보편적인 정보구조에도 부합된다.

부사구문의 또 다른 구조적 문제는 부사어표지 '得'에 관한 분석이다. 최소한 어떤 상황 하에서, '得'은 출현하지 않을 수 있다(꼭 생략이라고는 할 수 없음). 다음 예문 (12)을 보자.

(12) a. 他说日语(说得)很流利。

　　　　他　说　　日语　(说　得)　　很　流利

　　　　그　말하다　일본어　(말하다　보어표지)　매우　유창하다

　　　　그는 일본어를 말하는데 매우 유창하다/일본어를 아주 유창하게 말한다.

b. 他做事(做得)很轻快。

他 做 事 (做 得) 很 轻快

그 하다 일 (하다 보어표지) 아주 민첩하다

그는 일 하는 게 아주 민첩하다/그는 아주 민첩하게 일을 한다.

c. 他说话(说得)很大声。

他 说 话 (说 得) 很 大声

그 말하다 대화 (말하다 보어표지) 아주 큰 목소리

그는 말을 하는 게 아주 목소리가 크다/그는 아주 큰 목소리로 말을 한다.

이러한 상황은 정도구문에서 자주 보이며, 또한 후행술어는 보통 다음절이다. 결과부사구문은 이러한 변환을 잘 허용하지 않는 편이다. 다음 예문 (13)을 보자.

(13) a. *?他回答问题很正确。

他 回答 问题 很 正确

그 대답하다 문제 매우 정확하다

b. ??他洗衣服很乾净。

他洗 衣服 很 乾净

그 셌다 옷 매우 깨끗하다

c. *他包饺子很累。

他 包 饺子 很 累

그 빚다 만두 매우 피곤하다

부사어표지 '得'가 부사구문에 출현한 후에 생략되는 것인가, 아니면 원래부터 존재하지 않다가 후에 나타난 것인가 하는 이 문제는 결론을 내리기가 쉽지 않다. 그러나 결과부사구문은 '得'의 출현을 필요로 하는 것으로 볼 때, 이 표지는 원래부터 있었던 것으로 보인다. 이제 부사구문은 아래와 같은 구조를 갖는다고 가정할 수 있다(예문 (12a)을 예로 듦).

(14)　他说日语说得很流利。

　　　他　说　　日语　(说　　得)　　很　流利
　　　그　말하다　일본어　(말하다　보어표지)　매우　유창하다
　　　그는 일본어를 말하는데 매우 유창하다/일본어를 아주 유창하게 말한다.

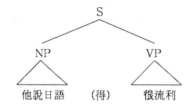

　　Chao(1968)는 내포문을 관계절로 분석하긴 했지만, 예문 (14)의 구조는 기본적으로 Chao(1968)의 분석에 부합된다. 예를 들면, '他跑得快(그는 빨리 달린다)=他跑的速度快(그는 달리는 속도가 빠르다)'와 같다.
　　정도부사 구문에 '得'가 출현하지 않을 경우, 그 문형은 이중술어문과 완전히 일치한다. 다음 절에서 이중술어문이 부사구문의 한 종류인지 아닌지를 살펴볼 것이다.

5. 이중술어문과 부사구문의 관계

　　이 글은 예문 (5), (6), (7)과 같은 이중술어문은 부사구문과 동일한 구조가 아니라고 본다. 이것은 의미와 통사라는 두 가지 관점에서 논의될 수 있다. 통사적으로, 이중술어문은 '得'(보어표지)의 출현이 극히 드물다. 예문 (15)가 비문법적이라는데 많은 사람들이 동의할 것이다.

(15) a. *他讲话讲得很啰唆。

他　讲　　话讲　　得　　　很　啰唆
그　말하다　대화　말하다　보어표지　아주　말이 많다

b. *他做事做得很负责。

他　做　事　做　得　　　很　负　　责
그　하다　일　하다　보어표지　아주　부담하다　책임

c. *他出手出得很大方。

他　出手　　　出　得　　　很　大方
그　돈을 쓰다　쓰다　보어표지　매우　대범하다

그러나 예문(16)은 다양한 반응이 있을 수 있다.

(16) a. ??他发音发得很清晰。

他　发音　发　　得　　　很　清晰
그　발음　발하다　보어표지　아주　정확하다

b. ??他说话说得很诚恳。

他　说　话　说　得　　　很　诚恳
그　말하다　대화　말하다　보어표지　아주　진실하다

c. ??他穿衣服穿得很讲究。

他　穿　衣服 穿　得　　　很　讲究
그　입다　옷　입다　보어표지　아주 신경 쓰다

　이러한 상황은 부사구문과 크게 다르다. 의미적으로 부사구문의 선행술어
와 후행술어 사이의 관계 역시 이중술어문의 관계와 서로 다르다. 일반적으
로 부사구문의 선행과 후행술어에는 '결과'관계가 존재한다. 즉, 실제적인
시간상에서 선후의 구분이 있다는 것이다. 이것은 결과부사구문에서 아주
확실하게 드러난다. 예를 들면, (13a)에서 '正确'(정확하다) 여부는 반드시
'回答'(대답)이후에 발생해야 한다. 그러나 (13a)의 '累'(피곤하다)의 상태는
반드시 '包'(빚다)의 동작 이후에 발생해야 한다.

　정도구문의 관계는 이렇게 명확하지는 않을지라도, 절대적인 시간상의 선
후관계는 확실하다. 예문 (10a)과 (10b)의 후행술어의 상태인 '快(빠르다),
慢(느리다)'는 선행술어 동작의 실행여부에 따라 결정된다. 예문 (12a)의 '流
利'(유창하다)의 여부는 '说日语'(일본어를 말하다)의 동작이 발생하기 전
에는 판단할 수가 없다. 예문 (12c)의 '大声'(큰소리하다) 역시 동작 후의
상태로 판단된다. 상대적으로 이중술어문에서는 이러한 선후관계는 비교적
모호하거나 아예 존재하지 않는다. 예문 (6a)의 '负责'(책임지다)과 '做事'
(일하다)는 선후 결과가 없는 시간관계이다. 만일 이러한 관계를 반드시 가
정해야 한다면, 선후 순서는 이와 반대이다. 즉 '做事'(일하다) 이전에 이미
'负责'(책임지다)라는 전제가 있다는 것이다. 예문 (7c)의 '讲究'(신경 쓰다)
와 '穿衣服'(옷을 입다) 사이의 관계 역시 이와 같다. 즉 '讲究'(신경 쓰다)
는 '穿衣服'(옷을 입다)에 우선한다. 소수의 문장에서, 선후관계는 상태구문
과 같다. 예문 (5c)의 '清晰'(정확하다)는 아마도 결과여야 할 것이다.

　이중술어문의 두 번째 의미적 특징은 후행술어가 지시하는 것은 대부분
주어인 반면, 타동상태구문에서 지시하는 것은 대다수가 목적어라는 데 있

다. 예를 들어, 예문 (5, 6, 7)의 후행술어 '啰唆(말이 많다), 麻利(민첩하다), 负责(책임지다), 诚恳(진실하다), 认真(진지하다), 大方(대범하다), 讲究(신경 쓰다)' 등은 모두 주어를 가리키지만, 예문 (12)과 (13)의 '流利(유창하다), 大声(큰소리하다), 正确(정확하다), 乾净(깨끗하다)' 등은 모두 목적어를 가리킨다. 예문 (13c)의 '累'(피곤하다)만이 주어를 지시한다.

상술한 두 개의 의미적 특징의 차이는 아래와 같이 해석할 수 있다. '결과'는 전통적인 분석에서 '보어'로 정의되는데, 이것은 정확하다. 또한 이 글과 Huang(1988)에서 말하는 부사구문은 사실은 순수한 부사구문이 아니라, 결과보어구문이라는 것을 의미한다. 예문 (14)의 구조는 예문 (15)과 같이 수정해야 한다.

(15)   他说日语说得很流利。

　　　　他　说　　日语　说　　得　　　很　流利

　　　　그 말하다 일본어　말하다 보어표지 매우 유창하다

　　　　그는 일본어를 말하는데 매우 유창하다/일본어를 아주 유창하게 말한다.

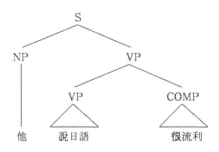

즉, 이러한 문장의 선행술어가 주요술어이고, 후행술어는 보어일 뿐이라는 것이다. 이는 기본적으로 Huang(1988)의 구조에도 부합되며, 또한 다른 상황 하에서 중국어의 부사어가 모두 동사 앞에 출현하는 문법규칙에도 부합된다.

다시 말해서, 이 글에서 이중술어문의 후행술어는 예문 (15)의 후행술어와
도 다르고, 또한 보어일 리도 없다는 것이다. 그렇다면 어떻게 분석해야 할
것인가? 위에서 언급한 바 있는데, 이중술어문의 후행술어가 일반적으로 가
리키는 것은 주어이지 목적어가 아니라는 것이다. 그리고 선행술어는 주어
만을 가리킨다는 것이다. 이것이 바로 일반적인 부사구문의 특징이다. 다음
예문(16)을 보자.

(16) a. 他很幸运地中了特奖。

　　　他 很　幸运地　　中　　　了　　　　特奖
　　　그 아주 운 좋게도 당첨되다 완료표지　특별상
　　　그는 아주 운 좋게도 특별상에 당첨되었다.

　　b. 他很客气地请客人进来。

　　　他 很　客气地　　　请　客人 进　来
　　　그 아주 예의바르게 청하다 손님 들다 오다
　　　그는 아주 예의바르게 손님을 안으로 들어오게 했다.

　　c. 他用力敲了一下门。

　　　他 用力 敲　　　了　　一下　门
　　　그 힘껏 두드리다 완료표지 한번　문
　　　그는 힘껏 문을 한 번 두드렸다.

　　d. 他随便画了一笔。

　　　他 随便　　画　了　　　　一　笔
　　　그 마음대로 그리다 완료표지　하나 획
　　　그는 마음대로 한 획을 그렸다.

이 글은 이중술어문의 선행술어 역시 부사어라고 제안한다. 비록 그것의 성질이 예문 (16)과는 다소 다르긴 하지만, 부사어의 종류와 기능은 원래 다양한 것이다. 예문 (6a)의 구조는 예문 (17)과 같다.

(17) 他做事很负责。
      他 做   事 很   负   责
      그 하다 일 아주 부담하다 책임
      그는 일 하는 데 아주 책임감이 강하다.

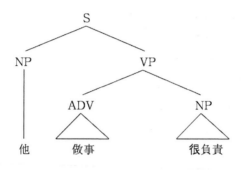

일반적으로, 부사어의 기능은 VP를 수식하는 데 있지만, '수식'의 함의 역시 아주 광범위하고 불명확하다. '수식'의 기능 중 하나가 바로 VP의 범위를 제한하는 것이다. 예를 들어, '他平常不吸烟'(그는 평소에 담배를 피우지 않는다)에서의 '平常'(평소에)는 '不吸烟'(담배를 피우지 않는다)의 시간적 범위를 한정하였다. 예문 (17)의 부사어 '做事'(일하다) 역시 '负责'(책임을 지다)의 범위를 한정하였다. 이러한 부사어의 특징은 그것이 상태동사에서 파생된 부사어(예: '客气地'(예의바르게))가 아닐뿐더러, '平常'(평소에)와 같은 어휘적인 부사어도 아니며, 예문 (16c)의 '用力'(힘껏)과 같이 하나의 VP라는 데 있다. 다음 절에서는 이와 유사하게 VP가 부사어가 되는 문장을 살펴볼 것이다.

6. 동사구 부사어

제1절에서 이중술어문이면서 또 VP가 부사어가 되는 상황을 논의하였다. 위의 예문 (16c)도 이러한 구조이지만, 그것의 선행과 후행술어는 동작을 나타내는 VP이다. 이 글의 중점은 동작을 나타내는 VP가 선행술어가 되고, 상태를 나타내는 VP가 후행술어가 되는 상황이다. 다음 예문(18)을 보자.

(18) a. 他看起来很善良。

他　看　　起来　　很　善良
그　보다　동조사　아주　선량하다
그는 보기에 아주 선량하다.

b. 那件事说起来真有意思。

那　件　事　说　　起来　真　有　意思
그　양사　일　말하다　동조사　정말　있다　의미
그 일은 말하자면 정말 재미있다.

c. 那个声音听起来好像是我的同事。

那个　　声音　听　起来　　好像　　　是　　我的　　　　同事
그　양사　소리　듣다　동조사　마치...같다　...이다　나　관형어표지　동료
그 소리는 듣기에 마치 내 동료 같다.

d. 他玩起来很野。

他　玩　　起来　　很　　野
그　놀다　동조사　아주　거칠다
그는 놀기 시작하면 아주 거칠다.

예문 (18)에 제시된 문장의 구조분석은 현존하는 자료에서는 거의 언급이
되지 않는다. 이러한 문장의 특징은 선행술어에 '起来'를 부가한 것이다. 이
것은 일반적인 기동상(inchoative aspect)으로 분석될 수 있다. 동작동사에 상
(aspect)을 부가한 후에 부사어가 되는 것은 전통적인 분석에서도 성립가능
하다. 예문 (19)의 진행상을 살펴보자.

(19) a. 他站著看电影。

　　　 他　站　著　　　看　电影
　　　 그　서다　진행표지　보다　영화
　　　 그는 서서 영화를 본다.

　　 b. 他躺著看书。

　　　 他　躺　著　　　看　书
　　　 그　눕다　진행표지　보다　책
　　　 그는 누워서 책을 본다.

　　 c. 他打著伞骑自行车。

　　　 他　打　著　　　伞　骑　自行车
　　　 그　쓰다　진행표지　우산　타다　자전거
　　　 그는 우산을 쓰고 자전거를 탄다.

예문 (18)과 (19)의 문장은 모두 예문 (17)의 구조로 분석될 수 있다.
이 글의 이중술어문 역시 동사의 상, 즉 '습관상' 혹은 '일반적인 상'을
포함하는 것으로 볼 수 있는데, 이것은 제로의 조어구조인 것이다. 다음 (20)
의 문장을 살펴보자.

(20) a. 他也喝酒。

他 也 喝 酒

그 ...도 마시다 술

그도 술을 마신다.

b. 学习英语专业。

学习 英语 专业

학습하다 영어 전공

영어전공을 공부하다.

이와 같은 분석은 이중술어문에서 상의 성질과 일치한다. 이중술어문은
의미상에서 모두 '습관상'을 나타낸다. 예문 (5, 6, 7)에서 제시한 문장은 모
두 이와 같이 분석할 수 있다. 일부 이중술어문은 상을 변화시킬 수 있으나,
의미는 대체로 변하지 않는다. 예문 (5, 6, 7)과 예문 (21)를 비교해보자.

(21) a. 他讲起话来很啰唆。

他 讲 起 话 来 很 啰唆

그 말하다 동조사 대화 동조사 아주 말이 많다

그는 이야기 할라치면 말이 아주 많다.

b. 他办起事来很麻利。

他 办 起 事来 很 麻利

그 하다 동조사 일 동조사 아주 민첩하다

그는 일을 하기 시작하면 아주 민첩하다.

c. 他做起事来很负责。

他 做 起 事来 很 负 责

그 하다 동조사 일 동조사 아주 부담하다 책임

그는 일을 하기 시작하면 아주 책임감이 있다.

d. 他教起书来很认真。
   他 教   起 书 来   很 认真
   그 가르치다 동조사 책 동조사 아주 진지하다
   그는 가르칠 때는 아주 진지하다.

e. 他炒起菜来有两下子。
   他 炒 起   菜 来   有 两下子
   그 볶다 동조사 야채 동조사 있다 재주
   그는 야채를 볶을 때는 실력이 보통이 아니다.

이중술어문은 예문 (18)의 문형과 상당히 비슷하다는 것을 알 수 있다. 동일한 구조로 분석되며, 예문 (17)은 이러한 특징을 충분히 표현하고 있다.

7. 결론

이 글은 표층구조로부터 이중술어문의 한 종류를 논의하였으며, 더 나아가 이러한 문형과 부사구문의 관계를 살펴보았다. 이 글은 이 두 문형의 관계와 부사구문 모두를 부정하고, 결과보어구문으로 재분석하였다. 이중술어문의 주요술어는 후행술어이며, 선행술어는 후행술어의 부사어로 확정하였다. 이러한 부사어의 기능은 주요술어의 범위를 한정하는 것이다.

중국어의 이중주어문과 마찬가지로, 이중술어문도 중국어 구조의 특징 중 하나이다. '四字文'에서 특히, 보도문에서는 이러한 구조 역시 자주 사용되는 것을 알 수 있다. 예를 들면 다음과 같다.

待人和气　　　为人诚实

处事谨慎　　　领导有方

学习努力　　　交游广阔

　이 글에서는 이중술어문의 선행술어를 부사어로 분석하였는데, 이것은 중국어 부사어의 범위와 기능을 상당부분 확대시킬 것으로 보인다. 그러나 중국어의 부사어는 지금까지도 제대로 정의되지 못하고 있다. 이것은 더 많은 연구가 요구되는 부분이라 하겠다.

참고문헌

Chao, Yuen Ren. 1968. A Grammar of Spoken Chinese. University of California press.

Huang,C. T. James. 1988. Wo pao de kuai and Chinese phrase structure. Language 64. 2. 274-311.

Teng, Shou-Hsin. 1974. Double Nominatives in Chinese. In *Language* : journal of the Linguistic Society of America, 50, 3:455-473.

戴浩一. 1974. 汉语的谓语中心. 美国南伊大手稿。

제20장 중국어 부사어의 구조*

Adverbial Structures in Chinese

1. 서론

이 글에서는 현대중국어의 '상태부사어'와 '정도부사어'에 대해서 살펴보고, 이 두 가지 부사어가 표면상으로는 동일한 구조로 보이지만, 실제로는 다른 문법범주에 귀속되어야 한다는 결론을 도출할 것이다.

현대중국어의 '보어' 범주에 대한 정의는 아직까지 명확하지 않다. 赵元任(1968)에서와 같이, 주요동사의 뒤에 출현하는 명사성이면서 목적어가 아닌 것은 모두 보어라는 정의는 구조상의 정의일 뿐이며, 의미적으로는 어떠한 내용도 없다. '보어'라는 이 개념이 나온 후 20여 년간, 중국 언어학자들은 여러 관점에서 '보어'를 새롭게 정의하려고 시도해왔다. 즉, 몇 가지의 의미적인 유형을 새롭게 구분했는데, 바로 '보어' 범주를 의미가 있는 범위로 축소한 것이다.

반면, '부사어' 범주에 대해서는 중국어 문법학자들 사이에서도 이와 유사한 의견제시가 아주 드물었으며, 재분류 작업에 있어서도 '수용'적인 태도를

---

* 이 글은 'The 3rd International Symposium on Teaching Chinese as a Second Language, 149-158. 1994. Taipei: World Chinese Language Teaching Association' 에 출간된 것이다.

보여 왔다. 그러나 赵元任(1968)이나 刘月华(1983)의 부사어에 관한 자료를 보면, '부사어'는 '보어'와 같은데, 단지 동사 앞에 출현하는 비-주어 성분만을 가리킨다는 것을 알 수 있다. 이러한 문법성분은 실제로는 다양한 성질과 기능을 가지고 있다.

중국어는 동사중심의 언어이지만(邓 1977 참조), 동사 전후로 두 개의 범주만을 가지고 있는데, 그 범주들은 그 중요함에도 불구하고 지금까지 제대로 정의되지 못하고 있다는 게 아쉽다. 이것은 당시 인구어의 관점으로 중국어 문법에 응용할 때 중국어의 언어사실을 객관적으로 분석하지 못한 이유인지도 모른다. 이 글의 시도가 중국어 문법학계의 '부사어' 범주에 대한 관심을 이끌어낼 수 있기를 바란다.

2. 부사와 부사어

'부사'는 단어의 품사자질로 정의되는 품사의 일종인 반면, '부사어'는 단어나 구가 문장에서 담당하는 역할이라고 정의되는 문법기능을 가리킨다. 이러한 구분은 중국어 문법학에서는 아주 명확하지만, 중국어 교수법 분야에서는 아직 확실하게 인식되고 있지 않다.

'부사'와 '부사어'의 정의가 아주 명확하지만, 이러한 정의를 응용해서 실제로 분류할 때는 문법학자들도 서로 다른 견해와 다양한 처리방법이 있을 수 있다. 심지어는 완벽하지 않은 견해도 있을 수 있다. '부사'와 '부사어'의 정의에 따르면, '부사' 자체는 문장에서 '부사어' 밖에 될 수 없지만, '부사어'는 '부사' 이외의 다른 품사가 담당할 수 있다. 예를 들면, '他今天不舒服'(그는 오늘 몸이 좋지 않다.)라는 문장에서, 今天(오늘)은 명사인 동시에 문장의 VP인 부사어이다. '他很失望地离开了'(그는 매우 실망스럽게 떠났다)에서, 부사어 很失望地(매우 실망스럽게)는 상태동사(형용사) 失望(실망하다)이 확장된 것이다.

위에서 부사는 문장에서 부사어의 기능만을 담당한다고 언급했지만, 일반 문법서에서는 부사류는 많은 다른 기능을 갖는 품사를 포함시켰다. 예를 들어, 刘月华(1983)에서는 一定(반드시/필히)을 부사로 포함시켰지만(p.135), 一定(반드시/필히)온 아래에 나열된 문장에서는·다른 많은 일반부사가 갖지 못하는 기능을 가지고 있다.

(1) a. 紧急的事一定要先办!
　　　紧急　的　　　事　一定　要　　　先　办
　　　급하다 관형어표지 일 반드시 ...해야 한다 먼저 처리하다
　　　급한 일은 반드시 먼저 처리해야 한다!

　　b. 南北韩统一是一定的。
　　　南北韩 统一　是　　　一定　　的
　　　남북한 통일　초점표지　틀림없다 초점표지
　　　남북한 통일은 틀림없다.

　　c. 语言学与语言教学有一定的关联。
　　　语言学　与　　语言教学　有　一定　　的　　　　关联
　　　언어학 ...과 언어교육　있다 틀림없다 관형어표지 관련
　　　언어학과 언어교육은 틀림없는 관련이 있다.

예문 (1a)에서 一定(반드시/필히)은 표준적인 부사어로서, VP '要先办'(먼저 처리해야 한다)을 수식하며 VP의 앞에 출현하였다. 예문 (1b)에서는 '是……的'의 문형에 출현하였고, 예문 (1c)에서는 명사 '关联'(관련)의 수식어(한정어)이다. 전형적인 부사와 이러한 문법적 환경은 일반적으로는 맞

지 않는다. 예문 (2)에서 나타내는 바와 같다.

(2) a.　交待下来的事马上要办!
　　　　交待　　下来　　　　的　　　事 马上 要　　　　　办
　　　　인계하다 동작의 완성　관형어표지 일 바로 ...해야 한다 처리하다
　　　　인계받은 일을 바로 처리해야 한다.

　　 b.　*大学餐厅, 上菜是马上的。
　　　　大学餐厅, 上菜　　　 是　　　 马上 的
　　　　대학 식당　내오다 요리 초점표지　바로　초점표지

　　 c.　*美国跟伊朗再度交战是马上的事。
　　　　美国跟　　伊朗 再度 交战 是　　 马上 的　　　　事
　　　　미국 ...과 이란　재차 교전 ...이다 바로 관형어표지 일

　　이상의 상황은 一定(반드시/필히)이 문장에서 부사어의 역할을 담당할 수
는 있지만, 부사는 아니라는 것을 보여준다. 刘月华(1983)에서도 永远(영원
히), 可能(아마도), 好久(오랜만), 偶然(우연히) 등과 같이 이와 유사한 예가
존재한다. 이들은 품사자질에서는 상태동사(형용사)에 속하며, 문장에서도
부사어의 신분으로 출현할 수 있다.
　　이 절에서의 논의 대상은 부사와 부사어의 정의 자체에 있는 것이 아니라,
정의를 응용하여 분류할 때 생기는 일련의 오류에 대한 것이다. 다음에서
논의할 것은 바로 상태동사로부터 확장된 부사어 '파생부사어'로서, 예를 들
면, 상태동사 '亲切'(친절하다)은 '亲切地'(친절하게)라는 부사어로, '高兴'
(기쁘다)은 '高高兴兴地'(기쁘게)와 같은 부사어로 파생된다.

3. 상태부사어와 정도부사어

제1절에서, 현대중국어에서 부사어가 사실은 많은 다양한 성질의 문법성분을 포함한다고 지적한 바 있다. 세부적인 것은 刘月华(1983:305-308)를 참고할 수 있다.

이 절에서의 논의 초점은 '상태부사어'와 '정도부사어'로서, 예문 (3)과 (4)에서 제시된 바와 같다.

(3) 상태부사어

    a.   他轻轻地敲了一下门。

        他 轻轻 地 敲   了   一下 门

        그 가볍게 두드리다 완료표지 한번 문

        그는 가볍게 문을 한 번 두드렸다.

    b.   他把事情的经过详细地说了一遍。

        他 把   事情 的   经过 详细地 说 了   一 遍

        그 처치표지 일 관형어표지 경과 상세하게 말하다 완료표지 하나 양사

        그는 일의 경과를 상세하게 한 번 얘기했다.

    c.   病人又慢慢地醒过来了。

        病人 又 慢慢地 醒   过来   了

        환자 또 천천히 깨다   오다   완료표지

        환자는 또 천천히 깨어났다.

(4) 정도부사어

    a.   小孩很失望地走开了。

        小孩 很   失望地   走 开   了

아이 아주 실망해서 가다 동조사 완료표지

아이는 아주 실망해서 가버렸다.

b. 他很高兴地把发票拿出来看。

他 很 高兴地 把 发票 拿 出来 看

그 아주 기분 좋게 처치표지 수표 꺼내다 나오다 보다

그는 아주 기분 좋게 수표를 꺼내서 봤다.

c. 老师客客气气地叫学生都坐下。

老师 客客气气地 叫 学生 都 坐 下

선생 조심스럽게 사역표지 학생 모두 앉다 동조사

선생님은 조심스럽게 학생들로 하여금 앉게 했다.

상태부사어는 의미상으로 술어를 수식하며, 동작이나 사건의 상태로 정의된다. 그리고 수식범위는 VP 전체이다. 상대적으로, 정도부사어는 의미상에서 주어가 기술하는 사물의 상태를 나타내며, 수식 범위는 주어이고 문장 전체가 될 때도 있다.

이 두 개의 부사어는 다시 아래와 같이 정의할 수 있다. 상태부사어는 동사 수식어이며, 정도부사어는 명사 수식어이다. 그러나 부사어 자체는 이미 동사적인지 명사적인지 구분이 되기 때문에, 예문 (3)과 (4)의 상황은 그렇게 복잡하지는 않다. 즉, 예문 (3)의 '轻轻地'(가볍게), '详细地'(상세하게)와 '慢慢地'(천천히) 자체는 동사적 성격을 갖는 부사어이며, 예문 (4)의 '失望地'(실망해서), '很高兴地'(아주 기분 좋게), '客客气气地'(조심스럽게) 등은 명사적 성격을 갖는 부사어이다. 이러한 부사어를 상태부사어 혹은 정도부사어로 재분류하는 것은 불필요하다.

(5) a. 她多情地看了他一眼。

　　她　　多情地　看　了　　他 一　　眼

　　그녀 다정하게 보다 완료표지 그 하나 양사

　　그녀는 다정하게 그를 한 번 쳐다보았다.

b. 他总是很认真地写报告。

　　他 总是 很　认真地 写　报告

　　그 항상 매우 진지하게 쓰다 보고서

　　그는 항상 매우 진지하게 보고서를 쓴다.

c. 她很小心地把鱼刺挑出来。

　　她　　很　　小心地　把　　鱼刺　　挑　　出来

　　그녀 매우 조심스럽게 처치표지 생선가시 빼내다 나오다

　　그녀는 매우 조심스럽게 생선의 가시를 발라냈다.

　‘多情地’(다정하게), ‘很认真地’(매우 진진하게)와 ‘很小心地’(매우 조심스럽게)가 동사적인지, 명사적인지를 판단하기는 쉽지 않다.

　이러한 상황 하에서의 분석법이 두 가지가 있다. 부사어는 ‘상태’와 ‘정도’라는 두 가지 부류로 하위분류할 필요도 없고 할 수도 없는 것으로 결론을 내리거나, 부사어가 확실히 ‘상태’와 ‘정도’ 두 부류가 있는데, 소수의 부사어는 이 둘의 특징을 겸한다고 결론을 내릴 수도 있을 것이다. 다음 절에서는 구조상의 논점을 제안함으로써 후자의 분석법을 입증할 것이다.

4. 상태부사어와 결과보어

　刘月华(1983:308-309)에서는 상태부사어와 정도부사어의 구조상에서의 차이 3가지를 제안하였다. 첫 번째는 상태부사(어)구문 중에는 결과보어구문으로 변환될 수 있는 것이 있다는 것이다. 예문 (6)과 (7)를 보자.

(6) a. 我把经过详细地说了一遍。

　　　 我 把　　　 经过 详细地 说　 了　　　 一　　 遍
　　　 나 처치표지 경과 상세하게 말하다 완료표지 하나 양사
　　　 나는 경과를 상세하게 말했다.

　　 b. 我把经过说得很详细。

　　　 我 把　　　 经过 说　 得　　　 很　 详细
　　　 나 처치표지 경과 말하다 보어표지 아주 상세하다
　　　 나는 경과를 말한 것이 아주 상세했다/나는 아주 상세하게 경과를 말하였다.

(7) a. 王老师慢慢地走了过来。

　　　 王 老师 慢慢地 走 了　　　 过来
　　　 왕 선생 천천히 걷다 완료표지 오다
　　　 왕선생님은 천천히 걸어왔다.

　　 b. 王老师走得慢慢地。

　　　 王 老师 走　 得　　　 慢慢地
　　　 왕 선생 걷다 보어표지 느리게
　　　 왕선생님은 걷는 게 아주 느리다/왕선생님은 천천히 걷는다.

　　이와 같은 구조상의 관련성은 모든 부사구문에서 발견되는 것은 아니며, 양자의 의미가 같다는 것을 의미하는 것도 아니다.
　　이러한 구조적 변환은 정도부사어에는 적용되지 않는다. 예문 (8), (9)을 보자.

(8) a. 考生很失望地走开了。

　　　 考生　 很　 失望地　 走　 开　　 了
　　　 수험생 아주 실망해서 가다 동조사 완료표지
　　　 수험생은 아주 실망해서 가버렸다.

　 b. *考生走得很失望。

　　　 考生　 走　 得　　　 很　 失望
　　　 수험생 가다 보어표지 아주 실망하다

(9) a. 服务生客客气气地跟顾客打招呼。

　　　 服务生 客客气气地 跟　　 顾客 打　　 招呼
　　　 종업원은 친절하게　　 ...과 고객　 나누다 인사
　　　 종업원은 친절하게 고객과 인사를 나누었다.

　 b. *服务生跟顾客打招呼打得客客气气的。

　　　 服务生 跟　 顾客 打　 招呼 打　 得　　　 客客气气的
　　　 종업원 ...과 고객 나누다 인사 나누다 보어표지　 친절하게

　刘月华(1983)에서 제안한 첫 번째 논점은 아직 더 많은 연구가 필요하다. 위에서 언급한 대로 일부 상태부사(어)구문만이 이러한 변환이 가능할 뿐이다. 예문 (3)에서는 (3b)만이 허용되고, (3a)와 (3c)는 허용되지 않는다. 예문 (10)을 보자.

(10) a. 他轻轻地敲了一下门。

　　　 他 轻轻地 敲　　 了　　　 一　 下 门
　　　 그 가볍게 두드리다 완료표지 하나 양사 문
　　　 그는 가볍게 문을 한 번 두드렸다.

b. *他把门敲得轻轻的。

他 把　　门 敲　　得　　轻轻的

그 처치표지 문 두드리다 보어표지 가볍게

(11) a. 病人又慢慢地醒过来了。

病人 又 慢慢地 醒　过来 了

환자 또 천천히　깨다 오다 완료표지

환자는 또 천천히 깨어났다.

b. *病人醒过来, 又醒得慢慢地。

病人 醒　过来 又 醒　得　　　慢慢地

환자 깨다 오다　또 깨다 보어표지　천천히

　사실상, 부사어와 결과구문은 각각의 문법구조와 의미구조를 가지고 있으므로, 이 두 가지 문형을 함께 논한다는 것이 타당하지 않을 지도 모른다.
　결과보어구문은 일반적으로 동작이나 사건의 결과를 가리킨다. 그리고 결과는 보통 명사와 관련이 있다. 예문 (12)에서의 결과는 주어를 설명하며, 예문 (13)에서는 결과가 목적어를 설명하고 있다.

(12) a. 进香团员都走得很累了, 应该休息一会儿。

进香 团员 都 走 得　　很 累 了　　　　　　应该

진향 단원 모두 걷다 보어표지 아주 지치다　완료표지+어기표지 반드시

休息 一会儿

쉬다　잠시

진향단원들은 모두 걷다가 지쳤다.

b. 他看小说看得入迷了。

他 看　小说 看　得　　入迷　了

그 보다 소설 보다 보어표지 빠지다 완료표지

그는 소설을 보는데 완전히 빠졌다.

(13) a. 小明把自行车擦得晶亮的。

小明　　把　　　自行车 擦 得　　　晶亮的

소명(이름) 처치표지　자전거 닦다 정도보어 반짝반짝하다

소명은 자전거를 닦았는데 반짝반짝했다/소명은 반짝반짝하게 자전거를 닦았다.

b. 政府把法律订得很严格。

政府 把　　法律 订　得　　很 严格

정부 처치표지 법률 정하다 정도보어 매우 엄격하다

정부는 법률을 정하는 데 엄격하다/정부는 매우 엄격하게 법률을 정하였다.

　여기서는 두 가지에 대한 설명이 필요한데, 첫째는 부사어의 범위는 동사의 타동성과 무관하다는 것이다. 예문 (12b)과 (13)의 문장은 모두 타동구문이다. 둘째는 주어를 설명하는 결과구문(예문12)은 정도보어구문으로 구분해야 한다고 주장할 지도 모른다(赵元任 1968: 354-355 참조). 그러나 현대중국어의 '결과'와 '정도'는 많은 상황 하에서 경계가 불분명하며, 이에 대한 연구도 더 필요하다. 이 글에서는 간단하게 모두 결과구문으로 부르겠다.

　결과구문에 대한 이러한 인식을 갖게 되면, 왜 예문 (10b)와 (11b)가 비문법적인지를 쉽게 알 수 있을 것이다. 두 문장에서의 보어('轻轻的(가볍게), '慢慢的(천천히))는 주어도 목적어도 설명할 수 없다. 그러므로 비문법성은 문장 자체의 구조에 대한 해석이 되어야 하며, 상태부사어 혹은 정도부사어와는 무관한 것이다.

　이제 다시 시간구조로부터 부사구문과 결과구문의 관계를 살펴보자. 부사

어의 문맥적 시간은 VP 앞에 오며, 결과보어의 시간은 VP의 뒤에 온다. 예문 (14)을 보자.

(14) a. 顾客很生气地把钱丢在地上。
　　　顾客　很　生气地　　把　　钱丢　　在　地上
　　　고객 매우 화가 나서　처치표지 돈 던지다 …에 땅 위
　　　고객들은 매우 화가 나서 돈을 땅에 던졌다.

　　 b. 老板只好慢慢地把钱捡起来。
　　　老板　只好　慢慢地　把　　钱捡　起来
　　　사장 단지 천천히 처치표지 돈 줍다 동조사
　　　사장은 단지 천천히 돈을 줍기 시작했다.

정도부사어 '很生气地'(매우 화가 나서)와 상태부사어 '慢慢地'(천천히)의 상태는 동작 '丢'(던지다)와 '捡'(줍다) 이전에 존재한다. 다음에 제시된 예문 (15)을 보자.

(15) a. 营养午餐送来, 学生吃得很高兴。
　　　营养　午餐　送　来　学生 吃　得　　很　高兴
　　　영양 오찬 보내다 오다 학생 먹다 보어표지 아주 즐겁다
　　　영양 가득한 오찬이 보내오자, 학생들은 아주 즐겁게 먹었다.

　　 b. 乘客太多, 公共汽车走得非常慢。
　　　乘客 太　多　公共汽车 走　得　　非常 慢
　　　승객 너무 많다 버스는　가다 보어표지 아주 느리다
　　　승객들이 너무 많아서 버스는 아주 느리게 운행했다.

예문 (15)에서 보어의 상태는 상반되게 동작이 시작된 후에 존재한다. 결과구문의 정보구조와 부사구문은 완전히 다르며, 동시에 정도부사어와 상태부사어를 구분할 수 없다.

5. 상태부사어와 술어

刘月华(1983)는 상태 및 정도부사어의 두 번째 차이점에 대해, 정도부사어는 '의미가 변하지 않는 많은 경우에 행위자에 대한 진술을 한다'고 언급하고(1983:309), 아래와 같은 예를 들었다(1983:309).

(16) a. 他很高兴地对我说。

　　　 他 很　 高兴地 对　　我 说

　　　 그 매우 즐겁게 ...에게 나 말하다

　　　 그는 매우 즐겁게 나에게 말했다.

　　 b. 他很高兴。

　　　 他 很　　高兴

　　　 그 아주 즐겁다

　　　 그는 아주 즐겁다.

　　 c. 她很怀疑地注视著我。

　　　 她　 很　 怀疑地　 注视　　著　　　我

　　　 그녀 매우 의심스럽게 주시하다 진행표지　나

　　　 그녀는 의심스럽게 나를 주시하였다.

　　 d. 她很怀疑。

她　很　怀疑

그녀　아주　의심하다

그녀는 아주 의심하였다.

상태부사어는 이와 유사한 구조변환을 허용하지 않는다. 刘月华
(1983:309)의 예문 (17)을 보자.

(17) a. 心脏剧烈地跳动著。

心脏　剧烈地　跳动　著

심장 극렬하게 뛰다 진행표지

심장이 극렬하게 뛰고 있었다.

b. *心脏很剧烈。

心脏　很　剧烈

심장 매우 극렬하다

c. 这个人总是很孤立地看问题。

这 个　人 总是 很　孤立地　看 问题

이 양사 사람 항상 매우 고립되게 보다 문제

이 사람은 항상 매우 고립되게 문제를 본다.

d. *这个人很孤立(의미가 다름)。

这 个　人　很　孤立

이 양사 사람 매우 고립적이다.

바꿔 말하자면, 정도부사어는 주어의 술어를 구성할 수 있으나, 상태부사
어는 그럴 수 없다. 이러한 관찰은 대체로 정확하다. 이것은 제3절에서 이미

상세하게 설명하였다. 이 글에서 처리하기 곤란한 경우는 바로 '상태'로도 '정도'로도 해석이 가능한 애매한 부사어이다. 예문 (18)을 보자.

(18) a. 她多情地看著他。

　　　她　　多情地　　　看　　著　　　他
　　　그녀　다정하게　보다　진행표지　그
　　　그녀는 다정하게 그를 보고 있다.

　　b. 他认真地画画。

　　　他　认真地　　　画　　　画
　　　그　진지하게　그리다　그림
　　　그는 진지하게 그림을 그린다.

　　c. 管理员小心地锁上大门。

　　　管理员　　小心地　　　锁　　　上　　　大门
　　　관리자　조심스럽게　잠그다　동조사　대문
　　　관리자는 조심스럽게 대문을 잠궜다.

　예문 (18)의 부사어는 주어의 술어를 구성할 수는 있지만(예: '她很多情' (그녀는 매우 다정하다)), 상태성이 변화되는 상황이 있을 수 있다. 부사어가 될 때, '多情'은 동작 당시의 상태만을 지시하며 일시적이다. 그러나 술어가 될 때는 주어의 고정된 상태를 기술한다('多情地'(다정하게)는 동작이 되며, 행위자가 '多情'(다정한) 사람이라는 것을 함의하지 않는다). 위에서 刘月华 (1983)의 두 번째 논점은 대체로 정확하다고 말한 바 있다. 왜냐하면 예문 (18)과 유사한 부사어는 수적으로 아주 많은 것은 아니기 때문이다.

　만일 이 논점이 원칙적으로 받아들여진다면, 상태부사구문은 단순술어문 이고, 상태부사어는 VP의 성분이지만, 정도부사구문은 복합술어문이고, 그 중의 부사어는 VP의 일부가 아니라고 가정할 수 있다.

6. 부사어 표지 '地'

刘月华(1983:310)에서는 부사어 표지 '地'의 생략가능 여부로 상태부사어와 정도부사어를 구분할 수 있다고 지적하였는데, 이것은 이 두 부사어의 세 번째 차이점이다.

'地'의 생략가능 여부의 구조적 조건은 아주 복잡하다. 刘月华(1983: 309-3150)에서 제시한 것을 참고할 수는 있지만, 아직까지 확실한 결론을 내린 자료는 없다. 앞에서 언급한 바와 같이, 이 글의 논의 범위는 단지 상태동사가 파생되어 만들어진 부사어에 있다. 이 범위 내에서 정도부사어의 '地'는 절대 생략할 수 없지만, 상태부사어의 '地'는 특정한 조건 하에서는 생략할 수 있다는 사실을 관찰할 수 있다. 우선 일부 자료를 살펴보자.

(19) a. 服务员很不客气地把行李踢开。

服务员　很　不　客气地　　把　　　行李　踢　开
종업원　아주　부정　예의바르게　처치표지　짐　차다　동조사
종업원은 아주 무례하게 짐을 발로 찼다.

b. *服务员很不客气把行李踢开。

服务员　很　不　客气　　　把　　　行李　踢　开
종업원　아주　부정　예의바르게　처치표지　짐　차다　동조사

(20) a. 金牌得主很骄傲地把奖品接过来。

金牌　得主　很　骄傲地　把　　　奖品　接　　过来
금메달　수상자　아주　거만하게　처치표지　상품　가지다　오다 금메달 수상자는 아주 거만하게 상품을 가져왔다.

b. *金牌得主很骄傲把奖品接过来。

   金牌　　得主　很　骄傲　　把　　奖品　接　　过来
   금메달 수상자 아주 거만하게 처치표지 상품　가지다 오다

(21) a. 秘书把地址很仔细地抄了一遍。

   秘书　把　　地址　很　仔细地　抄　了　　一　遍
   비서　처치표지 주소 아주 자세하게 베끼다 완료표지 하나 양사
   비서는 주소를 아주 자세하게 한 번 베꼈다.

b. 秘书把地址很仔细抄了一遍。

   秘书　把　　地址　很　仔细　　抄　了　　一　遍
   비서　처치표지 주소 아주 자세하게 베끼다 완료표지 하나 양사
   비서는 주소를 아주 자세하게 한 번 베꼈다.

(22) a. 他轻轻地关上门，走了出去。

   他　轻轻地　关　上　　门，走　了　　出去
   그 가볍게 닫다 동조사　문, 걷다 완료표지 나가다
   그는 가볍게 문을 닫고 걸어 나갔다.

b. 他轻轻关上门，走了出去。

   他　轻轻　关　上　门，走　了　　出去
   그 가볍게 닫다 동조사 문 걷다 완료표지 나가다
   그는 가볍게 문을 닫고 걸어 나갔다.

　예문 (19, 20)은 정도부사구문으로서, '地'는 생략할 수 없다. '地'가 없는
문장은 이중술어복문으로 분석된다. 예문 (21, 22)은 상태부사구문으로서,

표지 '地'는 생략할 수 있으나, 의미는 전혀 변하지 않았다. 아래 예문 (23)의 상태부사구문에서의 '地'는 생략할 수 없다.

(23) a. 他模糊地听见有人在喊他。

他　模糊地　听见　有人　在　　喊　他
그　희미하게 듣다 누군가 진행표지 부르다 그
그는 희미하게 누군가 그를 부르는 소리를 들었다.

b. *他模糊听见有人在喊他。

他　模糊　　听见　有人　在　　喊　　他
그　희미하게 듣다 누군가 진행표지 부르다 그

c. 大夫清楚地写了两个字。

大夫　清楚地　写　了　　两　个　字
의사　뚜렷하게 쓰다 완료표지 둘 양사 글자
의사는 아주 뚜렷하게 두 글자를 썼다.

d. *大夫清楚写了两个字。

大夫　清楚　　写　了　　两　个　字
의사　뚜렷하게 쓰다 완료표지 둘 양사 글자
(刘 1983:312)

　문장의 부사어 역시 상태동사가 부사어로 파생된 것이지만, '地'는 생략할 수 없다. 다른 점은 정의를 내리기가 상당히 어렵다는 것이다. 이것은 더 연구가 필요한 부분으로서, 이 글에서는 더 이상 다루지 않을 것이다.

7. 부사어와 把구문

위 3개의 절에서는 刘月华(1983)에서 제안한 논점에 대해 살펴보았는데, 그 중 첫 번째 제안이 이론의 여지가 가장 많고, 세 번째는 상당히 복잡한 자료와 관련된다. 하지만, 이 글은 刘月华(1983)의 주장이 기본적으로는 정확히디고 보고, 이 절에서는 또 하나의 문법현상을 바탕으로 그의 견해를 입증할 것이다. 즉 부사어의 '把구문'에서의 문법현상을 살펴볼 것이다. 예를 들면 예문 (24~27)과 같다.

(24) a. 老王很明确地把研究计划解释了一遍。

　　　老王　很　明确地　把　　研究计划　解释　了　　一　遍
　　　왕씨　아주　명확하게　처치표지　연구계획　설명하다　완료표지　하나　양사
　　　왕씨는 명확하게 연구계획을 한번 설명하였다.

　　b. 老王把研究计划很明确地解释了一遍。

　　　老王　把　　研究计划　很　明确地　　解释　　了　　一　遍
　　　왕씨　처치표지　연구계획　아주　명확하게　설명하다　완료표지　하나　양사
　　　왕씨는 연구계획을 아주 명확하게 한번 설명하였다.

(25) a. 陈老师很流利地把诗念了一遍。

　　　陈　老师很　流利地　把　　诗　念　　了　　一　遍
　　　진(성)　선생　아주　유창하게　처치표지　시　낭송하다　완료표지　하나　양사
　　　진선생님은 유창하게 시를 한번 낭송하셨다.

　　b. 陈老师把诗很流利地念了一遍。

　　　陈　老师把　　诗　很　流利地　念　　了　　一　遍
　　　진(성)　선생　처치표지　시　아주　유창하게　낭송하다　완료표지　하나　양사

진선생님은 시를 아주 유창하게 한번 낭송하셨다.

(26) a. 小李很不好意思地把信接过去。

小李 很 不好意思地 把 信 接 过去
이군 아주 부끄러운 듯 처치표지 편지 받다 가다
이군은 아주 부끄러운 듯 편지를 받아갔다.

b. *小李把信很不好意思地接过去。

小李 把 信 很 不好意思地 接 过去
이군 처치표지 편지 아주 부끄러운 듯 받다 가다

(27) a. 小丁很得意地把新表拿出来给大家看。

小丁 很 得意地 把 新 表 拿 出来 给 大家 看
정군 아주 득의양양하게 처치표지 새 시계 꺼내다 나타나다 …에게 모두 보이다
정군은 아주 득의양양하게 새 시계를 꺼내 모두에게 보여주었다.

b. *小丁把新表很得意地拿出来给大家看。

小丁 把 新 表 很 得意地 拿 出来 给 大家 看
정군 처치표지 새 시계 아주 득의양양하게 꺼내다 나타나다 …에게 모두 보이다

예문 (24)와 (25)는 상태부사구문이며, 부사어는 '把'의 앞이나 뒤에 올 수 있다. 예문 (26)과 (27)은 정도부사구문으로서, 부사어는 '把'앞에만 출현할 수 있다.

중국어 문법자료에서, '把'는 각각 전치사, 보조동사(sub-verb), 타동표지 등의 다양한 문법범주로 분석된다. 그러나 일반적으로 학자들은 '把'가 동사구의 일부라는데 동의한다. 이러한 분석에 따르면, 상태부사어가 '把'의 우측에 출현할 수 있으면, 동사구의 일부로 볼 수 있다. 상대적으로 정도부사어

는 '把'의 우측에 출현할 수 없다. 즉 그것은 동사구의 일부일 리가 없다는 것을 의미한다. 이 결론은 5절과 6절의 논의와 일치한다.

이상의 문법현상은 상태부사어와 정도부사어를 구분할 때, 부정적인 영향을 가져올 수 있는데, 즉, 부사어가 '把'의 좌측에만 출현할 수 있다면, 그것은 분명히 정도부사어일 것이라는 것이다. 앞에서 언급한 바와 같이(예문 (5)과 (18)), 多情地(다정하게), 认真地(진지하게), 小心地(조심스럽게)와 같은 부사어가 '상태'를 나타내는지 '정도'를 나타내는 지를 확정짓는 것은 다소 어려움이 있다. 그러나 '把'구문에서의 이러한 부사어에는 아래와 같은 특징이 있다.

(28) a. 她很多情地把茶递过去。

她 很 多情地 把 茶 递 过去
그 아주 다정하게 처치표지 차 건네다 가다
그는 아주 다정하게 차를 건넸다.

b. *她把茶很多情地递过去。

她 把 茶 很 多情地 递 过去
그 처치표지 차 아주 다정하게 건네다 가다

(29) a. 他很认真地把文章又抄了一次。

他 很 认真地 把 文章 又 抄 了 一 次
그 아주 진지하게 처치표지 문장 또 베끼다 완료표지 하나 양사
그는 아주 진지하게 문장을 또 베꼈다.

b. *他把文章很认真地又抄了一次。

他 把 文章 很 认真地 又 抄 了 一 次
그 처치표지 문장 아주 진지하게 또 베끼다 LE 하나 양사

(30) a. 她很小心地把鱼刺挑出来。

　　　她　　很　　小心地　　把　　　鱼刺　挑　　出来
　　　그녀　아주 조심스럽게 처치표지 생선뼈 빼내다 나오다
　　　그녀는 아주 조심스럽게 생선뼈를 발라냈다.

b. 她把鱼刺很小心地挑出来。

　　　她　把　　　鱼刺　很　　小心地　　挑　　　出来
　　　그녀 처치표지 생선뼈 아주 조심스럽게 빼내다 나오다
　　　그녀는 생선뼈를 아주 조심스럽게 발라냈다.

　위의 예문은 多情地(다정하게)가 정도부사어이고, 认真地(진지하게), 小心地(조심스럽게)는 비록 의미상에서 명사성 혹은 활동성(animacy)으로 분석할 수 있을 지라도, 예문 (29)과 (30)는 상태부사어야 한다는 것을 보여준다. 물론, 이와 같은 문법현상은 부사어의 다양성을 배제할 수 없다. 즉 예문 (29a)나 (30a)의 부사어는 상태부사어라는 것이다. 이 문제는 아주 복잡하며 더 많은 연구가 필요하다.

　여기서 '被'구문도 이와 유사한 변별 기능이 있다는 것을 아울러 제기할 수 있다. 예문 (31)과 (32)를 보자.

(31) a. 院长被立委很不客气地提出质询。

　　　院长　被　　　立委　很　不　客气地　　提出　　质询
　　　원장 사역표지 입법위원 아주 부정 예의바르게 제의하다 질문
　　　원장은 입법위원에 의해 아주 무례하게 질문을 받았다.

b. 院长很不客气地被立委提出质询。

　　　院长　很　不　客气地　被　　　立委　　提出　　质询
　　　원장　아주 부정 예의바르게 사역표지 입법위원 제의하다 질문

원장은 입법위원에 의해 아주 무례하게 질문을 받았다.

(32) a. 铁路局长被立委狠狠地刮了一顿。

　　　铁路局长　被　　　立委　　狠狠地　刮　了　　　一　　顿
　　　철도국장 사역표지 입법위원 호되게 꾸짖다 완료표지 하나 양사
　　　철도국장은 입법위원에 의해 호되게 꾸지람을 들었다.

　b. 铁路局长狠狠地被立委刮了一顿。

　　　铁路局长 狠狠地 被　　　立委　刮　了　　　一　　顿
　　　철도국장 호되게　사역표지 입법위원 꾸짖다 완료표지 하나 양사
　　　철도국장은 호되게 입법위원에 의해 꾸지람을 들었다.

'很不客气'(아주 무례하게)는 정도부사어로서, 명사에 대해 아주 민감하다. 그러므로 반드시 특별지칭 명사 뒤에 출현해야 한다. 즉 그것의 위치는 확고하다. 이와 반대로, '狠狠地'(호되게)는 상태부사어로서 동작에 대해 민감하다. 그 위치는 동사 앞이지만, 명사의 제약을 받지 않는다.

8. 결론

이 글은 의미 및 문법구조의 관점에서 현대중국어의 부사어를 정도부사어와 상태부사어로 구분하였다. 전자의 수식범위는 명사구(주로 주어)이고, 후자의 수식범위는 동사구이다. 의미적으로 후자는 부사어에 가깝다.

중국어 교수법에서, 이 두 가지 부사어의 구분은 아주 중요하다. 첫째, 이 두 부사어의 표층구조는 동일하고, 또한 모두 부사어 표지 '地'로 도입된다. 학생들은 이 양자의 다양한 의미를 어떻게 정확하게 인식할 수 있을지 학습

해야 한다. 둘째, 이 두 유형의 부사어는 다양한 문법구조에서 다양하게 표현된다. 제7절에서 언급한 바와 같이, 정도부사어는 '把'의 앞에만 출현할 수 있고, 상태부사어는 이러한 제약이 없다. 다양한 부사어를 정확하게 사용하려면, 학생들도 정도부사어와 상태부사어의 의미상의 차이에 대해 명확하게 인식해야 할 필요가 있다.

참고문헌

Chao, Yuen Ren(赵元任). 1968. *A Grammar of Spoken Chinese*. University of California press.
刘月华. 1983. 实用现代汉语语法. 北京: 外语教学与研究出版社
邓守信. 1977. 汉语及物性的语意研究. 加州大学出版社
曹逢甫. 1989. The Topical Function of Pre-Verbal Locatives and Temporals in Chinese. HAWAII. ICSTLL(International Conference on Sino-Tibetan Languages and Linguistics)

현대중국어 문법연구

초판인쇄   2014년 4월 10일
초판발행   2014년 4월 15일

지 은 이   떵 소우신
옮 긴 이   김혜경 · 박용진
펴 낸 이   김 진 수
펴 낸 곳   **한국문화사**
등   록   1991년 11월 9일 제2-1276호
주   소   서울특별시 성동구 아차산로 3(성수동1가) 502호
전   화   (02)464-7708 / 3409-4488
전   송   (02)499-0846
이 메 일   hkm7708@hanmail.net
홈페이지   www.hankookmunhwasa.co.kr

ISBN 978-89-6817-125-3   93720

이 도서의 국립중앙도서관 출판시도서목록(CIP)은 e-CIP
홈페이지(http://www.nl.go.kr/cip.php)에서 이용하실 수
있습니다. (CIP제어번호: CIP2014011014)

※ 이 저서는 2013년도 전북대학교 저술장려 연구비 지원에 의하여 연구되었음